河南省教育厅哲学社会科学基础研究重大项目
（项目编号：2020-JCZD-22）

吟诵的源流与体式

杜红亮 著

中国社会科学出版社

图书在版编目（CIP）数据

吟诵的源流与体式/杜红亮著. —北京：中国社会科学出版社，2023.6
ISBN 978-7-5227-1777-7

Ⅰ.①吟… Ⅱ.①杜… Ⅲ.①古典诗歌—朗诵—研究—中国 Ⅳ.①H119

中国国家版本馆 CIP 数据核字（2023）第 067136 号

出 版 人	赵剑英
责任编辑	张 玥
责任校对	郝阳洋
责任印制	戴 宽

出　　版	中国社会科学出版社
社　　址	北京鼓楼西大街甲 158 号
邮　　编	100720
网　　址	http://www.csspw.cn
发 行 部	010-84083685
门 市 部	010-84029450
经　　销	新华书店及其他书店
印刷装订	三河市华骏印务包装有限公司
版　　次	2023 年 6 月第 1 版
印　　次	2023 年 6 月第 1 次印刷
开　　本	710×1000　1/16
印　　张	25.25
插　　页	2
字　　数	420 千字
定　　价	139.00 元

凡购买中国社会科学出版社图书，如有质量问题请与本社营销中心联系调换
电话：010-84083683
版权所有　侵权必究

序　　言

　　杜红亮教授拿来他集几年工夫写成的《吟诵的源流与体式》，嘱我作序，十分高兴。原因如下：

　　1. 历史到了新旧文化交融、互相吸纳优长、再创民族文化伟大复兴的时代，红亮勇于为文化复兴添砖加瓦，作为中青年才俊，的确是件大好事。中国教育的几千年历史，一直以吟诵方式进行，其中积聚了丰富的历史经验和文化。到了积贫积弱的清朝末年，文化先驱们认为，中西体制之比较，除了西洋的船坚炮利的技术因素之外，清末腐朽的主要原因是王朝的政治、文化的落后。中国要发展，就要以开放的态度彻底改革，而中国的教育首先不能适应时代、社会的变革，无法完成大批西方新学科的传授与发展。于是，在无数革命先驱的推动下，光绪三十一年（1905），清廷颁布诏书，宣布自光绪三十二年（1906）废除科举制度。这一举动表明，随着"西体中用"治国方略不断延伸，以科举选拔人才的制度如冰山崩倒，一败涂地，学习"四书""五经"等儒学经典已无实际意义。吟诵作为延续读经两千多年的读文与歌咏相结合的教学、读书方式，最终退出历史舞台。至民国初期，由新式学堂的语文课取代吟诵课堂。一个"大兴白话文、反对文言文"的新教学运动兴起。

　　毋庸讳言，语文课的系列改革，为简化汉语的学习过程、加快汉语文化的普及、提升民众教育水平，作出了巨大贡献。但是几千年传统教育并非一无是处。吟诵课程摆在教学方法上、文字记忆上、有序作文上的优长是不容置疑的。如何汲取其所长，共同服务新时代的文化发展，如何解决文化传统的继承与转型，真正实现中华文化的伟大复兴，成为大家共同关注的问题。

2017年1月25日，中共中央办公厅、国务院办公厅发布《关于实施中华优秀传统文化传承发展工程的意见》明确指出，中华优秀传统文化教育要贯穿国民教育始终，以幼儿、小学、中学教材为重点，构建中华文化课程和教材体系，并在中小学实施中华经典诵读工程。而语文学科作为"一门学习祖国语言文字运用的综合性、实践性课程"，在进行传统文化传承与发展教育中处于非常重要的地位，古诗文作为语文教学的重点，通过吟诵、朗读和写作，在展示语调、韵律、节奏中体味作品内容、情感，感受汉语言的优美，进而提升欣赏品位，提升学生应用民族语言的能力和创新能力，同时帮助中小学生理解、背诵古诗文，不仅是吟诵的长项，对于提高语文教学效果也必将发挥越来越重要的作用。今天，在社会对吟诵的关注度越来越高的环境下，杜红亮的《吟诵的源流与体式》作为系统介绍吟诵的专著，应该会受到广大爱好者的重视。

2. 如何完善语文教学体系，创造新旧文化互相吸纳优长的新体系是当今社会文化关注和研究的重要问题。20世纪末，中国语文教学改革刚迈出第一步，语文教育家王森然就在全国语文教学改革座谈会上指出：一国的言语文字，是国民思想感情所由传达的媒介；一国的文学，是国家精神生活的结晶。其他各科的教材和教法、内容工具似乎还可以借鉴他国先例，独有国文，非由我们自己来探索不可。这话说得正中肯綮。王先生所说"其他各学科的教材和教法"可以借鉴他国先例，正是我国为迎接这些新学科，不惜废除科举制度的原因。而"独有国文，非由我们自己探索不可"这后一句既点明了人文学科、国民思想感情教育的独到性、特殊性，又指出了语文课本是无法借鉴外国经验，需要我们自己探索的。

民国时期，新式学堂兴起。新式学堂分化为语文和音乐两种课程，以取代我们合二为一的吟诵课。乐教是历代音乐教育与审美教育的重要部分。有了课程名分的音乐课，却没有在中小学发挥其应有的作用，也未形成完善的教学体系，应该说这与音乐课内容长期不与中小学教学相关联有很大关系。而教学偏重语、数、外，在高考指挥棒的引领下，导致各地音乐课长期处于边缘地位。两门课程中，语文虽为教育普及立下了汗马功劳，但在急功近利思想影响下，内容多变，忽视传统，一味追新，古文、白话与外国文学课文三部分内容比重变动不居，还具有体系需要合理化的问题。到了2017年，义务教育阶段语文教材实行了国家管理。在义务教育阶段突出传统优秀文化教育成为大家的共识，优秀的古诗文就是中华优秀传统文化的载体。最新的部颁本小学教材中，古诗文教学内容提升了80%；初中古诗文内容占所有选篇的51.7%。且古诗文教学要加强诵读教学，通过诵读展开想象，在诵读中通过语调、韵律、节奏体味作品内容、感情，感受汉语的优美，进而提升学生的欣赏能力、创作能力，以及运用民族语言的能力。而杜红亮的著作在这个时间点，正好提供了许多大家关心的知识和思考的问题。

3. 一代学术新人的成长，需要大家关心与帮助。杜红亮作为河南大学的本科和硕士毕业生，早在20世纪90年代初即投身华锋先生门下，选修课程并从事大量的吟诵活动。2011年以后又广拜名师，研习吟诵。2012年秋跟随王文金、华锋先生发起成立全国首家省级学术组织——河南省吟诵学会，2014年参加全国吟诵学会年会，2016年参加河南省吟诵学会与日本大阪府实业团吟诵联盟、关西吟诵文化协会联合在杜甫故里举办的"中日吟诵文化交流会"，2019年学会换届当选为河南吟诵学会会长，主要从事传统吟诵的研究、推介。

我一直在想，这位中青年人为什么会被大家拥戴呢？原因是多方面的。从河南省吟诵学会成立起，杜红亮当选为学会的副秘书长。当时，他在郑州轻工业大学外国语学院任书记，面对困难，毅然决然地成立了大学生吟诵团，聘请华锋教授任业务指导，自己带领学生社团听课、培训、演练，下苦功夫。功夫不负有心人，2014年郑州轻工业大学艺术团的演出，在河南省首届"礼敬中华优秀传统文化"活动中荣获一等奖。2015年吟诵团的"诗词吟诵校园行"，被评为全国"礼敬中华优秀传统文化"系列活动特色展示项目，受到教育部的表彰。这使杜红亮很兴奋，随后策划2016年河南省吟诵学会与河南博物院联办"风雅传韵——诗经楚辞吟诵专题赏听会"，选取《关雎》《鹿鸣》《文王》《清庙》《东皇太一》《橘颂》《国殇》《离骚》等经典篇章呈现给听众，让千古的文物"活"起来，让吟诵这种传统的方式，重新在中原大地激荡起来，激活了传统文化的基因密码。继之，2017年，他又把郑州轻工业大学、河南师范大学新联学院、河南博物院华夏古乐团组织起来，在郑州轻工业大学联合演出了"古韵新言——吟啸徐行，读书之美"的古典诗词赏听会，掀起了大学校园吟诵活动的一个小高潮。除了大学生吟诗活动，他还团结高校教师，主持申报了河南省教育厅哲学社会科学基础研究重大项目"河南吟诵研究"和河南省非物质文化遗产科研课题"河南吟诵保护与新媒体传播途径研究"等若干项目。我想，这应该就是《吟诵的源流与体式》一书的坚实基础。

本书的写作，红亮用功甚勤，颇有三更灯火五更鸡的坚韧。我克服老眼昏花，用三天时间读完此稿，受益良多。书写得通俗流畅，资料细腻翔实，广纳博采，文风引人入胜，适宜于关心此类问题的专家、学者，以及普通大众阅读，相信阅读本书后会使您满意。

陈江风

2022年7月28日

凡　　例

　　为了推介吟诵，本书引用的诗词曲赋文都以普通话读音为主。相关评论分析，多为一家之言，仅供参考。

　　吟诵的显性特征主要在音长、音高和旋律方面，而这些又是通过每个字读音的长、短、平、重，以及句子之间的旋律组合实现的。吟诵在艺术表现形式上兼有文学性和音乐性的特点，为了固化旋律和方便传承，书中引用了一些曲谱作为辅助，但须固本清源：文学性为吟诵的第一属性。

　　从语言声调的角度考虑，本书的吟诵符号有格律符号、旋律符号和长短符号三种。

　　格律符号："—"为平声，"｜"为仄声，"！"为入声，"·"为韵字，"／"为节奏点；长短符号："‐"表示短吟，"—"表示平吟，"——"表示长吟，上标"·"表示重读；

　　旋律符号："→"表示平直旋律，"↗"表示上升旋律，"↘"表示下降旋律。

　　长短符号组合的使用说明如下：

　　短吟："‐"表示短吟。"｜"为仄声，"！"为入声。"！"上部的"｜"表示与仄声性质相类，下部的"·"表示重读，上下相合表示短而高。长吟："——"表示长吟。"·"为韵脚字，须长吟。律句在偶位节奏点上的平声字、文中的虚字及其他需要长吟的字，也须长吟。平吟："—"表示平吟。"—"为平声。非偶位的平声字、非入声的仄声字、文中的实字，以平常语音吟。须注意，"｜"和"—"标注的字，此处不论平仄读音都一样长。

　　另附《平水韵》《词林正韵》，便于检索韵字，对比参照。

目　　录

第一章　吟诵的概述 ………………………………………………（1）

　第一节　吟诵的概念 …………………………………………（1）

　第二节　吟诵的历史 …………………………………………（6）

　　一　诗乐浑融时期 …………………………………………（6）

　　二　诗乐配合时期 …………………………………………（7）

　　三　诗乐分离时期 …………………………………………（8）

　　四　诗乐滋养时期 ………………………………………（17）

　　五　衰落消退时期 ………………………………………（32）

　第三节　吟诵的价值 …………………………………………（33）

　　一　吟诵是一种创作诗文的方式 ………………………（33）

　　二　吟诵是一种欣赏诗文的方式 ………………………（36）

　　三　吟诵是一种传承文化的载体 ………………………（38）

第二章　吟诵的理论 ……………………………………………（41）

　第一节　节奏 …………………………………………………（41）

　　一　节奏的概念 …………………………………………（41）

　　二　节奏的种类 …………………………………………（42）

　　三　语言的节奏 …………………………………………（43）

　第二节　四声 …………………………………………………（44）

　　一　声律的概念 …………………………………………（44）

　　二　声律与音乐 …………………………………………（46）

三　古今四声 …………………………………………………… (47)
　　四　古入声字 …………………………………………………… (50)
　第三节　平仄 ………………………………………………………… (55)
　　一　平仄的概念 ………………………………………………… (55)
　　二　平仄的规则 ………………………………………………… (56)
　　三　平仄的格式 ………………………………………………… (57)
　第四节　韵律 ………………………………………………………… (65)
　　一　韵的概念 …………………………………………………… (65)
　　二　韵书 ………………………………………………………… (67)
　　三　押韵的规则 ………………………………………………… (69)
　　四　韵的避忌 …………………………………………………… (74)
　第五节　叶韵 ………………………………………………………… (74)
　　一　叶韵的概念 ………………………………………………… (74)
　　二　叶韵的标准 ………………………………………………… (76)
　　三　叶韵的辨识 ………………………………………………… (79)
　第六节　破读 ………………………………………………………… (81)
　　一　破读的概念 ………………………………………………… (81)
　　二　破读的形式 ………………………………………………… (82)
　　三　破读的类型 ………………………………………………… (83)
　　四　派入平声的古入声字破读 ………………………………… (99)

第三章　吟诵的规则 ………………………………………………… (102)
　第一节　平长仄短和入短韵长 …………………………………… (103)
　第二节　依字行腔和依义行调 …………………………………… (104)
　第三节　文读语音和虚实重长 …………………………………… (107)
　第四节　平仄高低和对称模进 …………………………………… (113)

第四章　吟诵的体式 ………………………………………………… (119)
　第一节　蒙学读物的吟诵 ………………………………………… (119)
　　一　蒙学概述 …………………………………………………… (119)

二　蒙学读物 …………………………………………（120）
　　三　蒙学读物吟诵 ……………………………………（121）
第二节　近体诗的吟诵 ……………………………………（128）
　　一　近体诗概述 ………………………………………（128）
　　二　近体诗的吟诵规则 ………………………………（130）
　　三　近体诗吟诵举隅 …………………………………（148）
第三节　古体诗的吟诵 ……………………………………（168）
　　一　《诗经》的吟诵 …………………………………（169）
　　二　楚辞的吟诵 ………………………………………（181）
　　三　汉乐府的吟诵 ……………………………………（193）
　　四　五七言古诗的吟诵 ………………………………（195）
第四节　词的吟诵 …………………………………………（199）
　　一　词的概述 …………………………………………（199）
　　二　词的节奏 …………………………………………（207）
　　三　词的风格 …………………………………………（220）
第五节　曲的吟诵 …………………………………………（228）
　　一　曲的兴起 …………………………………………（228）
　　二　曲的体制 …………………………………………（229）
　　三　曲的吟诵 …………………………………………（235）
第六节　文的吟诵 …………………………………………（241）
　　一　文的字法 …………………………………………（241）
　　二　文的句法 …………………………………………（248）
　　三　文的旋律 …………………………………………（251）

第五章　吟诵的调式 ……………………………………（254）
第一节　字调 ………………………………………………（255）
　　一　字调的概念 ………………………………………（255）
　　二　字调的原则 ………………………………………（255）
　　三　字调的步骤 ………………………………………（256）
　　四　字调的体式 ………………………………………（263）

第二节　唐调 …………………………………………（269）
　　一　唐调的源流 ……………………………………（269）
　　二　唐调的传承 ……………………………………（276）
　　三　唐调的特色 ……………………………………（282）
第三节　华调 …………………………………………（299）
　　一　华调的源流 ……………………………………（299）
　　二　华调的调式 ……………………………………（306）
　　三　华调的特点 ……………………………………（326）

附录一　平水韵 …………………………………………（335）

附录二　词林正韵 ………………………………………（347）

附录三　吟诵音频目录 …………………………………（379）

参考文献 …………………………………………………（380）

后　记 ……………………………………………………（389）

第一章

吟诵的概述

吟诵，即吟咏诵读，是中国传统的读书法。具体而言，吟诵是汉语言文化的活态，"是根据汉语言本身的旋律性特点，相对稳定的配合一种抑扬顿挫的乐音腔调，用来诵读诗词曲赋、汉文经典的传统语言表达方式。"[①] 同时，吟诵也是当代语文教学的便利工具，吟诵可以强化文学记忆，弥补现代汉语交际中语速过快、音节变短、同音字增加、字音急促的缺憾。

鉴于此，坚持吟诵的咬文嚼字、字正腔圆的语言纯正性，传承传统的平仄、四声、五音和清浊等音韵特色，在当代口语和普通话诵读中注入古声律元素，具有重要意义。

第一节 吟诵的概念

吟诵是中国传统的治学方法，也是一种艺术创作方法。在古代汉语中，"吟诵"是一个合成词，由"吟"和"诵"组成，两个义项既有相同之处，也有差异。

"吟"是一个形声字，从口、今声。裘锡圭先生认为古文字"今"是倒写的"曰"，"曰"像说话之形，"今"是"吟"（噤）的初文。"口"

[①] 陈江风、宋丽娜：《中华经典吟诵教程》，河南大学出版社2020年版，第1页。

与"今"合起来，表示"有节奏地长声诵读诗文"①的意思。关于"吟诵"的本义，东汉许慎《说文解字》释曰："吟，呻也，从口、今声。"②语义有拖长声音的意思。春秋战国时期，"吟"字就已经在文献中出现，训义为"歌"，即歌唱。如《战国策·秦策》曰："'臣不知其思与不思，诚思则将吴吟。'今轸将为王吴吟。"东汉高诱注："吟，歌吟也。"③ 所谓"吴吟"，指吟唱吴国的歌。又如《庄子·德充符》曰："依树而吟，据槁梧而瞑。"晋代郭象注、唐代成玄英疏《南华真经注疏》曰："行则依树而吟咏，坐则据梧而睡。"④

"咏"即拖长声音读，与"吟"同义。《增韵·侵韵》曰："吟，哦也，咏也。"⑤ "哦"是"咏"的另一种称谓，如班固《东渡赋》曰："今论者但知诵虞夏之《书》，咏殷周之《诗》，讲羲文之《易》，论孔氏之《春秋》，罕能精古今之清浊，究汉德之所由。"单字如此，"吟""咏"合成一个词，也是歌唱的意思，如《毛诗序》曰："吟咏性情，以风其上。"孔颖达疏："动声曰吟，长言曰咏，作诗必歌，故言吟咏性情也。"⑥ 郑玄注："长言之，引其声也。"⑦ 直接定义"长言"为拖长了声音歌唱，与"短言"相对。三国时期，曹丕《燕歌行》歌唱："援琴鸣弦发清商，短歌微吟不能长。"⑧ 这正是对吟咏即长言的逆向证明。

吟咏作为一种拖长了声音的歌唱，在先秦时期因为配乐的关系，呈现两种形态。一种是歌诗，在琴瑟等乐器伴奏下的歌唱。正如《诗经·魏风·园有桃》所言："心之忧矣，我歌且谣。"毛传曰："曲合乐曰歌，徒歌曰谣。"而《孔子家语·困誓》则记载了子路歌诗、孔子相和的情景：

---

① 谷衍奎编：《汉字源流字典》，语文出版社2008年版，第429页。
② （汉）许慎：《说文解字》，中华书局1963年版，第34页。
③ 藏励龢选注，雷黎明校订：《战国策》，商务印书馆2019年版，第28页。
④ （晋）郭象注，（唐）成玄英疏：《南华真经注疏》，中华书局1998年版，第128页。
⑤ （宋）毛晃增注，毛居正校勘：《增修互注礼部韵略》，元至正十五年（1355）日新书堂刻明修本。
⑥ （清）阮元校刻：《十三经注疏》，中华书局2009年版，第567页。
⑦ （清）阮元校刻：《十三经注疏》，中华书局2009年版，第3350页。
⑧ 黄节注：《汉魏六朝诗六种》，人民文学出版社2008年版，第287页。

孔子之宋，匡人简子以甲士围之。子路怒，奋戟将与战。孔子止之，曰："恶有修仁义而不免世俗之恶者乎？夫《诗》《书》之不讲，礼乐之不习，是丘之过也。若以述先王好古法而为咎者，则非丘之罪也。命夫！歌！予和汝。"子路弹琴而歌，孔子和之，曲三终，匡人解甲而罢。①

这里，子路弹琴歌唱的作品就是"诗"，也就是西汉后被尊为儒家经典的《诗经》中的某一首。

另一种是徒歌，无琴瑟等乐器伴奏的清唱。《庄子·让王》记载有曾子徒歌的情景：

曾子居卫，缊袍无表，颜色肿哙，手足胼胝。三日不举火，十年不制衣，正冠而缨绝，捉襟而肘见，纳屦而踵决。曳縰而歌《商颂》，声满天地，若出金石。②

曾子在卫国的时候，衣服破烂，面部浮肿，手和脚都磨出了很厚的老茧。有时候三天都不能生火做饭，十年了也没有添置一件新衣，戴帽子就会断了帽带，拉过衣襟就露出了手肘，穿起鞋子就露出了脚跟。但他拖着烂鞋，口中却高歌《商颂》，声音响彻天地之间，好像金石乐器奏出来的一样清脆。在这种情境下，曾子因为贫困，没有鼓瑟弹琴，更不能请乐师伴奏，于是就单人清唱《商颂》抒发情怀。

北宋的沈括尝言："古诗皆咏之，然后以声依咏以成曲，谓之'协律'。"③ 明确指出，古代的诗歌都是用来吟咏的，后来按照吟咏调子用宫商角徵羽谱成曲子，称之为协律。这就说明，无论诗歌吟诵是否配乐，也不论形态是歌诗或是徒歌，都是一种不严格讲究合乐的随口歌唱。

"诵"是一个形声兼会意字，篆文从言，甬声，甬有钟声及节奏的意思。《说文解字》释曰："诵，讽也。"④ 孔颖达《周礼·大司乐》疏：

---

① 黄墩兵导读、注译：《孔子家语》，岳麓书社2019年版，第143页。
② （清）王先谦集解，方勇校点：《庄子》，上海古籍出版社2009年版，第302页。
③ （宋）沈括著，施适校点：《梦溪笔谈》，上海古籍出版社2015年版，第32页。
④ （汉）许慎：《说文解字》，中华书局1963年版，第51页。

"以声节之曰诵。"① 班固《汉书·艺文志》曰："不歌而诵谓之赋，登高能赋可以为大夫。"② 所谓"以声节之"，就是有节制地念出字词的抑扬顿挫的声调和舒缓节奏；所谓"不歌而诵"，就是读赋无须运用唱的方式，不讲究旋律。可见，诵与吟相比要简单一些，重在突出语调因素和节奏，类似于现代的普通话朗读。

"吟"和"诵"的义项，既有交叉相同之处，又有区别。相同之处：在节奏性上，二者都须用抑扬顿挫的声调去读，讲求节奏；在音乐性上，二者都属于乐音，言语具有一定的音乐美。相异之处：在节奏性的趋势上，"吟"更重音乐节奏，"诵"更重语言节奏。在曲调的依存上，"吟"有曲调，表现出一定的旋律性，类似于歌唱；"诵"不依曲调，无旋律性，类似于念经。在表意的清晰度上，"吟"的音乐性强、表意性弱，悦耳动听；"诵"的表意性强、音乐性弱，表意明晰。

《左传》记载了师曹歌诗的事件，恰好说明了"诵显而歌微"③ 的区别：

> 孙文子如戚，孙蒯入使。公饮之酒，使大师歌《巧言》之卒章。大师辞，师曹请为之。初，公有嬖妾，使师曹诲之琴，师曹鞭之。公怒，鞭师曹三百。故师曹欲歌之，以怒孙子以报公。公使歌之，遂诵之。

春秋时期，卫献公让琴师师曹教宠妾学琴，因责罚而结怨。师曹就借用唱诗的机会激怒孙蒯，进而报复卫献公。为何由"歌之"变成"诵之"？晋杜预《集解》解释说："恐孙蒯不解故。"对此，朱自清先生作了精准的说明："《左传》襄公十四年记卫献公叫师曹'歌'《巧言》诗的末章给孙文子的使者孙蒯听。那时文子在国境上，献公叫'歌'这章诗，是骂他的，师曹和献公有私怨，想激怒孙蒯，'怕'歌了他听不清楚，使'诵'了一通。这'诵'是有节奏的。诵和读都比'歌'容易了解些。"④

---

① （清）阮元校刻：《十三经注疏》，中华书局2009年版，第1721页。
② （汉）班固：《汉书·艺文志》，中华书局2007年版，第342页。
③ （清）刘熙载：《艺概》，上海古籍出版社1978年版，第76页。
④ 朱自清：《朱自清全集·朗诵与诗》（第二卷），江苏教育出版社1996年版，第388页。

先秦两汉时期,"吟"和"诵"作为两个单音节词使用。"吟诵"一词最早出现在西晋时期,《晋书·儒林传·徐苗》有着"苗少家贫,昼执锄耒,夜则吟诵。弱冠,与弟贾就博士济南宋钧受业,遂为儒宗"的记载。深究起来,东汉时期已经有与"吟诵"同义的概念。陈琳《答东阿王笺》曰:"夫听《白雪》之音,观《绿水》之节,然后《东野》《巴人》,蚩鄙益著。载欢载笑,欲罢不能。谨韫椟玩耽,以为吟颂。琳死罪死罪!"①"颂"与"诵"通,故李善注:"吟颂,谓讴吟歌诵。"

从两个单音节词合成为"吟诵",不简单是词的数量增加,由于对两词的结构关系理解不同,概念也颇多分歧。如果把"吟诵"看作偏正词组,"'吟'是占主导地位的,其含义覆盖面广,与文学、音乐、语言都沾边。作为'吟诵'之两大类的'朗吟'和'吟咏',就都有'吟'这个本质性的字眼,因此在习惯上,'吟'字几乎成了'吟诵'的同义词了。"②如果把"吟诵"看作联合词组,则"吟"和"诵"的语素关系是并列的,次序颠倒后变为"诵吟",词组成立,且词义不变。根据历史文献梳理和现代语用分析,把"吟诵"视为联合词组似乎更合理。例如:

游泰山六首(其四)

(唐)李白

清斋三千日,裂素写道经。
吟诵有所得,众神卫我形。
云行信长风,飒若羽翼生。
攀崖上日观,伏槛窥东溟。
海色动远山,天鸡已先鸣。
银台出倒景,白浪翻长鲸。
安得不死药,高飞向蓬瀛。

---

① (南朝梁)萧统编,(唐)李善等注:《六臣注文选》,中华书局1987年版,第750页。
② 陈炳铮:《"吟诵"有关的诸词辨析》,载《中国古典诗歌译写集及吟诵论文》,作家出版社2003年版,第188—189页。

鼓南。春诵夏弦，大师诏之；瞽宗秋学礼，执礼者诏之；冬读书，典书者诏之。礼在瞽宗，书在上庠。"①

《礼记正义·内则》："十有三年，学乐、诵诗、舞勺。"②

春秋战国时期，孔子等兴办私学，教育从"学在官府"走向"学在四夷"，不仅贵族子弟可以入学，平民也可以接受教育，学校教育第一次走进了平民阶层。课堂教学采用将诵诗与音乐、舞蹈相结合的方式，常以古琴作为吟诵发音的标准。孔门教书有"诵《诗三百》，弦《诗三百》，歌《诗三百》，舞《诗三百》"③之说。《诗三百》即后来的《诗经》，这是中国最早的诗歌总集，也是有文字记载的最早的吟诵课本。

西汉武帝时在太学设置五经博士，专门传授《诗》《书》《礼》《易》《春秋》等五部典籍。东汉质帝时，太学生多达三万人，诵读经书为太学生必修课，蒙学的童子也须学习。《汉书·艺文志》记载："太史试学童，能讽书九千字以上，乃得为史。又以六体试之，课最者以为尚书御史史书令史。吏民上书，字或不正，辄举劾。"④"讽"就是背诵。学童试是汉代选举的途径之一，政府制定制度选官，极大地激发了士子诵诗的热情。

先秦两汉的文学以《诗经》为代表，四言成句，处处展露着雍容典雅的风貌。受到诗歌形式变化的影响，吟诵也渐渐脱离田间劳作的自然节奏，经乐师加工而步入诗乐配合的人工节奏，正如《尚书·尧典》所言："八音克谐，无相夺伦，神人以和。"⑤四言为主、整齐回环的《诗经》，配以钟磬击节、丝竹相和的雅乐，庄重典雅，相得益彰。

三 诗乐分离时期

魏晋之际，文人觉醒促进了文艺自觉，诗歌、音乐、舞蹈、绘画、书法等艺术样式纷纷从浑融走向独立和自觉。就文学而言，两汉"厚人

---

① （清）阮元校刻：《十三经注疏》，中华书局2009年版，第3041—3042页。
② （清）阮元校刻：《十三经注疏》，中华书局2009年版，第3186页。
③ 方勇译注：《墨子》，中华书局2011年版，第432页。
④ （汉）班固：《汉书》，中华书局2007年版，第330页。
⑤ （清）阮元校刻：《十三经注疏》，中华书局2009年版，第276页。

伦，美教化"的功利性逐渐消退，抒发个人情感、表现个性开始成为社会风尚。内容决定形式，中国诗歌也从典雅的四言句式发展演变为五言和七言为主的句式。诗歌同音乐的分离，以及增加抒发个人情感的功能，是吟诵发展的一个重要契机。

诗乐分离源于语言节奏与音乐节奏的发展不同步。汉代是中国历史上最后一个单独民族发展期，此后随着中国第二次民族融合和文化交流的深化，作为古代音乐主流的雅乐，不断从里巷之曲和胡戎之乐汲取营养，发展的速度越来越快，节奏也越来越繁复。与此同时，语言的发展却相对缓慢，语言节奏和诗歌节奏保持着相对的稳定性。例如，以《诗经》代表的四言句式，两字一顿，是二二节奏；五言诗，在第二字停顿，是二三节奏；七言诗，在第二、第四字停顿，是二二三节奏。这样，作为中国文学主流的五、七言诗最多由三音步组成，起伏较少，节奏简单，在与变得繁复的音乐配合时就必然会出现不和谐的情况。俞平伯在《诗的歌与诵》中说："自汉到隋有八百年，从隋到中唐有二百年，此千年之内，里巷胡戎之乐迭代而兴，音乐早已变得认都不认识了，而我们的可怜伙伴（诗），不知走了多少路？他不过从四言而五言，从五言而七言；他不过从古诗变到律诗。就他自己说，变得原也不算少，拿音乐来比着，变得未必够多。依中国的老例，他俩该一起跑的，在前半段路程上跑得还差不多；到了后半段，他的伙计要着洋腔，跑得又快又乱，一眨眼就拉下这么一大节。跟不上，没法跟，去你的罢！——还是慢慢地走的好。"[①] 俞平伯的诗乐赛跑例子形象地说明了中国诗歌与音乐的分离过程。

诗乐分离之后，开始各自沿着不同的道路发展。一方面，乐脱离诗后，凸显音乐因素，有声无辞的器乐和舞乐得到发展。例如"相和歌"，由最初"街陌谣讴"的"徒歌"和"但歌"，走了一条与舞蹈和器乐演奏结合的道路，产生了"大曲"，最终脱离歌舞成为器乐合奏曲，称作"但曲"，像《广陵散》就是汉魏时期最著名的相和楚调但曲。另一方面，诗与乐分离后，凸显语言特质，有辞无声的诗开始出现，称之为"不歌

---

① 俞平伯：《诗的歌与诵》原载1934年7月《清华学报》第九卷第三期，收入《俞平伯全集》第3卷，花山文艺出版社1997年版，第116页。

而诵"的"诵诗"。刘勰《文心雕龙》尝言:"观高祖之咏大风,孝武之叹来迟,歌童被声,莫敢不协;子建士衡,咸有佳篇,并无诏伶人,故事谢丝管,俗称乖调,盖未思也。"① 高祖和孝武帝的即兴之作,不合音律却拿来让歌童和乐歌唱,无人敢不去协乐;而曹植和陆机虽有佳作,却无伶人歌唱,以致与丝管无缘。虽然当时的人称这些不协乐的诗歌为"乖调",却恰好说明了诗歌脱离音乐的发展趋势。

诗歌在脱离音乐之后,步入了单独依靠语言节奏,以吟诵方式传播的新阶段。郭绍虞尝言:"吟诵则与歌的音节显有不同……自诗不歌而诵之后,即逐渐离开了歌的音节,而偏向到诵的音节。"② 当然,吟诵是诗歌固有的元素,只是在一个时期音乐抢了风头,待到诗乐分离后,吟诵才再次被发现。诗歌与音乐脱节后,越来越注重语言文字的精美和意蕴情致的深微。钟嵘:"尝试言之,古曰诗颂,皆被之金竹,故非调五音,无以谐会,若'置酒高堂上','明月照高楼',为韵之首。故三祖之词,文或不工,而韵入歌唱。此重音韵之义也,与世之言宫商异矣。今既不被于管弦,亦何取于声律邪?"③ "韵入歌唱"指诗歌重视词句韵律的音乐性,以适合配乐器,而不是讲究平、上、去、入四声。因此,钟嵘等人才有古今诗歌有别,以前的诗重音韵,当下的诗重文辞的论断。清代沈德潜更是在《说诗晬语》中清晰地梳理了诗乐分离的过程:"诗三百篇,可以被诸管弦,皆古乐章也。汉时诗乐始分,乃立乐府。……汉以后因之,而节奏渐失。"④

魏晋南北朝时期的诗乐分离,让吟诵成为欣赏诗歌的文辞与滋味的一个重要方式。刘勰《文心雕龙注》曰:"诗以声画妍蚩,寄在吟咏,吟咏滋味,流于字句。"⑤ 在视觉上,吟诵摆脱了音乐节奏的干扰,可以充分地展示文字固有的辞采;在听觉上,吟诵是一种拉长声音的展读,同

---

① (南朝梁)刘勰著,范文澜注:《文心雕龙注》,人民文学出版社1958年版,第103页。
② 郭绍虞:《永明声病说》,载《照隅室古典文学论集》,上海古籍出版社2009年版,第224页。
③ (南朝梁)钟嵘著,曹旭笺注:《诗品笺注》,人民文学出版社2009年版,第203页。
④ (清)沈德潜著,霍松林校注:《说诗晬语》,人民文学出版社1979年版,第198页。
⑤ (南朝梁)刘勰著,范文澜注:《文心雕龙注》,人民文学出版社1958年版,第553页。

直读相比时间过程更长，可以充分地品味作品的滋味和意蕴。据《颜氏家训·文章》记载："刘孝绰当时既有重名，无所与让；唯服谢朓，常以谢诗置几案间，动静辄讽味。简文爱陶渊明文，亦复如此。""王籍入若耶溪诗云：'蝉噪林愈静，鸟鸣山更幽。'江南以为文外断绝，物无异议。简文吟咏，不能忘之，孝元讽味，以为不可复得。"① 诸如此类，因文辞精妙而被反复吟诵的例子不胜枚举。诗歌作为一种语言艺术，创作和欣赏的重点从声变为辞，是一种艺术自觉，助力并推动着吟诵的兴盛。

诗歌体式变化带给吟诵的最直接影响，是节奏的变化和声腔的丰富。汉明帝时，佛教传入中国，承载佛经的梵语是一种有声调的语言。南北朝时期，沈约、周颙等文人受到梵语声调的启发，发现了汉语平、上、去、入四种声调，由之总结出汉语声韵的基本规律，为声律论奠定了基础。声律论让早已在运用声韵创作的中国诗歌发生了质的变化，推动中国诗歌体式从先秦两汉的古体，经南齐永明体过渡，走向了隋唐的近体诗。从此，中国的诗与文开始分为"格律"和"无格律"两大类。沈约在《宋书·谢灵运传》中说："夫五色相宣，八音协畅，由乎玄黄律吕，各适物宜。欲使宫羽相变，低昂互节，若前有浮声，则后须切响。一简之内，音韵尽殊；两句之中，轻重悉异。妙达此旨，始可言文。"② 明确提出，作诗要有四声的高低变化，像五音配合一样，富有节奏韵律。诗歌要有平仄变化，像八音合奏一样，追求协调流畅。一句五字之内，声和韵要全部不同；相对的两句，平仄要不同。只有达到格律严整、音韵和谐，才可以说诗文。

唐代是中国诗歌的巅峰期，诗歌创作和吟诵之风盛行，诗歌元素浸透了社会生活的各个阶层，上至帝王，中至王公百官、举子士人，下及黎民百姓、僧人、歌姬，甚至强盗都能吟诗酬唱。因此，闻一多称这个时代现象为"诗唐"。唐代的皇帝多能诗擅吟，玄宗、文宗、宪宗、德宗等皆有吟诵的雅事传世。据宋代尤袤的《全唐诗话》记载，文宗"尝吟杜甫曲江篇云：'江头宫殿锁千门，细柳新蒲为谁绿。'乃知天宝以前楼

---

① （北齐）颜之推著，王利器集解：《颜氏家训集解》，中华书局1993年版，第295页。
② （南朝梁）沈约：《宋书》，中华书局1974年版，第1778页。

台之盛。郑注乃命神策军淘曲江昆明二池,许公卿立亭馆。"① 官吏和文人的诗歌信手拈取,乘兴吟诵。又据刘餗《隋唐嘉话》记载,"高宗承贞观之后,天下无事。上官侍郎独持国政,尝凌晨入朝,巡洛水堤,步月徐辔,吟诗云:'脉脉广川流,驱马历长洲。鹊飞山月晓,蝉噪野风秋。'音韵清亮,群公望之,犹神仙焉。"② 初唐宰相上官仪,在早朝途经东都宫墙外的洛堤时,即兴吟诵抒发情怀,遂成名篇《入朝洛堤步月》。李白和杜甫作为中国诗歌的双高峰,与友人的吟咏互赠的典故甚多。唐天宝元年(742),在一个小酒馆里,太子宾客、银青光禄大夫兼正授秘书监贺知章,初识自蜀进京的42岁的李白,"既奇其姿,复请所为文,出《蜀道难》以示之。读未竟,称叹者数四,号为'谪仙',解金龟换酒,与倾尽醉。期不间日。由是称誉光赫。贺又见其《乌栖曲》,叹赏苦吟曰:'此诗可以泣鬼神矣。'"③ 二人遂结忘年之交,李白也因贺知章举荐而成名。诗歌录于下:

乌栖曲

(唐)李白

姑苏台上乌栖时,吴王宫里醉西施。
吴歌楚舞欢未毕,青山欲衔半边日。
银箭金壶漏水多,起看秋月坠江波,
东方渐高奈乐何!

诗歌借用了乐府《清商曲辞》旧题,诗中景物随着时间的推移而变化,主题由歌咏艳情转为讽刺淫靡、咏史讽今,所以"可以泣鬼神"。

又如:

---

① (宋)尤袤撰:《全唐诗话》,文物出版社2020年版,第38页。
② (唐)刘餗撰,程毅中点校:《隋唐嘉话》,中华书局1979年版,第32页。
③ (唐)孟棨撰:《本事诗》,载丁福保辑《历代诗话续编》,中华书局2006年版,第14页。

夜泊黄山闻殷十四吴吟
（唐）李白

昨夜谁为吴会吟，风生万壑振空林。
龙惊不敢水中卧，猿啸时闻岩下音。
我宿黄山碧溪月，听之却罢松间琴。
朝来果是沧洲逸，酤酒醍盘饭霜栗。
半酣更发江海声，客愁顿向杯中失。

前四句说，昨夜是谁在唱吴地的歌吟，就像万壑生风，振响了空寂的树林。蛟龙惊起，不敢在水中静卧。山猿也不时停下哀啸，聆听岩下隐逸者的歌吟。"吴吟"用典，《战国策·秦策二》："臣不知其思与不思。诚思则将吴吟，今轸将为王吴吟。"东汉高诱注"吟"为"歌吟"[1]。所谓"吴吟"，当指吴地的歌唱，与后来的吟诵接近。

天宝三载（744），李白和杜甫在洛阳相识并结下深厚友谊，多次同游。两年后的一个秋日，二人在山东兖州最后一次相遇，李白看到比自己小11岁的杜甫又黑又瘦，戏吟："饭颗山头逢杜甫，顶戴笠子日卓午。借问别来太瘦生，总为从前作诗苦。"[2] 轻松地吟《戏赠杜甫》表达关切。

作为中国的"诗仙"和"诗圣"，二人都喜吟诵。例如：

游泰山六首（其四）
（唐）李白

清斋三千日，裂素写道经。
吟诵有所得，众神卫我形。
云行信长风，飒若羽翼生。
攀崖上日观，伏槛窥东溟。

---

[1]（西汉）刘向：《战国策》，上海古籍出版社1978年版，第141页。
[2]（唐）孟棨撰：《本事诗》，载丁福保辑《历代诗话续编》，中华书局2006年版，第14页。

海色动远山，天鸡已先鸣。
　　银台出倒景，白浪翻长鲸。
　　安得不死药，高飞向蓬瀛。

　　杜甫作诗，不仅时常有拖着长腔反复吟诵和推敲的辛苦，也有聆听他人吟诵的感悟。例如：

解闷十二首（其七）
（唐）杜甫

　　陶冶性灵在底物，新诗改罢自长吟。
　　孰知二谢将能事，颇学阴何苦用心。

又如：

夜听许十一诵诗爱而有作
（唐）杜甫

　　许生五台宾，业白出石壁。
　　余亦师粲可，身犹缚禅寂。
　　何阶子方便，谬引为匹敌。
　　离索晚相逢，包蒙欣有击。
　　诵诗浑游衍，四座皆辟易。
　　应手看捶钩，清心听鸣镝。
　　精微穿溟涬，飞动摧霹雳。
　　陶谢不枝梧，风骚共推激。
　　紫燕自超诣，翠驳谁剪剔。
　　君意人莫知，人间夜寥阒。

　　天宝十四年（755），本诗作于长安，又名《夜听许十损诵诗爱而有作》。"诵诗浑游衍，四座皆辟易。应手看捶钩，清心听鸣镝。精微穿溟涬，飞动摧霹雳。"六句用比喻描写许生诵诗，气势浑然流出："游衍"

是从容的样子,"辟易"是惊恐躲避的样子;"捶钩"喻功之纯熟,"鸣镝"喻机之迅捷;"穿溟涬"说思通造化,"摧霹雳"说势压雷霆。许生善吟,杜甫知音,优美的旋律不绝于耳。

"诗魔"白居易是中唐最著名的诗人,字乐天,号香山居士,又号醉吟先生。他曾在《与元九书》中回忆了春天与元稹城南游吟的雅事:"如今年春游城南时,与足下马上相戏,因各诵新艳小律,不杂他篇。自皇子陂归昭国里,迭吟递唱,不绝声者二十里余。樊、李在傍,无所措口。知我者以为诗仙,不知我者以为诗魔。何则?劳心灵,役声气,连朝接夕,不自知其苦,非魔而何?偶同人,当美景,或花时宴罢,或月夜酒酣,一咏一吟,不觉老之将至。"① 白居易吟诵度日,《白发》曰:"歌吟终日如狂叟,衰疾多时似瘦仙。"

"诗囚"贾岛以苦吟著称,风格幽僻冷涩。在一个秋雨初晴的日子,贾岛送别从弟无可禅师,孤独感不禁顿生,吟作《送无可上人》寄情,多有反复。诗歌录于下:

送无可上人
(唐)贾岛

圭峰霁色新,送此草堂人。
麈尾同离寺,蛩鸣暂别亲。
独行潭底影,数息树边身。
终有烟霞约,天台作近邻。

成诗后,贾岛在颈联"独行潭底影,数息树边身。"下以五言绝句自注:"两句三年得,一吟双泪流。知音如不赏,归卧故山秋。"② 因这一绝句注在诗后,故名《题诗后》。《题诗后》是贾岛"推敲"炼字,呕心苦吟的生活写照,反而较原诗更加知名。

唐代在敬宗和文宗以后,出现衰败倾覆之势,世道渐乱。《云溪友

---

① 谢思炜校注:《白居易文集校注》,中华书局2011年版,第327页。
② 齐文榜校注:《贾岛集校注》,人民文学出版社2001年版,第545页。

议》记载了一则趣事：长庆二年（822），太学博士李涉前往九江看望任江州刺史的弟弟李渤，"至浣口之西，忽逢大风，鼓其征帆，数十人皆驰兵仗而问是何人。从者曰：'李博士船也。'其间豪首曰：'若是李涉博士，吾辈不须剽他金帛，自闻诗名日久，但希一篇，金帛非贵也。'李乃赠一绝句。豪首钱赂且厚，李亦不敢却。"① 这首赠豪首的诗歌录于下：

井栏砂宿遇夜客

（唐）李涉

暮雨潇潇江上村，绿林豪客夜知闻。
他时不用逃名姓，世上如今半是君。

中晚唐时，社会已不太平，劫盗屡见不鲜。一伙强盗遇到了李涉，求一首诗却不劫财，反赠许多钱财，让人悲喜交加。悲者，世风日下，民不聊生；喜者，诗歌风行，深入人心。这种事情，也许只有在诗歌唐朝才会发生。

唐代读文同样喜欢用吟诵的方式。韩愈作为古文运动的倡导者、唐宋八大家之首，"文起八代之衰"，在《进学解》中自述日常"先生口不绝吟于六艺之文，手不停披于百家之编"②。又在《至邓州北寄上襄阳于頔相公书》中推介"手披目视，口咏其言，心惟其义"的精读方法。③ 古文运动的另一位倡导者柳宗元，在《与友人论为文书》中说："间闻足下欲观仆文章，退发囊笥，编其芜秽，心悸气动，交于胸中，未知孰胜，故久滞而不往也。今往仆所著赋颂、碑碣、文记、议论、书序之文，凡四十八篇，合为一通，想令治书苍头吟讽之也。"④ 朋友听说柳宗元编好了文集，想看一看，他答复说让管理书籍的奴仆吟诵给你听吧。这虽是

---

① （宋）范摅撰：《云溪友议》，商务印书馆1934年版，第1248页。
② （唐）韩愈著，刘真伦、岳珍校注：《韩愈文集汇校笺注》，中华书局2010年版，第147页。
③ （唐）韩愈著，刘真伦、岳珍校注：《韩愈文集汇校笺注》，中华书局2010年版，第618—619页。
④ （唐）柳宗元著，曹明纲标点：《柳宗元全集》，上海古籍出版社1997年版，第260页。

作者自谦之语，却也从侧面说明唐代诗文的吟诵的普及程度。

四 诗乐滋养时期

盛世唐朝作为中国诗歌和音乐的文化昆仑，对后世来讲是幸运的，吟诵者可以很方便地从中汲取艺术营养，获得宝贵的启迪。同时，这座高峰也给后人造成了沉重的心理压力，吟诵者只有另辟蹊径，才能走出盛唐的阴影。

宋代是中国文学的转型期。宋代为界，中国文学前期的主要样式是典雅的诗歌与散文，而后期的主要样式则是通俗的戏曲与小说，词算作诗歌与戏曲之间的一种过渡介质。宋代以后，繁华而丰富的都市生活，滋生了说话、杂剧、小说等各类娱乐型艺术形式，促进了私学书院的兴起和发展。由此滋养，吟诵在宋元明清四代尤为兴盛，文学样式、艺术风格、理论研究和传播途径等均取得了巨大成就。

宋代诗歌守正创新，在唐诗丰润华美的道路之外，开辟了一条平淡瘦劲的诗歌蹊径。梅尧臣的平淡，王安石的精致，苏轼的旷达，黄庭坚的瘦硬，陈师道的拙朴，杨万里的活泼，都是唐诗风格陌生化的结果。与新的美学风范相适应，宋诗的吟诵也呈现出艺术风格多样化的面貌。

词是发源民间的配乐文学样式，起于隋唐，盛于宋代，和乐府一样后来逐渐与音乐分离，成为诗的别体，故有"诗余"的名称。词主要以吟诵和歌唱的方式传播。胡仔《苕溪渔隐词话》就记载了宋代吟诵柳永词的盛况："《后山诗话》云：'柳三变游东都南北二巷，作新乐府，骫骳从俗，天下咏之，遂传禁中。'"[①] 淳熙年间，宋金战事稍平，太学生俞国宝在西湖酒肆的屏风题词《风入松》。词录于下：

风入松
（宋）俞国宝

一春长费买花钱，日日醉湖边。玉骢惯识西湖路，骄嘶过、沽酒楼前。红杏香中箫鼓，绿杨影里秋千。

---

① 唐圭璋：《词话丛编》，中华书局1986年版，第162页。

暖风十里丽人天，花压鬓云偏。画船载取春归去，馀情寄、湖水湖烟。明日再携残酒，来寻陌上花钿。

南宋太上皇赵构偶然看到这阕词，激赏吟诵，并将"明日再携残酒"改为"明日重扶残醉"。俞国宝也因此被解褐授官。① 明代王世贞《艺苑卮言》也记载了这则故事："高宗在德寿宫游乐景园，偶步入一酒肆，见素屏有俞国宝书《风入松》一词，嗟赏之。诵至'明日重携残酒，来寻陌上花钿'，曰：'未免酸气。'改'明日重扶残醉，乃即日予释褐。'"②

吟诵和歌唱也是宋词的重要评价标准。明代秦士奇《草堂诗余序》曰："有六十四家词，至二百余调，其间可歌可诵，如李、晏、柳七、秦七、'云破月来花弄影'郎中、'红杏枝头春意闹'尚书，闺彦若易安居士，词之正也。至温、韦艳而促，黄九精而新。长公骚而壮，幼安辨而奇，又词之变体也。"③ 梳理唐五代两宋的词，李白、晏殊、柳永、秦观、张先、宋祁、李清照、温庭筠、韦庄、黄庭坚、苏轼、辛弃疾等人，同时符合歌唱和吟诵的标准，确定为止体。古代学者多持这一观点，又如元代张炎《词源》卷下曰："盖词中一个生硬字用不得。须是深加锻炼，字字敲打得响，歌诵妥溜，方为本色语。"④

尤其值得注意的是，吟诵作为一种人生态度，已经融进了士大夫阶层的日常生活。宋神宗元丰五年（1082）春，苏轼因乌台诗案被贬黄州，一日与朋友出游，风雨忽至，众人皆狼狈，词人却泰然处之，缓步吟咏，展示出了旷达超脱的胸襟和超凡脱俗的理想。词录于下：

定风波

（宋）苏轼

三月七日，沙湖道中遇雨，雨具先去，同行皆狼狈，余独不觉。已而遂晴，故作此词。

---

① 参见（宋）周密《武林旧事》卷三，光明日报出版社2014年版。
② 唐圭璋：《词话丛编》，中华书局1986年版，第392页。
③ 杨万里编著：《草堂诗馀》（汇校汇注汇评），崇文书局2017年版，第406页。
④ （元）张炎著，夏承焘校注：《词源注》，人民文学出版社1963年版，第15页。

莫听穿林打叶声，何妨吟啸且徐行。竹杖芒鞋轻胜马，谁怕？一蓑烟雨任平生。

料峭春风吹酒醒，微冷，山头斜照却相迎。回首向来萧瑟处，归去，也无风雨也无晴。

宋元之际，风雨飘摇。王沂孙等词人以咏莲、蝉等物，抒发心中愤懑，寄托亡国之恸，风格深密典雅。清代陈廷焯《白雨斋词话》曰："读碧山词，须息心静气沉吟数过，其味乃出。心粗气浮者，必不许读碧山词。"① 所谓的"沉吟数过"，即低声吟诵几遍。清代吟诵词，讲究反复吟诵方可体会其中的滋味。

宋代是中国文学的转型期，也是中国吟诵的关键期。先论吟诵传播，宋代以后，蒙学读物得益于印刷技术的改进而广为刊印流传，让吟诵第一次走进了寻常百姓家。北宋初年的《百家姓》、南宋王应麟的《三字经》、南宋谢枋得和明代王相的《千家诗》、明代吕得胜的《小儿语》、明代程登吉的《幼学琼林》、明代萧良有的《龙文鞭影》、清代的《增广贤文》、清代李毓秀的《弟子规》等蒙学读物，多为韵语写成，朗朗上口，易记好学，以吟诵的形式在各地广泛传播。对此，文献多有记载：

秋日郊居八首（其七）

（宋）陆游

儿童冬学闹比邻，据案愚儒却自珍。

授罢村书闭门睡，终年不著面看人。

诗后自注："农家十月乃遣子入学，谓之冬学，所读《杂字》、《百家姓》之类，谓之村书。"②

元代是中国历史上第一个由少数民族的统治者建立的统一政权，因

---

① （清）陈廷焯著，杜维沫校点：《白雨斋词话》，人民文学出版社1959年版，第45页。

② （宋）陆游著，钱仲联校注：《剑南诗稿校注》四，浙江教育出版社2011年版，第9页。

推行极端的民族与文化政策,享祚不足百年。元代文坛,叙事性文学第一次居主导地位,戏剧为代表性文学样式,诗和词的成就不高,元曲为吟诵的主流。元曲包括剧曲和散曲,剧曲指的是杂剧的曲辞,是戏剧的舞台综合艺术的组成部分;散曲则是韵文中继诗歌、词之后的新诗体。元曲吟诵在宫调、曲牌、曲韵、平仄、对仗、衬字等体制方面均有固定格式,同诗文和词相比,更加灵活。同时,因其"俗谣俚曲"的民间来源,平添了许多乡土气息。

明代吕坤《续小儿语·序》:"故小儿习先君语如说话,莫不鼓掌跃诵之,虽妇人女子亦乐闻而笑,最多感发。"①

清代李恩绶《龙文鞭影·序》:"明贤《龙文鞭影》一书,风行已久。童子入塾后,为父师者,暇即课其记诵,盖喜其字句不棘口,注中隶事甚多也。"②

清代的龚自珍是中国古典文学的终结者和近代文学的开启者,幼年由母亲段驯启蒙吟诵,终生笔耕口吟不辍,尊史崇史,以文学为武器批判政治。根据清代吴昌绶所编《定庵先生年谱》记载,其《三别好诗》序曰:"髫龀早慧,好读吴梅村诗、方百川遗文、宋左彝学古集,后赋《三别好诗》,谓自撰造述,绝不出三君,而心未能舍去,以三者皆于慈母帐外灯前诵之。吴诗出口授,故尤缠绵于心;壮而独游,每一吟此,宛然幼小依膝下时也。"③ 龚自珍童年的时候,母亲每天睡前教他吟诵吴伟业、方舟和宋大樽的诗文,他成年后在外游历,每当吟诵三个人的作品,就好像又回到了童年时光。道光十九年(1839),即鸦片战争爆发的前夕,龚自珍在组诗《己亥杂诗》(其五)中深情地吟咏:"浩荡离愁白日斜,吟鞭东指即天涯。落红不是无情物,化作春泥更护花。"当然,诗人面对衰世更多的是一种众人皆醉我独醒的无奈咏叹:"回肠荡气感精

---

① (明)吕坤撰:《丛书集成初编·续小儿语》,中华书局1985年版,第1页。
② (明)萧良有撰,杨净臣增订:《龙文鞭影》,岳麓书社2002年版,第3页。
③ (清)龚自珍著,刘逸生注:《龚自珍己亥杂诗注》,中华书局1980年版,第5页。第287页。

灵，座客苍凉酒半醒。自别吴郎高咏减，珊瑚击碎有谁听。"① "少年哀乐过于人，歌泣无端字字真。"② 吟诵作为传统的读书方法，连同蒙学读物，一直都是中国古代教育的重要组成部分。

再论学理研究，宋代的欧阳修、苏轼、陆游、严羽等对吟诵皆有论述。欧阳修是宋初开创一代新风的文坛领袖，困顿时吟诗诵文解忧。景祐四年（1037），被贬夷陵途经黄溪，登山临水抚今伤古，其《黄溪夜泊》曰："行见江山且吟咏，不因迁谪岂能来。"③ 看重吟诵的言传作用，在《系辞说》中提出："书不尽言，言不尽意。然自古圣贤之意，万古得以推而求之者，岂非言之传欤？"在《答祖择之书》中提出："作诗须多诵古今人诗，不独读诗尔，其它文字亦然。"并对李白、杜甫、韩愈、孟郊等人的诗歌吟诵风格进行了评价。如《读蟠桃诗寄子美》（《四部丛刊》本《欧阳文忠公文集》和《四部备要》本《欧阳文忠集》均收《读蟠桃诗寄子美》；《四部丛刊》和《四部备要》的《宛陵先生文集》将此诗归入梅尧臣，文字略有出入，改题为《读蟠桃诗寄子美、永叔》。考究证实，"永叔"二字应为作者名字，系衍误，此诗应为欧阳修作）认为韩愈和孟郊的诗："孟穷苦累累，韩富浩穰穰。穷者啄其精，富者烂文章。发生一为宫，揪敛一为商。二律虽不同，合奏乃锵锵。"④ 中正地称赞了孟郊的"穷苦"风格和韩愈的"富浩"风格。

而严羽最为注重神气，把妙悟作为进入诗歌审美殿堂的门径。就鉴赏而言，妙悟是审美经验的积淀，即完全理解诗歌的意境之后，所洞察到的至高审美体验；就创作而言，妙悟是诗歌创作的形象性思维过程，即在词、理、意、兴的相互作用之下，所达到的言意浑融的境界。《沧浪诗话·诗辨》曰："先须熟读楚辞，朝夕讽咏，以为之本；及读《古诗十九首》、乐

---

① 《己亥杂诗》其二百十七。（清）龚自珍著，刘逸生注：《龚自珍己亥杂诗注》，中华书局1980年版，第5、287页。
② 《己亥杂诗》其一百七十。（清）龚自珍著，刘逸生注：《龚自珍己亥杂诗注》，中华书局1980年版，第239页。
③ （宋）欧阳修撰，刘德清、顾宝林、欧阳明笺注：《欧阳修诗编年笺注》，中华书局2012年版，第501页。
④ （宋）欧阳修撰，刘德清、顾宝林、欧阳明笺注：《欧阳修诗编年笺注》，中华书局2012年版，第747页。

府四篇、李陵苏武汉魏五言,皆须熟读,即以李杜二集枕藉观之,如今人之治经,然后博取盛唐名家,酝酿胸中,久之自然悟入。"① 妙悟是长期的熟读、讽咏、酝酿后的收获。严羽又说:"读骚之久,方识真味,须歌之抑扬,涕泪满襟,然后为识《离骚》。否则为戛釜撞瓮耳。"② 当读者在阅读过程中与作者实现了感情的共鸣时,没有以悟为目的,也意识不到已经达到妙悟,这就是作为审美感受的妙悟与理性的本质不同。其实妙悟本身既是过程,又是目的。这与刘大櫆所说的"因声求气"的学文之法如出一辙。

以严羽的"朝夕讽咏,以为之本"为基础,明代刘绩辨析了唐诗吟诵的不同声调:"唐人诗,一家自有一家声调,高下疾徐皆合律吕,吟而绎之,令人有闻《韶》忘味之意。宋人诗,譬则村鼓岛笛,杂乱无伦。"③ 李东阳提出"以声论诗"说,比较了诗文的声调与节奏,强调了吟诵在诗歌创作中的特殊价值。《麓堂诗话》曰:"泥古诗之成声,平侧短长,句句字字,摹仿而不敢失,非惟格调有限,亦无以发人之性情。若往复讽咏,久而自有所得,得于心而发之乎声,则虽千变万化,如珠之走盘,自不越乎法度之外矣。"④ 反对生搬硬套声律格式,提出了通过反复吟诵掌握诗歌语言节奏的方法,进而指出:"诗必有具眼,亦必有具耳。眼主格,耳主声。"⑤ "陈公父论诗专取声,最得要领。"⑥ 认为如果诗歌的时代和体式不同,则声调必各异。

两宋之后,吟诵理论研究也从吉光片羽式的散碎走向系统,并逐步深入。明代李东阳《麓堂诗话》、谢榛《四溟诗话》对吟诵声调作了印象式的批评;清代王士禛《王文简古诗平仄论》、赵执信《声调谱》提出了

---

① (宋)严羽:《沧浪诗话》,载(清)何文焕辑《历代诗话》,中华书局2004年版,第687页。

② (宋)严羽:《沧浪诗话》,载(清)何文焕辑《历代诗话》,中华书局2004年版,第698页。

③ (明)刘绩撰:《霏雪录》卷下,载《四库全书》子部,第21页。

④ (明)李东阳撰:《麓堂诗话》,载丁福保辑《历代诗话续编》,中华书局2006年版,第1370页。

⑤ (明)李东阳撰:《麓堂诗话》,载丁福保辑《历代诗话续编》,中华书局2006年版,第1371页。

⑥ (明)李东阳撰:《麓堂诗话》,载丁福保辑《历代诗话续编》,中华书局2006年版,第1373页。

忆。正如清朝段玉裁所说："一声可谐万字，万字亦必同部。"① 例如：知道"冽"是一个入声字，就可以类推"列、烈、咧、洌、趔"等入声字；知道"落"是入声字，可类推出"洛、络、骆、珞、烙、各、格、胳、骼"也是入声字。记住歌诀，一般古入声字都可以进行类推。

第三节 平仄

一 平仄的概念

平仄即字调，指汉语字音的不同声调。"平"就是平声，包括阴平和阳平；"仄"就是仄声，包括平以外的各声。仄，是倾斜不平的意思。

平仄是汉语声调中最低限度的差别，最粗略的区分，也是诗文声律中最基本的因素。受到时间和地域的影响，中国的汉语语音从古及今经过复杂的流变，可谓千差万别。当前的汉语语音非常复杂，大体上可以归为两大类：其一，吴闽粤为代表的东南方言区；其二，以上区域之外的普通话区域。就声调而言，普通话分为阴平、阳平、上声、去声等四声，部分区域又有细分，甚至多达十声。但是，无论调值多寡，都可以概括为两大调：平和仄。

平仄与四声的关系，启功先生曾有精确的论断："至于律诗中讲四声的，唐代本来就不多，后世更少有人沿用。在诗文声律中，只有讲平仄而不细拘四声的，却不可能有讲四声而不合平仄的。"② 凡言诗文吟诵，一言以蔽之：只论平仄，不拘四声。

平仄是诗文创作和吟诵的基础，我们又该如何把握平仄排序呢？这要从汉语言文字的特点谈起，汉语有一个永恒准则：一字即一音一意。当然也有例外，那就是汉语中由两个字合成一个音节的合音字。如"仨" sā，是"三个"的合音；"甭" béng，是"不用"的合音。这种合音字比较少见。汉语表达思想，一个语句可以长短、繁简、前后自由变换，句中加入、撤出某些词，仍然可以保持句型不变，意义相同或者相反。这

---

① 郭锡良：《汉语史论集》，商务印书馆 2005 年版，第 443 页。
② 启功：《声律论稿》，中华书局 2000 年版，第 5 页。

是汉语言文字的灵活性和优越性，非西方语系可比。同时，汉语诗文的断句常常是两字一顿，称之音步。在两字一顿的音步组合中，前字的声调可以灵活变化，而后字的声调则固定不变。

中国古典诗歌的句子由不同数量的音步组成，而构成音步的每一个字，在形式上占有均等的空间，句子中的平仄相间排列。启功形象地把古典汉诗的节奏比作一棵"平仄竹子"。竹子有节，均匀排列。在这一棵竹子上，每一个字代表一个平或仄，两字一节，组成了诗歌的用词"平平"或"仄仄"，一前一后，一轻一重，随意截取五个字或者七个字的一段，就是一种格律诗的基本句型。字节排序如下：

1　2　3　4　5　6　7　8　9　10　11　12　……
平　平　仄　仄　平　平　仄　仄　平　平　仄　仄　……

二　平仄的规则

平仄在诗文中交错使用，可以形成抑扬顿挫的声调变化，古人称为"声调铿锵"。格律诗有五项平仄规则：

（一）偶字稳固

在一词之中，两字一组，每组的前一字，即奇数字平仄可以灵活变化，而后一字，即偶数字的平仄固定不变，这是格律诗的组词规则。对此，前人以口诀概括："一三五不论，二四六分明"（五言律诗则是"一三不论，二四分明"）。

这个口诀简明实用，具有普遍性，但是也有例外，特殊句型尚需具体分析。就"一三五不论"而言，有时必须论。五言律诗的"平平仄仄平"句式，如第一字变"平"为"仄"，则犯"孤平"，必须用救；同理，七言律诗的"仄仄平平仄仄平"句式，如果第一字不变，第三字就不能变"仄"，否则，同样犯"孤平"。

又如，五言律诗的"仄仄仄平平"句式，第一字可不论，但是第三字变"平"，则成"三平尾"；同理，七言律诗的"平平仄仄仄平平"句式，第一、三字可不论，但是第五字就不能变"平"，否则，也成为"三平尾"。

"二四六分明"也并非绝对。五言律诗的第二字、七言律诗的第二、四字，必须分明。但是，五言律诗的第四字、七言律诗的第六字，就不一定分明。如特定格式"平平仄平仄"的第四字，"仄仄平平仄平仄"的第六字，都有变化。

（二）同句交替

在一句之中，两字一组平仄交替排列，这是格律诗的组句规则。如五言律诗，第一个节奏用"平平"，则第二个节奏必须用"仄仄"，第三个节奏又要用"平"。反之，第一个节奏用"仄仄"，第二个节奏必须用"平平"，第三个节奏就要用"仄"。七言律诗依此类推。

（三）上下相对

在一联之中，出句和对句的平仄相对，这是格律诗的组联规则。具体就是出句和对句的第二、四、六字平仄相反，即第一句和第二句、第三句和第四句、第五句和第六句之间，以此类推，必须是平仄相反的关系，称为"对"。

（四）联间相粘

在一篇之中，上联对句与下联出句的平仄必须相同，这是格律诗的组篇规则。具体就是每一联的上句必须同上一联的下句粘连，即第二、四、六字平仄相同，如第三句和第二句、第五句和第四句、第七句和第六句之间，以此类推，必须是平仄相同的关系，称为"粘"。

（五）偶句尾平

格律诗的第二、四、六、八等偶数句的尾字，必须是平声字；第一、三、五、七等奇数句的尾字，只有一句可以是平声字，并且只能出现在第一句或者第五句。这是首句入韵的绝句句型，以及以其为基础句数增加后产生的律句句型。

三　平仄的格式

（一）五言律诗的平仄

五言律诗共有四个句型，而这四个句型可以构成两联。即：

仄仄平平仄，平平仄仄平。

平平平仄仄，仄仄仄平平。

由以上两联错综变化，构成两种基本格式，并因每句首字的平仄可以灵活替换，五言律诗从而形成四种平仄格式。

1. 仄起仄收式

   ⓕ仄ⓟ平仄，平平ⓕ仄平。
   ⓟ平平仄仄，ⓕ仄仄平平。
   ⓕ仄ⓟ平仄，平平ⓕ仄平。
   ⓟ平平仄仄，ⓕ仄仄平平。

春　望
（唐）杜甫

国破山河在，城春草木深。
感时花溅泪，恨别鸟惊心。
烽火连三月，家书抵万金。
白头搔更短，浑欲不胜簪。

五言律诗以首句不入韵为正格，而且以仄起式最为常见。四种句型全用到，四句一组重复一次。首句仄起仄收，不入韵。每句的第一字（第二句、第六句防孤平，平仄固定不变）均可变换平仄。第三字平仄在第一句、第二句、第五句、第六句可替换。

2. 仄起平收式

   ⓕ仄仄平平，平平ⓕ仄平。
   ⓟ平平仄仄，ⓕ仄仄平平。
   ⓕ仄ⓟ平仄，平平ⓕ仄平。
   ⓟ平平仄仄，ⓕ仄仄平平。

秋日赴阙题潼关驿楼
（唐）许浑

红叶晚萧萧，长亭酒一瓢。
残云归太华，疏雨过中条。
树色随山迥，河声入海遥。
帝乡明日到，犹自梦渔樵。

首句有点变化。首句仄起平收，入韵。每句的第一字（第二句、第六句防孤平，平仄固定不变）均可变换平仄。第三字平仄在第二句、第五句、第六句可替换。

3. 平起仄收式

㊀平平仄仄，㊀仄仄平平。
㊀仄㊀平仄，平平㊀仄平。
㊀平平仄仄，㊀仄仄平平。
㊀仄㊀平仄，平平㊀仄平。

山居秋暝

（唐）王维

空山新雨后，天气晚来秋。
明月松间照，清泉石上流。
竹喧归浣女，莲动下渔舟。
随意春芳歇，王孙自可留。

四种句型全用到，四句一组重复一次。首句仄起仄收，不入韵。每句的第一字（第四句、第八句防孤平，平仄固定不变）均可变换平仄。第三字平仄在第三句、第四句、第七句、第八句可替换。

4. 平起平收式

平平㊀仄平，㊀仄仄平平。
㊀仄㊀平仄，平平㊀仄平。
㊀平平仄仄，㊀仄仄平平。
㊀仄㊀平仄，平平㊀仄平。

风雨

（唐）李商隐

凄凉宝剑篇，羁泊欲穷年。
黄叶仍风雨，青楼自管弦。
新知遭薄俗，旧好隔良缘。
心断新丰酒，销愁斗几千。

首句押平声韵有变化，其余各句与平起仄收式相同。每句的第一字（第一句、第四句、第八句防孤平，平仄固定不变）均可变换平仄。第三字平仄在第一句、第三句、第四句、第七句、第八句可替换。

(二) 五言绝句的平仄

1. 仄起仄收

⊗仄平平仄，平平⊗仄平。

⊗平平仄仄，⊗仄仄平平。

登鹳雀楼
（唐）王之涣

白日依山尽，黄河入海流。

欲穷千里目，更上一层楼。

首句仄起仄收，不入韵。第一字平仄第一句、第三句、第四句的可替换，第二句防孤平，平仄固定不变。第三字平仄只在第二句可替换。

2. 仄起平收

⊗仄仄平平，平平⊗仄平。

⊗平平仄仄，⊗仄仄平平。

塞下曲（其二）
（唐）卢纶

林暗草惊风，将军夜引弓。

平明寻白羽，没在石棱中。

首句仄起平收，入韵。第一字平仄第一句、第三句、第四句的可替换，第二句防孤平，平仄固定不变。第三字平仄只在第二句可替换。

3. 平起仄收

⊗平平仄仄，⊗仄仄平平。

⊗仄平平仄，平平⊗仄平。

听 筝
（唐）李端

鸣筝金粟柱，素手玉房前。
欲得周郎顾，时时误拂弦。

首句平起仄收，不入韵。第一字平仄第一句、第二句、第三句的可替换，第四句防孤平，平仄固定不变。第三字平仄只在第四句可替换。

4. 平起平收
平平⑥仄平，⑥仄仄平平。
⑥仄平平仄，平平⑥仄平。

汾上惊秋
（唐）苏颋

北风吹白云，万里渡河汾。
心绪逢摇落，秋声不可闻。

首句平起平收，入韵。第一字平仄第二句、第三句的可替换，第一句、第四句防孤平，平仄固定不变。第三字平仄在第一句、第四句也可替换。

（三）七言律诗的平仄

七言律诗的句型是在五言律诗的句型前加两个字，也有四个句型，而这四个句型也可以构成两联。即：

平平仄仄平平仄，仄仄平平仄仄平。
仄仄平平平仄仄，平平仄仄仄平平。

1. 仄起仄收式
⑥仄⑨平平仄仄，⑨平⑥仄仄平平。
⑨平⑥仄平平仄，⑥仄平平⑥仄平。
⑥仄⑨平平仄仄，⑨平⑥仄仄平平。
⑨平⑥仄平平仄，⑥仄平平⑥仄平。

咏怀古迹五首（其五）

（唐）杜甫

诸葛大名垂宇宙，宗臣遗像肃清高。
三分割据纡筹策，万古云霄一羽毛。
伯仲之间见伊吕，指挥若定失萧曹。
运移汉祚终难复，志决身歼军务劳。

四种句型全用到，四句一组重复一次。首句仄起仄收，不入韵。每句第一字的平仄均可替换，第三字的平仄（第四句、第八句防孤平除外）可替换，第五字的平仄第四句、第八句也可替换。

2. 仄起平收式

⊘仄平平⊘仄平，⊘平⊘仄仄平平。
⊘平⊘仄平平仄，⊘仄平平⊘仄平。
⊘仄⊘平平仄仄，⊘平⊘仄仄平平。
⊘平⊘仄平平仄，⊘仄平平⊘仄平。

登 高

（唐）杜甫

风急天高猿啸哀，渚清沙白鸟飞回。
无边落木萧萧下，不尽长江滚滚来。
万里悲秋常作客，百年多病独登台。
艰难苦恨繁霜鬓，潦倒新停浊酒杯。

四种句型全用到，四句一组重复一次。首句仄起平收，入韵。每句第一字的平仄均可替换，第三字的平仄（第一句、第四句、第八句防孤平除外）可替换，第五字的平仄第一句、第四句、第八句也可替换。

3. 平起仄收式

⊘平⊘仄⊘平仄，⊘仄平平⊘仄平。

⊘仄㊗平平仄仄，㊗平㊑仄仄平平。
㊗平㊑仄㊗平仄，㊑仄平平㊑仄平。
㊑仄㊗平平仄仄，㊗平㊑仄仄平平。

酬乐天扬州初逢席上见赠
（唐）刘禹锡

巴山楚水凄凉地，二十三年弃置身。
怀旧空吟闻笛赋，到乡翻似烂柯人。
沉舟侧畔千帆过，病树前头万木春。
今日听君歌一曲，暂凭杯酒长精神。

四种句型全用到，四句一组重复一次。首句平起仄收，不入韵。每句第一字的平仄均可替换，第三字的平仄（第二句、第六句防孤平除外）可替换，第五字的平仄第一句、第二句、第五句、第六句也可替换。

4. 平起平收式

㊗平㊑仄仄平平，㊑仄平平㊑仄平。
㊑仄㊗平平仄仄，㊗平㊑仄仄平平。
㊗平㊑仄㊗平仄，㊑仄平平㊑仄平。
㊑仄㊗平平仄仄，㊗平㊑仄仄平平。

左迁至蓝关示侄孙湘
（唐）韩愈

一封朝奏九重天，夕贬潮州路八千。
欲为圣明除弊事，肯将衰朽惜残年。
云横秦岭家何在，雪拥蓝关马不前。
知汝远来应有意，好收吾骨瘴江边。

首句稍有变化，平起平收，入韵。每句第一字的平仄均可替换，第三个字的平仄（第二句、第六句防孤平除外）可替换，第五字的平仄第二句、第六句也可替换。

（四）七言绝句的平仄

七言绝句有四个句型，可以构成两联。

1. 仄起仄收式

㊁仄㊁平平仄仄，㊁平㊁仄仄平平。
㊁平㊁仄平平仄，㊁仄平平㊁仄平。

九月九日忆山东兄弟
（唐）王维

独在异乡为异客，每逢佳节倍思亲。
遥知兄弟登高处，遍插茱萸少一人。

首句仄起仄收，不入韵。每句第一字的平仄均可替换，第三字的平仄（第四句防孤平除外）多可替换，第五字的平仄仅第四句可以替换。

2. 仄起平收式

㊁仄平平㊁仄平，㊁平㊁仄仄平平。
㊁平㊁仄平平仄，㊁仄平平㊁仄平。

焚书坑
（唐）章碣

竹帛烟销帝业虚，关河空锁祖龙居。
坑灰未冷山东乱，刘项原来不读书。

首句仄起平收，与前式稍有不同，入韵。每句第一字的平仄均可替换，第三字的平仄（第一句、第四句防孤平除外）可替换，第五字的平仄仅第一句、第四句可替换。

3. 平起仄收式

㊁平㊁仄㊁平仄，㊁仄平平㊁仄平。
㊁仄㊁平平仄仄，㊁平㊁仄仄平平。

忆江柳

（唐）白居易

曾栽杨柳江南岸，一别江南两度春。
遥忆青青江岸上，不知攀折是何人。

首句平起仄收，不入韵。每句第一字的平仄均可替换，第三字的平仄（第二句防孤平除外）多可替换，第五字的平仄仅第一句、第二句可以替换。

4. 平起平收式

⊕平⊗仄仄平平，⊗仄平平⊗仄平。
⊗仄⊕平平仄仄，⊕平⊗仄仄平平。

游园不值

（宋）叶绍翁

应怜屐齿印苍苔，小扣柴扉久不开。
春色满园关不住，一枝红杏出墙来。

首句平起平收，与前式稍有不同，入韵。每句第一字的平仄均可替换，第三个字的平仄（第二句防孤平除外）多可替换，第五字的平仄仅第二句可以替换。

第四节 韵律

一 韵的概念

"韵"字的本义为"均"。[1]《说文解字》释义："和也，从音员声。裴光远云'古与均同'。"[2] 现在通常理解为"和谐悦耳的声音"。汉字的

---

[1] 《康熙字典》，上海辞书出版社2008年版，第1391页。
[2] （汉）许慎：《说文解字》，中华书局1963年版，第58页。

读音是由声母和韵母拼出来的，诗文中的"韵"，即字的读音中韵母所发之音，这个发音由韵母和声调两个元素组成，我们不能简单地把韵等同于韵母。如果两个以上的字，韵母和声调相同，就属于一个韵部。同一个韵部的字，称作同韵字。如"旁、忙、狼"三个字，虽然声母不同，但韵母都是 ang，而且都读第二声，因此在现代汉语里，它们是同韵字。所谓押韵，就是让两个以上同韵字有规律地出现在韵文的每句或者隔句的特定位置（一般在尾部），吟诵时产生回环和谐、前后呼应的音乐之美。由于韵字总是在句尾的位置，所以又叫"韵脚"。

诗文押韵是通过同韵字实现的。因此，《广韵》收 206 韵，也称作 206 部。这些同韵字的韵母必须具备两个条件：其一，韵头异同不论，韵腹相同或相近，韵尾相同；其二，声调相同。如果声调不同，即使韵母结构相同也不算同韵。例如：

滁州西涧
（唐）韦应物

独怜幽草涧边生，上有黄鹂深树鸣。
春潮带雨晚来急，野渡无人舟自横。

诗中的"生、鸣、横"三字为韵脚，其中的"生"与"横"无韵头，只有"鸣"有韵头，但是，由于三个字的韵腹、韵尾和声调（隋唐时期均属平声）相同，同属"平声八庚"韵部，故可以押韵。

又如：

芙蓉楼送辛渐
（唐）王昌龄

寒雨连江夜入吴，平明送客楚山孤。
洛阳亲友如相问，一片冰心在玉壶。

襄阳路逢寒食

（唐）张说

去年寒食洞庭波，今年寒食襄阳路。
不辞著处寻山水，只畏还家落春暮。

这两首诗的韵脚字"吴、孤、壶"和"路、暮"，韵母在中古时期完全相同，今音也相同，但是前者的声调为平声，后者的声调为去声，故此不是同韵。在平水韵中，二者分别属于"平声七虞"韵部和"去声七遇"韵部。

二 韵书

韵书是把同韵字编排在一起，供创作韵文者查检的字典。韵书是诗文押韵的依据，中国古代的韵书可以分为两大体系：其一，源自《切韵》，沿袭至清代康熙年间的《佩文韵府》系统；其二，源自《中原音韵》，沿袭至"十三辙"系统。

《切韵》系统属于中古音韵，具有先发优势，隋唐、两宋时期，使用地区非常广泛，后来随着《中原音韵》语音系统的出现而急剧减少，目前仅吴闽粤的语音还大致接近。据唐代封演《封氏闻见录》记载，中国最早的韵书是三国时李登编著的《声类》和晋代吕静编著的《韵集》。两书均已失传，无从考究其出现的时间，通常说到韵书时，都是将两者一并提及。南朝齐、梁时，沈约、周颙等发现了汉语四声的存在，为韵书编写提供了一个重要条件，自此以后，各种韵书接踵相继，各有乖互，却均亡佚。隋代仁寿元年（601），颜之推、萧该等人审定、陆法言执笔编成《切韵》。《切韵》定音精确，使用广泛，到唐代成为科举考试的标准韵书，标志着汉语音韵学的正式确立。

北宋大中祥符元年（1008），陈彭年、丘雍等人奉真宗诏书修订《切韵》，编成《大宋重修广韵》颁布，简称《广韵》。这是第一部官修韵书，是《切韵》最重要的增订本，收字26194个，分属206韵，按平上去入四声分置于5卷之中。每卷之中所列各韵用一个或两个代表字作为名称，叫作"韵目"。每一个韵目下，标"同用""独用"注，作为韵文创作选字参考。"同用"即相近的韵部，押韵时可以通用；"独用"即单独使用，不可与其他韵通押。各韵的排序用序数加韵目表示，如"东第一、冬第二、钟第三……"，这种说法到《佩文诗韵》开始改为如一东、二冬、三江等。

《广韵》之后，陆续出现了几种同一体系的韵书修订本，或删繁就简，合并韵部；或增字增音，以求完备。南宋淳祐壬子年（1252）刊印的《壬子新刊礼部韵略》，把《广韵》注明"同韵"的各韵部合并为一个韵部，凡注明"独用"的韵部保持不变。这样一来，原书的206韵就变成了107韵，让韵书查用更加简便。由于主持刊刻新本的是平水（今山西临汾）人刘渊，后世称之为"平水韵"。到了清康熙年间编制《佩文韵府》，确定《平水韵》为科举考试标准韵书，并参照金代平水书籍（官职）王文郁的《平水新刊韵略》，最终把平水韵系统审定为106韵。《切韵》系统是古代文人吟诗作文的押韵标准。

自古以来，中国以北方中原地区的方言为汉民族的共同语言。《洪武正韵》以中原雅音为定。罗常培认为14世纪前后，北方有两种并行的读音系统："一个是代表官话的，一个是代表方言的；也可以说一个是读书音，一个是说话音"，[①]《中原音韵》是反映方言，即说话音的，《洪武正韵》是反映官话，即读书音的。北宋之前，黄河流域的中原地区长期处于中国经济和政治的中心地位，首善之地决定了语言的流行。到了近代，随着普通话的推广，与之相关联的中原雅音更是通行各地。这类韵书，以元代两种语音系统为源，字音分阴平、阳平、上、去四声，入声字则分派进其他调类之中，另有部分上声、去声的字也与《切韵》系统不同。分设韵部较少，元明以降，经"十三辙"及当今新编韵书，逐步完善，词曲制作多用此字音调类和韵部。

以上两个音韵系统，产生的时代不同，通用的地区有别。如唐宋诗文，可以参照《切韵》的音韵标准，而黄河流域出现的元曲和诗歌，则须参照《中原音韵》的音韵标准。今人创作和吟诵时，应注意辨别使用。

---

① 罗常培：《论论果夫〈八思巴字与古官话〉》，《中国语文》1959年12月号，收《罗常培语言学论文选集》，中华书局1963年版。

三　押韵的规则

押韵是中国古诗文形式上的特色。正如陆时雍所言："有韵则生，无韵则死；有韵则雅，无韵则俗；有韵则响，无韵则沉；有韵则远，无韵则局。"① 而沈德潜则说："诗中韵脚，如大厦之有柱石，此处不牢，倾折立见。"② 都在说押韵对于吟诵与创作的重要性。古诗文的押韵规则严格而复杂，这里仅就常见的格律诗为例作简单说明。

（一）偶句押韵，韵为平声，一韵到底，不能换韵

格律诗的偶数句必须押韵，有时首句也押韵，必须押平声韵，一韵到底，不能换韵。格律诗以每首八句为基本形式（唐代曾有数量极少的六句律调诗），超过八句的称为长律或排律，长律一般不限定句数。唐代科举考试用五言六韵，共十二句，称为"试律诗"；清代科举考试用五言八韵，共十六句，称为"试帖诗"。试帖诗和应制诗是用韵最严的格律诗。例如：

赋得沉珠于泉

（唐）崔元翰

皎洁沉泉水，荧煌照乘珠。（珠：上平七虞）
沉非将宝契，还与不贪符。（符：上平七虞）
风折璿成浪，空涵影似浮。（浮：下平十一尤/孚：上平七虞）
深看星并入，静向月同无。（无：上平七虞）
光价怜时重，亡情通道枢。（枢：上平七虞）
不应无胫至，自为暗投殊。（殊：上平七虞）

这首排律共十二句，用六韵。六个韵脚：珠、符、浮、无、枢、殊，其中五个韵脚属于"上平七虞"韵部，而"浮"字从水，孚（fú）声，属于"下平十一尤"韵部，"浮"同"孚"，故可归于"孚"的"上平七虞"韵部。

---

① （明）陆时雍：《诗镜总论》，载丁福保《历代诗话续编》，中华书局2006年版，第1423页。

② （清）沈德潜：《说诗晬语》（卷下），人民文学出版社1979年版，第247页。

(二) 诗有换韵，邻韵通押，特殊格式，变体有规

音韵因时而变，格律诗也有用韵较宽的变体。唐代中后期，出现了使用两种以上韵字（韵母相同或相近的字，虽不在一个韵部可以通押）为韵脚的格律诗，这种特殊的格式以葫芦韵、辘轳韵、进退韵为代表。

宋代《靖康缃素杂记》记载，唐僖宗乾符年间"郑谷与僧齐己、黄损等共定今体诗格云：'凡诗用韵有数格：一曰葫芦，一曰辘轳，一曰进退。葫芦韵者，先二后四；辘轳韵者，双出双入；进退韵者，一进一退。失此则缪矣。'余按《倦游杂录》载唐介为台官，延疏宰相之失，仁庙怒，谪英州别驾，朝中士大夫以诗送行者颇众，独李师中待制一篇，为人传诵，诗曰：'孤忠自许众不与，独立敢言人所难。去国一身轻似叶，高名千古重于山。并游英俊颜何厚，未死奸谀骨已寒。天为吾君扶社稷，肯教父子不生还。'此正所谓进退韵格也。按《韵略》：难字第二十五，山字第二十七，寒字又在二十五，而还字又在二十七。一进一退，诚合体格，岂率尔而为之哉。近阅《冷斋夜话》载当时唐、李对答语言，乃以此诗为落韵诗，盖渠伊不见郑谷所定诗格有进退之说，而妄为云云也"。①

这三种特殊格律诗的押韵方式拓宽了用韵的限制，有些像用今韵作律诗，而其本质是邻韵通押。所谓辘轳韵者，即格律诗第二、第四句用 A 韵，第六、第八句用与 A 韵可通的 B 韵，双入双出，此起彼伏，犹如辘轳，故名，韵例为 AABB 式。进退韵是两韵相间，即格律诗第二、第六句用 A 韵，第四、第八句用与 A 韵可通的 B 韵，一进一退，交替押韵，故名，韵例为 ABAB 式。葫芦韵者，首句押韵，先二后四，前小后大，形如葫芦，故名，若前韵句以 A 代，后韵句以 B 代，则韵例为 AABBBB 式。例如：

雨 余
（宋）王安国

雨余林更青，老不叹漂零。（青：下平九青；零：下平九青）
雪后菊未死，风前山欲崩。（崩：下平十蒸）

---

① （宋）黄朝英撰：《靖康缃素杂记》，上海古籍出版社 1986 年版，第 104 页。

仍烦析尘语，远寄打包僧。（僧：下平十蒸）
政绩随诗价，离樽慰远征。（征：下平十蒸）
明朝孤馆内，寒影照青灯。（灯：下平十蒸）

这首诗是典型的十句排律的葫芦韵。

邻韵通押的格律诗变体在中晚唐逐渐确立，宋代盛行，南宋的杨万里是创作邻韵通押作品最多的诗人。据统计，杨万里存辘轳韵和进退韵的近体诗40首。例如：

城上野步　用辘轳体

（宋）杨万里

寒劲无遗暖，晴行失老怀。（怀：上平九佳）
叶飞枫骨立，萍尽沼奁开。（开：上平十灰）
路好仍回首，泥残敢放鞋。（鞋：上平九佳）
登临不须尽，留眼要重来。（来：上平十灰）

这首诗虽然题名辘轳体，实则为"上平九佳"韵部的"怀""鞋"字与"上平十灰"韵部的"开""灰"字的邻韵相间、交替使用，正是五言律诗的进退韵。有趣的是，如果再吟杨万里以"辘轳体"题名的《中秋病中不饮用辘轳体》《重九日雨仍菊花未开用辘轳体》等，依旧是进退韵。这也从一个侧面说明，当时两种变体近体诗正处在一种名有别而韵混同的不自觉状态。

关于辘轳韵，古人强调要双入双出和邻韵通押。南宋严羽《沧浪诗话》曰："有辘轳韵者，双出双入。"[1] 宋代袁文评论黄庭坚《谢送宣城笔》说："世多病此诗既押十虞韵，鱼、虞不通押，殆落韵也。殊不知此乃古人诗格。"[2] 辘轳韵与进退韵的用韵形式异同，很容易辨析。例如：

---

[1] （宋）严羽：《沧浪诗话》，载（清）何文焕辑《历代诗话》，中华书局2004年版，第691页。

[2] （宋）袁文：《瓮牖闲评》，上海古籍出版社1985年版，第47页。

题建炎遗诏
（元）陈樵

解下涂金膝上衣，匆匆命将墨淋漓。（衣：上平五微；漓：上平四支）

图中吴楚无端拆，月里山河一半亏。（亏：上平四支）

银汉经天都是泪，杜鹃入洛不如归。（归：上平五微）

黄衣传诏三军泣，不是班师诏岳飞。（飞：上平五微）

这首诗首句入韵，"衣"为"上平五微"韵部，第二、四句尾的"漓""亏"为"上平四支"韵部，第六、八句尾的"归""飞"为"上平五微"韵部。全诗的押韵顺序：微、支、支、微、微。两个相邻的韵部通押，双出双入，此起彼落，就属于典型的辘轳韵。

近体诗的变体，另有一种首句用邻韵，其余偶句一韵到底的衬韵形式。衬韵是诗人在用韵规则内寻求灵活性的做法，也称"探头韵""借韵"，唐宋以后比较常见。例如：

寄题曾子与竞秀亭
（宋）杨万里

老夫上下蓼花滩，每过君家辄系船。（滩：上平十四寒；船：下平一先）

尊酒灯前山入座，孤鸿月底水连天。（天：下平一先）

暄凉书问二千里，场屋声名三十年。（年：下平一先）

竞秀主人文似豹，不应雾隐万峰边。（边：下平一先）

首句入韵，"滩"为"上平十四寒"韵部，偶数句的"船、天、年、边"为"下平一先"韵，这叫"以寒衬先"，是使用韵目相同或相近的字，虽不在同一韵部，可以通押。又如：

上张弘靖相公
（唐）王建

传封三世尽河东，家占中条第一峰。（东：上平一东；峰：上平二冬）

旱岁天教作霖雨，明时帝用补山龙。（龙：上平二冬）
草开旧路沙痕在，日照新池凤迹重。（重：上平二冬）
卑散自知霄汉隔，若为门下赐从容。（容：上平二冬）

首句入韵，"东"为"上平一东"韵部，偶数句的"峰、龙、重、容"为"上平二冬"韵部，这叫"以东衬冬"。再如：

题西林壁
（宋）苏轼

横看成岭侧成峰，（峰：上平二冬）
远近高低各不同。（同：上平一东）
不识庐山真面目，（目：入声一屋）
只缘身在此山中。（中：上平一东）

近体诗首句可以押韵，称首句入韵。近体诗的正体是单句不入韵，偶句入韵，一韵到底。五言律诗和绝句，首句通常不入韵，是正格；入韵是变格。七言律诗和绝句，首句通常入韵，是正格；不入韵是变格。王力提出："原来诗的首句本可不入韵，其首句入韵是多余的。所以古人称五七律为四韵诗，排律则有十韵二十韵等，即使首句入韵，也不把它算在韵数之内。"[①] 所以，苏轼这种首句入韵领起的衬韵通押形式，可以算是一种灵动而不出格的正体，后人美其名曰"孤雁出群"。

[①] 王力：《汉语诗律学》，上海教育出版社2012年版，第55页。

四 韵的避忌

诗文押韵，在押韵和韵外皆有避忌。具体而言，用韵要避免出现凑韵、叠韵、出韵、同义押韵的情况；而韵外，也要避忌出现上尾、重字、非韵句入韵的情况。

凑韵，指为了押韵勉强选用与句意不协调的字，凑合成句。叠韵即重韵，指同一个字在一首诗中两次作韵脚。出韵，指应用韵或可以用韵处用了邻韵或它韵中的字，不合全诗的韵脚。同义押韵，指在同一首诗中选用两个同义的字作韵脚。如"忧"和"愁"、"芳"和"香"等。

上尾，指一首诗中几个出句末尾的仄声字，同声相连。如格律诗的第一、三、五、七句，相近两句的尾字，应尽量避免都用上声，或者都用去声、入声，最好上、去、入三仄声交替使用。如果同声连用，就叫"上尾"。重字，指在一首诗中重复使用相同的字。但是，有些诗歌为了强调，也会出现重复，且为佳句。如杜甫《登高》中的"无边落木萧萧下，不尽长江滚滚来。"

避免非韵句入韵。非韵句，指一首诗中首句之外的其他奇数句。这些非韵句不可押韵，如果句尾字用了同诗的韵，甚至是邻韵，就会落入顺口溜的俗套，破坏诗的整体声韵美。

第五节 叶韵

叶韵实际上也是关于字韵的问题。这里单独讲，是因为叶韵作为诗文创作和吟诵的基础性问题，太过重要了，而且情况比较复杂。

一 叶韵的概念

叶韵，也称叶音、叶读，"叶"字读 xié，同"协"，和谐之意；"韵"字本义为"均"，二者合用取声音和谐的意思。清代倪涛曾专门论述声、音和韵的内在逻辑性："韵，王问切，和也，从音员声，古通用均。单出为声，成文为音，音和为韵。"① 叶韵的概念有两层含义。广义的叶韵，指韵字和谐悦耳，即押韵；狭义的叶韵，指用当时的语音读前朝韵文，遇到不和谐处就由读者改变读音，以求押韵。广义的叶韵前文已述，这里仅讲狭义的叶韵。

世界上的一切事物，都在运动变化之中，语言也不例外。魏晋时期，晋代徐邈、北周沈重等人发现，用当时的语音读《诗经》《楚辞》等先秦韵文，就会遇到韵脚字音不和谐的地方，为了押韵就把这些地方改成自己认为合适的读音。这以后，改读之风渐起，到了宋代更加盛行，吴棫著《诗补音》《韵补》专论叶韵，朱熹著《诗集传》对《诗经》古音进行全面分析，并成为叶韵说的一面旗帜，而元明清三代大部以朱子叶音为正宗。

但是，朱熹的叶韵说存在一个根本性的错误：忽视了语音的发展变化特性，用形而上学的方法强改字音追求音律协和，并没有真正探明《诗经》的原音韵，极易造成语言解读的混乱。例如"仪"字：

《小雅·湛露》第四章：其桐其椅，其实离离。岂弟君子，莫不令仪。母也天只，不谅人只！

《鄘风·柏舟》第一章：泛彼柏舟，在彼中河。髧彼两髦，实维我仪。之死矢靡它。

《小雅·斯干》第九章：乃生女子，载寝之地。载衣之裼，载弄之瓦。无非无仪，唯酒食是议，无父母诒罹。

《豳风·东山》第四章：我徂东山，慆慆不归。我来自东，零雨其濛。仓庚于飞，熠耀其羽。之子于归，皇驳其马。亲结其缡，九十其仪。其新孔嘉，其旧如之何？

以上四章都有"仪"字。在《湛露》中，"仪"字与"椅""离"押韵，符合宋代音，朱熹未注叶音；在《柏舟》中，"仪"字与"河"

---

① （清）倪涛：《六艺之一录》卷二百七，景印文渊阁《四库全书子部》第834册，台湾商务印书馆1986年版，第468页。

"它"押韵,不合宋代音,朱熹注云"叶牛何反",即读音为"俄";在《斯干》中,朱熹认为"仪"字与"子""地""裼""瓦""议""罹"押韵,不合宋代音,朱熹注云"叶音义",并在"瓦"字下注"叶鱼位反","罹"字下注"叶音丽";在《东山》中,朱熹认为"仪"字与"缡""嘉""何"押韵,不合宋代音,于是在四字下注上叶音。"缡"字"叶离、罹二音","仪"字"叶宜、俄二音","嘉"字"叶居宜、居何二反","何"字"叶奚、河二音"。同一个字,字义不变,在没有一个客观的依照和标准的情况下,由于不合当时的口语就随意改读,极易造成"字无定音"的混乱。

其实,训诂学家早就注意到了古今音变和上古宽韵的现象。唐代陆德明提出:"古人韵缓,不烦改字。"① 认为古人,不用通过改字来叶韵。明代末年,古音学的开拓者陈第提出了"古今语音不同说":"时有古今,地有南北,字有更革,音有转移,亦势所必至。"② 彻底批判叶韵说。当前,王力坚持发展和辩证的观点,以《诗经韵读》总述古韵学的发展,专论韵部、谐声、声调、通韵与合韵等问题,并对古音进行了拟测,是叶韵论的集大成者。

二 叶韵的标准

历史在演进,语言在变化。我们又该如何看待在中国音韵体系中流传一千余年的叶韵问题呢?对此,须有一个审慎的态度。开展叶韵研究有助于了解古今语音的演变过程,适当运用叶韵也可以解决古诗文吟诵中的音韵不谐的问题。基础教育具有简明和规范的特点,吟诵必须按照普通话的语音标准进行;而学术研究和文化传承具有溯源求真的特点,这就要求我们必须了解汉语的发展演变过程,清楚一些古诗文为何读起来不押韵了,进而借助叶韵进行吟诵艺术展示。正像著名学者程毅中所说:"读古诗的时候,要按照古代语音来读,才能体会到诗律的奥妙。"③

---

① (唐)陆德明撰,张一弓校点:《经典释文》,上海古籍出版社2012年版,第122页。
② (明)陈第著,康瑞琮点校:《毛诗古音考 屈宋古音义》,中华书局2011年版,第7页。
③ 程毅中:《中国诗体流变》,中华书局1992年版,第90页。

叶韵属于音韵学的范畴。古代文学作品浩瀚如海，而叶韵的主要参照标准，粗略梳理起来，大致可以分为两种：一种是先秦、两汉等上古汉语时期的作品，须依照《辞源》标注的"古音"改读；另一种是魏晋南北朝、隋唐、两宋等中古汉语时期的作品，须依照"平水韵"改读。而近代汉语时期，即元明清三代的作品，因语音与现代汉语接近，则无须改读，也就不存在叶韵问题。例如：：

小雅·我行其野（第一章）

我行其野，蔽芾其樗。昏姻之故，言就尔居。尔不我畜，复我邦家。

这是一首先秦诗歌，属于上古音韵，叶韵须依照《辞源》古音。一位远嫁异乡的女子行至田野，看到地里茂盛的恶木臭椿和恶菜苤蓝、葽茅，想到自己嫁人不淑，而作此诗。这一章押鱼部韵，首句入韵。"野"和"家"字作为韵脚字，以今音读 yě 和 jiā，与"樗"chū、"居"jū 等韵脚字不谐，适宜改读。"野：赏吕切，叶音暑 shǔ，与墅同；家：古胡切，叶音姑 gū"所谐之音在中古的"平水韵"是找不到的，只能溯源上古。[1]《辞源》注释"家"曰："gū，通'姑'。"[2] 韵脚字"野、樗、居、家"宽韵相押，和谐悦耳。又如：

春望

（唐）杜甫

国破山河在，城春草木深。
感时花溅泪，恨别鸟惊心。
烽火连三月，家书抵万金。
白头搔更短，浑欲不胜簪。

---

[1] （明）陈第著，康瑞琮点校：《毛诗古音考 屈宋古音义》，中华书局 2011 年版，第 20 页。

[2] 广东、广西、湖南、河南《辞源》修订组，商务印书馆编辑部编：《辞源》（修订本），商务印书馆 1979 年版，第 836 页。

这是一首近体诗，属于中古音韵，叶韵须依照"平水韵"。首句不入韵，偶句韵字"深""心""金""簪"同押"下平十二侵"韵部。"簪"若读成"zān"，则与"深""心""金"三字不谐，依照传统叶读为"zēn"。

词的叶韵也比较常见。周汝昌先生在赏析苏轼《蝶恋花·密州上元》时，曾经特别提到了词的叶韵。先看例词：

蝶恋花·密州上元
（宋）苏轼

灯火钱塘三五夜，明月如霜，照见人如画。帐底吹笙香吐麝，更无一点尘随马。

寂寞山城人老也，击鼓吹箫，却入农桑社。火冷灯稀霜露下，昏昏雪意云垂野。

苏轼在密州（今山东诸城）时创作此词。时值元宵佳节，回忆在杭州过节的盛况，百感交集。上片写盛况，是过去；下片写冷落，为当前。周汝昌认为："本篇韵脚诸字，应以古音（今地区方音犹然）读'马亚'之辙：夜，读如亚；麝，读如啥；也，读如哑；社，读如啥；野，读如哑。则谐调上口，无复滞碍。"[①] 此词属于中古音韵，叶韵须依照平水韵，周先生所言"古音"十分精确，但须说明，"麝""社"二字应为上声，读如"啥"则为平声，这可能是先生以方言论词的缘故。

辞赋等文体也多叶韵。例如：

行不由径赋（节选）
（唐）浩虚舟

澹台灭明，幽栖武城。感朴直之风散，恶奸邪之径生。苟正其身，宁偏僻而是履；不以其道，故斯须而不行。想乎尘满荆扉，草迷荒野。追游不慎其经历，咫尺固难于出处。钟山石上，杖藜之意殊乖；蒋氏庭

[①] 周汝昌：《千秋一寸心：周汝昌讲唐诗宋词》，中华书局2006年版，第52页。

中，携手之期顿阻。

"野""处""阻"三字同押平水韵的"上声六语"韵部,"野"在上古同"墅",故依照传统叶读为"shǔ"。

三　叶韵的辨识

认识叶韵，须注意叶韵和一字两读的区别。叶韵是改读，读音是新出现的，字义没有变化；一字两读是一字多音，读音是原有的，字义发生变化。二者有别，却容易混淆。例如：

江南曲
（唐）李益

嫁得瞿塘贾，朝朝误妾期。
早知潮有信，嫁与弄潮儿。

这首诗的韵脚"期""儿"二字，同押平水韵的"上平四支"韵部。诗"按今天普通话去读，qī 和 ér 就不能算押韵了。如果按照上海的白话音念'儿'字，念如 ní 音（这个音正是接近古音的），那就谐和了。"① 对此，有学者视为叶韵。"'儿'，若读成'ér'则与'期'不协，须依传统叶读为'ní'（与'期'同属'四支'韵）。"② 其实，这种韵字以普通话去读不谐，却有古音可以选择、无须改读的情况不属于叶韵。又如：

左迁至蓝关示侄孙湘
（唐）韩愈

一封朝奏九重天，夕贬潮州路八千。
欲为圣朝除弊事，肯将衰朽惜残年。
云横秦岭家何在，雪拥蓝关马不前。
知汝远来应有意，好收吾骨瘴江边。

---

① 王力：《诗词格律》，中华书局 2000 年版，第 4 页。
② 张本义：《吟诵拾阶》，广西师范大学出版社 2013 年版，第 22 页。

"拥"字，普通话读阴平 yōng，本义是搂抱的意思，动词。在这首诗中，"拥"读上声 yǒng，词义和词性都没有变化。

叶韵有一种一个普通话常音对应多个中古读音的特殊情况。例如"车"字，请看以下三首诗：

山　行
（唐）杜牧

远上寒山石径斜，白云深处有人家。
停车坐爱枫林晚，霜叶红于二月花。

街西长句
（唐）杜牧

碧池新涨浴娇鸦，分锁长安富贵家。
游骑偶同人斗酒，名园相倚杏交花。
银鞦騕褭嘶宛马，绣鞍璁珑走钿车。
一曲将军何处笛，连云芳草日初斜。

寄校书七兄
（唐）李冶

无事乌程县，蹉跎岁月余。
不知芸阁吏，寂寞竟何如。
远水浮仙棹，寒星伴使车。
因过大雷岸，莫忘八行书。

三首诗都用到了一个"车"字，普通话读为 chē，而中古则有 chā、jū 等多个读音。《山行》一诗，首句入韵，"斜""家""花"三字同押平水韵的"下平六麻"韵部，"斜"作为韵字，若读普通话 xié，则与"家" jiā、"花" huā 不谐，须叶韵改读为古音 xiá；"车"虽在句中的节奏点上，却不是韵脚，无须叶韵，古今都读阴平 chē。《街西长句》一诗，首句入韵，"鸦""家""花""车""斜"五字同押"下平六麻"韵部，

"车"和"斜"作为韵字,若读普通话 chē 和 xié,则与"鸦"yā、"家"jiā、"花"huā 不谐,须叶韵改读为古音 chā、xiā。《寄校书七兄》一诗,首句不入韵,"余""如""车""书"四字同押"上平六鱼"韵部,"车"若读普通话 chē,则与"余"yú、"如"rú、"书"shū 不谐,须改读为古音 jū。

叶韵务必坚持客观标准,力求音韵和谐、声情并茂。避免出现两个极端:食古不化、以古限今,一味地改音变调致使诵读"字无定音";随意发挥、曲古从今,违背音韵规范造成诵读不着调。

第六节 破读

汉字是语音和语义的结合体,对绝大多数汉字来说,音和义都是固定的。可是,当我们吟诵古代诗文时,常会遇到少数字按照常用的音去读,则语义不通的情况,这时就要用破读来解决。例如:

遣悲怀三首(其二)
(唐)元稹

昔日戏言身后意,今朝都到眼前来。
衣裳已施行看尽,针线犹存未忍开。
尚想旧情怜婢仆,也曾因梦送钱财。
诚知此恨人人有,贫贱夫妻百事哀。

这首格律诗中,颔联的出句有三个字破读。其中,"裳"字常音 shang,轻声,破读为 cháng;"施"字常音 shī,破读为 yì,作"移动、延及"解;"看"字常音 kàn,去声,因为在句中音节的关键处,格律上要求必须是平声字,所以破读为平声 kān。

一 破读的概念

所谓破读,又称读破、破字和异读,"就是用改变字的原来读音以区别意义或词性的方法。"① 如"长短"的"长",形容词,读阳平 cháng;而"长幼"的"长",动词,改读上声 zhǎng。"缝纫"的"缝",动词,读阳平 féng;而"缝隙"的"缝",名词,改读去声 fèng。通常来讲,将原来的读音叫"本音"或"读如字",将晚出的改读音叫"破读音"。

  如何认识和处理破读问题,学界素有分歧,一直没有得到很好的解决。破读大约是在汉代以后出现的,北齐颜之推《颜氏家训》载曰:"夫物体自有精粗,精粗谓之好恶;人心有所去取,去取谓之好恶。此音见于葛洪、徐邈。"② 文中的第一个"好恶",音为 hǎo è,义为好坏;第二个"好恶",音为 hào wù,义为喜好与嫌恶。破读的本质是一字多音多义的现象,即改变一个字的常见读音而使词性或词义变化的方法。破读字义由本义引申而出,同本字的关系密切。例如,刘向《战国策·邹忌讽齐王纳谏》:"朝服衣冠,窥镜……于是入朝见威王。"文中前一个"朝",按照通常读音,读作 zhāo,字形像日出草木之中而月还未落的样子,本义指早晨,属时间名词;后一个"朝",破读为 cháo,是古代君臣议事的地方,引申义指朝廷,属实体名词。

二 破读的形式

  破读是吟诵古代诗文时,追求雅言的文读效果的必然要求。伴随着语言流变,原古代汉语中的破读字已经融入了现代汉语体系,并且在日常生活和文学阅读中时常出现,稍不注意就会误读。这样,辨识破读字就成了吟诵前须准备的基本功。中国社会科学院语言研究所编纂的《现代汉语词典》,是中国第一部规范性的语文词典,对破读字进行了灵活处理和收录,虽有疏漏,却也不失为吟诵处理破读字的便利工具。《现代汉语词典》(2002 年增补本)(以下简称《词典》)收录的破读字,有五种存在形式③:

---

  ① 郭锡良、李玲璞编著:《古代汉语》,商务印书馆 1992 年版,第 1001 页。
  ② (北齐)颜之推:《颜氏家训》,中华书局 2018 年版,第 295 页。
  ③ 李晓静、曲清琳:《〈现代汉语词典〉对破读字的处理》,载《中国文字研究》第五辑,广西教育出版社 2004 年版,第 114—116 页。

（一）现代常用的破读音，收录本音和破读音

如"好"：本音 hǎo，形容词，善、美好；破读音 hào，动词，爱好。其他字如：亲、冠、饮、空、重、数、量、度、长、缝、分、解、行、相、散、还、和、调、强、应、当、将、中、号、禁、便、恶、宿、种、载、藏、处、乘、要、传、兴、累、与、难、为、畜、丧、少、会、乐、朝、扇、弹、教、卷、载、系、折、塞。

（二）现代消失的破读音，收录本音和破读音

《词典》释义时，前加"古代"两字区别。如"王"：wàng，古代称君王有天下；"采"：cài，（采地）古代诸侯分封给卿大夫的田地；"乘"：shèng，古代指四匹马拉的车一辆为一乘。

（三）现代不用的破读音，古代文献中常见，收录本音和破读音

《词典》释义时，前注"〈书〉（指现代汉语书面语用法）"。如："妻"，本音 qī，名词，指妻子；破读音 qì，动词，〈书〉把女子嫁给（某人）。其他字例如：衣、遗、雨、语、食、父、渐、属。

（四）现代口语已经不用的破读音，只收录习惯读音

《词典》在破读音的义项后面加注"（旧读 x）"。如："胜"，shèng（旧读 shēng）能够承担或承受：胜任/数不胜数/不胜枚举。其他字例如："长"，zhǎng（旧读 zhàng）；"听"，tīng（旧读 tìng）；"从"，cóng（旧读 zòng）；"行"，xíng（旧读 xìng）；"溪"，xī（旧读 qì）；"屿"，yǔ（旧读 xǔ）；"文"过饰非，wén（旧读为 wèn）。

（五）现代口语已经消失的破读音，只留下一个读音

《词典》直接注习惯读法。如：犒"劳"（láo），原读为 lào；信"使"（shǐ），原读为 shì；令"闻"（wén），原读为 wèn；径"庭"（tíng），原读为 tìng。

破读音作为一种约定俗成的语音现象，具有历史悠久、习用性强、厚植文化的特点，我们在吟诵中遇到破读字不能视而不见，更不能任意诠释，须坚持实用性和传统性兼顾原则，准确审定每一个破读字的读音。

三 破读的类型

破读是声母、韵母和声调三个方面的变化，尤以声调居多。声调不

同的破读，一般是把平、上和入三声读作去声，并伴随有词性的变化。唐作藩以《群经音辨》《经史正音切韵指南》《马氏文通》为基础，排除涉及假借字、古地名和人名的破读，对 260 个常用字的本音和破读音及其演变过程进行研究，发现常用破读音在普通话中的读音主要有两大类：第一类保留了本音和破读音，共 99 个字；第二类只有一个读音，共 161 个字。[①] 对于吟诵者而言，只要熟悉这些常见破读字即可。唐作藩梳理的第一类字有五种情况：

（一）平声、去声两读，55 个字

亲、膏、空、缝、过、冠、傍（旁）、重、量、分、相、奔、和、调、陈（阵）、应、当、将、监、中、闲（间）、胜、观、号、禁、知（智）、论、便、教、藏、乘、要、传、兴、称、难、为、妨、共（供）、更、丧、阴、扇（搧）、铺（舖）、咽、钉、牵（縴）、创、汤（烫）、弹、磨、担、徼、瘗、渐

例如"论"字：在《过野叟居》中，本音读去声 lùn，言论的意思，名词；在《偶成》中，破读为阳平 lún，讨论、诉说的意思，动词。

过野叟居

（唐）马戴

野人闲种树，树老野人前。
居止白云内，渔樵沧海边。
呼儿采山药，放犊饮溪泉。
自著养生论，无烦忧暮年。

偶　成

（宋）周端臣

一洒斑斑小雨晴，杖藜随意散幽情。
不论城市山林地，才有梅花处便清。

[①] 参见唐作藩《学点音韵学》，商务印书馆 2018 年版。

例如"胜"字：在《得舍弟消息》中，本音读去声 shèng，超过的意思，动词；在《春望》中，破读为阴平 shēng，能承担、经得住的意思，动词。

得舍弟消息
（唐）杜甫

乱后谁归得，他乡胜故乡。
直为心厄苦，久念与存亡。
汝书犹在壁，汝妾已辞房。
旧犬知愁恨，垂头傍我床。

春　望
（唐）杜甫

国破山河在，城春草木深。
感时花溅泪，恨别鸟惊心。
烽火连三月，家书抵万金。
白头搔更短，浑欲不胜簪。

（二）上声、去声两读，15个字

采（採）、数、饮、散、好、种、处、卷、与、少、累、吐、转、倒、写（泻）

例如"饮"字：在《卜算子》中，本音读上声 yǐn，喝的意思，动词；在《白雪歌送武判官归京》中，破读为去声 yìn，给……喝的意思，使动用法。

卜算子
（宋）李之仪

我住长江头，君住长江尾。日日思君不见君，共饮长江水。
此水几时休，此恨何时已。只愿君心似我心，定不负相思意。

白雪歌送武判官归京
（唐）岑参

北风卷地白草折，胡天八月即飞雪。
忽如一夜春风来，千树万树梨花开。
散入珠帘湿罗幕，狐裘不暖锦衾薄。
将军角弓不得控，都护铁衣冷难着。
瀚海阑干百丈冰，愁云惨淡万里凝。
中军置酒饮归客，胡琴琵琶与羌笛。
纷纷暮雪下辕门，风掣红旗冻不翻。
轮台东门送君去，去时雪满天山路。
山回路转不见君，雪上空留马行处。

（三）平声、上声两读，6个字

披、几、屏（摒）、笼、挑、强

例如"笼"字：《泊秦淮》中的"笼"字，本音读上声 lǒng，遮盖、罩住的意思，动词；在《失婢》中，破读为阳平 lóng，笼子的意思，名词。

泊秦淮
（唐）杜牧

烟笼寒水月笼沙，夜泊秦淮近酒家。
商女不知亡国恨，隔江犹唱后庭花。

失 婢
（唐）白居易

宅院小墙庳，坊门帖榜迟。
旧恩惭自薄，前事悔难追。
笼鸟无常主，风花不恋枝。
今宵在何处，唯有月明知。

(四)古有入、去两读，今变读韵母或声母，8个字

恶（wù，è）、识（shí，zhì）、宿（sù，xiǔ）、祝（zhù，zhòu 咒）、度（dù，duó）、读（dú，dòu）、食（shí，sì）、塞（sāi，sài，sè）

例如"食"字：在《次韵柳子玉过陈绝粮二首（其一）》中，本音读阳平 shí，吃的意思，动词；在《王风·丘中有麻》中，破读去声 sì，拿东西给人或牲畜吃的意思，同"饲"，声母和声调均发生变化，动词。

次韵柳子玉过陈绝粮二首（其一）

（宋）苏轼

风雨萧萧夜晦迷，不须鸣叫强知时。
多才久被天公怪，阙食惟应窭妇知。
杜叟挽衣那及胫，颜公食粥敢言炊。
诗人情味真尝遍，试问于今底处亏。

王风·丘中有麻

丘中有麻，彼留子嗟。彼留子嗟，将其来施施。
丘中有麦，彼留子国。彼留子国，将其来食。
丘中有李，彼留之子。彼留之子，贻我佩玖。

(五)古破读声母，今变读声母或韵母、声调的，15个字

折（shè，zhé）、尽（jǐn，jìn）、解（jiě，xiè）、著（同"着"，zhuó，zháo）、大（da，tai 太）、会（huì，kuài）、降（jiàng，xiáng）、朝（zhāo，cháo）、载（zǎi，zài）、系（xì，jì）、属（shǔ，zhǔ）、父（fù，fǔ 甫）、见（jiàn，xiàn 同"现"）、畜（chù，xù）、乐（lè，yuè）

例如"降"字：在五言律诗《奉和太子纳妃太平公主出降》的"平平仄仄平"句式的第四字位置，本音读去声 jiàng，下落、减低、下嫁的意思，动词。在七言律诗《寄贯休上人》的"平平仄仄仄平平"律式第六字位置，破读为阳平 xiáng，投降、降服的意思，动词。此字的声母发生了变化，但是两用都合乎声律。

奉和太子纳妃太平公主出降
（唐）郭正一

桂宫初服冕，兰掖早升笄。
礼盛亲迎晋，声芬出降齐。
金龟开瑞钮，宝翟上仙袿。
转扇承宵月，扬旌照夕蜺。

寄贯休上人
（唐）吴融

别来如梦亦如云，八字微言不复闻。
世上浮沉应念我，笔端飞动只降君。
几同江步吟秋霁，更忆山房语夜分。
见拟沃州寻旧约，且教丹顶许为邻。

例如"朝"字：在《羁春》中，本音读阴平 zhāo，像太阳已出平草而月亮尚未隐没之形，本义为早晨，同"暮""夕"相对，名词；在《汧州作四首（其二）》中，破读为阳平 cháo，引申指朝代，一姓君主世代相传的整个统治时期，名词。因为朝拜天子、上朝议事都是早晨要做的事情。此字两用，主要是声母发生了变化。

羁　春
（唐）王勃

客心千里倦，春事一朝归。
还伤北园里，重见落花飞。

汧州作四首（其二）
（宋）赵佶

国破山河在，宫庭荆棘春。
衣冠今左衽，忍作北朝臣。

第二类破读字只有一个读音，共161个字，又可以分为三种情况：

（一）古有本音和破读音两读，现在只留下本音，共104个字

1. 本音是平声，破读去声，现在只读阴平和阳平，72个字

麾、冰、轻、高、深、长、凝、收、敛、呼、如、障、防、思、评、生、吹、蒸、经、缘、编、名、劳、施、除、疏、操、烧、盐、输、污、漂、帆、宾、巾、先、卑、离、沉、还、齐、延、冥、尖、煎、援、争、迎、攻、封、张、蹄、平、衷、裁、迟、棺、缄、含、临、庭、王、妻、衣、遗、文、三、行、从、听、闻、骑

例如"骑"字：在《题第五司户侍御》中，本音读阳平 qí，本义为骑马，即两腿左右分开，臀部坐在马背上的意思，动词；在《过华清宫三首（其一）》中，破读为去声 jì，一人一马合称的意思，名词。

题第五司户侍御

（唐）欧阳詹

曾称野鹤比群公，忽作长松向府中。
骢马不骑人不识，泠然三尺别生风。

过华清宫三首（其一）

（唐）杜牧

长安回望绣成堆，山顶千门次第开。
一骑红尘妃子笑，无人知是荔枝来。

例如"闻"字：在《鹿柴》中，本音读阳平 wén，听到的意思，动词；在《寄刘峡州伯华使君四十韵》和《出师表》中，破读为去声 wèn，名声、声誉的意思，名词。

鹿　柴

（唐）王维

空山不见人，但闻人语响。
返景入深林，复照青苔上。

寄刘峡州伯华使君四十韵（部分）
(唐) 杜甫

昔岁文为理，群公价尽增。
家声同令闻，时论以儒称。

出师表（节选）
(三国) 诸葛亮

臣本布衣，躬耕于南阳，苟全性命于乱世，不求闻达于诸侯。先帝不以臣卑鄙，猥自枉屈，三顾臣于草庐之中，咨臣以当世之事，由是感激，遂许先帝以驱驰。后值倾覆，受任于败军之际，奉命于危难之间，尔来二十有一年矣。

2. 本音是上声，破读去声，现在只读上声，32 个字

枕、粉、两、染、广、悔、使、喜、首、引、毁、养、恐、取、子、女、远、走、守、乳、始、享、遣、假、巧、准、选、语、雨、比、左（佐）、风（讽）

例如"风"字：本音读为上声 fěng，本义为因为气压差异而产生的与地面大致平行的空气流动现象，名词。在《村居》中，读阴平 fēng，空气流动的现象，名词；在《说苑·贵德》中，破读为去声 fèng，引申义为吹拂、教化，动词。同理，句中的"雨"为滋润的意思。另外，在《资治通鉴·汉纪四》中，通"讽"，读为上声 fěng，劝告、讽诵的意思。

村 居
(清) 高鼎

草长莺飞二月天，拂堤杨柳醉春烟。
儿童散学归来早，忙趁东风放纸鸢。

说苑·贵德（部分）
(汉) 刘向

吾不能以春风风人，吾不能以夏雨雨人，吾穷必矣。

资治通鉴·汉纪四（部分）

（宋）司马光

陛下以岁时汉所余，彼所鲜，数问遗，因使辨士风谕以礼节。

（二）本音不存，现在只留下破读音，共43个字

1. 本音为平声，破读去声，现在只读去声，13个字

贯、怨、令、爨、誉、治、忘、虑、料、放、庆、任、纵

例如"令"字：在《送刘司直赴安西》中，本音读阴平 līng，使、让的意思，动词；在《吕氏春秋·离俗览》中，从听令的角度，引申出听从的意思，读为阳平 líng，动词。在《铜雀台》中，破读为去声 lìng，上级对下级发出强制性指示的意思，名词。

送刘司直赴安西

（唐）王维

绝域阳关道，胡沙与塞尘。
三春时有雁，万里少行人。
苜蓿随天马，葡萄逐汉臣。
当令外国惧，不敢觅和亲。

铜雀台

（唐）沈佺期

昔年分鼎地，今日望陵台。
一旦雄图尽，千秋遗令开。
绮罗君不见，歌舞妾空来。
恩共漳河水，东流无重回。

吕氏春秋·离俗览

（战国）吕不韦及其门客

故古之圣王，审顺其天而以行欲，则民无不令矣，功无不立矣。

2. 本音为上声，破读去声，现在只读去声，15 个字

上、下、右（佑）、柱、去、涕、奉、后、近、夏、被、树、善、滥、造

例如"被"字：本音为上声，皮彼切，寝衣。普通话读去声 bèi，在《招魂》中，覆盖的东西的意思，名词；在《咏怀》中，遮盖的意思，动词；而在《国殇》中，读为阴平 pī，同"披"，覆盖的意思，动词。在《采蘩》中，破读为去声 bì，同"髲"，首饰名，名词。

招魂（部分）
（战国）屈原

砥室翠翘，挂曲琼些。
翡翠珠被，烂齐光些。

咏怀八十二首（其三）
（三国）阮籍

嘉树下成蹊，东园桃与李。
秋风吹飞藿，零落从此始。
繁华有憔悴，堂上生荆杞。
驱马舍之去，去上西山趾。
一身不自保，何况恋妻子。
凝霜被野草，岁暮亦云已。

国殇（部分）
（战国）屈原

操吴戈兮被犀甲，车错毂兮短兵接。
旌蔽日兮敌若云，矢交坠兮士争先。

召南·采蘩

于以采蘩，于沼于沚；于以用之，公侯之事。
于以采蘩，于涧之中；于以用之，公侯之宫。
被之僮僮，夙夜在公；被之祁祁，薄言还归。

3. 本音为平声，破读上声，现在只读上声，3 个字

总、反、攘

例如"反"字：普通话读上声 fǎn，将物体翻转过来的意思，动词。在《史记·平准书》中，读本音为阴平 fān，断狱平反的意思，动词。在《兵车行》中，破读为上声 fǎn，覆、翻转的意思，动词；在《卫风·氓》中引申出违背、和正相对的意思，副词；在《与陈伯之书》中，回、归还的意思，通"返"，动词。

史记·平准书（部分）

（汉）司马迁

杜周治之，狱少反者。

兵车行（部分）

（唐）杜甫

信知生男恶，反是生女好。

卫风·氓（第六章）

及尔偕老，老使我怨。淇则有岸，隰则有泮。总角之宴，言笑晏晏，信誓旦旦，不思其反。反是不思，亦已焉哉。

与陈伯之书

（南朝梁）丘迟

夫迷途知反，往哲是与。

4. 本音为去声，破读上声，现在只读上声，1 个字

仰

例如"仰"字：在罕见的柏梁体的七句诗《登云龙山》中，破读为上声 yǎng，即普通话音，本义为抬头，脸或前胸朝上的意思，动词；在《周礼·保氏》注中，读为阳平 áng，古同"昂"，情绪高的意思，形容词。

登云龙山

（宋）苏轼

醉中走上黄茅冈，满冈乱石如群羊。
冈头醉倒石作床，仰看白云天茫茫。
歌声落谷秋风长，路人举首东南望，拍手大笑使君狂。

《周礼·保氏》注

（汉）郑玄

军旅之容，阚阚仰仰。

5. 本音为入声，破读去声，现在只读去声，11个字

炙、借、贷、告、诰、射、覆、刺、帅、画、易

这类字因今无入声，故只能读去声。例如"射"字：在《观骑射》中，普通话读去声 shè，本义为开弓放箭，引申义泛指借助推力或弹力发出，动词。本音入声，神夜切；在《大雅·思齐》第三章中，破读为去声 yì，厌倦的意思。另有去声 yè，用作"仆射"，指古代的官名，名词。

观骑射

（唐）李益

边头射雕将，走马出中军。
远见平原上，翻身向暮云。

大雅·思齐（第三章）

雍雍在宫，肃肃在庙。不显亦临，无射亦保。

（三）本音和破读音都不读，现在变读另一音，共14个字，这又分六种情况

1. 本音为上声，破读上声，现在变读平声，1个字

播

例如"播"字：普通话读阴平 bō。在《春日田园杂兴二首（其二）》

中，本音读上声 bǒ，本义为撒种。引申有分散、传布、表现等的意思，动词。在《和令狐相公玩白菊》中，破读为上声 bǒ，摇动、摆弄的意思。

春日田园杂兴二首（其二）
（宋）何鸣凤

星明天驷兆兴农，稼圃犁锄处处同。
播谷竞趋新禹甸，条桑犹记旧豳风。
草缘疆畎纵横绿，花隔藩篱深浅红。
自笑偷生劳种植，西山输与采薇翁。

和令狐相公玩白菊
（唐）刘禹锡

家家菊尽黄，梁国独如霜。
莹静真琪树，分明对玉堂。
仙人披雪氅，素女不红妆。
粉蝶来难见，麻衣拂更香。
向风摇羽扇，含露滴琼浆。
高艳遮银井，繁枝覆象床。
桂丛惭并发，梅蕊妒先芳。
一入瑶华咏，从兹播乐章。

2. 本音为入声，破读去声，现在变读平声或上声，7个字

积、出、约、足、觉、伏、乞

其中，积、出、约3字读阴平；足、觉、伏3字读阳平；乞1字读上声。例如"觉"字：本音为古岳切，入声。普通话为阳平 jué，本义为醒悟、使明白，动词，引申为发现、感受、睡醒等。在《芍药》（元和中知制诰寓直禁中作）中，睡醒的意思。在《梦蝶》中，第一个"觉"破读为去声 jiào，睡眠的意思，名词；第二个"觉"读阳平 jué，睡醒的意思，动词。"觉"与"来"组合成词，义为"醒后"，在古代诗歌中较为常见。

芍药（元和中知制诰寓直禁中作）
（唐）韩愈

浩态狂香昔未逢，红灯烁烁绿盘笼。
觉来独对情惊恐，身在仙宫第几重。

梦 蝶
（宋）柯梦得

一觉千年一转机，觉来还是梦还非。
当时梦里如为蝶，便好穿花傍水飞。

3. 本音为平声，破读声母分清浊两读，现在变读阴平，1 个字
焉

例如"焉"字：本音和普通话读阴平 yān，本义为一种黄色的鸟，后来失去本义被借义所专用。在《励志》中，读本音 yān，相当于哪里、怎么的意思，疑问代词。在《周礼·缝人》中，破读为阴平 mā，因乌、焉、马三字形相似而互用。

励 志
（唐）刘驾

白发岂有情，贵贱同日生。
二轮不暂驻，似趁长安程。
前堂吹参差，不作缑山声。
后园植木槿，月照无余英。
及时立功德，身后犹光明。
仲尼亦为土，鲁人焉敢耕。

周礼·缝人（部分）

丧，缝棺饰焉。

4. 本音为上声，破读声母分两读，现在变读去声，1 个字

断

"断"字：本音为上声 duǎn，普通话为去声 duàn，本义为把条状物截开分成段，动词。在《海监院惠二物戏答》中，读为去声 duàn，分开的意思，动词；在《退居五首》中破读为 dūn，高地断绝的意思，同"垄断"。

海监院惠二物戏答

（宋）赵蕃

打粥泛邵州饼，候汤点上封茶。
软语方炉活火，清游断岸飞花。

退居五首（其四）

（宋）宋祁

利固惭龙断，长非累緱牵。
难求迎鲋水，空望戴盆天。
喘急常悲月，惊多遂恶弦。
诚非穷者叹，民颂正尧年。

5. 本音为去声，破读声母分两读，现在变读去声，2 个字

败、坏

例如"坏"字：本音和普通话为去声 huài，在《题鲁司徒庙》中读本音，本义是墙壁倒塌，破败。在《小雅·小弁》第五章，破读为去声 hùi，通"瘣"，伤病；在《求杨仲才芍药》中，读为阳平 péi，通"培"，填补坍塌，或用泥土填塞空隙的意思，动词。

题鲁司徒庙

（宋）强至

司徒精爽俨如昨，旧史风流传至今。
一雨能随贤宰意，千年不死爱民心。
虫缘坏壁青苔合，鸟噪荒庭古树阴。
桑雉逢人虽远避，近来僮竖杀机深。

小雅·小弁（第五章）

鹿斯之奔，维足伎伎。雉之朝雊，尚求其雌。
譬彼坏木，疾用无枝。心之忧矣，宁莫之知。

求杨仲才芍药
（宋）虞俦

见说江都一骑来，筠篮坏土带春回。
不堪羁宦思金谷，宁有诗情似玉台。
纶阁翻阶无复梦，乳溪临槛想传杯。
殷勤分赠须闻早，社后重阳政好培。

6. 本音为入声，破读声母分两读，现在变读阳平，2个字

别、合

例如"合"字：木音为候阁切，入声，普通话读阳平 hé，本义为闭，动词。在《工部赵侍郎下世日作》中，读阳平 hé，闭合的意思，动词；在《小雅·棠棣》中，引申出和谐、融洽的意思，形容词。在《周礼·弓人》中破读为去声 qià，和洽的意思；在《左转·宣公二年》中破读阳平 dá，对的意思，犹答也。

工部赵侍郎下世日作
（金）元好问

鹤骨翛然卧石床，情知合眼即仙乡。
安时处顺吾儒事，枉却南华说坐忘。

小雅·棠棣（第七章）

妻子好合，如鼓瑟琴。兄弟即翕，和乐且湛。

周礼·弓人（部分）

冬析干则易，春液角则合，夏治筋则不烦，秋合三材则合。

左传·宣公二年（部分）
（战国）左丘明

宋人以兵车百乘，文马百驷，以赎华元于郑。半入，华元逃归。立于门外，告而入，见叔牂，曰："子之马然也。"对曰："非马也，其人也。"既合而来奔。

四　派入平声的古入声字破读

"入声短促急收藏"。四声之中，入声字是仄声的一种特殊调值，短促而急切，在诗文中常用来表现豪迈、激烈、愤怒、孤傲一类的情感。由于时代变迁，古入声字派入了现代汉语的阴平、阳平、上声、去声，普通话已经没有入声。古典诗文创作与吟诵遇到入声字该如何处理？凡节奏点和韵脚位置的入声字，易作适当转换，破读为古音，其他位置的入声字可以读为常音，用普通话的规范声调。例如：

偶题（前两韵）
（唐）杜甫

文章千古事，得失寸心知。
作者皆殊列，名声岂浪垂。

登高（前两联）
（唐）杜甫

风急天高猿啸哀，渚清沙白鸟飞回。
无边落木萧萧下，不尽长江滚滚来。

以上分别是杜甫的五言律诗和七言律诗的首部分。其中的"得""失""急""白"是四个古入声字，常音分别为："得"，读阳平 dé，获得（跟"失"相对）之意，动词；"失"，读阴平 shī，原有的没有了之意，动词；"急"，读阳平 jí，迅速且猛烈之意，形容词；"白"，读阳平 bái，形容颜色像霜雪一样（跟"黑"相对）之意，形容词。四字之中，"失""急""白"三字都处在节奏点上，偶字的平仄要求非常严格，因此需要破读为仄声，具体就是古入声。而"得"字为奇字，不在节奏点位置，可以常音读，无须依照古音破读。又如：

满江红

（宋）岳飞

怒发冲冠，凭阑处、潇潇雨歇。抬望眼、仰天长啸，壮怀激烈。三十功名尘与土，八千里路云和月。莫等闲，白了少年头，空悲切。

靖康耻，犹未雪；臣子恨，何时灭。驾长车踏破，贺兰山缺。壮志饥餐胡虏肉，笑谈渴饮匈奴血。待从头、收拾旧山河，朝天阙。

词牌《满江红》为双调 93 字，前阕四仄韵，后句五仄韵，前阕五六句，后阕七八句要对仗。后阕三字四字也用对仗，岳飞此调例用入声韵脚。具体如下：

⊗仄平平，⊕⊕仄、⊕平⊗仄。⊕⊗仄、⊗平⊕仄，⊗平⊕仄。⊗仄⊕平平仄仄，⊕平⊕仄平平仄。⊗⊕仄、⊕仄仄平平，平平仄。

⊕⊕仄，平仄仄；平⊗仄，平平仄。仄⊗⊕⊗仄、⊗⊕平仄。⊕仄⊕平平仄仄，⊕平⊗仄平平仄。⊕⊗仄、仄仄仄平平，平平仄。

本词押短促急切的入声韵，适宜表达激动悲切的情感。如果用普通话吟诵，全词有 18 个入声字，除了"激"jī、"八"bā、"白"bái、"渴"kě 四个入声字不在节奏点上，平仄可以随意变换外，其他 14 个入声字均在节奏点上和韵脚处，"发"fā、"歇"xiē、"十"shí、"缺"quē、"拾"shí、"阙"quē 六个字读阴平或阳平，"烈"liè、"月"yuè、"切"qiè、"雪"xuě、"灭"miè、"踏"tà、"肉"ròu、"血"xuè 八个字，虽读仄声，却是入声，音节由此将变得舒缓、柔和。为了表现《满江红》词牌原有的声韵效果，按照格律要求，六个读阴平或阳平的字必须破读为入声，而八个读上声或去声的字，也最好破读为入声。再如：

江 雪

（唐）柳宗元

千山鸟飞绝，万径人踪灭。
孤舟蓑笠翁，独钓寒江雪。

这是一首较为少见的入声韵的五言绝句。首句入韵,三个韵脚字"绝""灭""雪"用普通话读,为阳平 jué、去声 miè、上声 xuě 三个声调,不合声律,须破读为入声。第三句不押韵,句尾字"翁" wēng 为阴平舒展音换气,前后以两个入声字"笠""独"呼应。有趣的是,这种首句入韵、押入声韵的五言绝句,与首句入韵、押平声韵的五言绝句的四个句子的尾字的平仄正好相反。

诗歌是中国文学的代表,也是中国传统文化的重要载体,承载着传承和构建民族精神的使命。吟诵作为一种传统的语言艺术,只有随着社会发展不断进行适应性变化才能保持艺术生命力。如果一个字为古代异读字,处在诗歌的韵脚或节奏点位置,最好参考古音异读,以便吟诵的和谐。如果古今音变较大,诗歌在现代已经不押韵了,但是韵脚字或节奏点字并非古代异读字,则无须改读。

第三章

吟诵的规则

　　吟诵是汉诗文的传统读书方法和创作方法，自西周以来在官学和私学通行，口传心授，至今已有三千余年。中国古人用吟诵的方式读书，古典文献关于吟诵的记载也是连篇累牍，随处可见，但是关于吟诵规则与方法的记载却如吉光片羽，少之又少，且湮没文海。传统吟诵有哪些规则与方法？又是怎样吐气发声、确定音长与音高的？这些一直都是吟诵界关注的问题。朱自清、叶圣陶、赵元任、华锺彦、叶嘉莹等对此多有论述，但至今尚无吟诵的定则。近年，徐健顺等梳理文献，综合各家之长，提出的"一本九法"较为流行。

　　所谓"一本"，即"一个根本"，指吟诵以传达诗文的声韵含义为目的。所谓"九法"，即依字行腔、依义行调、平长仄短、入短韵长、平低仄高、文读语音、腔音唱法、模进对称、虚实重长九种基本方法，这是吟诵实践的规则。

　　当然，吟诵的基本方法远不止这九种，如由曾国藩、吴汝纶等人总结，经唐文治整理的"五法四象"读文法，又如由华锺彦提出，华锋定型的"平长仄短、节奏分明、声情并茂"读诗法，均未概括进九法之中。甚至，由于南北方言的差异，九法中的"平低仄高"并不具备普遍意义。但是大体而言，"一本九法"仍是一个相对科学的吟诵规则体系。这里选择九法的要点，综合各家之长，改"平低仄高"为"平仄高低"，略论吟诵规则。

第一节　平长仄短和入短韵长

平长仄短、入短韵长是音长方面的吟诵规则，用于格律性诗文。平长仄短，指的是平声字长吟，仄声字短诵。入短韵长，指的是仄声中的入声字吟得要特别短促，而韵脚字要吟得舒缓悠长，即便是仄声韵也应适当长吟。徐健顺认为，一个字的语音长短是相对的，为了便于把握，吟诵的时候可以分为长、中、短三种：律句中的第二、四、六等偶数位置，如果是平声字就是长音，句尾的韵字（平声字无须多言，定是长音。仄声字也是适当长音）也是长音；入声字一般读短音；其余的字是中音。例如：

村居
（清）高鼎

- - — — - ！ —
草长莺 飞 二月天，

！ — — - — -
拂堤 杨柳醉春 烟。

— — - ！ — — -
儿 童 散学 归 来早，

— - — - — - -
忙 趁东 风 放纸 鸢。

这是一首仄起平收首句入韵的七言绝句。按照近体诗"一三五不论"的规则，第二句的第一字"拂"应平而仄，为入声字，由第三字"杨"应仄而平补救；第四句第一字"忙"应仄而平，属于可变通的范畴。吟诵时，"飞""堤""童""风"为各句偶数位置的平声字，读长音。"天""烟""鸢"为韵字，更须读长音。"月""拂""学"为入声字，读短音。其他的字读中音，可以再细化为让"草""长""二"等仄声字较中音稍短，而"莺""杨""儿"等平声字较中音稍长。这样，在第一句的第四字，第二句的第二、第六字，第三句的第二、第六字，第三的第四字长吟，从而形成一种"四、二六、二六、四"的节奏。

在运用平长仄短、入短韵长的吟诵规则时，须把握四项要点：其一，近体诗的韵脚全部是平声字，自然长吟拖腔。词和曲有时押仄声韵，韵字也可以长吟。如果是入声韵，可以先顿挫，读准声调后再拖腔。其二，入声字读短音，常会有一个短暂的停顿。其三，句中奇数位置的平声字读中音，为了区别仄声字，有时可适当取中音与长吟的中间值。其四，平长仄短是一般性规则，也有例外，允许吟诵者根据文意情绪在局部微调，但应杜绝大量破坏平长仄短规则的情况，否则就不再是吟诵了。

第二节 依字行腔和依义行调

依字行腔和依义行调是腔调方面的吟诵规则。二者关系紧密，因此放在一起讲解。

依字行腔，又叫"腔随字转""字领腔行"，是一种"腔调紧贴唱词字调的高低起伏而运行，以清晰体现语音的唱腔处理形式"[①]。章鸣认为，依字行腔"是我国民族声乐作品中关于腔调创作的基本原则之一。它的基本含义就是要求唱腔的曲调须与唱词字音的声调相吻合，唱腔曲调与演唱发音吐字等声、韵的要求相一致，做到字音清晰，把语言清楚地表达出来"[②]。依字行腔是汉民族声乐最基本的规律之一，戏曲、说唱、民歌、琴歌等艺术样式皆须遵循，尤以吟诵的要求最为严格。戏曲、说唱作为一种娱人的表演艺术，为了让剧场最后一排的观众看得明白、听得清楚，舞台的动作、表情和语音都会进行夸张。语音的夸张，不仅在唱词的声母和韵母，还涉及声调部分。例如，昆曲和京剧往往会把［i］唱成更展唇的［ic］，加强了爆破音的力度。

同理，吟诵时的依字行腔就有两个基本支点：汉字的字音和声调。依字行腔就是根据字音和声调的变化，进而确定音乐的流转起伏、抑扬

[①] 中国艺术研究院音乐研究所编：《中国音乐词典》，人民音乐出版社2016年版，第910页。

[②] 章鸣编：《语言音乐学纲要》，文化艺术出版社1998年版，第23页。

顿挫并形成旋律的过程。其中，"字"是根本，"腔"是根据字的声母、韵母和声调稍加美化而形成的旋律。因此，徐健顺等提出，声调向上，吟诵的旋律就往上走；声调向下，吟诵的旋律就往下走。吟诵旋律的走向与字音声调的走向是一致的，否则就是"倒字"。如吟诵"白鹭洲"，"鹭"读四声，如果吟成一声，就是倒字。请看山东淄博田家铸吟诵的《春日偶成》：

```
5 3 5 3 2 1 - 6  3 6 7 6 5 - | 3 3· 1 3 6 7 6 5 - 5 - |
云 淡 风  轻 近 午   天,   傍 花   随 柳 过 前   川。

3 3· 5 3 5 3 2 1 - 1 0 | 3 2 3 6 7 6 5 - 3 1 6 5· |
时 人   不 识 余 心 乐,    将 谓 偷  闲 学 少  年。
```

吟诵的曲谱显示，程颢七言绝句中仅有的两个上声字"午""柳"都在旋律的高点，而大部分的去声字"淡""近""傍""过""乐""谓"都在旋律的低点。吟诵者为淄博人，淄博话的上声调值最高，为55，读如普通话阴平调；而去声相对较低，为31。字音和声调决定了腔，因此淄博口语调值的变化必然引起吟诵旋律的变化。须注意，就绝对音高而言，上声字"午""柳"的音值为3，并不是曲谱旋律的最高点。"云""不"的音高就为5，都比前者高。所以旋律音高依照声调起伏的规律，指的是相对音高，而非绝对音高，即在前后音中的音高位置。[1]

依字行腔是汉字字音、声调与音乐音程走向相符合、相结合的过程。依义行调是根据对作品的理解，修改乐音乐调，形成符合文义旋律的过程。二者相比，依字行腔是吟诵中的客观因素，秉持字音声调决定音程走向的原则，规定了每个字怎么吟诵；依义行调则是吟诵中的主观因素，着眼点已不在字、词，而是一句话或一件作品的题旨，说的是每句话怎么吟诵，一件作品的题旨又用什么乐声表达出来。正如徐健顺所言："每个字的唱法叫作'腔'，字和字的关系叫作'调'。旋律实际上是'调'

---

[1] 参见徐健顺《吟诵概论》，广西师范大学出版社2019年版，第102—103页。

和'腔'的结合，叫作'曲'。"①以李白《静夜思》的首句"床前明月光"为例分析，我们可以根据表情的需要，放在不同的音高上，吟出不同调：

其一，五个字同在 5 的音高，一个平调：

3 5　3 5　3 5　5 3　5 —
床　　前　　明　　月　　光

其二，五个字有起伏，"明"字音最高：

3 5　3 5 3 5　i 6　5 —
床　　前　　　明　　月　光

其三，五个字有起伏，"月"字音最高：

3 5　3 5 3 5　i 6　5 —
床　　前　　　明　　月　光

在吟诵时，表情达意一般都会有起伏，所以第一种平铺直叙的平调很少出现。吟诵者根据对句子文意和作品题旨的理解去调节，就是"依义"，然后根据题旨决定具体的调，即为"行调"。后两种调就是因诗意理解不同，而产生的情感和旋律起伏。简单地说，调是字和字之间高低起伏的旋律关系。吟诵者无论如何变调，"每一个字都必须把声母、韵母、声调唱出来，二声永远向上，四声永远向下，一声永远是平着唱，这就叫依字行腔、依义行调。"②

汉字作为典型的表意文字，声调本身也自带表情功能。一般说来，平声字适宜表达宽广、豪放、喜悦的情感。如毛泽东的《沁园春·长沙》通篇押平声十二尤韵，在平静中透出一种豪气和乐观。又如汉乐府《长歌行》的"青青园中葵"，连用五个平声字，自然透露出一种春天悄然而至、万木复苏的喜悦。仄声字，气短而不便放声吟唱，适宜表

---

① 徐健顺：《普通话吟诵教程》，广西师范大学出版社2018年版，第38页。
② 徐健顺：《普通话吟诵教程》，广西师范大学出版社2018年版，第39页。

达悲切、凄凉、沉郁、哀婉的情感。如辛弃疾的《永遇乐·京口北固亭怀古》押四仄韵，凸显词人报国无门、壮志难酬的愤激之情。又如李清照的《声声慢·寻寻觅觅》，前九句和后八句用五仄韵，节奏缓慢，诉说着不尽的愁苦。由此可见，声调平仄与诗词情感的关系密切。

第三节　文读语音和虚实重长

　　文读语音是吟诵传统的语音特征，谈选择哪种语音体系吟诵的问题；虚实重长是吟诵处理虚字和实字的技巧，谈遇到什么类型的字使用什么样的方法和语气去表达情感，再现作品风韵的问题。两个规则和问题的联系比较紧密，都和吟诵的内容——文言相关。

　　文白异读是汉语方言的普遍现象。文读音多用于读书或书面语，故又称读书音；白读音是日常说话时用的字音，又称口语音。"一般认为白读音是本地原有的读音，文读音则来自标准语。就读音的来源而言，白读音是内源音，即来自本方言内部的读音，文读音则是外源音，即不是来源于本方言的读音。"[1]

　　自古及今，吟诵一直使用官话体系的标准语，即文读语音。先秦时期，《论语》就有"子所雅言，《诗》《书》、执礼，皆雅言也"的记载。始皇帝统一天下，秦代推行车同轨、书同文和统一度量衡的国策，"书同文"不仅包括共同的书写规范，也包括"雅言""官韵"在内的声韵统一及语言交流体系。历史证明，在多民族同生共长的文明体系中，语言文字通行最好的办法是以京城语言为基础，又兼顾四方的"人为语音体系"。汉代以后，全国各地的方言差异虽然很大，但文人创作诗词歌赋都使用了相同的音韵系统。隋代陆法言编订《切韵》，南宋刘渊编订《平水韵》之后，中国音韵学基本定型，文读的"正音""雅言"的标准就是"切韵—平水韵"音系。

　　使用文读语音，就必须遵循古音（一般为平水韵）诵读。但是，时

---

[1]　游汝杰：《文读音、白读音和旁读音》，《方言》2020年第2期。

过境迁，一味地仿古又太过辛苦，也没必要。因此，当代吟诵只需慎重处理韵字和入声字就可以了。

先说韵字。用现代汉语的普通话去读古代的诗词曲赋，许多已经不押韵了，其实原本是押韵的。这就要求我们清楚古今音韵的差异。例如：

乌衣巷
（唐）刘禹锡

朱雀桥边野草花，乌衣巷口夕阳斜。
旧时王谢堂前燕，飞入寻常百姓家。

诗中的"斜"字若按普通话读 xié，就不押韵。而按古音读 xiá，与"家"jiā、"花"huā 同押平声六麻韵部，合辙押韵。

又如：

月 夜
（唐）杜甫

今夜鄜州月，闺中只独看。
遥怜小儿女，未解忆长安。

诗中的"看"字若按普通话读 kàn，就不押韵。而按古音读 kān，与"安"ān 同押平声十四寒韵部，合辙押韵。

吟诵遇到古今异音或者一字多音的韵脚字时，要按照古音和平水韵去文读。这样做不仅可以延展声韵美感，又有语言结构的重复和提示，更能充分地抒情达意。

再说入声字。入声的韵尾为塞音，主要特点是读音短促。吟诵时要细心甄别入声字，对于诗词尤其重要。近体诗押平声韵，不押韵句的最后一个字为仄声，如果这个字在普通话中读阴平或阳平，往往就是入声字。例如：

相 思

（唐）王维

红豆生南国，春来发几枝。
愿君多采撷，此物最相思。

首句尾字"国"为仄声，不入韵，普通话读阴平，那么"国"就是古入声字。第三句的尾字"撷"为仄声，不入韵，普通话读阳平，"撷"也是古入声字。可见，古入声字出现在近体诗出句尾字的概率较大。古体诗自然浑成，入声用韵，感情激荡。杜甫的诗风沉郁顿挫，《自京赴奉先县咏怀五百字》作为诗史中的第一首长篇作品，用入声韵形成顿挫，表达激愤之情。

又如：

江 雪

（唐）柳宗元

千山鸟飞绝，万径人踪灭。
孤舟蓑笠翁，独钓寒江雪。

诗人用格律的套路创作古体，范本为平起平收、首句入韵的五言绝句，韵脚字由平声反转为入声，"绝""灭""雪"三字同押入声九屑韵部，第三句不押韵，尾字"翁"却为平声。巧妙地表现了内心的凄凉、孤愤和希望。宋人范晞文评价："唐人五言四句，除柳子厚《钓雪》一诗之外，极少佳者。"[①]

再如：

[①]（宋）范晞文：《对床夜话》，载丁福保辑《历代诗话续编》，中华书局2006年版，第432页。

登鹳雀楼

（唐）王之涣

白日依山尽，黄河入海流。
欲穷千里目，更上一层楼。

  日本高僧遍照金刚以情与景论诗，可以把这首诗归入景入理势。①吟诵时要把握好感情由激昂走向理性的基调。开篇连用两个入声字"白""日"，起调高昂，到第三、四字"依山"为平声长吟，音调向下平滑。第二句"河"字长吟，表现出黄河一泻千里的气势。第三句从场景描写转向理性思考，音调降低，"千"字适当长吟，表达遥远的感受。最后一句"更上"两字提升音高，"一层楼"三字慢吟，好似在娓娓道来地说理。

  词曲中的入声字较多，平仄通押。按照格律要求，句中须用仄声的位置出现了普通话读平声的字，这个字通常就是古入声字。例如苏轼《念奴娇·大江东去》中的"乱石穿空"，句中第二字的位置须用仄声字，而"石"字普通话读阴平，其实就是古入声字。又如毛泽东《沁园春·雪》中"北国风光"句的"国"字，"顿失滔滔"句的"失"字，"引无数英雄竞折腰"句的"折"字，"成吉思汗"句"吉"字，也都可以根据《沁园春》词牌的平仄要求，推断出古入声字的属性。

  至于像柳永的《雨霖铃》、岳飞的《满江红》、李清照的《声声慢》，都是以入声韵构篇，若是以普通话读为平声，让所有的字音都一样长，那就失去了古典文学的参差交错之美，形神全散了。故此，吟诵仍须慎重对待古入声字。

  虚实重长是对古诗文的汉字进行虚字和实字的划分，进而对语音作平读、重读、长读、短读的处理，来准确表达作品情感的吟诵规则。

  汉字的虚字和实字之分，源自古代传统的阴阳观念。南朝刘勰的《文心雕龙·章句》按功能和位置把虚字分为"发端之首唱""札句之旧体""送末之常科"三类，并论述了虚字的应用："诗人以兮字入于句限，

---

① ［日］遍照金刚，周雄德点校：《文镜秘府论》，人民出版社1975年版，第44页。

楚辞用之，字出于句外。寻兮字成句，乃语助余声，舜咏南风，用之久矣。"① 追溯起来，早在先秦两汉已有虚字的运用和分析。如《周南·芣苢》："采采芣苢，薄言采之。"汉代毛亨传曰："薄，辞也。"②"辞"指的就是虚字。唐代孔颖达最先在语言实践中划分出了实字和虚字。《周南·汉广》："南有乔木，不可休息，汉有游女，不可求思。"《正义》曰："先言思辞，然后始言汉上，疑经休息之字作休思也。何则？诗之大体，韵在辞上，疑休求字为韵，二字俱作思，但未见如此之本，不敢辄改耳。"③ 孔颖达根据诗文判断"不可求思""不可方思"中的"思"字为语辞，即虚字，而"不可休息"的"息"应为"思"字，也是一个虚字，并从修辞学的角度总结出《诗经》的虚字用韵体例之一"诗之大体，韵在辞上"。到了宋代，实字和虚字出现清晰判断和体系认识。周辉的《清波杂志》记载了苏轼指导作文时的虚字和实字运用："东坡教诸子作文，或词多而意寡，或虚字多实字少，皆批谕之。"④ 南宋张炎在《词源》中说："词与诗不同，词之句语，有二字、三字、四字，至六字、七、八字者，若堆叠实字，读且不通，况付之雪儿乎。合用虚字呼唤，单字如'正''但''任''甚'之类，两字如'莫是''还又''那堪'之类，三字如'更能消''最无端''又却是'之类。此等虚字，却要用之得其所。若使尽用虚字，句语又俗，虽不质实，恐不无掩卷之诮。"⑤ 文中的"付之雪儿"，典出隋末李密之爱姬雪儿。张炎认为词的长短句比诗更加灵活，也更强调虚字的运用。

汉语中的实字和虚字的功能不同，诵读时的语气和轻重也就有别。名词、动词等实字的主要功能是叙事状物、绘景摹态，代词、副词、介词、连词、助词、叹词、语气词等虚字的主要功能是连句缀词、表达语

---

① （南朝）刘勰著，范文澜注：《文心雕龙》，人民文学出版社1958年版，第572页。
② （唐）孔颖达：《毛诗正义》，载（清）阮元校刻《十三经注疏》（清嘉庆刊本），中华书局2009年版，第591页。
③ （唐）孔颖达：《毛诗正义》，载（清）阮元校刻《十三经注疏》（清嘉庆刊本），中华书局2009年版，第592页。
④ （宋）周辉：《清波杂志》附别志，商务印书馆1939年版，第62页。
⑤ （宋）张炎：《词源》，载唐圭璋编《词话丛编》（全五册），中华书局1986年版，第259页。

气、传达情感。没有虚字目视文章则晦涩难懂,吟诵文章则佶屈聱牙,阻碍情感表达。若从虚字使用的角度看古诗文的发展演变史,也可以发现一件有趣的现象:先秦时期,实字构文,《尚书》《易经》等质实无文,艰涩难懂;春秋战国,虚字剧增,《论语》《孟子》等文质彬彬,委婉形象;魏晋以后,虚实并重,文以载道,灵动多样。由此可见,虚字在文学发展中的重要作用。对此,南宋陈骙的《文则》是中国历史上第一部关于文法修辞的专著,其中有一个著名的比喻:"文之有助辞,犹礼之有傧、乐之有相也。礼无傧则不行,乐无相则不谐,文无助则不顺。"[1]

　　汉字中虚字的数量要远比实字少,看似闲散,但语法意义和词汇意义重大,被称作古诗文之魂。因为虚字在古诗文中十分重要,所以虚字的基本读法是重读和长读。如"但""第""独""特"等类型的塞音声母字,以及[-k][-t][-p]类型的塞音结尾的字,自然会重读。当然,这些字的语音本身就是顿挫的音尾。以词性归纳,虚字中的副词一般要重读,除了以上字,还有"不""亦""则""即""毋""者""固""弗""勿""其"等。虚字中的语气词、代词、连词要长读。如"况""且""之""乎""也""所""已""欤""矣""焉""而""尔""然""哉""盖"等。例如,司马迁《史记·淮阴侯列传》:"高祖已从豨军来,至,见信死,且喜且怜之"。两个"且"字,应重读长吟,可以传神地刻画刘邦平息陈豨叛乱返回京城后听见韩信已死时的微妙心理。正所谓"文必虚字备而后神态出"[2],又言"圣贤垂训,学士摘辞,事理多端,语言百出。凡其句中所用虚字,皆以托精神而传语气者。"[3]可见,无论说话、写文章,单有实词表义还不行,还必须借助虚词来传达语气。

　　同虚字的重读、长读对应搭配,实字中的名词、代词、动词等通常皆平读,只要用平常的音高去诵读就可以了。凡事有例外,一般在逻辑重音、语法重音和刻意强调之处的实字或实词(多个实字组成的短语)也要重读或长读。"长读往往是文中比重读还重要的强调处、抒情处。一

---

[1] (宋)陈骙撰:《文则》,人民文学出版社1998年版,第9页。
[2] (清)刘大櫆撰:《论文偶记》,壬辰七月金匮廉氏刻印,第6页。
[3] (清)袁仁林著,解惠全注:《虚字说》,中华书局1989年版,第11页。

般实词结尾，又是逻辑重音的要长读。"①

第四节　平仄高低和对称模进

　　对称模进是吟诵的旋律发展规则。"对称"和"模进"呈并列关系，是旋律发展的两种模式，对称适用于近体诗，模进适用于古体诗。

　　诗歌分为古体和近体，这里先说近体诗。近体诗讲究声律，用字分平声和仄声，而平仄律就是对称的。平声字和仄声字的主要差异在音长和音高两方面。音长的差异表现为"平长仄短"，这适用于所有的古诗文，具有普遍性；音高的差异受到地域和方言的影响，情况比较复杂，或"平低仄高"，或"平高仄低"，在一定的区域也表现出普遍性，即某个字的语音高低是相对固定的，不会随意变化。具体来说，北部官话区，平高仄低；中原地区，平低仄高；吴语地区，平低仄高；闽语地区，平高仄低；粤语地区，平仄各有高低。

　　从文读语音的角度溯源，吟诵的定型应在魏晋南北朝。有学者提出，中国南部地区的平仄各有高低、中原地区的平低仄高、北部地区的平高仄低，应当是上古音、中古音、近古音的传承影响造成的。魏晋南北朝属于中古时期，根据地理而论，中原地区正是当时的政治和文化中心；考察居民迁徙，现在的吴语地区应是中古音最直接的后裔。巧合的是，吴语地区和中原地区的语音都是平低仄高。从魏晋到民国，近体诗创作一直以中古音的水平韵为标准，因此"平低仄高"应是吟诵的基本遵循。有趣的是，明清时期，平高仄低的北京官话已经跃居为主流的方言，但是上层社会和大户人家请的塾师，照旧以吴语方言为正宗，因此北京官话区的上层人士的吟诵，也是平低仄高的。

　　吟诵音高以"平低仄高"为主流传承，因地域广袤，方言繁多，也不避忌"平高仄低"的呈现形式，只需秉持规则的一致性即可。

　　声调有高低的区分，吟诵时就会形成语音的高低起伏。汉民族语发展至魏晋，随着双音节词的不断增加，凸显出独特的偶位音步特征，由

---

① 陈江风、宋丽娜：《中华经典吟诵教程》，河南大学出版社2020年版，第56页。

此总结出近体诗同句偶位字平仄相间的格律。

　　一首诗歌，如果每句的平仄安排都一样，吟诵起来旋律起伏也必然一样，千篇一律的音调和形式就容易令人厌烦。因此，制定格律规则时就在五言和七言的奇数句型特征去寻求变化，音调就形成了上句"高低高"、下句"低高低"搭配的一组，称之为一联。这样的一联，听起来就会和谐。但是，问题又来了，近体诗的句子较多，如果总是每两句一组去重复旋律，依然显得单调。于是就规定，在两联相接的时候，把下一联两句的音调倒置，上句"低高低"，下句"高低高"，从而让两联四句成为一个整体。这样，近体诗的粘对律就出现了。最后再加上隔句押平声韵和避免声病，就形成了格律的主体。

　　近体诗的平仄格律与旋律是完全一致的，所谓声与律相合。吟诵近体诗须做到平仄与旋律的对称，这就是"对称"规则。下面以仄起七言律诗为例略作说明。先看平仄与旋律的对称关系。

表3　　　　　　七言律诗（仄起）的旋律与平仄对照表

句序	二四六字的平仄	旋律的高低
1	仄平仄	高低高
2	平仄平	低高低
3	平仄平	低高低
4	仄平仄	高低高
5	仄平仄	高低高
6	平仄平	低高低
7	平仄平	低高低
8	仄平仄	高低高

　　如表3所示：其一，表中与旋律对应的音调，为"平低仄高"标准；若调换为"平高仄低"依旧可行，则为普通话吟诵。其二，第七字为韵脚字时，要长吟；若是仄声字，原则是短诵，也可根据需要稍加变通。其三，遇到拗句，相应变化。

　　古体诗没有声调均分平仄、句中平仄相间、句间平仄相反和联间平仄相接等对称性的显性特征，吟诵就不能遵循格律规则，只能模进。

　　近体诗的吟诵，跟着格律走就行，自成旋律。可是，古体诗平声字和仄声字的出现毫无规律，又有大量仄声韵，不宜长吟，这就给吟诵带来了困难。古体诗怎样吟诵才易掌握又好听，徐健顺认为，古人最初用一个字解决问题：快！方法一：一字一板，韵字拖长。方法二：快速吟诵。民国至今的吟诵田野调查发现，不分地域、不论腔调，古体诗的吟诵速度明显快于近体诗。这样吟的关键是缩短字的音长，使仄声不至于高到极限或低到极限，平声也适当延展，既化解了连续仄声气紧的不协，又避免了倒字。

　　快吟的古体诗比较悦耳，但还没有解决易掌握的问题。因为古体诗无规律可循，吟了上一句，谁也不清楚下一句的平仄同上一句有什么关系，难免形成一句一个旋律，一首一个调子的局面，很难把握熟悉。一首古体诗，只有主旋律基本固定才容易吟诵，这也是人的心理暗示和熟稔感的必然要求。经过尝试和归纳，文学巧妙地借用音乐的模进方式解决了古体诗的吟诵难题。模进，也叫移位重复，英文为 sequence，"一连串"的意思，是指音乐创作时以旋律的某个片段为原型，移到不同的音高上进行重复，也可将片段稍加变化，后面的旋律模仿前面的旋律并进行延伸发挥。

　　吟诵古体诗的模进，就是用某一句或联的旋律为主旋律，在不同的音高重复或微调，从而形成几个高低不同的主旋律，组合起来使用。

　　吟诵的主旋律，称作调。古体诗的调分为四种：上调、中调、下调、钩连调。前三种调由固定的音高定名，钩连调是一个由下调升回上调的变调。为了避免旋律的单调和重复，吟诵一首古体诗最少使用两种调，即上调、下调，最多的会四种调全部用到。中国诗歌讲究在整齐中孕育变化，因为古典诗歌多是偶数句，如果吟诵调再用两个或四个，也是整齐的偶数，那么旋律就会变化小，只能循环往复地使用。因此，古体诗吟诵通常用三个调。三个调任意组合，并可微调，尽显诗歌深邃的思想和细微的情韵。徐健顺曾对模进作了臻详的说明[①]，这里借用实例简述。

　　三个吟诵调的模进：

[①] 参见徐健顺《吟诵概论》，广西师范大学出版社2019年版。

赠卫八处士

（唐）杜甫

叶嘉莹吟诵

```
3 35  32 3  3 23  3  - | 3  35 3  232 1· 7 |
人 生   不 相  见，    动  如 参  与  商。

6 61  65 6  65 6·  6 | 2  3 5 7  6 7 6 5 - |
今 夕   复 何  夕，（我）共 此 灯  烛   光。

3 35  32 3  3 23  3  - | 3  35 3  232 1· 7 |
少 壮   能 几  时，    鬓  发 各  已  苍。

6 61  65 6  65 6·  -   | 2  3   7  6 7 6 5 - |
访 旧   半 为  鬼，    惊  呼 热  中  肠。

3 3   5 6   6 5 6  -   | 2  3 5 7  6 7 6 5 - |
焉 知   二 十  载，    重  上 君  子  堂。
```

杜甫的五言古诗《赠卫八处士》共十二句，吟诵时上、中、下三种调式组合使用，形成了三旋律的吟诵调。其中，第一、二句为上调，第三、四句为中调；上调与中调是纯五度关系的模进，不算严格，有个别乐音没有低五度；第五、六句为下调。第五句与中调是纯四度关系的模进，第六句与中调一样。本诗的调式既有重复，又有变异，十分灵活，具有一定的典型性。叶嘉莹可以用这个调式吟诵所有的五言古诗。

两个吟诵调的模进：

九歌·湘夫人（部分）

（战国）屈原

朱家溍吟诵

```
3 2 3 2 1 | 2  0 | 6 5 6 0 | 1 6 6 5 4 2 | 5  0 | 1 1 2 |
帝 子 降 兮       北 渚，   目 眇 眇 兮            愁 予。

3 2 1 2   | 2  0 | 6 5 6 0 | 1 6 6 5 4 2 | 5  0 | 1 1 2 |
袅 袅 兮       秋 风，   洞 庭 波 兮            木 叶 下。
```

屈原的《九歌·湘夫人》为楚辞体，朱家溍化用昆曲的琴歌调吟诵，形成两个旋律一句的吟诵调。"帝子降兮北渚"一句的两个调之间为模进关系，后一个调是前一个调向下纯五度的模进。"目眇眇兮愁予"一句的两个旋律则是相差八度的乐句。全诗共二十句，这里仅列四句，全部以两个调组合为一句，反复咏唱，直至收尾。其间，也有因词变而略微调整的地方，如三字句"袅袅兮""木叶下"等就与四字句"帝子降兮"不同，就有旋律的变化。

四个吟诵调的模进：

把酒问月（部分）

（唐）李白

陈少松吟诵

| 6 5 | 6 5 | 6 5 | 6· 5 | i i | 6 5 3 | 3 2 3 | 3 - - |
| 青 天 | 有 月 | 来 几 | 时？ | 我 今 | 停 杯 | 一 问 | 之。|

| i 6 | 6 5 | 1 2 | 3· 2 | 1 2 3 | 5 | 2 2 1 | 6 - - |
| 人 攀 | 明 月 | 不 可 | 得， | 月 行 却 | 与 | 人 相 | 随。|

| 2 1 | 3 5 | 3 1 | 2· 3 | 1 2 3 | 5 | 2 1 6 | 1 - - |
| 皎 如 | 飞 镜 | 临 丹 | 阙， | 绿 烟 灭 | 尽 | 清 辉 | 发。|

| 5 i | 6 6 5 | 3 5 | 5 2 2· 3 | 1 1 2 | 3 5 | 2 1 6 | 1 - - |
| 但 见 | 宵 从 | 海 上 | 来， | 宁 知 | 晓 向 | 云 间 | 没？|

李白的抒怀古诗《把酒问月》共十六句，这里仅列前半。陈少松，选用了上、中、下、钩连四种调吟诵。其中，中、下、钩连调的后半句的旋律基本一样，上、中、下调的旋律音高依次降低，在钩连调又升回第一调的高度，整体旋律高低起伏，飘逸潇洒。

古体诗的吟诵，要根据句子的长短来选用合适的调式，而所选调式也不是依次循环使用的，最好根据作品的不同内容灵活组合，以彰显文气个性。例如选用上、中、下三个调式，就可以按照先"下调—下调—中调—下调—中调—中调"排序，后以"下调—中调—上调"升回上调收尾，从而产生逐层推进、异峰突起的艺术效果。例如前文叶嘉莹吟诵的《赠卫八处士》，吟诵调就是："上调—中调，上调—中调—下调，上调—中调，上调—中调—下调，上调—中调。"吟诵从上调开始，以下每次遇到上调，就表示另起一段。吟诵调的组合方式体现了吟诵者对作品结构的理解。因此，叶嘉莹根据文意理解，吟诵结构分为五部分：

赠卫八处士
（唐）杜甫

人生不相见，动如参与商。
今夕复何夕，共此灯烛光。／
少壮能几时，鬓发各已苍。
访旧半为鬼，惊呼热中肠。
焉知二十载，重上君子堂。／
昔别君未婚，儿女忽成行。
怡然敬父执，问我来何方。／
问答未及已，驱儿罗酒浆。
夜雨剪春韭，新炊间黄粱。
主称会面难，一举累十觞。／
十觞亦不醉，感子故意长。
明日隔山岳，世事两茫茫。／

由诗的吟诵推及词曲文赋，有格律者对称，无格律者模进；有格律者平长仄短，无格律者快吟直进。一切皆以声情相配为宗旨。

第 四 章

吟诵的体式

吟诵作为一种传统的读书法,在中国古代的各年龄阶段和层次的教育中广泛使用,涉及蒙学读物、诗歌、散文、词、曲和赋等各种文学体式。

第一节 蒙学读物的吟诵

一 蒙学概述

蒙学,顾名思义为启蒙之学,一般指幼童阶段的教育。"蒙学"一词在宋代末年出现,后逐渐普及,到清代晚期开始有明确的官方学制规定。"蒙"有蒙昧和启蒙两种意思。《辞源》释"蒙"曰:"萌生。通'萌'。"①《周易正义·序卦》曰:"物生必蒙,故受之以蒙。蒙者蒙也,物之稚也。"② 即为幼稚蒙昧的意思;而《周易正义·蒙》曰:"蒙以养正,圣功也。"③ 则是为儿童启蒙的意思。儿童蒙昧,需要启蒙,由此产生了蒙学。

中国的蒙学教育在春秋时期已经产生,《周礼·地官》记载:"保氏教国子,先以六书。"④蒙学教育在汉代成熟,通行于宫廷和贵族子弟间;

---

① 广东、广西、湖南、河南《辞源》修订组,商务印书馆编辑部编:《辞源》(修订本),商务印书馆1983年版,第2693页。
② (清)阮元校刻:《十三经注疏》,中华书局2009年版,第200页。
③ (清)阮元校刻:《十三经注疏》,中华书局2009年版,第36页。
④ (清)阮元校刻:《十三经注疏》,中华书局2009年版,第1575页。

至宋代教育范围延及庶民子弟；明清时期的蒙学教育官学私学并举、城镇乡村共荣，教育的内容和范围不断扩大。

蒙学是人生教育的第一阶段，主要有识字、写字和封建道德等内容，在中国的古代社会极受重视。

二 蒙学读物

蒙学读物是启蒙教育的载体，在传承中华文化和延续中华文明的过程中，起到了至关重要的作用。如果从王国维称之为"字书之祖"的《史籀篇》[①]算起，到民国初年，经过了近三千年的发展，中国大约产生了1300余种优秀的蒙学读物。

按照教育内容和教育功能划分，这些蒙学读物可以分为四类：一是识写类，儿童开始学习时使用的认识和书写汉字的读物，西汉史游的《急就篇》是出现最早、流传最久的启蒙读物，一直传用到唐代，之后逐渐产生了《三字经》《百家姓》《千字文》等识写类读物；二是知识类，用来增加儿童各类知识的读物，如介绍自然和社会常识为主的《幼学琼林》、介绍人物为主的《龙文鞭影》、介绍历史演进为主的《四字鉴略》等；三是德育类，用来培养儿童的伦理道德素养的读物，如《弟子职》《弟子规》《孝经》以及历代民间所编的家训；四是技巧类，用来训练和培养儿童写作能力的读物，如指导韵文的《声律启蒙》《笠翁对韵》《千家诗》《唐诗三百首》等，训练读写的《古文观止》《四书集注》等。

古代启蒙教育主要运用吟诵的教学方法，可读性是一切蒙学读物的基本要求。因此，古人在编纂蒙学读物时，首先要考虑的就是儿童的身体发育和心理认知情况，以及汉语和汉字的音义特点，形式上多采用整齐句式，讲究音韵和谐，诵读起来节奏分明，回环往复，朗朗上口，内容上贴近日常生活，浅显易懂。这些优秀的蒙学读物，历经数千年的撰辑增删、注解阐发而积淀成为经典，在古代的教育实践中很好地起到了道德养成、习惯培养、语言积累和知识扩展的作用。20世纪初，西学东

[①] 已佚，始见于西汉刘向的著述，东汉班固《汉书·艺文志》载有"《史籀》十五篇"，并自注："周宣王太史作大篆十五篇"成书于春秋，秦人所作。

渐，蒙学及其读物伴随着中国教育变革的步伐，逐步退出了语文教育的主流舞台。当代中国，倡导文化复兴，蒙学读物及其传统读书方式——吟诵再次受到关注，重回大众视野。

中国传统的蒙学读物数以千计，以《三字经》《百家姓》《千字文》《弟子规》《声律启蒙》《幼学琼林》《龙文鞭影》等最为著名。其中，《三字经》《百家姓》《千字文》虽然产生时代不同，却在识字教学中相辅相成、自成体系，获得了"三百千"的称谓。明代吕坤《社学要略》尝言："初入社学，八岁以下者，先读《三字经》以习见闻；《百家姓》，以便日用。《千字文》亦有义理，有司先将此书令善写人写姜字体，刊布社学师弟，令之习学。"①

三 蒙学读物吟诵

蒙学读物具有形式整齐、音韵和谐和易记易诵的特点。按照押韵与否的标准区分，可以分为韵文和散文两大类，而以韵文形式居多，押韵和对仗是蒙学读物的突出语言特点。

（一）《三字经》吟诵

《三字经》为"蒙学之冠"，因三字一句而得名，明末赵南星注本为现存最早的版本，未署名作者。至于作者，一说为南宋王应麟，清代王相最早记载："宋儒王伯厚先生作《三字经》以课家塾……"② 一说为宋末元初区适子，明代黄佐最早记载："区适，字正叔，南海人……故老相传，今训蒙《三字经》，适子所撰也。文殊驯雅，童子多诵之，与周兴嗣《千文》并行云……"③《三字经》全书可以分为三部分。第一部分从"人之初，性本善"至"此十义，人所同"，向读者呈现出由小到大、由近及远、由个人到家庭、社会的广阔画面，教导蒙童应该从"首孝弟，

---

① 顾明远：《中国教育大系：历代教育制度考》（二），湖北教育出版社2015年版，第1234页。

② （清）王相撰，陆林辑校：《三字经训诂·序》，载《三字经辑刊》，安徽教育出版社1994年版，第12页。

③ （明）黄佐：《广州人物传》卷10，丛书集成本，商务印书馆1936年版，第96—97页。

次见闻"的基本伦理做起，内容涉及数字、三才三光三纲、四时四方、五行五常、六谷六畜、七情八音、九族十义。第二部分从"凡训蒙，须讲究"至"梁灭之，国乃改"，讲述了蒙童学习的顺序，首先要详训诂、名句读，至小学终，继而阅读四书五经、诸子百家等经典著作，接着惜墨如金地简述了自三皇五帝以来历朝历代兴废更迭的漫长历史，多为后人增补的内容。第三部分即最后一部分，主要劝诫蒙童端正学习态度，刻苦向学。列举了众多耳熟能详、励志向学的人物事迹激发学习，这些人物不分尊卑、男女、长幼、贫富，对蒙童有很强的示范性。《三字经》具有通俗易懂、简洁生动、朗朗上口、易学易记的特点，问世后流传颇广，影响极大。

三字经（节选）

人之/初，性本/善。（上声十六铣韵）

性相/近，习相/远。（上声十三阮韵）

苟不/教，性乃/迁。（下平一先韵）

教之/道，贵以/专。（下平一先韵）

昔孟/母，择邻/处。（上声六语韵）

子不/学，断机/杼。（上声六语韵）

窦燕/山，有义/方。（下平声七阳韵）

教五/子，名俱/扬。（下平声七阳韵）

养不/教，父之/过。（去声二十一个韵）

教不/严，师之/惰。（上声二十哿韵）

子不/学，非所/宜。（上平声四支韵）

幼不/学，老何/为。（上平声四支韵）

玉不/琢，不成/器。（去声四寘韵）

人不/学，不知/义。（去声四寘韵）

《三字经》全文共 376 句，用字 1128 个，设置韵脚 192 个，其中平声韵 79 个、上声韵 33 个、去声韵 45 个、入声韵 35 个。句法是三字一句、两句一韵、四句一组，每组叙说一件完整的事或道理，这样的句子有 346 个。

吟诵要注意五个要点：一是要把握三字句的吟诵节奏，或二一节奏，前两字后一顿；或一二节奏，句首字后一顿。无论如何划分都要保持统一性，不宜中途变换节奏，以突出简洁明快的风格。节选部分以孟母和窦燕山为例，说明教育对儿童成长的重要性。吟诵时选择二一节奏，前两字每字一拍，尾字两拍，每三字形成"1 拍 + 1 拍 + 2 拍"的吟诵节奏。

二是要依义行调，上、中、下调配合，循环往复，凸显对文章的理解。结合文本背景和个人理解，揣摩句义和重点，确定不同的调式。例如，"人之初，性本善"，如果前句高音，重音在"初"字，强调"不是后来"；如果后句高音，重音在"善"字，强调"不是恶"。"性相近，习相远"，如果前句高后句低，"近"字重吟，"远"字轻吟，句义是"虽然我们习俗不同，但是我们最初的人性是接近的啊"。反之，句义则是"虽然我们的人性接近，但是我们的习俗不一样啊"。"苟不教，性乃迁。教之道，贵以专"，可用诵的方式中调讲述教育的道理。"昔孟母，择邻处。子不学，断机杼"，这两句都是前高后低，分别强调孟母的伟大和伤心，而不是说孟母的机智和决绝。"窦燕山，有义方。教五子，名俱扬"，这两句都是前低后高，和前句一样都是说人物，但是窦燕山的历史地位不如孟母，这里重在肯定教育成果，所以"方""扬"两字应高调长吟。

三是两句一韵、四句一组，相近事理用相近句式，便于阅读和记忆，每句的首字要诵得实而响亮，偶句尾的韵字须长吟。节选部分可分为三段：从"人之初"到"贵以专"为第一段，"昔孟母"到"名俱扬"为第二段，"养不教"到"不知义"为第三段。吟诵时，每段的尾字可拖长至 4 拍，表明一个意义相对完整的段落的结束。这样，句有节奏，尾字拖 2 拍，段有间隔，尾字拖 4 拍，从而形成一个快慢相间、回环往复的行进旋律，体现出节奏鲜明、活泼明快的特点。

四是要注意"处""俱""弟"等破读字的字音。其中"处"普通话常音为 chù，去声，名词，地方的意思；这里破读为 chǔ，上声，动词，相处的意思。"俱"普通话常音为 jù，去声，副词，全部的意思；这里破读为 jū，阴平，偕同的意思。"弟"字在"弟于长"中为常音 dì，去声，名词，指同父母（或只同父、只同母）而年纪比自己小的男子；在"首孝弟"中破读为 tì，去声，同"悌"，敬爱兄长的意思。

124　▶▶　吟诵的源流与体式

五是要注意"习""不""昔""择""学""玉""琢""执""识"等入声字,须短诵处理。

三字经(节选)曲谱

1=♭E　　　　　　　　　　　　　　　　　　　　(宋)王应麟

6 i i i - | i 3 i 6 5 | i 3 i i 6 0 |
人　之　初，　　性　本　善。　性　相　近，

5 6 0 6 3 5 | 3 5 6 i 0 i 6 | i 3 5 6 5 |
习　相　远。　　苟　不　教，　性　乃　迁。

i 3 i i 6 | i 3 3 5 6 - 6 5 | i i 0 i 6 3 5· |
教　之　道，　贵　以　专。　　昔　孟　母，

5 6 0 6 i 3 5· | 3 5 i 3 0 6 i 0 0 | i 3 6 i 5 |
择　邻　处。　　子　不　学，　　断　机　杼。

i 3 6 i - | 3 5 i 3 6 5 | i 3 3 5 3 5 |
窦　燕　山，　有　义　方。　教　五　子，

6 i i - 5 6· 6 5· | 3 5 6 i 0 i 6 | i 3 i i 6 |
名　俱　扬。　　养　不　教，　父　之　过。

i 3 i 6 0 5 6 | 2 2 2 1 | 3 5 i 3 0 5 6 0 | 6 3 5 6 5 |
教　不　严，　师　之　惰。　子　不　学，　　非　所　宜。

i 3 i 6 0 5 6 0 0 | 3 5 5 6 5 6 6 5 | i 3 0 i 6 0 5 6 0 0 |
幼　不　学，　　老　何　为。　　玉　不　琢，

i 3 0 5 6 i 5 | 5 6 i 3 0 5 6 0 0 | i 3 0 6 i 5 - - ‖
不　成　器。　　人　不　学，　　不　知　义。

(二)《百家姓》吟诵

《百家姓》是四言韵语形式的蒙学识字读物,内容源于《急就篇》,成书时间和作者存疑。根据南宋陆游的《秋日郊居》(儿童冬学闹比邻)自注:"农家十月乃遣子入学,谓之冬学。所读杂字百家姓之类,谓之村书。"[①] 判断,《百家姓》最晚出现在宋朝。另据南宋王明清《玉照新志》记载:"如市井间所印《百家姓》,明清尝详考之,似是两浙钱氏有国时小民所著。"[②] 开篇"赵钱孙李"的排列顺序旁证:"赵"作为宋代国姓排列第一,"钱"作为吴越的国姓排列第二,"孙"作为吴越最后一位君主钱俶的皇后孙太真娘家姓排列第三,距离吴越国最近的南唐的国姓李排列第四。由此推断,作者应是吴越纳土归宋不久的吴越国平民。

《百家姓》最初收录姓氏410个,经元、明、清三代,出现多种版本,当前的常见版本收录单姓447个("家"姓重复一次)、复姓60个,按照先单姓后复姓(复姓多由汉代以后少数民族的姓氏演变而来)顺序编写,全书共568字。

百家姓(节选)

赵钱/孙李,周吴/郑王。冯陈/褚卫,蒋沈/韩杨。
朱秦/尤许,何吕/施张。孔曹/严华,金魏/陶姜。
戚谢/邹喻,柏水/窦章。云苏/潘葛,奚范/彭郎。
鲁韦/昌马,苗凤/花方。俞任/袁柳,酆鲍/史唐。
费廉/岑薛,雷贺/倪汤。滕殷/罗毕,郝邬/安常。
乐于/时傅,皮卞/齐康。伍余/元卜,顾孟/平黄。
和穆/萧尹,姚邵/湛汪。祁毛/禹狄,米贝/明臧。
计伏/成戴,谈宋/茅庞。熊纪/舒屈,项祝/董梁。
杜阮/蓝闵,席季/麻强。贾路/娄危,江童/颜郭。

《百家姓》全文四字一句,共118句,偶句押韵。吟诵时应注意:一

[①] (宋)陆游:《陆游集》(第二册),中华书局1976年版,第691页。
[②] (宋)王明清:《玉照新志》卷3,涵芬楼藏版,第12页。

是句式四字一句，吟诵节奏以二二的两字一顿为主，复姓必须是二二节奏，为了形式的活泼多样性，单姓句节奏可以变形为一三或三一的不均匀对称停顿。二是平仄一般在四字句中的第二、四字的位置。平仄交错，形成一种音韵高低、长短和快慢的节奏变化。三是偶句的末尾第四字为韵字，须长吟。尤要注意，平声韵超过三分之二，如七阳、二萧、一东、二冬、三江、七虞等，仄声韵较少，入声韵只有十药韵八句。平声韵中的阳、萧、江韵，声音响亮，音韵铿锵，而东、冬韵，平和舒缓，余音不绝。平声韵的大量使用让本无联系的姓氏汉字，产生了和谐的音韵美感。

宋代曾出现了供蒙童吟诵的配曲谱的《百家姓》，这是世界上第一部可以歌唱的识字课本。

（三）《千字文》吟诵

《千字文》用指定的一千个不重复单字，条理清楚地介绍了天文、博物、社会、历史、伦理、教育等方面的知识，勾勒出中国文化史的完整轮廓，对仗工整，韵脚流畅，文采飞扬，代表了中国蒙学读物的最高水平，明代古文家王世贞称其为"绝妙文章"。根据《太平广记》记载，《千字文》为梁朝周兴嗣编撰。

千字文（节选）

天地玄黄，宇宙洪荒。
日月盈昃，辰宿列张。
寒来暑往，秋收冬藏。
闰余成岁，律吕调阳。
云腾致雨，露结为霜。
金生丽水，玉出昆冈。
剑号巨阙，珠称夜光。
果珍李柰，菜重芥姜。
海咸河淡，鳞潜羽翔。
龙师火帝，鸟官人皇。
始制文字，乃服衣裳。

推位让国，有虞陶唐。
吊民伐罪，周发殷汤。
坐朝问道，垂拱平章。
爱育黎首，臣伏戎羌。
遐迩一体，率宾归王。

千字文

1 = E

(梁) 周兴嗣

天地玄黄，宇宙洪荒。日月盈昃，辰宿列张。

寒来暑往，秋收冬藏。闰余成岁，律吕调阳。

云腾致雨，露结为霜。金生丽水，玉出昆冈。

剑号巨阙，珠称夜光。果珍李柰，菜重芥姜。

海咸河淡，鳞潜羽翔。龙师火帝，鸟官人皇。

始制文字，乃服衣裳。推位让国，有虞陶唐。

吊民伐罪，周发殷汤。坐朝问道，垂拱平章。

爱育黎首，臣伏戎羌。遐迩一体，率宾归王。

《千字文》开启了四言韵语蒙学读物的先河。吟诵时应注意：一是在句式上，四字一句，叙述一个完整的事件或道理，结构简单，便于记忆。二是两句一组，偶句押韵。全文250句，可分为125联，由于第一联和最后一联逐句押韵，共有127个韵字，这些句尾韵字均应长吟。节选部分共三十二句合十六联，首句入韵，一韵到底，十七韵同押"下平七阳"韵部，韵字均须长吟，声音响亮。三是注意"宿""服""陶""平"等字破读。"宿"，普通话常音为 sù，动词，夜里睡觉的意思；这里破读为 xiù，名词，古代天文学家对天上某些相对集中的星群的称谓。"服"，普通话常音为 fú，名词，衣服的意思；这里破读为 fù，动词，指穿衣服。"裳"，普通话常音为 shāng，名词，衣服的意思；这里破读为 cháng，名词，古代裙的称谓。"陶"，普通话常音为 táo，名词，用黏土烧制材料的意思；这里破读为 yáo，名词，指姓氏。"平"，普通话常音为 píng，名词，不倾斜、无凹凸，像静止的水面一样的意思；这里破读为 pián，动词，辨别的意思。四是注意"日""月""昃""列""律""结""玉""出""阙""国""伐""发""育""伏""一""率"等入声字，短诵。

第二节　近体诗的吟诵

中国的古典诗歌有古体和近体之分。同古体诗相比，近体诗的格律严整，节奏性强，铿锵悦耳，吟诵规则也相对简单规范一些，因此最受吟诵者及受众的喜爱。

一　近体诗概述

近体诗也称今体诗、格律诗，是唐代兴起的律诗和绝句的统称。近体诗的格律规范严格，归纳起来，主要有五个显著特征：一是字数固定，即每句字数和每诗句数固定；二是每句的字，平仄位置有规定；三是一般押平声韵，不换韵；四是首联和尾联除外，中间各联必须对仗；五是讲究粘对，即每联的出句与对句平仄类型相反，上联的对句与下联的出句平仄类型相同。

隋唐之际，燕乐兴起，近体诗多数是可以配乐歌唱的。明代谢榛

《四溟诗话》曰:"唐人歌诗,如唱曲子,可以协丝簧,谐音节。"① 唐代薛用弱《集异记》记载有"旗亭画壁"的典故:

  开元中,诗人王昌龄、高适、王涣之齐名。时风尘未偶,而游处略同。一日,天寒微雪,三诗人共诣旗亭,贳酒小饮。忽有梨园伶官十数人登楼会宴,三诗人因避席隈映,拥炉火以观焉。俄有妙妓四辈,寻续而至,奢华艳曳,都冶颇极。旋则奏乐,皆当时之名部也。昌龄等私相约曰:"我辈各擅诗名,每不自定其甲乙。今者可以密观诸伶所讴,若诗人歌词之多者,则为优矣。"俄而一伶拊节而唱,乃曰:"寒雨连江夜入吴,平明送客楚山孤。洛阳亲友如相问,一片冰心在玉壶。"昌龄则引手画壁曰:"一绝句。"寻又一伶讴之曰:"开箧泪沾臆,见君前日书。夜台何寂寞,犹是子云居。"适则引手画壁曰:"一绝句。"寻又一伶讴曰:"奉帚平明金殿开,强将团扇共徘徊。玉颜不及寒鸦色,犹带昭阳日影来。"昌龄则又引手画壁曰:"二绝句。"涣之自以得名已久,因谓诸人曰:"此辈皆潦倒乐官,所唱皆《巴人》《下里》之词耳,岂《阳春》《白雪》之曲,俗物敢近哉!"因指诸妓之中最佳者曰:"待此子所唱,如非我诗,吾即终身不敢与子争衡矣!脱是吾诗,子等当须列拜床下,奉吾为师。"因欢笑而俟之。须臾,次至双鬟发声,则曰:"黄河远上白云间,一片孤城万仞山。羌笛何须怨杨柳,春风不度玉门关。"涣之即揶揄二子曰:"田舍奴,我岂妄哉!"因大谐笑。诸伶不喻其故,皆起诣曰:"不知诸郎君,何此欢噱?"昌龄等因话其事。诸伶竞拜曰:"俗眼不识神仙,乞降清重,俯就筵席。"三子从之,欢醉竟日②。

从这则典故,我们可以看到唐代流行歌妓演唱近体诗的社会风尚。明代杨慎《丹铅总录》证实,唐代入乐歌唱的近体诗,体式以七绝最多,

---

  ① (明)谢榛:《四溟诗话》,丁福保辑《历代诗话续编》,中华书局2006年版,第1146页。

  ② (唐)薛用弱撰:《集异记》,载《景印文渊阁四库全书》(第1042册),台湾商务印书馆1986年版,第580—581页。

五绝次之；诗人以王昌龄最多，李白次之。可惜唐代歌诗的曲谱已佚，后人无法探究其妙。当今，我们也许只能以吟诵的方式展示和欣赏近体诗的声律美。

二　近体诗的吟诵规则

19 世纪的英国文艺理论批评家佩特在《文艺复兴：艺术与诗的研究》中提出一个著名论断："所有艺术通常都渴望达于音乐的状态。"[1] 吟诵是一种介于文学和音乐之间的艺术形式，我们谈论近体诗吟诵规则，就必须兼顾文学和音乐两个方面的特质。古代文献对于诗歌的文学性和音乐性早有论述，由于诗歌与音乐可以共同被耳听接受，与之相关的"声""音""乐"等系列描述词就成了一组递进式的文化概念。《礼记·乐记》曰："凡音之起，由人心生也。人心之动，物使之然也。感于物而动，故形于声。声相应，故生变。"汉代经学集大成者郑玄注："乐之器，弹其宫则众宫应，然不足乐，是以变之使杂也。""宫、商、角、徵、羽杂比曰音，单出曰声。"[2] 此论述被后人归纳为"心物感应"的音乐起源说。在传统乐论中，"声"指自然状态的单个音高，"音"是一种有意识的组合音高，"乐"则被注入了伦理道德的内容。梳理吟诵的文学性和音乐性因素发现，吟诵规则主要表现在节奏、声调、韵律和模式四个方面。

（一）近体诗的吟诵节奏

旋律是音乐的第一要素，通常指若干乐音经过艺术构思后形成的有组织、有节奏的序列，基本要素有调式、节奏、节拍、力度、音色表演方法等。近体诗讲究声律，声调和语调有着极强的音乐性，《礼记·乐记》曰："文采节奏，声之饰也。"孔颖达疏："声无曲折，则太质素，故以文采节奏而饰之使美。"[3] 因此，节奏不仅是音乐的首位要素，同时也

---

[1] ［英］佩特：《文艺复兴：艺术与诗的研究》，张岩冰译，广西师范大学出版社 2000 年版，第 152 页。

[2] （汉）郑玄注，（唐）孔颖达疏：《礼记正义》，载（清）阮元校刻《十三经注疏》（清嘉庆刻本），中华书局 2009 年版，第 3320 页。

[3] （汉）郑玄注，（唐）孔颖达疏：《礼记正义》，载（清）阮元校刻《十三经注疏》（清嘉庆刻本），中华书局 2009 年版，第 3331 页。

是诗歌的命脉。这里说的节奏，可以狭义地理解为语音沿着时间轴线运动时交替出现的有规律的长短、高低、快慢等现象。在吟诵实践中具体有两种：一个是语言节奏，另一个是吟诵节奏。二者的关系，语言节奏是基础，是文字呈现出来的静态视觉效果，属于文学表现的范畴；吟诵节奏是拓展，是声音呈现出来的动态听觉效果，属于音乐表演的范畴。

语言节奏相对固定，这是近体诗的平仄规则决定的。诗人按照文体规则创作的过程，实质就是语言节奏的固化过程。每当一首近体诗创作完成时，语言节奏也就自然形成了。因此，语言节奏具有一种文本性。根据近体诗"一句之中，平仄相间"的规则，律句的字数和平仄都是固定的。

五言律诗和七言律诗共有八种句型，而诗歌的每一个语言节奏单位由两个汉字构成，五言和七言的句型都是奇数句，于是每句的最后一个字自成一个节奏单位。由此，五言律诗的句子总体上是二三节奏，即把前两字看成一组，后三字看成一组，还可以再细划分为"二二一"，共三个节奏单位；七言律诗的句子总体上是四三节奏，即把前四字看成一组，后三字看成一组，还可以细划分为"二二二一"，共四个节奏单位。

例如五言律诗四个句型的第一句的语言节奏："仄仄/平平/仄"，按照汉语四声"平长仄短，平低仄高"的一般性规律吟诵，音长形式："短短/长长/短"；音高形式："高高/低低/高"。这样，由于语言的平仄变化，导致语音的长短和高低的交替出现，自然形成了抑扬顿挫的节奏。为了避免句式的节奏单调，近体诗又有"粘对"规则以求变。所谓"对"，即"一联之内，平仄相对"。要求每一联出句与对句相应位置字的平仄必须相反。第二句的语言节奏："平平/仄仄/平"；音长形式："长长/短短/长"；音高形式："低低/高高/低"。所谓"粘"，即"两联之间，平仄相同"。要求上联对句的第二个字与下联出句的第二个字的平仄必须相同。因此第三句的语言节奏："平平/平仄/仄"；音长形式："长长/长短/短"；音高形式："低低/低高/高"。第四句是第三句的对句，语言节奏："仄仄/仄平/平"；音长形式："短短/短长/长"；音高形式："高高/高低/低"。这样，四句就形成了一首完整的仄起五言绝句。"平仄"规则和"粘对"规则的巧妙作用，让近体诗的句式节奏在整齐中孕育变化，吟诵起来形成一种波浪起伏的音韵美和回环往复的音乐美。

绝句作为近体诗的一种类型，仅有四句，四种句型各用一次，是近体诗允许的最少句数。"绝"为数量概念，绝对少的意思。其他近体诗的句型和句数，皆以四种句型为基础增加。这里简单以绝句为例说明：

登鹳雀楼
（唐）王之涣

白日/依山/尽，黄河/入海/流。
仄仄/平平/仄　平平/仄仄/平
欲穷/千里/目，更上/一层/楼。
仄平/平仄/仄　仄仄/仄平/平

这是一首仄起仄收、首句不入韵的七言绝句。整首诗歌格律比较工整，仅有第三句的第一个字"欲"应平而仄。按照"一三五不论"的原则，此处可以变通。句子语言为标准的二二一节奏。

七言律诗的句型句数和语言节奏与五言律诗同埋，具体是按照一句之中，"平仄相间"的原则，在五言律诗的每句前面加上相应的平仄，仅有字数的差异，此处举例说明：

晓出净慈寺送林子方
（宋）杨万里

毕竟/西湖/六月/中，风光/不与/四时/同。
仄仄/平平/仄仄/平　平平/仄仄/仄平/平
接天/莲叶/无穷/碧，映日/荷花/别样/红。
仄平/平仄/平平/仄　仄仄/平平/仄仄/平

这是一首仄起平收、首句入韵的七言绝句。按照格律诗"拗救"的原则，第三句第一字"接"应平而仄，由第三字"莲"应仄而平作为补救。句子的语言为二二二一节奏。因为"拗救"，吟诵节奏变得复杂了，全诗要按照"四、二六、二六、四"节奏吟诵，即第一句的第四字，第二句、第三句的第二字和第六字，第四句的第四字要长吟。

近体诗因为诗意表达的需要，句子的语言节奏在尾部常有变化，有的意义单位只有一个音节，构不成一个节奏单位；有的意义单位却有两个以上的音节，具有多个节奏单位。这种情况，就造成了意义单位和节奏单位不对等的矛盾。五言律诗的语言以二二一节奏为标准，但是二一二节奏也比较常见，例如：

终南山

（唐）王维

太乙／近／天都，连山／到／海隅。
仄仄／仄／平平　平平／仄／仄平

白云／回望／合，青霭／入看／无。
仄平／平仄／仄　平仄／仄平／平

分野／中峰／变，阴晴／众壑／殊。
平仄／平平／仄　平平／仄仄／平

欲投／人／处宿，隔水／问／樵夫。
仄平／平／仄仄　仄仄／仄／平平

这是一首仄起平收、首句入韵的五言律诗。整首诗歌格律比较工整，第三句的第一个字"白"应平而仄，第四句的第一字"青"应仄而平，第五句的第一字"分"应仄而平，第七句的第一字"欲"应平而仄，按照"一三五不论"的原则，皆可以变通。全诗的语言节奏，首联和尾联是二一二节奏，颔联和颈联是二二一节奏，两种节奏转换混用。

另有一四节奏和一三一节奏，例如：

旅夜书怀

（唐）杜甫

细草／微风／岸，危樯／独夜／舟。
仄仄／平平／仄　平平／仄仄／平

星垂/平野/阔，月涌/大江/流。
平平/平仄仄　仄仄/仄平平
名/岂/文章著，官/应/老病休。
平/仄/平平仄　平/平/仄仄平
飘飘/何/所似，天地/一/沙鸥。
平平/平仄仄　仄仄/仄平平

这是一首仄起仄收、首句不入韵的五言律诗。整首诗歌格律严整，颔联和颈联对仗精工，无拗救，第二句第三字"独"入声归仄。颈联"名岂文章著，官应老病休"，宜分为一四节奏，即"名/岂文章著，官/应老病休"，有首字领起的意味。实际上后四字还可以把第一字细分出来，形成一一三节奏。又如：

送严秀才入蜀
（唐）王维

宁亲/为/令子，似舅/即/贤甥。
平平/平/仄仄　仄仄/仄/平平
别路/经/花县，还乡/入/锦城。
仄仄/平/平仄　平平/仄/仄平
山/临青塞/断，江/向白云/平。
平/平平仄/仄　平/仄仄平/平
献赋/何/时至，明君/忆/长卿。
仄仄/平/平仄　平平/仄/仄平

这是一首仄起仄收、首句不入韵的五言律诗。全诗格律严整，颔联为二一二节奏对仗。颈联为一三一节奏对仗，"临青塞"和"向白云"都是动宾结构作状语，作用相当于一个介词结构，句子按照"二三"划分显然不合语法规则。

七言律诗的语言以二二二一节奏为标准，但是二二一二节奏也常出现，例如：

闻官军收河南河北

（唐）杜甫

剑外/忽传/收/蓟北，初闻/涕泪/满/衣裳。
仄仄/仄平/平/仄仄　平平/仄仄/仄/平平
却看/妻子/愁/何在，漫卷/诗书/喜/欲狂。
仄平/平仄/平/平仄　仄仄/平平/仄/仄平
白日/放歌/须/纵酒，青春/作伴/好/还乡。
仄仄/仄平/平/仄仄　平平/仄仄/仄/平平
即从/巴峡/穿/巫峡，便下/襄阳/向/洛阳。
仄平/平仄/平/平仄　仄仄/平平/仄/仄平

  这是一首仄起仄收、首句不入韵的七言律诗。按照"一三五不论"的原则，第一句的第三字"忽"应平而仄，第三句第一字"却"为入声，应平而仄，第二字"看"读阴平，作动词用，与下句的"卷"形成对仗，第三字"妻"应仄而平，第五句第三字"放"应平而仄，第七句的第一字"即"为入声，应平而仄，第三字"巴"应仄而平，第四字"峡"为入声，皆可变通。各句的结尾三字，属于一二的节奏单位，如"收/蓟北""满/衣裳"等，如果划分为"收蓟/北""满衣/裳"，则语法结构受到破坏，作为一个具有完整意义的单位被拆分。这种情况下，吟诵时可把三字尾的节奏单位和节奏点稍作变动。

  七言律诗的句子通常是四三节奏，但是偶尔也会出现意义单位和节奏单位之间存在错位的句子，尤须注意。例如，五二节奏和三四节奏。这种节奏被统称为折腰句。折腰体作为诗体名称出现在唐代，高仲武编《中兴间气集》录崔峒《清江曲内一绝》："八月长江去浪平，片帆一道带风轻。极目不分天水色，南山南是岳阳城。"题下注明"折腰体"。南宋魏庆之《诗人玉屑》释曰："折腰体，谓中失粘而意不断。"[①] 并以王维《赠别》为例说明。意思是说，第二句和第三句的平仄失粘，但是两

---

① （宋）魏庆之编：《诗人玉屑》，上海古籍出版社1978年版，第34页。

句之间的联系紧密，意脉不断。元代从体中粘出了句，元代韦居安的《梅磵诗话》曰："七言律诗有上三下四格，谓之折腰句。"① 例如：

退居述怀寄北京韩侍中二首（其二）
（宋）欧阳修

书殿/宫臣/宠并叨，不同/憔悴/返渔樵。
平仄/平平/仄仄平　平平/平仄/仄平平
无穷/兴味/闲中得，强半/光阴/醉里销。
平平/仄仄/平平仄　平仄/平平/仄仄平
静爱竹/时/来野寺，独寻春/偶/过溪桥。
仄仄仄/平/平仄仄　仄平平/仄/仄平平
犹须/五物/称居士，不及/颜回/饮一瓢。
平平/仄仄/平平仄　仄仄/平平/仄仄平

这是一首仄起平收、首句借用邻韵的七言律诗。按照"一三五不论"的原则，第一句的第一字"书"应仄而平，第六句的第一字"独"为入声，应平而仄，皆可变通。颈联"静爱竹时来野寺，独寻春偶过溪桥"，每个句子从意义的角度宜分为三四节奏，可再细分为三一三节奏。又如：

宿　府
（唐）杜甫

清秋/幕府/井梧寒，独宿/江城/蜡炬残。
平平/仄仄/仄平平　仄仄/平平/仄仄平
永夜/角声悲/自语，中天/月色好/谁看。
仄仄/平平平/仄仄　平平/仄仄仄/平平
风尘/荏苒/音书绝，关塞/萧条/行路难。
平平/仄仄/平平仄　平仄/平平/平仄平

---

① （元）韦居安撰：《梅磵诗话》，载丁福保辑《历代诗话续编》，中华书局2006年版，第545页。

已忍/伶俜/十年事，强移/栖息/一枝安。
仄仄/平平/仄平仄　平平/平仄/仄平平

　　这是一首平起平收、首句入韵的七言律诗。格律严整，妙用多种技巧。首联的出句和对句倒装，"独宿"二字为一诗之眼，意在笔先，起势峻耸。清代方东树评曰："起二句分点府宿，而以情景纬之。三四写宿，景中有情，万古奇警。五六情。收又顾'宿'字，此正格。"①按照"一三五不论"的原则，第六句的第一个字"关"和第五字"行"，应仄而平，皆可变通。按照拗救原则，尾联的出句第五字"十"为入声，应平而仄，由第六字"年"应仄而平作为补救，属于出句自救的"五拗六救"。颔联"永夜角声悲自语，中天月色好谁看"，每句从意义的角度宜分为五二节奏，可再细分为二三二节奏。

　　吟诵近体诗，各节奏单位之间应保持一定的时间间隔，方能表现出鲜明的节奏。这个间隔须通过停顿表现，我们称停顿处为节奏点。五言律诗各句的节奏点在第二、四、五这三个音节，七言律诗各句的节奏点在第二、四、六、七这四个音节。从近体诗节奏的角度看，"一三五不论，二四六分明"的歌诀确有一定的道理。

　　近体诗的节奏单位与意义单位一致时，吟诵自然顺畅。但是二者不一致，甚至矛盾的时候，我们是按照节奏单位，还是按照意义单位吟诵呢？实践证明，如果表现形式是诵，宜按照意义单位，因为诵具有声清字正、语义清晰的特点，若把结构紧密的词或词组强行拆开，或是把前后不搭的词强行捏合，就会割裂词义、产生歧义，最终必然影响诗歌的情感表现；如果表现形式是吟，宜按照节奏单位，因为吟具有音乐性强的特点，若是依照意义单位吟就会带乱句子的节奏，造成声律不和谐，最终必然影响诗歌的声律美。

　　（二）近体诗的吟诵声调

　　近体诗讲究平仄，吟诵音调在节奏、音高和旋律方面同平仄声调的关系密切。在吟诵时，每一个字都处在一定的位置上，音高和音长等语

---

① （清）方东树著，汪绍楹校点：《昭昧詹言》，人民文学出版社1961年版，第403页。

音元素也要遵循一定的规则。例如在平仄的吟诵处理上，"平长仄短"是通用规则，绝大多数律句均须遵守，但是吟诵者有时会根据文意和情绪做一些微调，应该长吟的字音并没有那么长了，应该短诵的字音却比较长等，这只是个别现象，如果大范围地破坏平长仄短的规则，那就不再是吟诵；"平高仄低"和"平低仄高"是个性规则，关于平声和仄声的高低问题，因地域方言和流派腔调的不同而各异，如吴越地区平低仄高，北京地区则平高仄低。

赵元任的研究证实"常州话的声调系统跟古代声调系统很相似"，[①]据此推断，用常州方言吟诵古诗文，音高与平仄关系应该同古代相近。常州方言属吴方言，有入声，除了上声，其余三声都分阴阳，这样就形成七个声调。具体如表4：

表4　　　　　　　　　　　常州方言声调调值

调类	平声		仄声				
	阴平	阳平	阴上	阳上	阴去	阳去	阴入	阳入
调值	33	13	55	无	513	24	5	23

《常州方言声调调值表》[②]（秦德祥根据赵元任《常州吟诗的乐调十七例》《中国语言里的声调、语调、唱读、吟诗、韵白、依声调作曲和不依声调作曲》制表）显示，常州方言的平声调值较低，仄声除了"阳入"，其余各声的调值较高，大体是平低仄高。

北京话无入声，古代汉语中的入声字多派入去声，其余的变作阴平、阳平和上声。北京话中，阴平和阳平字除了少数派入的古入声字，都是古汉语的平声字；上声和去声字都是古汉语的仄声字。从北京话的角度分析古汉语的平仄，古仄声字除外，阴平和阳平为平声，上声和去声为仄声。北京话的平声分为阴平（55）和阳平（35）两个调值，最高点在"5"的

[①] 赵元任：《赵元任音乐论文集》，中国文联出版公司1994年版，第6页。
[②] 秦德祥：《吟诵音调与平仄声调》，《交响》（西安音乐学院学报）2004年第9期。

位置，最低点在"3"的位置，都比较高；仄声分为上声（214）和去声（51），去声的最高点虽然在"5"的位置，但是比较短促，在用乐谱描述时常被记作装饰音，其后迅速下降至最低点"1"，仄声主要处在比较低的区域。因此，北京话除了少数古仄声字，语音基本呈现平高仄低的状态。以北京话为标准音，以北方官话为基础方言的普通话，大体也是如此。

常州方言与北京话的语音对比发现，平低仄高和平高仄低的差异性明显，这也客观反映出汉语语音的南北差别。人们常说，北方人豪爽，说话高亢、豪迈，这就与北方话平声的高响有关，而南方人温婉，说话轻曼、柔软，这也与南方话的平声低缓、入声短促有关。例如赵元任记录的胡适之吟诵杜甫《登高》的谱子：

[五线谱：风急天高猿啸哀，渚清沙白鸟飞回。无边落木萧萧下，不尽长江滚滚来。万里悲秋常作客，百年多病独登台。艰难苦恨繁霜鬓，潦倒新停浊酒杯。]

曲谱中，诗歌节奏点上的平声字多长吟二拍，仄声字多短诵一拍。特殊之处，少数节奏点上的平声字，如"哀""飞""萧""来""年""登""难"短诵一拍；少数节奏点上的仄声字，如"尽""作"短诵半拍。

地域方言影响汉语的平仄和声调高低，吟诵诗文时选择"平低仄高"或"平高仄低"都可以，但忌混用。王力尝在《诗词格律》为诵读近体诗的音值作标示[①]，分析如下：

---

① 参见王力《诗词格律》，商务印书馆2000年版。

早春呈水部张十八员外

（唐）韩愈

```
4 4 3 3 2 2 4     3 3 5 5 2 2 1
天 街 小 雨 润 如 酥，  草 色 遥 看 近 却 无。
平 平 仄 仄 仄 平 平   仄 仄 平 平 仄 仄 平
2 2 5 5 2 2 5     5 5 3 3 2 2 1
最 是 一 年 春 好 处，  绝 胜 烟 柳 满 皇 都。
仄 仄 仄 平 平 仄 仄   平 平 平 仄 仄 平 平
```

这是一首平起平收、首句入韵的七言绝句。用普通话诵读，数字标示了下面对应汉字的相对音高，全诗28个字中有21个字遵循了平高仄低原则。例外的"如""无""一""春""烟""皇""都"等7个字，"无"和"都"为韵字，宜拖长低吟；其余5字按照"两平两仄，平仄相间"的原则，表现为"两高两低，高低相间"的语言旋律。

在南方的一些地区，吟诵由平声字组成的节奏单位，会用较低的音值，所配旋律也是下降的；由仄声字组成的节奏单位，则用较高的音值，所配旋律是上升的。诗例如下：

春日偶成

（宋）程颢

```
云 淡 风 轻 近 午 天，  傍 花 随 柳 过 前 川。
平 仄 平 平 仄 仄 平   平 平 平 仄 仄 平 平
时 人 不 识 余 心 乐，  将 谓 偷 闲 学 少 年。
平 平 仄 仄 平 平 仄   平 仄 平 平 仄 仄 平
```

这是一首仄起平收、首句入韵的七言绝句。程颢被称为明道先生，是北宋著名的哲学家、教育家、诗人，曾与弟程颐从学于周敦颐，世称"二程"，为北宋理学的奠基者，后形成程朱学派。程颢每日讲学不辍，时人以道学视之，实则开朗活泼，性情怡然自适。此诗即为春游自乐之作，前两句写景，后两句抒情。按照"一三五不论"的原则，第一句的第一字"云"、第四句的第一字"将"应仄而平，皆可灵活变通。诗押平声一先韵,"天""川""年"为韵字。"此诗每句第一、二、四节奏点上的平声字('轻''天''花''川''人''闲''年')和仄声字('淡''柳''识''乐''谓')都吟二拍,而每句第三节奏点上的平声字('前''心')和仄声字('午''少')则都吟三拍。从一句之中看,第三节奏点上的仄声字(如第一句中的'午',第四句中的'少')要比该句其他节奏点上的平声字(如第一句中的'轻''天',第四句中的'闲''年')要多吟一拍。"① 曲谱如下:②

春日偶成

[曲谱：云淡风轻近午天,傍花随柳过前川,时人不识余心乐,将谓偷闲学少年。]

《春日偶成》一诗被苏南地区的《千家诗》收录,杨荫浏曾经以第三句"时人不识余心乐"为例,采录了苏州无锡一带的私塾吟诗调、私塾读诗调、民间流行的宣卷调(旧时家庭妇女夜晚在灯下诵读唱本小说的时候,也用此调)等三种吟诵法,进行度曲比较:

[三种吟诵法曲谱比较]

---

① 陈少松:《古诗词文吟诵导论》,中华书局2017年版,第85页。
② 杨荫浏:《语言音乐学初探》,载《语言与音乐》,人民音乐出版社1983年版,第63页。

曲谱上部的箭头标示为吟诵时的旋律升降情况。对比发现："三种吟法和读法或唱法，旋律和调式虽然不同，但其向着平声逗的末尾下降，向着仄声逗的末尾升高；偶然在平声逗不下降时配较低的音，在仄声逗的末尾不上升时配较高的音，则是完全一致的。"①

如果把目光从苏南地区放大至全国就发现，按照"平低仄高"原则处理节奏单位音高的地区，其实也很多。对此，陈少松的分析甚为详备。② 如胡适之以江淮方言吟诵杜甫的《登高》，周济仁以长沙方言吟诵李白的《早发白帝城》，霍松林以陇南方言吟诵李白的《望天门山》、杜牧的《山行》，都是以"平低仄高"行腔。这里选择几则著名学者的吟诵实例说明。

常州吟诗调

枫桥夜泊

（唐）张继

赵元任吟诵，滕缔弦记谱

[五线谱略]

---

① 杨荫浏：《语言音乐学初探》，载《语言与音乐》，人民音乐出版社1983年版，第22—23页。

② 陈少松：《古诗词文吟诵导论》，中华书局2017年版，第88—92页。

河南吟诵调

早发白帝城
（唐）李白

华锺彦吟诵，刘东升记谱

[曲谱：1=D，歌词：朝辞白帝彩云间，千里江陵一日还，两岸猿声啼不住（嗯）轻舟已过万重山。]

赵元任和华锺彦的生活环境差异较大，方言和腔调也不同，但是吟诵的音高和旋律处理都遵循了平低仄高的原则。吟诵的节奏单位之所以选择平低仄高，可能与当地的方言习惯有关，平声字一般就比仄声字读得低一些。

与上述情况相反，有些地区的吟诵按照平高仄低的原则行腔，由平声字组成的节奏单位用较高的音，所配旋律是上升的；由仄声字组成的节奏单位，则用较低的音值，所配旋律是下降的。例如：

广西吟诗调

观书有感
（宋）朱熹

王力吟诵，孙玄龄记谱

[曲谱：1=F，歌词：半亩方塘一鉴开，天光云影共徘徊，问渠那得清如许？为有源头活水来。]

陈少松评析认为，平声字、仄声字组成的节奏单位，都呈现一种旋律下降的倾向。同中有异，平声字组成的节奏单位一般用较高的音，而仄声字组成的节奏单位一般用较低的音。也有例外，第二句和第四句末尾的平声字吟诵音并不高，都以最低的调式主音作结，但是第二句的倒数第二字"徘"、第四句的尾字"来"，作为平声字，吟诵时以高音起而后下降拖腔，仍然符合平高仄低。究其原因，"王力先生是广西博白县人，博白的语言属粤方言区的桂南语系。在博白的方言中，平声字读得高，仄声字读得低，且多为降调，所以王力先生吟诗时的音调也就'平高仄低'，由仄声字组成的节奏单位其旋律表现出下降的倾向"。①

北京吟诗调

秋兴八首（其七）

（唐）杜甫

曲谱显示，平声字一般配较高的音，仄声字一般配较低的音。由平声字组成的节奏单位多数是下降的旋律，由仄声字组成的节奏单位多数

---

① 陈少松：《古诗词文吟诵导论》，中华书局2017年版，第91页。

是上升的旋律。启功用北京话吟诵《秋兴八首》，对北京话中已变作平声的古入声字，如"黑""甲"等作了技术处理，保持中等的音高，而北京话的平声字读音要比仄声字高，吟诵整体呈现出平高仄低的状态。

（三）近体诗的吟诵韵律

近体诗具有韵律美，押韵是形成韵律的关键。所谓押韵，就是把两个以上的同韵字安排在相同的位置上。近体诗的正格是押平声韵，且一韵到底。平声字的特点，是无论发音高低，皆可长吟。在吟诵时，这些可以拖腔的同韵字在相同的位置上反复出现，形成节奏，用熟稔的、回环往复的音乐美唤起受众的听觉快感和情绪共鸣。

就近体诗吟诵而言，音韵学的平仄声调和音乐学的旋律升降之间有许多相似处。秦德祥在比较吟诵音调与平仄声调的研究后发现，吟诵韵律存在"平直仄曲"的规律性。其中的"平"和"仄"，即音韵学的平声和仄声，涵盖了古代汉语和现代汉语的四种声调，都可以分为两大类；"直""曲"，则是从音乐角度对语音变化的描述。"直"，"除指平直之音外，还包括尾部音高的下滑。尾部音高的下滑是平声发音的自然趋势。"[1] 音乐实验证明，孩童叫喊的"妈妈"，延长音的末尾自然下滑约小三度，这是人类语言的共同现象。吟诵近体诗，遇到对句尾部的韵字，音调不仅要小三度自然下滑，还常常表现为先行下滑，然后在较低的音上作平直延长的情形。有时，下滑的幅度甚至达到大三度、纯四度。"曲"，"包括音高的上滑和先降后升地滑进两种情形，它们的共同特征是尾部上翘。"[2] 简单地说，"曲"即不平直，同"平仄"中的"仄"意思相同，总体特征是"上滑"，典型形态是"先降后升"。吟诵近体诗，遇到出句（首句不入韵）的尾字，通常以高响、短促的音收尾。例如：

---

[1] 秦德祥：《吟诵音调与平仄声调》，《交响》（西安音乐学院学报）2004年第9期。
[2] 秦德祥：《吟诵音调与平仄声调》，《交响》（西安音乐学院学报）2004年第9期。

旅夜抒怀

（唐）杜甫

细草微风岸，危樯独夜舟。
仄仄平平仄　平平仄仄平

星垂平野阔，月涌大江流。
平平平仄仄　仄仄仄平平

名岂文章著，官应老病休。
平仄平平仄　平平仄仄平

飘飘何所似，天地一沙鸥。
平平平仄仄　平仄仄平平

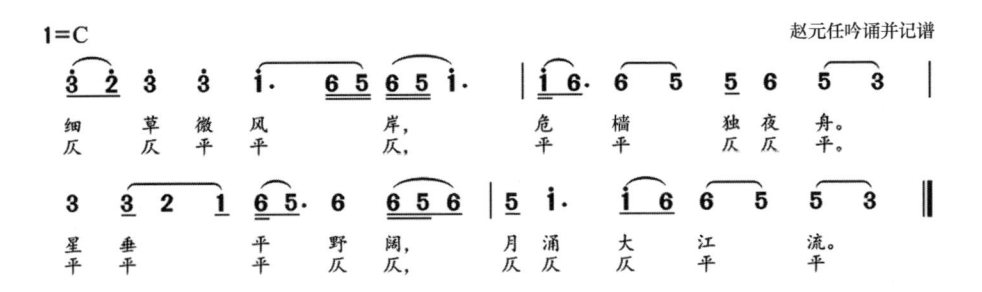

赵元任吟诵并记谱

1=C

3 2 3 3	1. 6 5 6 1.	1. 6 6 5	5 6 5 3
细　草 微 风　岸，	危 樯　独 夜 舟。
仄　仄 平 平　仄，	平 平　仄 仄 平。

3 3 2 1 6 5. 6 6 5 6	5 1. 1 6 6 5 5 3
星 垂　平 野 阔，	月 涌 大 江 流。
平 平　平 仄 仄，	仄 仄 仄 平 平。

　　这是一首仄起仄收的五言律诗。按照"一三五不论"的原则，第五句的第一字"名"、第八句的第一字"天"应仄而平，可灵活变通。单数句（出句）都是仄声字收尾，不押韵，对应的都是用先降后升的三拍，属于典型的"曲"；句中的仄声字大多数都是一字对应一拍，"细""岂""大"等少数是一字对应下行的两拍。偶数句（对句）都是平声字收尾，押"平声十一尤"韵，韵字都是用小三度下行的两拍，两拍之间自然下滑，至第二字音就平直地延长下去；句中的平声字，一字对应两拍，如"风""樯""危""平"等，都是平直下行。

　　本诗四联八句，首联和颔联的四句为一组，颈联和尾联的四句为一组。在结构上，两组的格律完全一致，为避免重复，这里仅列举第一组的曲谱。

　　近体诗的韵律表现出明显的"平直仄曲"特点，尤其是句尾的字，在吟诵时要特别注意。

（四）近体诗的音调模式

在"平仄相间"的组句原则、"平长仄短"的节奏原则、"平低仄高"的音调原则、"平直仄曲"的韵律原则的共同作用下，近体诗吟诵的旋律呈现出极强的规律性。这里以平起平收、首句入韵的七言绝句为例，绘制基本模式图如下：

七言绝句（平起平收式）吟诵模式图

第一句的语言节奏：平——平——仄仄—仄平——平——，

第一句的旋律音高：　　　　　　高——

　　　　　　　　　低——　　　　低————，

（句尾第二个平声下滑）

第二句的语言节奏：仄仄—平——平——仄仄—平——。

第二句的旋律音高：高——　　　　高——

　　　　　　　　　　　低——　　　　低——。

（句尾平声下滑）

第三句的语言节奏：仄仄—平——平——平—仄—仄——，

第三句的旋律音高：高——　　　　高——，

　　　　　　　　　　　低——

（句尾仄声先降后升）

第四句的语言节奏：平—平——仄仄—仄平——平————。

第四句的旋律音高：　　　高———

　　　　　　　　　低——　　　　低————。

（句尾第二个平声下滑后平直拖腔）

吟诵模式图中，语言声调直接标出"平"或"仄"。节奏长短以"——"标示，其中一个仄声字对应一个"—"，节奏最短，宜于诵；一个平声字对应一个"——"，节奏较长，适于长吟，如果遇到韵字，节奏更长，则须拖腔。旋律音高也直接标出，"高"或"低"在同一作品内是相对的，仄声字为高音，句尾的仄声表现出先降后升的"曲"的典型性；平声字为低音，句尾的平声用小三度，第二拍后下滑平直延长拖腔。

以上为七言绝句（平起平收式）基于"平低仄高"音调原则的吟诵模式图。举一反三，"平高仄低"音调原则，或七言律诗、五言绝句、五言律诗等近体诗的吟诵模式图不再列举，都可以如法绘制。

三　近体诗吟诵举隅

掌握近体诗的平仄格式和一般规则，并不意味着就学会了行腔吟诵，因为吟诵具有区域方言和师承流派的特点，不同的流派和腔调在调式、节奏和旋律等方面也各有所擅，并在一些文体形式上形成了特色，吟诵者只有深入了解文体形式和流派腔调，才能真正学会吟诵。这里，分体式举隅分析。

（一）五言绝句的吟诵

五言绝句有平起平收、平起仄收、仄起平收、仄起仄收四种体式。需要说明的是，所谓平起或仄起，是指首句的第二个字是平声或是仄声；所谓平收或仄收，是指首句末尾一个字是平声（谐韵）或者仄声（不谐韵）。吟诵的第一步是确定体式和格式，由此确定起调的高低。五言绝句虽然有四种体式，区别就在首句的第二个字和最后一个字是平声，或是仄声。首句的第二个字若是平声，那么这首诗就是平起，按照"平低仄高"的原则就用较低的音起调，并且长吟。若是仄声，正好相反。如果把一首诗的平起和仄起辨认错了，音高、音长和旋律等就会产生接续性错误。吟诵的第二步是按照平仄规则，顺序推敲全诗各句节奏点位置字的平仄。第三步就是选择一种腔调来发声吟诵了。

平起平收式：

闺人赠远五首（其一）

（唐）王涯

花明绮陌春，柳拂御沟新。
平平仄仄平　仄仄仄平平
为报辽阳客，流芳不待人。
仄仄平平仄　平平仄仄平

1=A　　　　　　　　　　　　　　　　　陈少松吟诵，滕缔弦记谱

（简谱）
花明　绮陌　春，　　柳拂　御沟　　新。
为报　辽阳　客，　　流芳　不待　　人。

这是一首平起平收的五言绝句。首句第二个字"明"，平声，即句中节奏点的关键字，作为全诗起调的字，要用较低的音，吟得比第一个平声字"花"稍长，时值约为两拍半。首句第四个字"陌"，根据近体诗"一句之中，平仄相间"的原则，必为仄声，又处在"一三五不论，二四六分明"节奏关键点，要用较高的音，诵得短一些，时值约为一拍。这样，首句作为平起式，第二字吟得长一些，第四字诵得短一些，起调准确是确保全诗按规则行腔的关键。再看第二句，根据"一联之中，平仄相对"的原则，第二字"拂"必为仄声，第四字"沟"必为平声，诵或吟的方法正好与首句相反。第三句和第四句依法类推。

仄起仄收式：

八阵图

（唐）杜甫

功盖三分国，名成八阵图。
平仄平平仄　平平仄仄平
江流石不转，遗恨失吞吴。
平平仄仄仄　平仄仄平平

1=♭B　　　　　　　　　　　　　　　　陈少松吟诵，滕缔弦记谱

（简谱）
功盖三分　国，名成　　八阵　图。
江流　　石不　转，遗恨　失吞　吴。

这是一首仄起仄收的五言绝句。首句的第一字"功"、第四句的第一字"遗",应仄而平,按照"一三五不论"的原则,可灵活变化。吟诵时,节奏点在每句的第二字和第四字,同时偶句的韵字要长吟、归韵。如首句的第二字"盖",仄声,用较高的音,诵一拍;第四字"分",平声,为重要节奏点,低音长吟两拍半。

这里再举两首平起仄收和仄起平收的五言绝句例子,因其相似性不再赘述分析,仅列平仄和曲谱,以方便吟诵者熟悉节奏和揣摩旋律。

平起仄收式:

终南望余雪

(唐)祖咏

终南阴岭秀,积雪浮云端。
平平平仄仄　仄仄平平平

林表明霁色,城中增暮寒。
平仄平仄仄　平平平仄平

1=F

陈少松吟诵,滕缔弦记谱

[曲谱：终南阴岭秀,积雪浮云端。林表明霁色(呀),城中增暮寒。]

仄起平收式:

塞下曲(其三)

(唐)卢纶

月黑雁飞高,单于夜遁逃。
仄仄仄平平　平平仄仄平

欲将轻骑逐,大雪满弓刀。
平平平仄仄　仄仄仄平平

```
1 = F
                                          陈少松吟诵，滕缔弦记谱
5 3 5 3  0  3 2 2 | 2 1· 1  7 | 6 6  0 6 6 0 | 2 — — 3 |
月 黑    雁 飞 高，    单 于   夜 逃   逃。

5 3 5· 3  3 0 | 2 0 0 1 6  — | 5 3 5 6 1 2 | 2 1· 1 — ‖
欲 将 轻 骑 逐    （哇），   大 雪 满 弓   刀。
```

五言绝句有四种体式，吟诵的差异和关键在首句。首句第二个字的平仄决定了全诗的起调，或低声长吟，或高声短诵；首句尾字的平仄决定了诗式，或平收，或仄收。从某种角度讲，平收或仄收只是一个句子的尾音长短问题，而平起或仄起不仅决定了起调，并环环相扣决定了一首诗的腔调和旋律。近体诗吟诵在三个地方容易出错：一是平起式的首句第二个字没有吟诵到足够的时值，平声吟作了仄声；二是联与联之间没有"粘"好，平仄正好吟反；三是平声收尾的字，为韵字，须长吟，却没有长吟、归韵。

（二）五言律诗的吟诵

在格律形式上，一首律诗是两首起式相同、收式相同或相异的绝句叠加。这样，前面谈了四种绝句的吟诵，再学律诗的吟诵就容易多了，只要注意句数的变化和联间的衔接就行。

平起平收式：

晚　晴

（唐）李商隐

深居俯夹城，春去夏犹清。
平平仄仄平　平仄仄平平

天意怜幽草，人间重晚晴。
平仄平平仄　平平仄仄平

并添高阁迥，微注小窗明。
仄平平仄仄　平仄仄平平

越鸟巢干后，归飞体更轻。
仄仄平平仄　平平仄仄平

1=C　　　　　　　　　　　　　　　　　　陈少松吟诵，滕缔弦记谱

（简谱略）
深居俯夹城，春去夏犹清。
天意怜幽草，人间重晚晴。
越鸟巢干后，归飞体更轻。

这是一首平起平收、首句入韵的五言律诗。全诗格律严整，押下平八庚韵。颔联宽对，颈联工对。

仄起仄收式：

夜泊牛渚怀古
（唐）李白

牛渚西江夜，青天无片云。
平仄平平仄　平平平仄平

登舟望秋月，空忆谢将军。
平平仄平仄　平仄仄平平

余亦能高咏，斯人不可闻。
平仄平平仄　平平仄仄平

明朝挂帆去，枫叶落纷纷。
平平仄平仄　平仄仄平平

1=♭B　　　　　　　　　　　　　　　　　陈少松吟诵，滕缔弦记谱

（简谱略）
牛渚西江夜，青天无片云。
登舟望秋月，空忆谢将军。
余亦能高咏，斯人不可闻。
明朝挂帆去，枫叶落纷纷。

这是一首仄起仄收的五言律诗。李白在有意无意间以古行律，充分体现了洒脱不羁的个性，"文从字顺，音韵铿锵，八句皆无对偶。"① 虽无对仗的整饬妥帖，却有声韵的铿锵灵动，从而创造出一片新的艺术天地。尾联的出句第三字"挂"应平而仄，为拗，第四字"帆"应仄而平，两字互救变格，俗称"锦鲤翻波"。这种拗救"来由不清楚，可能是为了取得先急后缓或先弛后张的效果，昔人的诗作，有不少单数句，平平平仄仄的格式改为平平仄平仄的格式"②。

平起仄收式：

题破山寺后禅院

（唐）常建

清晨入古寺，初日照高林。
平平仄仄仄　平仄仄平平

曲径通幽处，禅房花木深。
仄仄平平仄　平平平仄平

山光悦鸟性，潭影空人心。
平平仄仄仄　平仄仄平平

万籁此俱寂，但余钟磬音。
仄仄仄平平　仄平平仄平

张本义吟诵，张兆利、姜力舒记谱

---

① （宋）严羽：《沧浪诗话》，载（清）何文焕辑《历代诗话》，中华书局2004年版，第692页。

② 张中行：《诗词读写丛话》，中华书局2012年版，第146页。

诗人晨游古寺，向往隐逸情怀。"入"rù 古入声；"日"rì，古入声；"曲"普通话读 qū，qù 古入声；"木"mù，古入声；"悦"yuè，古入声；"寂"jì，古入声。"空""俱"破读；结句要轻松适意。

仄起平收式：

终南山

（唐）王维

太乙近天都，连山接海隅。
仄仄仄平平　平平仄仄平

白云回望合，青霭入看无。
仄平平仄仄　平仄仄平平

分野中峰变，阴晴众壑殊。
平仄平平仄　平平仄仄平

欲投人处宿，隔水问樵夫。
仄平平仄仄　仄仄仄平平

1=F　　　　　　　　　　　张本义吟诵，张兆利、姜力舒记谱

"乙"普通话读 yǐ，这里读 yì 古入声；"接"普通话读 jiē，这里读 jiè，古入声；"白"普通话读 bái，这里读 bó，古入声；"合"普通话常音读 hé，古入声；"入"rù，古入声；"壑"hè，古入声；"欲"yù，古入声；"宿"sù，古入声；"隔"gè，古入声。"看"字要破读。尾句要有回味。

（三）七言绝句的吟诵

七言绝句具有音调铿锵、情韵丰富的特点，吟诵起来旋律优美，悦耳动听，爱好者颇多。

平起平收式：

泊秦淮

（唐）杜牧

烟笼寒水月笼沙，夜泊秦淮近酒家。
平平平仄仄平平　仄仄平平仄仄平
商女不知亡国恨，隔江犹唱后庭花。
平仄仄平平仄仄　仄平中仄仄平平

1＝A　　　　　　　　　　　　　　　　　　陈少松吟诵，滕缔弦记谱

这是一首平起平收、首句入韵的七言绝句，以江南地区的腔调吟诵为例分析。很多人错误地把这首诗看作仄起平收式，错在将首句的第二个字"笼"读为仄声。"笼"作"笼罩"讲时，普通话读 lǒng，为上声，古音却读 lóng，为阳平。1324 年周德清撰《中原音韵》就把"笼"字归入东钟韵阳平。① 在 1953 年出版的《新华字典》中，"笼 lóng"的下义项（3）仍是"遮盖、罩住"，只是到了 1960 年的《现代汉语词典》，笼罩的"笼"才读 lǒng。其实，按照近体诗"一句之中，平仄相间"的原则，辨别"笼"字的读音并不难，只要看一下首句的第四个字的平仄就清楚了，确定"水"是仄声，那么"笼"一定是平声；再看第二句的第二个字的平仄，"泊"为入声字，属于仄声，按照近体诗"一联之中，平仄相对"

---

① 参见（元）周德清撰《中原音韵》，中华书局 2018 年版，第 20 页。

的原则,"笼"字也只能是平声。既然是平起平收式,起调应轻柔长吟,首句的第二个字"笼"吟得应该长一些,可以两拍半,第四个字"水"应该短一些,可以一拍,这是全诗顺畅行腔的关键。其他处在偶数位置的字,为节奏停顿,平声也较仄声吟得稍长一些,前者的时值大约是后者的两到三倍。至于旋律,可持一般性的"平低仄高"原则,平声字组成的节奏单位吟的语音较低,仄声字组成的节奏单位诵的语音较高,节奏点稍作停顿。余下各句,同法处理,不再赘述。

仄起式与平起式的平仄格式不一样,吟诵时节奏单位的音高、音长和旋律也会相应变化。

仄起平收式:

回乡偶书

(唐) 贺知章

少小离家老大回,乡音无改鬓毛衰。
仄仄平平仄仄平　平平平仄仄平平
儿童相见不相识,笑问客从何处来。
平平平仄仄平仄　仄仄仄平平仄平

1=A　　　　　　　　　　　　　陈少松吟诵,滕缔弦记谱

这是一首仄起平收、首句入韵的七言绝句。按照"一三五不论"的原则,第二句的第三个字"无"、第三句的第三个字"相",应仄而平,可灵活变化。按照拗救原则,第四句的第三字"客"为入声,应平而仄,形成拗句,由第五字"何"应仄而平作为补救,本句自救同时顺便救出了半拗的出句第五个字"不"。吟诵时,首句的第二个字"小"为仄声,音长较短,用一拍,第四个字"家"为平声,吟得较长,用两拍半。"第

一个节奏单位的音高由两个仄声字（'少小'）组成，用较高的音，第二个节奏单位由两个平声字（'离家'）组成，所配的旋律是下降的，两个节奏单位的音高和旋律处理也与上一首相反。"①

近体诗的平仄格式共有四种，首句的起式和收式是关键。对于吟诵，首要考虑的是起式，搞清楚了平起还是仄起，才能确定起调的高低和旋律的升降，以及方法的长吟还是短诵。至于收式，关系不是太大，只牵涉首句尾字的声音处理，属于局部，对全诗的基调和旋律影响不大。为了便于比较，以陈少松吟诵为例分析。

平起仄收式：

近试上张水部

（唐）朱庆馀

洞房昨夜停红烛，待晓堂前拜舅姑。
仄平仄仄平平仄　仄仄平平仄仄平
妆罢低声问夫婿，画眉深浅入时无。
平仄平平仄平仄　仄平平仄仄平平

这是一首平起仄收的七言绝句。按照近体诗"一三五不论"的原则，首句的第一字"洞"，应平而仄，第三句的第一字"妆"应仄而平，第四句的第一字"画"应平而仄，均可灵活变化。近体诗的"二四六分明"原则并不绝对。"五言第二字'分明'是对的，七言第二四两字'分明'是对的，至于五言第四字。七言第六字，就不一定'分明'。依特定格式

---

① 陈少松：《古诗词文吟诵导论》，中华书局2017年版，第95页。

158　▶▶　吟诵的源流与体式

'平平仄平仄'（五言）来看，第四字并不一定'分明'；又依'仄仄平平仄平仄'来看，第六字并不一定'分明'。"① 这种情况较为常见，"在五言诗'平平平仄仄'、七言诗'仄仄平平平仄仄'句式中，可以将五言诗的第三、四两字，七言诗的第五、六两字的平仄互换位置，即由原来的'平平平仄仄'变为'平平仄平仄'、七言诗'仄仄平平平仄仄'变为'仄仄平平仄平仄'，但在这种情况下，五言第一字、七言第三字必须用平声，不再是可平可仄了"。② 此诗中第三句的第五个字"问"应平而仄，第六个字"夫"应仄而平，两字的平仄互换位置，特别表现高古之意，前提是句首一字忌用仄声。吟诵时，《泊秦淮》与本诗相比，起调的第二个字"笼"与"房"皆平声，音高和音长完全一致；句尾收式的字"沙"与"烛"，一个平声，一个仄声，二者虽然音高一致，但是"沙"字为平声，长吟两拍半，"烛"字为仄声，具体为入声，短诵为四分之一拍。两诗其余各处大同小异。

仄起仄收式：

夜上受降城闻笛
（唐）李益

回乐峰前沙似雪，受降城外月如霜。
平仄平平平仄仄　仄平平仄仄平平
不知何处吹芦管，一夜征人尽望乡。
仄平平仄平平仄　仄仄平平仄仄平

1=A　　　　　　　　　　　　　　　　　　陈少松吟诵，滕缔弦记谱

廾 3 3 0 3 3 2 1 - 6 1 1 2 3 2 0 | 2 1 6 5 5 6.5 6.1 2 3 1 5 6 5 - - |
　回乐　峰前　沙似雪，　受降　城外　月　如　霜。

6 1 5. 6 1 1 2 3 1 5 6 5 6 0 0 5 6 | 1 1 1 6 6 5 3 2. 3 5 6 5 0 2 3 2 1 1 - ||
　不知　何处吹芦　管，　一夜征人　尽望　　乡。

---

① 王力：《诗词格律》，中华书局2000年版，第39页。
② 张小燕、陈佳编著：《诗词格律诠解》，中华工商联出版社2018年版，第65页。

这是一首仄起仄收的七言绝句。按照"一三五不论"的原则，首句的第一个字"回"应仄可平，第二句的第一个字"受"应平可仄，第三句的第一个字"不"应仄可平、第三个字"何"应仄可平，均可灵活变化。吟诵时，《回乡偶书》与本诗相比，起调的第二个字"小"与"乐"皆仄声，音高和音长完全一致；句尾收式的字"回"与"雪"，一个平声，一个仄声，虽然音高一致，但是"回"字为平声，长吟两拍，"雪"字为仄声，具体为入声，短诵为四分之三拍，再休止四分之一拍。两诗其余各处大体相同。

（四）七言律诗的吟诵

从平仄格式的角度来看，一首律诗由两首绝句组成。这两首组合的绝句须是：起式相同，收式不论（可同可异）。因此，搞清楚了绝句的吟诵，再吟诵律诗就容易多了。下面，试举四首七言律诗，简单分析吟诵中可能会遇到的难点即可。

平起平收式：

钱塘湖春行

（唐）白居易

孤山寺北贾亭西，水面初平云脚低。
平平仄仄仄平平　仄仄平平平仄平
几处早莺争暖树，谁家新燕啄春泥。
平仄仄平平仄仄　平平平仄仄平平
乱花渐欲迷人眼，浅草才能没马蹄。
仄平仄仄平平仄　仄仄平平仄仄平
最爱湖东行不足，绿杨阴里白沙堤。
仄仄平平平仄仄　仄平平仄仄平平

这是一首平起平收、首句入韵的七言律诗。全诗格律严整，对仗工整，语言平易，具有通俗流畅的特点。按照"一三五不论"的原则，第三句的第一个字"几"应仄可平，第五句的第一个字"乱"、第八句的第一个字"绿"应平可仄，均可灵活变通。吟诵时，可以从平仄格式的角度，把作品看作平起平收式绝句和平起仄收式绝句的叠加。前四句当绝句吟诵，关键在第五句容易出现纰漏：忽略或者弱化第二个字的平仄身份，一旦平仄没有吟诵出来，甚至错识误吟，那么余下各节奏点字的音调就会一错到底。因此，吟诵近体诗必须牢记"两联之间，平仄相粘"的规则。按照"粘"的规则，如果第四句的第二字是平声，那么第五句的第二个字必定是平声，因此诗中的"家"字和"花"字，均须长吟。

仄起平收式：

无　题
（唐）李商隐

相见时难别亦难，东风无力百花残。
平仄平平仄仄平　平平平仄仄平平

春蚕到死丝方尽，蜡炬成灰泪始干。
平平仄仄平平仄　仄仄平平仄仄平

晓镜但愁云鬓改，夜吟应觉月光寒。
仄仄仄平平仄仄　仄平平仄仄平平

蓬山此去无多路，青鸟殷勤为探看。
平平仄仄平平仄　平仄平平仄仄平

1=C　　　　　　　　　　　　　　　　陈少松吟诵，滕缔弦记谱

这是一首仄起平收、首句入韵的七言绝句。按照"一三五不论"的原则，首句的第一个字"相"应仄而平，第六句的第一个字"夜"应平而仄，第八句的第一个字"青"应仄而平，均可灵活变通。吟诵时，本诗同《钱塘湖春行》都为平收式，本诗的"难"字与偶句尾字"残""干""寒""看"押"上平十四寒"韵，前诗押"上平八齐"韵，作为韵脚均须长吟，二者的音高和音长完全一致；但是二者起调不同，首句

的第二个字,前诗"山"字为平声,本诗"见"为仄声,处在节奏点位置,一个低声长吟,大约两拍半,一个高声短诵,大约四分之三拍。两诗其余各处大同小异。

仄起仄收式:

闻官军收河南河北

(唐) 杜甫

剑外忽传收蓟北,初闻涕泪满衣裳。
仄仄仄平平仄仄　平平仄仄仄平平
却看妻子愁何在,漫卷诗书喜欲狂。
仄平平仄平平仄　仄仄平平仄仄平
白日放歌须纵酒,青春作伴好还乡。
仄仄仄平平仄仄　平平仄仄仄平平
即从巴峡穿巫峡,便下襄阳向洛阳。
仄平平仄平平仄　仄仄平平仄仄平

陈江风吟诵,陈江风、宋丽娜记谱

这是一首仄起仄收、首句不入韵的七言律诗，格律比较规整。按照"一三五不论"的原则，第一句的第三个字"忽"，为入声，应平而仄；第五句的第三个字"放"应平而仄，皆可灵活变通。按照拗救规则，第三句的第一字"却"为入声，应平而仄，由第三字"妻"应仄而平补救；第七句的第一个字"即"为入声，应平而仄，由第三个字"巴"应仄而平补救。吟诵时，做好各句第二、四、六位置的字的节奏点处理，按照"平长仄短"的原则，长吟或者停顿，如首联的前三字均为仄声，第三字"忽"为入声，要读得重而有力，第四个字"传"为平声，由此降低音高、长吟，"满"字重读，可以准确地表现突闻捷报的惊喜之情。颔联转为承，落脚在"喜欲狂"，第二字"看"，处在节奏点位置，此处读平声"kān"，应长吟，"书""狂"也适当长吟，展示诗人狂喜的情态。颈联先写诗人的"狂"态，后写诗人的"狂"想。"歌""春""乡"均须长吟，以表现狂喜之情。尾联用活泼的流水对收束全诗，"巴峡""巫峡""襄阳""洛阳"四个地名，用舒缓的语调长吟，突出各地之间的距离远。"穿""下"重读，表现顺流而下的疾驰画面。诗押"下平七阳韵"，四个偶句的韵字"裳""狂""乡""阳"均需长吟两拍半。诗中出现 10 个入声字，"忽""北""却""欲""白""日""作""即""峡""洛"等，适于诵，每字一拍。具体音高，可根据腔调和方言习惯处理。

平起仄收式：

客　至
（唐）杜甫

舍南舍北皆春水，但见群鸥日日来。
仄平仄仄平平仄　仄仄平平仄仄平

花径不曾缘客扫，蓬门今始为君开。
平仄仄平平仄仄　平平平仄仄平平

盘飧市远无兼味，樽酒家贫只旧醅。
平平仄仄平平仄　平仄平平仄仄平

肯与邻翁相对饮，隔篱呼取尽余杯。
仄仄平平平仄仄　仄平平仄仄平平

这是一首平起仄收、首句不入韵的七言律诗。按照"一三五不论"的原则，首句的第一个字"舍"应平而仄，第三句的第一个字"花"应仄而平、第三个字"不"应平而仄，第四句的第三个字"今"应仄而平，第六句的第一个字"樽"应仄而平，第八句的第一个字"隔"应平而仄、第三个字"呼"应仄而平，均可灵活变通。吟诵时，选择在每句的第二字或第四字的位置（须是平声）停顿，由于是平起式，可按照二四四二节奏处理，前四句一组，第一句至第四句依次在第二、第四、第四、第二个字（平声）处长吟、停顿，约为两拍，后四句再重复一次。至于句尾的韵字，可长吟两拍半。注意，"杯"字破读"bāi"。诗人性格高古，笔下的门前景和身边情自然也就生活气息浓郁，吟诵时也须平淡如家常话。

（五）拗救诗句的吟诵

"一三五不论，二四六分明"是近体诗的平仄一般规律，有些近体诗的"一三五"不能不论，"二四六"不一定分明，由此产生了诸多拗救。

遇到这种变格，吟诵时不能简单地按照正格体式去套调，须具体分析，灵活处理。例如：

江畔独步寻花七绝句（其六）

（唐）杜甫

黄四娘家花满蹊，千朵万朵压枝低。
平仄平平平仄平　平仄仄仄仄平平
留连戏蝶时时舞，自在娇莺恰恰啼。
平平仄仄平平仄　仄仄平平仄仄平

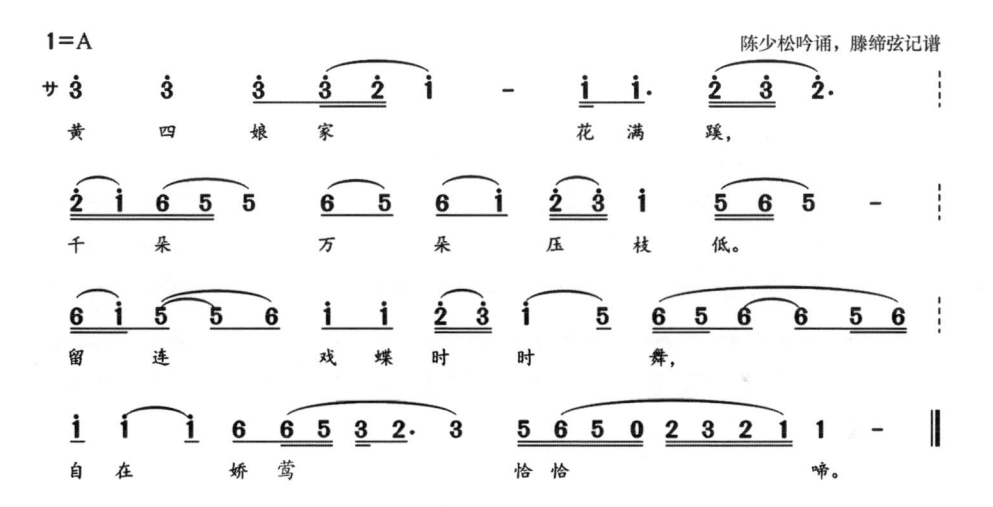

1=A　　　　　　　　　　　　　　陈少松吟诵，滕缔弦记谱

[简谱：黄四娘家花满蹊，千朵万朵压枝低。留连戏蝶时时舞，自在娇莺恰恰啼。]

这是一首仄起平收、首句入韵的七言绝句。按照"一三五不论"的原则，首句的第一个字"黄"应仄而平，可灵活变通。第二句的第二个字"朵"应平而仄，与首句的第二个字"四"同为仄声，二字平仄没有相反，不符合"一联之内，平仄相对"的规则，属于"拗"。吟诵时，再按照"平长仄短"的规则处理，把节奏停顿处的"朵"字吟得同下一个"朵"字一样短，就会造成节奏模糊、韵律不谐。由于第三句的第二个字"连"为平声，同第二句的第二个字"朵"相粘，"朵"字短吟，"连"字也会顺带短吟，也极易引起第三句和第四句的吟诵走调。为了避免出错，可以对第二句的第二个字"朵"作折中处理，取平声和仄声的中间值，音长增至一拍半，而后一个"朵"字仍为一拍。这样，恰好保持韵律的和谐和节奏的鲜明。

杜甫的七言绝句《江畔独步寻花七绝句（其六）》，"拗"后不"救"属于特例。近体诗在大多数情况下是"拗"后必"救"的。例如：

江南春
（唐）杜牧

千里莺啼绿映红，水村山郭酒旗风。
平仄平平仄仄平　仄平平仄仄平平
南朝四百八十寺，多少楼台烟雨中。
平平仄仄仄仄仄　平仄平平平仄平

这是一首仄起平收、首句入韵的七言绝句，格律比较复杂。按照"一三五不论"的原则，首句的第一个字"千"应仄而平，第二句的第一个字"水"应平而仄、第三个字"山"应仄而平，第三句的第五个字"八"应平而仄，第四句的第一个字"多"应仄而平，皆可灵活变通。按照拗救规则，第三句的第六个字"十"应平而仄，处在句中节奏点位置，为"拗"，到第四句的第五个字补偿一个平声"烟"字，为"救"。前文讲过，近体诗的吟诵关键在起调，首句的第二个字或第四个字的平仄决定了全诗的节奏和旋律，每句的节奏划分也从第二个字开始。在一个律句中，靠前节奏点的字要比后面节奏点的字更加重要。同样是"拗"，《江畔独步寻花七绝句（其六）》出现在第二句的第二个字，在第一个节奏点，须折中处理，而《江南春》出现在第三个节奏点，可灵活处理，吟诵"十"字的音长，原则上等同或稍长于一个仄声字的音长。

为防止千篇一律，古人尝试创作了一定数量的平仄变格的近体诗，折腰体就是其中之一。这种诗体具有一种独特的缺陷美，作品不多，别具风味。例如：

送元二使安西

（唐）王维

渭城朝雨浥轻尘，客舍青青柳色新。
仄平平仄仄平平　仄仄平平仄仄平

劝君更尽一杯酒，西出阳关无故人。
仄平仄仄仄平仄　平仄平平平仄平

陈少松吟诵，滕缔弦记谱

这是一首变格的七言绝句，语言平淡自然，感情真挚动人，被誉为唐代七绝的压卷之作，后以《渭城曲》名入乐歌唱，又名《阳关曲》《阳关三叠》，历久不绝。晚唐李商隐的《赠歌姬二首》（其一）曰："水精如意玉连环，下蔡城危莫破颜。红绽樱桃含白雪，断肠声里唱阳关。"正是本诗由诗入歌，再由歌入曲的社会写照。明代胡应麟尝言："初唐绝，'葡桃美酒'为冠；盛唐绝，'渭城朝雨'为冠；中唐绝，'回雁峰前'为冠；晚唐绝，'清江一曲'为冠。"[1]

本诗的平仄律为七言平起式，每句的七字为"上四下三"节奏。变格处在于：两句一组，都是七言绝句的首联，上下联之间没有平仄衔接。按照"两联之间，平仄相粘"的规则，第二句的第二个字"舍"用了仄声，那么第三句的第二个字也应该是仄声，这里却没有守规则，反而用

---

[1] （明）胡应麟撰：《诗薮》，上海古籍出版社1979年版，第110—111页。

了平声字"君",于是就因"失粘"形成了前后结构的对等折腰体。吟诵折腰体,须选用两种七言绝句体式的前半部分格式,组合处理。按照"一三五不论"的原则,首句的第一个字"渭"应平而仄、第三个字"朝"应仄而平,第三句的第一个字"劝"、第五个字"一"应平而仄,第四句的第一个字"西"、第五个字"无"应仄而平,均可灵活变通。"浥""客""色""一""出"等为入声字,须短诵,不超过一拍。"尘""新""人"为韵字,押"上平十一真"韵,声情平舒,发声以舌尖鼻音n收尾,语音近似抽噎、啜泣,适宜表现哀怨悲凄的情绪,须长吟两拍半。吟诵采用"二六、四、二六、四"的节奏,"城""青""君"等节奏停顿处长吟。仄声字"更""尽"较重语气。在感情基调上,前两句用了"轻尘""青青""新"等词语,节奏清新明快;后两句转向哀婉悲凄,第三句连用"更尽一"三个仄声字,饱含着对远行者处境的体贴和慰藉,第四句连用"阳关无"三个平声字,表达了依依惜别的复杂情感。

第三节 古体诗的吟诵

古体诗是与近体诗相对而言的诗体,也称古诗、古风。"古"与"近"是一组时间概念,诗歌因唐代界定而得名。其实,两种诗体的本质区别在声律。在近体诗兴起之前,《诗经》、楚辞、汉乐府、汉魏六朝的五、七言诗等各种古体诗,蔚为壮观;唐代以后,诗体辨析意识强烈,即便是近体诗风行一时,还是有诗人延续传统模拟创作了大量优秀的古体诗。

古体诗创作自由,不讲对仗、平仄,押韵较宽,篇幅不限。主要体裁有:三言诗,乐府诗《战城南》等;四言诗,《诗经》《观沧海》等;五言诗,《古诗十九首》、汉乐府的《长歌行》、孟浩然的《与诸子登砚山》、杜甫的《石壕吏》等;七言诗,《春江花月夜》《登黄鹤楼》等;杂言诗,《秋风辞》《茅屋为秋风所破歌》等;骚体诗,《离骚》《九歌》《孟子·离娄》的《沧浪歌》《四愁诗》等;古绝,《江上渔者》《春晓》《静夜思》《江雪》《三绝句》等。

古体诗产生的年代非常久远，汉语和文字作为载体延续至今已发生了许多复杂的变化，语音和文字辨识成为吟诵和欣赏古体诗的第一道难题。因此，吟诵古体诗须在总体上把握几个要点：其一，先做文案准备。识字、辨韵、句式、节奏、明意，五个环节要逐层深入。例如，吟诵《诗经》就面临着文字的音和义的辨识困难，尤其难在韵字。《诗经》产生在两千多年前，又非一时一地的作品，多以方言口头创作，最后用文字固化时难免讹误，致使部分篇目至今也无法详诂和歌唱。今人若以现代汉语的标准音来标注《诗经》类的先秦作品，确是一件没有意义和难以实现的事情。而如前文所述，用"叶音"的方法吟诵和辨析古体诗，已有千年传统，虽有弊端，却也行之有效。具体的音韵识别，可以借助《说文解字》《辞源》《王力古汉语字典》等工具书。其二，选择语言体系。对于绝大多数人来说，掌握汉语音韵学有难度，不妨退而求其次用现代语音吟诵古体诗，只要对常见的破读字和叶音字标注、处理皆可，虽然失去一些音韵之美，却便捷有效。其三，字正意明，以气运声。郭绍虞说："古调乃自然之音调，律调则人为的声律。所以古调以语言的气势为主，而律调则以文字的平仄为主。"[①] 古体诗不讲平仄声律，吟诵的关键是做到字正腔圆、语义明晰，充分发挥先秦声调固有的高古气势。

一　《诗经》的吟诵

　　《诗经》305篇，原是配乐歌唱的乐歌，可惜乐谱失传。朱熹所编《仪礼经传通解》记载有南宋赵彦肃的"唐开元《风雅十二诗谱》"，杨荫浏从中译出了《关雎》篇的乐谱，后由黄祥鹏修订发行。乐谱如下：

[①] 郭绍虞撰：《前言》，载丁福保《清诗话》，上海古籍出版社1978年版，第19页。

关 雎

《诗经·国风·周南》

（宋）赵彦肃《风雅十二诗谱》

1=D　　　　　　　　　　　　　　　　　　　　杨荫浏译谱，黄祥鹏修订

| i - - - 6 - - - 5 - - - 6 - - - 1 - - - 3 - - - 2 - - - 1 - - - |
1. 关　关　雎　鸠，　在　河　之　洲。

5 - - - 6 - - - i - - - 3 - - - 1 - - - 5 - - - 6 - - - i - - -
　窈　窕　淑　女，　君　子　好　逑。

i - - - 6 - - - 5 - - - 6 - - - 5 - - - 6 - - - ♭7 - - - i - - -
2. 参　差　荇　菜，　左　右　流　之。

4 - - - 5 - - - i - - - 3 - - - 2 - - - 3 - - - 2 - - - 2 - - -
　窈　窕　淑　女，　寤　寐　求　之。

i - - - 6 - - - 5 - - - 6 - - - 3 - - - 4 - - - 6 - - - 5 - - -
3. 求　之　不　得，　寤　寐　思　服。

3 - - - 4 - - - 3 - - - 2 - - - i - - - 6 - - - ♭7 - - - i - - -
　悠　哉　悠　哉，　辗　转　反　侧。

i - - - ♭7 - - - 6 - - - 5 - - - 2̇ - - - 5 - - - 6 - - - i - - -
4. 参　差　荇　菜，　左　右　采　之。

3 - - - 4 - - - 5 - - - 6 - - - 5 - - - 3 - - - 2 - - - 3 - - -
　窈　窕　淑　女，　琴　瑟　友　之。

2 - - - 1 - - - 3 - - - 2 - - - 5 - - - 3 - - - 5 - - - 6 - - -
5. 参　差　荇　菜，　左　右　芼　之。

i - - - 6 - - - 5 - - - 2̇ - - - 1 - - - 5 - - - 6 - - - i - - -
　窈　窕　淑　女，　钟　鼓　乐　之。

按照这个乐谱，我们可以轻松地歌唱《关雎》，可是已经完全感受不到周代的味道，因为乐谱不仅跨越了久远的时代，而且经过了语言与音乐节奏的转换。正如译者所言："《诗经》中的《国风》，应该是民歌，但从所谓唐开元《风雅十二诗谱》中《国风》类歌曲的音乐看来，却是丝毫找不到一般民歌所常有的生活气息和鲜明节奏。就音乐形象看来，它决不是真正的周代民歌的音乐；它是不折不扣的假古董。"[①] 因此，音乐仅仅是帮助了解文学的一个途径和辅助，或许以音乐解读文学本身就是误入歧途。不过，同近体诗一样，我们尚可以在吟诵中领略《诗经》的声情之美。

《诗经》吟诵的关键在于句法、章法、组词和用韵。首先谈句法。《诗经》的句式以四言为主体，间有一至八言，节奏单一明快。凡四言句，中间停顿，两字组成一个节奏单位。例如：

郑风·野有蔓草

野有/蔓草，零露/漙兮。有美/一人，清扬/婉兮。邂逅/相遇，适我/愿兮。

野有/蔓草，零露/瀼瀼。有美/一人，婉如/清扬。邂逅/相遇，与子/偕臧。

《诗经》的六言句和八言句，字数为偶数，通常可以按照两字一组划分节奏，每句有三四个节奏单位。例如：

豳风·七月（第五章）

五月/斯螽/动股，六月/莎鸡/振羽，七月/在野，八月/在宇，九月/在户，十月/蟋蟀/入我/床下。穹窒/熏鼠，塞向/墐户。嗟我/妇子，曰为/改岁，入此/室处。

《诗经》语法结构复杂的句子，可以按照语义划分节奏。例如：

[①] 杨荫浏：《中国古代音乐史稿》，人民音乐出版社1981年版，第384页。

王风·黍离（第一章）

彼黍/离离，彼稷/之苗。行迈/靡靡，中心/摇摇。知我者/谓我/心忧，不知我者/谓我/何求。悠悠/苍天，此何/人哉！

诗中的八言句"不知我者谓我何求"，前面四个字在意义上结合紧密，可划分为一个节奏单位，后面四个字，两字一组平分为两个节奏单位，吟诵起来声韵和谐，意义明晰。

《诗经》是否存在一言句，学界素有争议，涉及《缁衣》《萚兮》《丰》《东方之日》等篇目。唐代孔颖达《周南·关雎》疏曰："句者联字以为言，则一字不制也。以诗者申志，一字则言蹇而不会，故《诗》之见句，少不减二。"① 认为《诗经》的句式以四言为主体，杂言句最多八字、最少二字。一言句不仅难以表达相对完整的意义，而且会造成声韵与节奏的不和谐。而清代学者顾炎武、戚学标、庄有可等则认为《诗经》存在一言句式。顾炎武《诗本音》指出："《缁衣》三章，章六句。旧作三章，章四句。今详敝字当作一句，还字当作一句，难属下文，当作三章，章六句。"② 当前，周振甫所代表的传统观点否定一言句式，把《郑风·缁衣》中的"敝""还"字看作一个位于句首、表示行为时间的词，译为"破了我又替你改做啊""回来我送给你的饭啊"。③ 如此处理，意义表达和逻辑结构却也合理。具体如下：

郑风·缁衣

缁衣/之宜/兮，敝/予又/改为/兮。适子/之馆/兮，还/予授/子之/粲兮。

缁衣/之好/兮，敝/予又/改造/兮。适子/之馆/兮，还/予授/子之/

---

① （唐）孔颖达：《毛诗正义》，载（清）阮元校刻《十三经注疏》（清嘉庆刻本），中华书局2009年版，第572页。

② （清）顾炎武撰，严文儒、戴扬本校点：《日知录·日知录之余》（全二册），上海古籍出版社2012年版，第808页。

③ 周振甫编：《诗经译注》，中华书局2019年版，第112页。

粲兮。

缁衣/之席/兮，敝/予又/改作/兮。适子/之馆/兮，还/予授/子之/粲兮。

《诗经》的三言句，节奏简单，按照情意表达或者旋律变换的需要，两字一组划分节奏，余下一字自成一个节奏单位，共有两个节奏单位。例如：

唐风·山有枢（第一章）

山有/枢，隰有/榆。子有/衣裳，弗曳/弗娄。子有/车马，弗驰/弗驱。宛其/死矣，他人/是愉。

郑风·大叔于田（第一章）

叔/于田，乘/乘马。执辔/如组，两骖/如舞。叔/在薮，火烈/具举。袒裼/暴虎，献于/公所。将叔/勿狃，戒其/伤女。

《诗经》五言句的结构比较灵活，两字一组划分节奏，余下一字自成一个节奏单位，共有三个节奏单位。例如：

邶风·匏有苦叶（第二章）

有瀰/济盈，有鷕/雉鸣。济盈/不濡/轨，雉鸣/求/其牡。

卫风·竹竿（第二章）

泉源/在左，淇水/在右。女子/有行，远/兄弟/父母。

《诗经》的七言句较少，节奏多变，可灵活处理。例如：

魏风·伐檀（第一章）

坎坎/伐檀/兮，置之/河之/干兮。河水/清且/涟猗。不稼/不穑，胡/取禾/三百廛/兮？不狩/不猎，胡/瞻尔庭/有县貆/兮？彼/君子/兮，不/素餐/兮！

《诗经》作为中国最早的一部诗歌总集，表现出来的是一种自然的语言节奏，绝对不能用近体诗那一套后来总结出的平仄格式去审视。吟诵《诗经》时，因气求声，多宜两字一顿，突出节奏明快的语言特点。

其次谈章法。《诗经》的章法特点是重章叠唱，即一首诗由多章组成，每一章的结构和语言几乎完全相同，只在少数地方换几个词语，反复咏唱。《诗经》采用反复咏唱的表现形式，由其合乐歌唱的性质决定，同时也有口头文学便于记忆的原因。例如：

王风·黍离

彼黍离离，彼稷之苗。行迈靡靡，中心摇摇。知我者，谓我心忧，不知我者，谓我何求。悠悠苍天，此何人哉！

彼黍离离，彼稷之穗。行迈靡靡，中心如醉。知我者，谓我心忧，不知我者，谓我何求。悠悠苍天，此何人哉！

彼黍离离，彼稷之实。行迈靡靡，中心如噎。知我者，谓我心忧，不知我者，谓我何求。悠悠苍天，此何人哉！

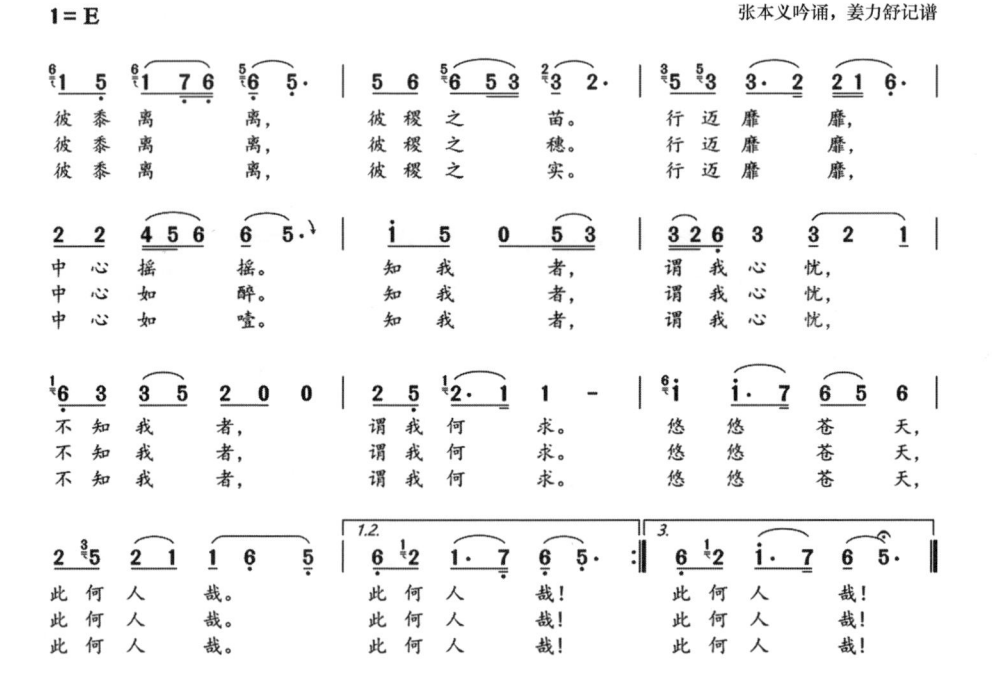

张本义吟诵，姜力舒记谱

全诗三章，每章十句，除了第二句的尾字、第四句的尾两字换了几个词语外，其余八句完全相同。方玉润眉评曰："三章只换六字，而一往情深，低回无限。此专以描摹需神擅长，凭吊诗中绝唱也。"①在吟诵时，三章旋律完全相同，充满了一唱三叹韵味和回环往复的音乐美，诉说不尽的故国情愫。

再次谈组词。《诗经》的语言特色是双声叠韵，所谓双声叠韵，是指一个词语中的两个字或几个字的声母或韵母相同，并可以相连使用的词语。"双声"，就是两个字的声母相同；"叠韵"，就是两个字的韵母相同。同时，还多"叠音"，就是同一个音节的重叠。作为汉语的重要特色之一，"双声""叠韵"和"叠音"在古诗文中很常见。例如：

豳风·七月

七月流火，九月授衣。一之日觱发，二之日栗烈。无衣无褐，何以卒岁。三之日于耜，四之日举趾。同我妇子，馌彼南亩，田畯至喜。

"觱发"，模拟大自然的声音，双声词。"觱"，质部、帮母，拟音 [piět]，今音为 bì；"发"，月部、帮母，拟音 [puǎt]。两字为上古时期以 [-t] 结尾的入声字，发音短促，形象地体现了寒风触物时的迸裂之音。

召南·何彼襛矣

何彼襛矣，唐棣之华！曷不肃雝，王姬之车。
何彼襛矣，华如桃李！平王之孙，齐侯之子。
其钓维何？维丝伊缗。齐侯之子，平王之孙。

"唐棣"又作棠棣，树木名，"唐"和"棣"均属定母，双声词。《毛诗名物解》曰："唐棣，栘也。其叶相向而开，相反而合，或向或反，文绣之巧丽也。故言王姬车服之盛，则曰何彼襛矣，唐棣之华。"②

---

① （清）方玉润撰：《诗经原始》，中华书局1986年版，第192页。
② （宋）蔡卞集解：《毛诗名物解》（卷五），中华书局，四库全书影印本，第5页。

陈风·月出

月出皎兮，佼人僚兮，舒窈纠兮，劳心悄兮！
月出皓兮，佼人懰兮，舒忧受兮，劳心慅兮！
月出照兮，佼人燎兮，舒夭绍兮，劳心惨兮！

"窈纠""忧受"和"夭绍"均为叠韵词，幽部。马瑞辰《毛诗传笺通释》曰："窈纠犹窈窕，皆叠韵，与下忧受、夭绍同为形容美好之词，非舒迟之义。"①

周南·桃夭

桃之夭夭，灼灼其华。之子于归，宜其室家。
桃之夭夭，有蕡其实。之子于归，宜其家室。
桃之夭夭，其叶蓁蓁。之子于归，宜其家人。

双声、叠韵和叠音一方面增强了语言的表现力，让诗歌中的形象更为鲜明、生动，正如《文心雕龙·物色》所言："'灼灼'状桃花之鲜，'依依'尽杨柳之貌……并以少总多，情貌无遗矣。"② 另一方面增强了语言的节奏感，使诗歌的声韵更加和谐动听。在吟诵时，宜读得非常清晰，特别是其中的第二个字为节奏点所在，应读得响亮些，有的宜作适当拖长。请看下例：

小雅·采薇（第六章）

昔我往矣，杨柳依依。今我来思，雨雪霏霏。行道迟迟，载渴载饥。我心伤悲，莫知我哀。

---

① （清）马瑞辰撰：《毛诗传笺通释》，中华书局1985年版，第417页。
② （南朝）刘勰著，范文澜注：《文心雕龙注》，人民文学出版社1958年版，第693—694页。

```
1=C 4/4                                          陈少松吟诵，滕缔弦记谱

 3 3 5 3 2 1  -  | 1 1 2 1 6 5  -  | 6 6 1 3  5  -  | 6 6 1 3 2 3  -  |
 昔 我 往  矣，  杨 柳 依 依； 今 我 来 思， 雨 雪 霏  霏。
                                                              rit.
 6 6 6 5  -  | 6 6 1 3 2 3  -  | 6 6 1 3  5  -  | 6 6 1 3 2 3  -  ||
 行 道 迟 迟， 载 渴 载  饥。 我 心 伤 悲， 莫 知 我  哀。
```

这一章中的"依依""霏霏""迟迟"等三个叠音词，吟诵时都作了长吟拖腔处理。

最后谈用韵。《诗经》是中国韵文的始祖。据王力考证，《诗经》305首仅8首无韵，且全部为《周颂》的祭祀诗，篇目为《清庙》《昊天有成命》《时迈》《噫嘻》《武》《酌》《桓》和《般》。[①] 在《诗经韵读》中，用韵的诗297首，按照韵在句中的位置，可以分为韵脚、虚字脚、韵与非韵等三类；按照韵在章中的位置，可以分为一韵到底、两韵以上的密韵、疏韵、无韵、叠句、叠韵等类；按照韵在篇中的位置，可以分为整齐和参差、回环、遥韵、尾声等四类。[②]《诗经》的用韵情况如下[③]。

就每章用韵的数量而论，有两种类型：一种是全章只押一个韵部。所谓的一个韵部，包括同部相押和临韵通押两种情况。例如：

小雅·无将大车（首章）

无将大车，祇自尘兮。无思百忧，祇自疧兮。

第二句的"尘"为韵字，属"6真韵部"；第四句的"疧"为韵字，属"4脂韵部"。这属于"6真韵部""4脂韵部"通韵。又如：

周南·关雎

关关雎鸠，在河之洲。窈窕淑女，君子好逑。
参差荇菜，左右流之。窈窕淑女，寤寐求之。

[①] 参见王力《诗经韵读》，上海古籍出版社1980年版。
[②] 参见王力《诗经韵读》，上海古籍出版社1980年版。
[③] 古韵分部，依据陈新雄的古韵32部。

求之不得，寤寐思服。悠哉悠哉，辗转反侧。
参差荇菜，左右采之。窈窕淑女，琴瑟友之。
参差荇菜，左右芼之。窈窕淑女，钟鼓乐之。

首章的尾字"鸠""洲""逑"为韵字，属"21 幽韵部"；第二章的"流""求"为韵字，属"21 幽韵部"；第三章的尾字"得""服""侧"为韵字，属"25 职韵部"；第四章的"采""友"为韵字，属"24 之韵部"；第五章的"芼""乐"为韵字，分别属"19 宵韵部""20 药韵部"，二者通韵。

另一种是换韵。韵部可以从一个韵部转换到另一个韵部。例如：

鄘风·柏舟

泛彼柏舟，在彼中河。髧彼两髦，实维我仪。之死矢靡它。母也天只！不谅人只！

泛彼柏舟，在彼河侧。髧彼两髦，实维我特。之死矢靡慝。母也天只！不谅人只！

第一章前五句的"河""仪""它"三字为韵字，属"1 歌韵部"；后两句的"天""人"两字为韵字，属"6 真韵部"。第二章前五句的"侧""特""慝"三字为韵字，属"25 职韵部"，后两句的"天""人"两字为韵字，属"6 真韵部"。

也可以从一个韵部转换到第二个韵部，再转换为第三个韵部。例如：

王风·黍离（首章、第二章）

彼黍离离，彼稷之苗。行迈靡靡，中心摇摇。知我者谓我心忧，不知我者谓我何求。悠悠苍天，此何人哉？

彼黍离离，彼稷之穗。行迈靡靡，中心如醉。知我者谓我心忧，不知我者谓我何求。悠悠苍天，此何人哉？

首章的第二句的韵字"苗"、第四句的韵字"摇"，属"19 宵韵部"；

第五句的韵字"忧"、第六句的韵字"求",属"21 幽韵部";第七句的韵字"天"、第八句的韵字"人",属"6 真韵部"。第二章的第二句的韵字"穗"、第四句的韵字"醉",属"8 没韵部";余下四句的用韵与首章的后四句相同。

就韵脚之间的距离而论,有四种类型。第一种是句句押韵。《诗经》的韵脚绵密,句句押韵的篇目自然就多。例如:

邶风·静女（第二章）

静女其娈,贻我彤管。彤管有炜,说怿女美。

每句的尾字均为韵字,"娈"和"管"属"3 元韵部";"炜"和"美"属"7 微韵部""4 脂韵部"合韵。

第二种是隔句押韵。原则上以偶数句押韵为主,偶尔会有第一句入韵的情况。例如:

周南·桃夭（首章）

桃之夭夭,灼灼其华。之子于归,宜其室家。

奇句不押韵,偶句的尾字"华""家"为韵字,属"13 鱼韵部"。

邶风·柏舟（第四章）

忧心悄悄,愠于群小。觏闵既多,受侮不少。静言思之,寤辟有摽。

首句入韵,第三句以下奇句不入韵,偶句入韵。"悄""小""少""摽"为韵字,属"19 宵韵部"。

第三种是交韵,即两韵交叉进行,奇句和奇句押韵,偶句和偶句押韵。例如:

邶风·谷风（首章）

习习谷风,以阴以雨。黾勉同心,不宜有怒。采葑采菲,无以下体。德音莫违,及尔同死。

第一、三句的尾字"风""心"为韵字,属"28 侵韵部";第二、四句的尾字"雨""怒"为韵字,属"13 鱼韵部"。第五、七句的尾字"菲""违"为韵字,属"7 微韵部";第六、八句的尾字"体""死"为韵字,属"4 脂韵部"。

第四种是抱韵。前后句同用一韵,中间数句另用一韵。例如:

小雅·伐木(首章)

伐木丁丁,鸟鸣嘤嘤。出自幽谷,迁于乔木。嘤其鸣矣,求其友声。

第一、二句的尾字"丁""嘤"为韵字,属"12 耕韵部";第三、四句的尾字"谷""木"为韵字,属"17 屋韵部";第五、六句的尾字"鸣""声"为韵字,属"12 耕韵部"。

就韵字在句中的位置而言,也有三种类型。第一种是句尾韵。韵字在句尾,在《诗经》中最为常见。例如:

魏风·硕鼠(首章)

硕鼠硕鼠,无食我黍。三岁贯女,莫我肯顾。逝将去女,适彼乐土。乐土乐土,爰得我所。

全章八句,句尾押韵,"鼠""黍""女""顾""女""土""土""所"八字属"13 鱼韵部"。

第二种是句中韵。句子的尾字为虚字或语气词,韵脚只好置于虚字或语气词之前,因此称作句中韵。例如:

魏风·伐檀(首章)

坎坎伐檀兮,寘之河之干兮。河水清且涟猗。不稼不穑,胡取禾三百廛兮?不狩不猎,胡瞻尔庭有县貆兮?彼君子兮,不素餐兮!

全章九句,"檀""干""涟""廛""貆""餐"六个韵字,属"3 元韵部",都处在句尾语气词前的倒数第二字位置。又如:

周南·关雎（第二章）

参差荇菜，左右流之。窈窕淑女，寤寐求之。

全章四句，偶句押韵。韵字"流""求"均在句尾的虚字"之"前，属"21 幽韵部"。

第三种是头韵。韵字为句子的第一个字。"头韵"为西方诗歌的修辞手法，"指一行韵文或一首诗之中，好几个词的头一个字母发音会不断重复，并形成韵律。学者将这种规律转化运用于汉语的诗歌中，称上下两句的头一个字韵母相同协韵者为'头韵'，亦有以为上下两句的头一个字声母相同协音者为'头韵'。"① 例如：

小雅·巷伯（第五章）

骄人好好，劳人草草。苍天苍天，视彼骄人。矜此劳人。

第一、二句开头的"骄""劳"为韵字，属"19 宵韵部"，尾字"好""草"也为韵字，属"21 幽韵部"；后三句的尾字"天""人""人"也为韵字，属"6 真韵部"。

总而言之，《诗经》的用韵虽然复杂，但仍以隔句押韵的句尾韵、首句入韵而后隔句押韵的句尾韵为主。由此，《诗经》开创了中国诗歌的句尾用韵、隔句押韵的传统。

二 楚辞的吟诵

在北方的黄河流域产生《诗经》两百余年后，在南方的江汉流域也产生了一种新诗体——楚辞。学界考定《诗经》的时间下限为春秋中叶，至于最后一篇作品，多认为是公元前 599 年（鲁宣公十年）前的《陈凤·株林》；而陆侃如、冯沅君在《中国诗史》中提出为公元前 510 年前

---

① 李添富：《〈诗经〉用韵的格律问题》，载《韵律语法研究》（第六辑），北京语言大学出版社 2020 年版，第 91 页。

的《曹风·下泉》①。诗骚这两种诗体，一个是现实主义，另一个是浪漫主义，北南合流汇成了中国诗歌乃至文学的源头。同《诗经》一样，《楚辞》原本也是合乐歌唱的，可惜乐谱早已失传。据《汉书·王褒传》记载："宣帝时修武帝故事，讲论六艺群书，博尽奇异之好，征能为《楚辞》九江被公，召见诵读，益召高材刘向、张子侨、华龙、柳褒等待诏金马门。"② 到了隋代，又出现了一位善用楚声吟诵《楚辞》者："隋时有释道骞，善读之，能为楚声，音韵清切，至今传《楚辞》者，皆祖骞公之音。"③ 遗憾的是，被公和骞公的吟诵方法未能流传下来。时至今日，我们该如何吟诵句式参差不齐、音调舒徐婉转的《楚辞》呢？吟诵虽无固定的方法，但是无论选用哪种腔调，都可以从节奏、关键点和感情基调等方面把握。

（一）节奏特点

《楚辞》的句式多种多样，参差不齐，每句字数从四言至十言不等，尤以六言句居多，句子的节奏相对复杂，语言的形式韵散结合，极具美感，鲁迅在《汉文学史纲要》中赞曰，"逸响伟辞，卓绝一世"，并说"较之于《诗》，则其言甚长，其思甚幻，其文甚丽，其旨甚明，凭心而言，不遵矩度。故后儒之服膺诗教者，或訾而绌之，然其影响于后来之文章，乃甚或在三百篇以上。"④《楚辞》不像《诗经》，句式简单、重章叠句，各章的节奏与旋律基本相同，吟诵起来一咏三叹，回环往复。也不像近体诗，用字精当、格律严整，吟诵起来平仄交替，音韵协畅。但是，吟诵《楚辞》却也有一个好处，那就是没有严格的平仄约束，不管句子长或短，节奏处理相对灵活。例如《九歌·湘夫人》开篇的第一个内在意义段，节奏就可以灵活地划分。

节奏一：

帝子降兮/北渚，目眇眇兮/愁予。袅袅兮/秋风，洞庭波兮/木

---

① 参见陆侃如、冯沅君《中国诗史》，百花文艺出版社2008年版，第34页。
② （汉）班固：《汉书》，中华书局2007年版，第645页。
③ （唐）魏徵等：《隋书》，中华书局1973年版，第1056页。
④ 鲁迅：《汉文学史纲要》，人民文学出版社2006年版，第31页。

叶下。

从句法结构考虑，以"兮"字为节奏点，把五言句、六言句和七言句划分为两个节奏单位，吟诵时或四个字一顿，或三个字一顿，余下的两字一顿。这样处理的好处是节奏单位的语义完整，吟诵节奏与语言节奏同步。

节奏二：

> 帝子/降兮/北渚，目/眇眇兮/愁予。袅袅兮/秋风，洞庭/波兮/木叶/下。

从组词规则考虑，以两字为一组，把五言句、六言句和七言句划分为三到四个节奏单位，吟诵时或两字一顿，或一字一顿。这样处理的好处是节奏均匀，音节舒缓。

吟诵者可以根据吟诵的场合、方言和腔调去合理地选择两种节奏模式。当然，为了增强吟诵艺术的表现力和感染力，当节奏单位与意义单位冲突的时候，楚辞吟诵一般会按照节奏单位停顿，意义单位常被弱化。这就要求吟诵者，首先要熟悉和把握作品的情感基调和关键词语，选用合适的节奏和腔调将作品蕴含的丰富情感和情感变化准确地表达出来。下面是陈少松对《湘夫人》吟诵节奏的处理。

九歌·湘夫人（第一部分）

（战国）屈原

帝子降兮北渚，目眇眇兮愁予。袅袅兮秋风，洞庭波兮木叶下。登白薠兮骋望，与佳期兮夕张。鸟何萃兮蘋中，罾何为兮木上？沅有芷兮澧有兰，思公子兮未敢言。荒忽兮远望，观流水兮潺湲。麋何食兮庭中，蛟何为兮水裔？朝驰余马兮江皋，夕济兮西澨。闻佳人兮召予，将腾驾兮偕逝。筑室兮水中，葺之兮荷盖。荪壁兮紫坛，播芳椒兮成堂。桂栋兮兰橑，辛夷楣兮药房。罔薜荔兮为帷，擗蕙櫋兮既张。白玉兮为镇，疏石兰兮为芳。芷葺兮荷屋，缭之兮杜衡。合百草兮实庭，建芳馨兮庑门。九嶷缤兮并迎,灵之来兮如云。捐余袂兮江中,遗余褋兮澧浦。搴汀洲兮杜若,将以遗兮远者。时不可兮骤得,聊逍遥兮容与!

陈少松吟诵,滕缔弦记谱

帝子降兮北渚,目眇眇兮愁予。
袅袅兮秋风,洞庭波兮木叶下。
登白薠兮骋望,与佳期兮夕张。
鸟何萃兮蘋中,罾何为兮木上?
沅有芷兮澧有兰,思公子兮未敢言。
荒忽兮远望,观流水兮潺湲。
麋何食兮庭中,蛟何为兮水裔?
朝驰余马兮江皋,夕济兮西澨。
闻佳人兮召予,将腾驾兮偕逝。
加快
筑室兮水中,葺之兮荷盖。荪壁兮紫坛,

第四章　吟诵的体式　185

2

6 0 5　6 6　6 1　3 2 3　-｜6 6　6 6　6 6　6 5.　5｜
播　芳椒兮　成　堂。　桂栋兮　兰　橑，

6 6　6 1　3 2 3　-｜6 0 6 6　6 6　6 1 6 5　-｜
辛夷楣兮　药　房。　罔薜荔兮　为　帷，

6 0 5　6 6　6 1.　3 2 3.　3｜3 3　3 5 3 5　-｜
擗蕙櫋兮　既　张。　　白玉兮　为　镇，

6 0 5　6 6　6 1.　3 2 3　-　0｜3 5　3 3 2 1　1.　6｜
疏石兰兮　为　芳。　芷葺兮　荷　屋，

2 2　2 2 1　6 1 6 5 6　-｜6 6　6 6　6 6　6 5　-｜
缭之兮　杜　衡。　合　百草兮　实　庭，

6 0 5　6 6　6 1　3 2 3　-｜3 5　3 3 2 1　1.　6｜
建　芳馨兮　庑　门。　九嶷缤兮　并　迎，

2 2 0　2 2 1　6 1 6 5 6　- - 0 0｜6 0 6 6　6 6　6 1 6 5　-｜
灵之　来兮　如　云。　　　捐　余袂兮　江　中，

6 0 5　6 6　6 1　3 2 3　0｜1 3 3　3 3　3 5 3 0 5　-｜
遗　余褋兮　澧　浦。　搴汀洲兮　杜　若，

6 6 1　3 2 3　-｜3 5　3 3 2 1　1 0 6｜2 2　2 2 1　6 1 6 5 6　- -‖
将以遗兮　远者。　时不可兮　骤得，　聊逍遥兮　容　与！

"《湘君》《湘夫人》，男女双方互表心迹，对唱的痕迹十分明显。无论是歌、乐、舞三者一体，还是巫与神分角色演唱，都有一定的戏剧因素，是后世戏曲艺术的萌芽。"① 全诗共六节，情随景转，婉转细腻地表现了湘君对湘夫人的思慕之情。吟诵时各节的节奏和旋律随着主人公情感的起伏而变化，主题基调舒缓深沉。

第一节为篇首四句，写湘君召唤湘夫人到来，望而不至，不禁愁绪万端，素有"千古言秋之祖"②的美誉。此为全诗情感和时间的起点，也是吟诵的起调，音调低沉、节奏舒缓。

第二节为"登白薠兮骋望"后四句，湘君登高远望，仍然不见倩影，不禁心潮起伏，渐渐失望。胡应麟评曰："唐人绝句千万，不能出此范围，亦不能入此阃域。"③ 吟诵起波澜，音调由高转低、节奏由快转慢。

第三节为"沅有芷兮澧有兰"后四句，佳人失约，湘君陷入痛苦的思念和期待之中。吟诵的基调，音调低沉、节奏舒缓。

第四节为"麋何食兮庭中"后四句，久盼不至，失望至极，心绪进入忧伤、懊悔和恍惚状态。吟诵的转换，音调高昂、节奏加快。

第五节为"闻佳人兮召予"至"灵之来兮如云"十八句，湘君期盼湘夫人已久，精神恍惚，不觉进入虚幻之境：听到佳人的召唤，便急切准备相会，一边忙着在水中建造和装饰洞房，一边设想着众神迎接佳人的五彩缤纷的场面，激动不已。吟诵伴随着湘君的感情变化进入高潮，表现欣喜心情，音调由中转高，节奏轻快。

第六节为最后六句，期盼中的相会只是一场虚幻，欣喜也只是在片刻之间，由此想到青春易逝的哀伤。吟诵的结尾，音调由低转高，节奏由慢转快，最后归于缓慢凝重。

（二）兮字作用

楚辞句式中的"兮"字，不仅具有多种虚词的文法功能，同时具有强烈的抒情意味和咏叹色彩，吟诵中起着调节节奏的作用。

---

① 袁行霈主编：《中国文学史》（第一卷），高等教育出版社 2014 年版，第 122—123 页。
② （明）胡应麟撰：《诗薮》，上海古籍出版社 1958 年版，第 5 页。
③ （明）胡应麟撰：《诗薮》，上海古籍出版社 1979 年版，第 5 页。

楚辞体的"兮"字句，主要有三种句型，各有功能和特点。第一种是"□□□□，□□□兮"式，前后两句各四个字，"兮"字位于句尾。例如：

九章·橘颂
（战国）屈原

后皇嘉树，橘徕服兮。受命不迁，生南国兮。深固难徙，更壹志兮。绿叶素荣，纷其可喜兮。曾枝剡棘，圜果抟兮。青黄杂糅，文章烂兮。精色内白，类可任兮。纷缊宜修，姱而不丑兮。嗟尔幼志，有以异兮。独立不迁，岂不可喜兮。深固难徙，廓其无求兮。苏世独立，横而不流兮。闭心自慎，终不失过兮。秉德无私，参天地兮。愿岁并谢，与长友兮。淑离不淫，梗其有理兮。年岁虽少，可师长兮。行比伯夷，置以为像兮。

《九章·橘颂》是中国文学史上第一首文人咏物诗，南宋刘辰翁称之为千古"咏物之祖"[1]。屈原遭谗被疏、赋闲郢都，受《列子》"渡淮而北而化为枳"的典故启发，托物言志，歌颂南国橘树坚定不移的品质，抒发理想、表白人格。全诗共三十六句，合为十八组，其中有十二组属于第一种句型，其余六组的后句多一个字，如果省略虚词也符合句型特点。

日本的铃木虎雄把"□□□□，□□□兮"式命名为"四三言体"，并溯源至《诗经》。认为："这种句法的东西，形式上是四字、四字，实质上是四字、三字体；在连读时，几乎感到是七字句。"[2] 我们再看一下《诗经》的一些句式：

王风·采葛

彼采葛兮，一日不见，如三月兮。
彼采萧兮，一日不见，如三秋兮。
彼采艾兮，一日不见，如三岁兮。

---

[1]（宋）朱熹注：《楚辞评林》（四库全书存目丛书），齐鲁书社1997年版，第89页。
[2]［日］铃木虎雄：《中国文学论集》，汪馥泉译，神州国光社1930年版，第40页。

郑风·野有蔓草

野有蔓草，零露漙兮。有美一人，清扬婉兮。邂逅相遇，适我愿兮。
野有蔓草，零露瀼瀼。有美一人，婉如清扬。邂逅相遇，与子偕臧。

《采葛》三章，每章的后两句基本符合第一种句式。《野有蔓草》两章，句式差异较大，第一章完全符合第一种句式。在中国文学的演进过程中，屈原的《橘颂》《招魂》等带有明显的《诗经》痕迹，这正是早期楚辞的体式特点。

第二种是"□□□兮□□□"式，"兮"字位于一句之中，具有节奏枢纽作用，前后各有多字。例如：

九歌·山鬼
（战国）屈原

若有人兮山之阿，被薜荔兮带女萝。既含睇兮又宜笑，子慕予兮善窈窕。乘赤豹兮从文狸，辛夷车兮结桂旗。被石兰兮带杜衡，折芳馨兮遗所思。余处幽篁兮终不见天，路险难兮独后来。表独立兮山之上，云容容兮而在下。杳冥冥兮羌昼晦，东风飘兮神灵雨。留灵修兮憺忘归，岁既晏兮孰华予。采三秀兮于山间，石磊磊兮葛蔓蔓。怨公子兮怅忘归，君思我兮不得闲。山中人兮芳杜若，饮石泉兮荫松柏，君思我兮然疑作。雷填填兮雨冥冥，猨啾啾兮狖夜鸣。风飒飒兮木萧萧，思公子兮徒离忧。

《山鬼》几乎全部用"□□□兮□□□"式。"兮"字稳居句子中间，调节节奏，绝大多数的句子前后各三字，少数句子增减一两字，甚至前后不对称，让句式在整齐中孕育变化，避免了板滞，赋予了句型节奏的错落摇曳之美。这种不对称的句式在楚辞中较为常见，如："鸟次兮屋上，水周兮堂下"（《湘君》），"余处幽篁兮终不见天，路险难兮独后来"（《山鬼》），"帝子降兮北渚，目眇眇兮愁予"（《湘夫人》）。"□□□兮□□□"式是楚辞最富艺术表现力的句型，汉代的《招隐士》《九叹》等均采用此句型，到了南北朝则成为楚辞体的主要句型。

第三种是"□□□□□兮,□□□□□"式,"兮"字处于两句的中间,即两句中的上句尾部。例如:

离骚(部分)
(战国)屈原

朝发轫于苍梧兮,夕余至乎县圃。欲少留此灵琐兮,日忽忽其将暮。吾令羲和弭节兮,望崦嵫而勿迫。路漫漫其修远兮,吾将上下而求索。饮余马于咸池兮,总余辔乎扶桑。折若木以拂日兮,聊逍遥以相羊。前望舒使先驱兮,后飞廉使奔属。

陈江风吟诵,陈江风、宋丽娜记谱

《离骚》是中国古代最长的政治抒情诗，373句，2400余字。《离骚》和《九章》《远游》等多用此句型，这也是楚辞最成熟的句型。该句型由于字数和虚词增加，以及虚词位置固定，让诗歌的节奏更加鲜明，语气更加舒缓，对仗更加工稳。同时，四句一节的基本语言单位，又固化了用韵的规则，从而为抒情言志提供了广阔的空间和规范的形式，表现出一种汪洋恣肆、宏阔深永的语体风格。

"兮"作为古代汉语的语气助词，主要功能是抒发情感，相当于现代汉语中的"啊"字。闻一多考证，"兮"字是最原始的"啊"字，为了凸显抒情意味，不要读成 xī，"要用它的远古音'啊'读它。"① "兮"同时也是一个表音符号，显示了作品与音乐的血缘关系。"兮"字在句中起着调节韵律、配合曲调的作用，在楚辞以文字记录下来时，无实义的泛声也连带地从一种物理状态的发声方式转化、凝结为一个用文字表示的声音符号。因此，林庚说"兮"字"似乎只是一个音符，它因此最有力量能构成诗的节奏。"② "兮"字在楚辞体中构成诗的节奏，主要是通过处于一句之中或两句之间的位置间隔来实现的。吟诵时，为了突出"兮"的抒情功能，感觉读 xī 更妥帖，这样可以保持古典文学的整体韵味。为了抒情，"兮"字宜长吟，一般两到三拍，可以让音节从容舒缓，行腔婉转圆润。

（三）"乱"的收束

楚辞的部分作品，如《离骚》《招魂》和《九章》中的《涉江》《哀郢》《抽思》《怀沙》等，最后都由"乱曰"领起一组短歌结束，简称之为"乱"。楚辞在当时是合乐歌唱的，"乱"属于曲调形式的因素，指古代乐歌的最后一章。

就形式而言，楚辞的"乱"为曲终的众乐合奏，具有"句韵短促"的特点。李陈玉曰："凡曲终曰乱。盖八音竞奏，以收众声之成。"③ 高亨曰："乱原是用在乐歌上的词汇，一个乐歌的末段叫做乱，等于后代所谓'尾声'。大概乐歌到了末段，是乐器杂作，大家齐唱，所以叫做乱。"④ 姜亮夫说："考乱皆在篇末，句韵短促，则乱盖即乐节之终，所谓合乐是也。他篇或曰'少歌'，或曰'唱'，义例正同。乐将竟，则众乐众声皆作，大合唱以终之。"⑤ 以"乱"收尾不仅有学者的论证，更有出土文献

---

① 闻一多：《怎样读九歌》，载《闻一多全集》（一），生活·读书·新知三联书店1982年版，第281页。
② 林庚：《楚辞里"兮"字的性质》，载《诗人屈原及其作品研究》，上海古籍出版社1981年版，第120页。
③ 崔富章、李大明主编：《楚辞集校集释》，湖北教育出版社2003年版，第700页。
④ 陆侃如、高亨、黄孝纾选注：《楚辞选》，上海古典文学出版社1956年版，第46页。
⑤ 姜亮夫校注：《重订屈原赋校注》，天津古籍出版社1987年版，第129页。

的实证。2008年清华大学收藏了一批战国竹简，有一篇《周公之琴舞》，在17支简上刻了十首诗，首列为周公诗仅四句，余下为成王的九篇颂，例如其一：

> 元内（入）启曰：敬之敬之，天惟显帀（师），文非易帀（师）。毋曰高高在上，陟降其事，卑（俾）蓝（监）在兹。乱曰：讫（通）我宿夜不兔（逸），敬之！日就月将，学其光明。弼寺（时）其有肩，示告余显德之行。

诗在结构上明显分为两部分：启与乱。启是开始的部分，乱是结尾的部分。《周公之琴舞》是一种乐章，从题目中的"琴"和"舞"揣度，这些诗歌是与乐、舞相配的。再论楚辞，《九歌》的《礼魂》就是祭祀各神后通用的送神曲，因恭送的有天地神也有人鬼，所以不叫礼神而称礼魂，描述的正是祀礼完毕，密集击鼓、手中传花、交替舞蹈、佳人歌唱的盛大场面。这其实就是"乱"的描述：

九歌·礼魂
（战国）屈原

> 成礼兮会鼓，传芭兮代舞。
> 姱女倡兮容与。
> 春兰兮秋菊，长无绝兮终古。

就内容而言，楚辞的"乱"是题旨的概括和情感的表白。汉代王逸《楚辞章句》为《离骚》的"乱"作注："乱，理也，所以发理词指，总撮其行要也。屈原舒肆愤懑，极意歔词，或去或留，文采纷华，然后结括一言，以明所趣之意也。"[①] 以下为《离骚》的最后部分：

> 乱曰：已矣哉！国无人莫我知兮，又何怀乎故都？既莫足与为

[①] （汉）王逸撰，黄灵庚点校：《楚辞章句》，上海古籍出版社2017年版，第37页。

美政兮，吾将从彭咸之所居。

"乱"为屈原的绝望之词。全诗的情感抒发到此而进入高潮，主人公的内心矛盾也达到了顶点，悲愤猛烈喷发。与此相应，"已矣哉"脱口而出，诗歌的节奏也变为三字句发端，领起质问之辞。这与前文使用的多字一句、四句一节的节奏形式，就有了明显的区别。吟诵时，要注意感情和句型的变化，选用合适的音调、节奏和语气，充分表现出悲愤的感情。

三　汉乐府的吟诵

《汉乐府》是继《诗经》、楚辞之后兴起的一种新诗体。"乐府"初设于秦，为少府下辖的一个专门管理乐舞演唱教习的机构，汉初未保留，武帝时重建，负责采集民间歌谣或文人的诗来配乐，以备朝廷祭祀或宴会时演奏。后世称乐府搜集整理的诗歌为"乐府诗"，简称"乐府"。

《汉书·艺文志》记载："自孝武立乐府而采歌谣，于是有代赵之讴，秦、楚之风，皆感于哀乐，缘事而发，亦可以观风俗，知薄厚云。"[1] 两汉乐府都是创作主体有感而发，具有很强的现实针对性，在表现人世间的贫与富、苦与乐、爱与恨时，深受《诗经》影响，是国风、小雅的余韵；而在抒发乐生恶死的愿望时，主要继承了楚辞的传统，是《庄子》《离骚》的逸响。在艺术形式上，两汉乐府采自民间，语言通俗平易，生活气息浓郁，用韵也较为自由，在中国诗歌史上实现了从四言诗向杂言诗和五言诗的过渡。最为特别的是，"作为汉代歌诗艺术主体的通俗的乐府歌诗，从本质上看是诗乐舞合在一起的表演艺术。在这种艺术的生产和消费过程中，音乐歌舞表演在其中起着主导作用，诗歌语言是服从于音乐歌舞表演的。"[2] 时至今日，我们已经不可能耳闻目睹汉乐府表演艺术的原貌，只有通过吟诵窥其堂奥。例如：

---

[1] （汉）班固：《汉书》，中华书局2007年版，第342页。
[2] 赵敏俐：《汉乐府歌诗演唱与语言形式之关系》，《文学评论》2005年第5期。

江　南

江南可采莲，莲叶何田田，鱼戏莲叶间。
平平仄仄平　平仄平平平　平仄平仄平

鱼戏莲叶东，鱼戏莲叶西，鱼戏莲叶南，鱼戏莲叶北。
平仄平仄平　平仄平仄平　平仄平仄平　平仄平仄仄

1=♭E

陈江风吟诵，陈江风、宋丽娜记谱

[简谱略]

《江南》是汉乐府中的一首采莲歌。夏日，在江南的一片水塘上，碧绿的莲叶一眼望不到边，亭亭如盖的莲叶下面，欢快的鱼儿在嬉戏玩耍，一会儿在这儿，一会儿忽然又到了那儿。吟诵时，以轻松跳跃的节奏为基调。结构上分两部分，前三句为第一部分，"莲""田""间"三个尾字连续押韵，宜长吟，并适当拖腔，来表现喜悦的心情。后四句为第二部分，"东""西""南""北"四个尾字不押韵，但是四个方位形成了一个极具张力的空间。吟诵者可以根据理解灵活处理，如果"东""西"二字以正常时值吟诵，宜在"南"字长吟，以表现鱼儿悠然自得地畅游和采莲人泛舟湖上、清歌应和的情景。而"结尾的'北'为入声字，要开口即收，先做短暂停顿，然后拖长，这是吟诵时处理入声字拖腔的技法"。① 这样吟诵，既照顾了入声字发音短促的特点，又可以将鱼儿欢快戏耍、一会儿就不见踪影的情景表现出来。

四　五七言古诗的吟诵

"古体"是相对近体诗而言的诗歌体式。清人冯班尝言："唐自沈、宋以前有齐梁诗，无古诗也，气格亦有差古者，然其文皆有声病。沈、宋既裁新体，陈子昂媒起于数百年后，直追阮公创辟古诗，唐诗遂有两体。"② 古诗有四言、五言、六言、七言和杂言诸体，其中的五言和七言古诗最常见。五言和七言古诗是一种较为自由的诗体，不拘平仄，不定对偶，不限篇幅，不讲用韵。

古体诗吟诵要注意自然音节，不重平仄的体制特点。明人胡应麟指出："古诗窘于格调，近体束于声律，惟歌行大小短长，错综阖辟，素无定体，故极能发人才思。李、杜之才，不尽于古诗而尽于歌行。"③ 古体诗从来就没有格律的约束，汉魏六朝人写诗，偶有律句，纯属自然音节。唐代以后，近体诗兴起，诗人对五言和七言古体诗的兴趣不减，历代都仿古写作了大量的传世名篇。有趣的是，伴随着近体诗的格律化进程，古体诗出现了"三平调"等反律化的基本特征。"古不可涉律"是古诗的一个基本原则，明代李东阳指出："古诗与律不同体，必各用其体乃为合格。然律犹可间出古意，古不可涉律。古涉律调，如谢灵运'池塘生春草，红药当阶翻'，虽一时传诵，固已移于流俗而不自觉。若孟浩然'一杯还一曲，不觉夕阳沉'，杜子美'独树花发自分明''春渚日落梦相牵'，李太白'鹦鹉西飞陇山去，芳洲之树何青青'，崔颢'黄鹤一去不复返，白云千载空悠悠'，乃律间出古，要自不厌也。"④ 例如：

---

① 陈江风：《吟诵课堂》，河南大学出版社2021年版，第2页。
② （清）冯班：《钝吟杂录》卷3，丛书集成初编本，商务印书馆1937年版，第40页。
③ （明）胡应麟：《诗薮》，上海古籍出版社1958年版，第55页。
④ （明）李东阳撰：《怀麓堂诗话》，载丁福保《历代诗话续编》，中华书局2006年版，第1369页。

咏 史
（汉）班固

三王德弥薄，惟后用肉刑。
平平仄平仄　平仄仄仄平
太苍令有罪，就递长安城。
仄平仄仄仄　仄仄平平平
自恨身无子，困急独茕茕。
仄仄平平仄　仄仄仄平平
小女痛父言，死者不可生。
仄仄仄父平　仄仄仄仄平
上书诣阙下，思古歌鸡鸣。
仄平仄仄仄　平平平平平
忧心摧折裂，晨风扬激声。
平平平平仄　平平平仄平
圣汉孝文帝，恻然感至情。
仄仄仄平仄　仄平仄仄平
百男何愦愦，不如一缇萦。
仄平平仄仄　仄平仄平平

　　《咏史》是中国最早的文人五言诗。诗歌用纪传体史书的手法，颂扬了文帝时缇萦救父的故事。全诗十六句，隔句用韵，一韵到底，押"平声八庚"韵；从近体诗"一句之中，平仄相间"规则看，十一句符合，第一联、第四联、末尾句不符合；从近体诗"两联之间，平仄相粘"规则看，多不符合；同时，又有三平调"长安城""歌鸡鸣"，三仄尾"诣阙下"，孤平句"圣汉孝文帝，恻然感至情"。诗歌语言质朴，极少雕饰，节奏声调表现出一种自然美。

　　唐代以后，格律诗成为中国诗歌的主流，但也出现了一些行走在古体和近体边界的诗人和作品。后人把这些诗歌归入古体诗，却有律化倾向，尤以唐代王维和孟浩然的五言古诗、唐代白居易和清代吴伟业的七言古诗，最为典型。据王力《汉语诗律学》统计，白居易的《长恨歌》

"全诗共一百二十句,入律者七十句,似律者三十句,仿古者二十句。拗黏三十七处,拗对八处";《琵琶行》"全诗八十八句,入律者三十句,似律者二十三句,仿古者三十五句。较《长恨歌》为近古。拗黏二十处,拗对十六处。"[①] 这些歌行体有明显的律化痕迹,但不合律的地方也多。

吟诵五言和七言古诗,要按照自然音节的特点去处理节奏,处在第二、四、六位置的关键字,不再区分平声和仄声,即不再遵循近体诗"平长仄短"的规则,平声字和仄声字的吟诵时值无明显差别,都吟作一拍,若遇到入声字,发音短促,可吟为半拍。句尾的字长吟,其中偶句尾字吟作两拍。为什么这样处理呢?因为古诗用字无声律要求,在句中偶数字位置常会用连续的平声字或仄声字,若按照近体诗"平长仄短"的原则吟诵,就会出现一会儿连续长音,节奏过于缓慢,一会儿又连续短音,节奏过于急促的现象,反而造成诗歌节律的不和谐、不统一,影响情感表达和音乐美感。例如常州调吟诵:

月下独酌四首(其一)

(唐)李白

花间一壶酒,独酌无相亲。
平平仄平仄　仄仄平平平
举杯邀明月,对影成三人。
仄平平平仄　仄仄平平平
月既不解饮,影徒随我身。
仄仄仄仄仄　仄平平仄平
暂伴月将影,行乐须及春。
仄仄仄平仄　平仄平仄平
我歌月徘徊,我舞影零乱。
仄平仄平平　仄仄仄平仄
醒时同交欢,醉后各分散。
仄平平平平　仄仄仄平仄
永结无情游,相期邈云汉。
仄仄平平平　平平仄平仄

[①] 王力:《汉语诗律学》,上海教育出版社1979年版,第446—447页。

1=C　　　　　　　　　　　　　　　　　　　　　赵元任吟诵

（简谱乐谱）

花间一壶酒，独酌无相亲。举杯邀明月，对影成三人。

月既不解饮，影徒随我身。暂伴月将影，行乐须及春。

我歌月徘徊，我舞影零乱。醒时同交欢，

醉后各分散。永结无情游，相期邈云汉。

全诗共十四句，无一句入律，并且多次出现"三平调"，如"无相亲""成三人""同交欢""无情游"。又如：

宣州谢朓楼饯别校书叔云

（唐）李白

弃我去者，昨日之日不可留。
仄仄仄仄　仄仄平仄仄仄

乱我心者，今日之日多烦忧。
仄仄平仄　平仄平仄平平平

长风万里送秋雁，对此可以酣高楼。
平平平平仄平仄　平平仄仄平平平

蓬莱文章建安骨，中间小谢又清发。
平平平平仄平仄　平平仄仄仄平仄

俱怀逸兴壮思飞，欲上青天揽明月。
平平仄仄仄平平　仄仄平平仄平仄

抽刀断水水更流，举杯销愁愁更愁。
平平仄仄仄仄平　仄平平平平仄平

人生在世不称意，明朝散发弄扁舟。
平平仄仄仄仄仄　平平仄仄仄平平

以上两首诗，前为五古，后为七古。平仄安排自由，在一句之中，用字不讲平仄交替，偶数字位置常见多个平声字或仄声字接续；一联之内，上下句拗对；两联之间，上下联失粘。而且"三仄尾""三平尾"等句子较多，完全不符合近体诗的规则。吟诵时，赵元任处理大多数节奏点位置的平声字和仄声字的时值是一样的，都吟作一拍。句尾字都吟作两拍。遇到发音急促的入声字例外，如"酣""乐""及""结""日""发"，都吟作了半拍。

第四节 词的吟诵

词从诗发展而来，可以看作是降格的诗，故别称诗余。同近体诗相比，词的音乐性更强而韵也更宽。因此，词的吟诵就是在近体诗"平长仄短、依字行腔、声情并茂"吟诵原则基础上的施之以宽和变体。

一 词的概述

关于词的起源，大致可以从音乐与词的关系、诗与词的关系、词的长短句渊源三个角度辨析。三者之中，音乐与词的关系最为重要。

隋唐之际，中原地区传统的清乐与西北边地及境外的胡乐融合，产生了一种新兴音乐——宴乐。沈括《梦溪笔谈》记载："自唐天宝十三载始诏法曲与胡部合奏，自此乐奏全失古法，以先王之乐为雅乐，前世新声为清乐，合胡部者为宴乐。"① 词作为一种新诗体，最初就是配合宴乐而唱的歌词。"宴乐"也称"燕乐"。

关于词的分类，大体可以从四个方面梳理：其一，按照字数，可以分为小令、中调和长调。该分法始于明代顾从敬的《类选笺释草堂诗余》。词的字数在58字以内的为小令；59至90字的为中调；91字以上的为长调。最短的词是《十六字令》，仅16个字。最长的词是《莺啼序》，有240字。其二，按照阕，可以分为单调、双调、三叠、四叠。词如果只有一段，称为单调；两段称双调；三段为三叠；四段为四叠。一段，即为一阕。"阕"，即"片""遍"，指乐曲奏过一遍。单调的词一般是小令；双调的词或是小令，或是中调、长调；三叠、四叠的词比较少见。其三，按照音乐，可以分为令、引、慢、三台、序子、法曲、大曲、缠令、诸宫调等九种。如缠令是北宋时一种成套的歌曲形式，由相互关联的若干曲调前加引子、后加尾声组成。金代董解元《西厢记》中有《醉落魄缠令》《点绛唇缠令》。其四，按照节拍，可以分为令、引、近、慢。该分法始于清代宋翔凤的《乐府余论》，其实质是以篇章的字数为标准，综合音乐因素的四分法。于是，学界常有将令、引、近、慢与小令、中调、长调对应的称谓。如在宋代，词分为小词或大词。小词即小令，大词即慢。而在明代，引、近被归为中调。小令的节拍较短，如《如梦令》《调笑令》等；引较令稍长，如《阳关引》《太常引》等；近的音调相近，如《好事近》《祝英台近》等；慢的调长拍缓，最短的《卜算子慢》89字，最长的《莺啼序》240字。从令到慢，填词的复杂程度随着字数增多和体制变化而逐步增加。

中国诗歌有与音乐结合的传统，只是辞与乐的性质及配合方式在各历史阶段不同。汉魏乐府是先有辞后配曲，而词则是先有曲后填辞。如

---

① （宋）沈括撰，施适点校：《梦溪笔谈》，上海古籍出版社2015年版，第32页。

宋人王安石所说："古之歌者皆先有词，后有声，故曰：'诗言志，歌永言，声依永，律和声。'如今先撰腔子，后填词，却是永依声也。"① 由乐府演变为词，配音乐从清商乐变为燕乐。朱熹认为词由诗发展而来，"古乐府只是诗，中间却添许多泛声。后来人怕失了那泛声，逐一添个实字，遂成长短句，今曲子便是。"② 历史文献中，有许多传唱唐五代和宋词的记载。如《避暑录话》曰："柳永，字耆卿，为举子时，多游狭邪，善为歌词。教坊乐工每得新腔，必求永为词，始行于世，于是声传一时。……余仕丹徒，尝见一西夏归朝官，云：'凡有井水饮处，即能歌柳词'。"③ 又如《道山清话》曰："山谷之在宜也，其年乙酉，即崇宁四年也。重九日，登郡城之楼，听边人相语：'今岁当鏖战取封侯'，因作小词云：'诸将说封侯，短笛长歌独倚楼。万事尽随风雨去，休休。戏马台南金络头。催酒莫迟留，酒味今秋胜去秋。花向老人头上笑，羞羞。白发簪花不解愁。'倚栏高歌，若不能堪者。是月三十日，果不起。范寥自言亲见之。"④

　　配乐歌唱的词，是纯粹意义上的音乐文学。从曲谱到词谱的变化，展示了词的定型过程。从音乐角度讲，词题本来是一个曲名，而配合曲调填写的歌词并没有题目，如《忆江南》《菩萨蛮》等。曲名最初可能有特定的题材作为依据，但后来其他题材也可以用这个曲调，按调填词的越来越多，都用这个曲名为词题，就产生了词牌。每个词牌都有独特的曲谱，后来曲谱失传，人们编制词律只能以代表作品的句式、字数、平仄和四声为范例照填，就产生了词谱。词谱在宋代以后失传，直到清乾隆初年《白石道人歌曲》[元代陶宗仪抄宋嘉泰二年（1202）云间钱希武刻本]重现。"白石道人"为南宋词人姜夔的别号。姜夔精工诗词，通晓音乐，后人誉称："夔诗格高秀，为杨万里等所推，词亦精深华妙，尤

---

① （宋）赵令畤：《侯鲭录》卷七，文渊阁《四库全书》第1037册，第407页。
② （宋）黎靖德编，王星贤点校：《朱子语类》卷140，中华书局1986年版，第3333页。
③ （宋）叶梦得撰：《避暑录话》，中华书局1985年版，第45页。
④ （宋）佚名：《道山清话》，载《宋元笔记小说大观》第三册，上海古籍出版社2001年版，第933页。

善自度新腔，故音节文采，并冠一时。"① 姜夔的《白石道人歌曲》载有十七首宋代燕乐字谱的词调，其中十四首为自度曲，另外三首，《醉吟商小品》《霓裳中序第一》为唐代旧曲填词，《玉梅令》为范成大作曲填词。这十七首词乐均配有旁谱，用宋代俗字谱固定名记写，是中国现存唯一的宋代词调乐谱。俗字谱为工尺谱式早期的一种形式，用来标注乐曲的音高；旁谱标注用来表示音高的谱字和三种节拍符号。《白石道人歌曲》的文学价值和音乐价值极高，夏承焘和杨荫浏曾用现代曲谱格式对十七首词曲进行了翻译转换。列举其二：

杏花天影

（宋）姜夔词曲

$1=C \frac{4}{4}$

| 2 - 7 6 | 4 - 2 7 | 6 - - 0 | 6 - 3 2 | 6 #5 6 5 - | 6 - - 0 | 6 7 1 4 |
| 绿 丝 低 拂 | 鸳 鸯 浦。 | | 想 桃 叶、 | 当 时 唤 | 渡。 | 又 将 愁 眼 |

| 6 - 5. 4 | 3 - 0 6 | 4 - 2 3 | 2 - 7 1. 6 | 2 - - 0 |
| 与 春 风， | 待 去； | 倚 兰 桡、 | 更 少 驻。 | |

| 4 2 6 - | 2 1 1 - | 2 - - 0 | 6 - 3 2 | 6 #5 6 5 - | 6 - - 0 |
| 金 陵 路、 | 莺 吟 燕 舞。 | | 算 潮 水、 | 知 人 最 | 苦！ |

| 6 7 1 4 | 6 - 5. 4 | 3 - 0 6 | 4 - 2 3 | 2 - 7 1. 6 | 2 - - 0 ‖
| 满 汀 芳 草 | 不 成 归， | 日 暮； | 更 移 舟， | 向 甚 处？ |

---

① （清）纪昀等：《钦定四库全书总目》，中华书局1997年版，第2796页。

扬州慢

（宋）姜夔词曲

1=C 4/4

| 2 | i 7 6 2 | i 3 2 4 | 6 i 4 5 | 4 - 4 0 6 | 7 6 5 - |
淮　左　名　都，竹　西　佳　处，解　鞍　少　驻　初　程。　　过　春　风　十

| 2 - 4. 5 | 6 - - i 7 | 6. 0 4 7 | 6 2 i. 6 7 | 2. i 2. 4 |
里，　尽　荠　麦　青　青。　自　胡　马　窥　江　去　后，废　池　乔

| 2. 6 5. 4 | 2. 0 4 7 | 6 - - 2 | i. 6 2 6 5 | 4 - - 5 | 4 - 4 0 2. 4 |
木，犹　厌　言　兵。渐　黄　昏，清　角　吹　寒。都　在　空　城。　　杜

| 5 - - 7 | 6 - #4 7 | 6 i 2 5 | #4. 0 7 i. 6 | 2 3 2 i. 7 |
郎　　俊　赏，算　而　今　重　到　须　惊。纵　豆　蔻　词　工，青

| 6 2 4. 2 5 | 6 - - i 7 | 6 - 6 0 4 | 6 i 2 4 | 2 - i. 2 |
楼　梦　好，难　赋　深　情。　二　十　四　桥　仍　在，波　心

| 4. 6 5. 4 3 | 2. 0 4 7 | 6 - - 2 | i. 6 2. i 6. 5 | 4 - - 5 | 4 - - |
荡，冷　月　无　声。念　桥　边　红　药，年　年　知　为　谁　生。

此外，北宋欧阳修的词乐《洛阳春》在宋徽宗政和四年（1114）流传到韩国，至今有谱可考。1967年9月，韩国国立国乐院到中国台湾公演，曾演奏《洛阳春》一曲。韩国流传的乐谱如下[①]：

[①] 参见赵汉秋《传入韩国宋词乐——步虚子与洛阳春研究》，硕士学位论文，中国文化大学，1980年。

洛阳春

（宋）欧阳修词

韩国国立国乐院采谱

毋庸置疑，词在唐宋是可入乐歌唱的，但并不是说所有的唐宋词都可以入乐歌唱。诗词入乐是天性，至于能否歌唱，关键还要看是否协音律。北宋李清照《论词》曰："诗文分平侧，而歌词分五音，又分五声，又分六律，又分清浊轻重。且如近世所谓《声声慢》《雨中花》《喜迁莺》，既押平声韵，又押入声韵。《玉楼春》本押平声韵，又押上去声，又押入声。本押仄声韵，如押上声则协，如押入声，则不可歌矣。"① 词人以谱填词或因词制谱时，歌词不仅要符合格律的平仄要求，更要符合五音、五声、六律、清浊、轻重等的音律要求，这样的词才可以入乐歌唱。以乐论词，宋词可分三类：其一为词人通晓音律者，如柳永、贺铸、周邦彦、李清照、范成大、姜夔、朱淑真、吴文英、周密、张枢、张炎等，词自然可以入乐歌唱；其二为词人懂音律而不严守音律者，如苏轼、晏殊、欧阳修等，词大多数可以入乐歌唱；其三为词人不精音律者，如王安石、曾巩等，词只能读不能歌唱。李清照以音律论词，认为柳永"变旧声作新声"，欧阳修、苏轼等"学际天人，作为小歌词，直如酌蠡水于大海"，而王安石、曾巩尽管"文章似西汉"，因不协律，"若作一小歌词，则人必绝倒。"② 南宋的沈义父以音协、字雅、语深、意婉等四个标准论词，在《乐府指迷》中感慨："前辈好词甚多，往往不协律腔，所以无人唱。如秦楼楚馆所歌之词，多是教坊乐工及市井做赚人所作，只缘音律不差，故多唱之。求其下语用字，全不可读。"③ 由此可见，歌唱对词的创作者和传唱者都有一定的音乐素养要求，门槛较高。吟诵旨在文学展现，所用技巧要比歌唱容易。因此，即便是在音乐盛行的时代，吟诵依然成为欣赏词的重要途径，文献也多有记载。如宋代张炎《词源序》曰："旧有刊本《六十家词》，可歌可诵者，指不多屈。"④ 又如清代沈雄《古今词话》："《词钞》曰：幼安每开宴，必命侍姬歌所作词。特好歌《贺新郎》，自诵其中警句：'我见青山多妩媚，料青山见我应如是。

---

① 王仲闻校注：《李清照集校注》，人民文学出版社 2019 年版，第 214 页。
② 王仲闻校注：《李清照集校注》，人民文学出版社 2019 年版，第 214 页。
③ （宋）沈义父撰：《乐府指迷》，载唐圭璋编《词话丛编》，中华书局 1986 年版，第 281 页。
④ （宋）张炎撰：《词源》，载唐圭璋编《词话丛编》，中华书局 1986 年版，第 255 页。

不恨古人吾不见，恨古人不见我狂耳。'顾问坐客何如。既而作《永遇乐》，'千古江山，英雄无觅孙仲谋处'，特置酒召客，使妓送歌，自击节，遍问客，必使摘其疵。"① 古人喜爱唱词，但也不废吟诵。遇到不擅歌者，抑或词乐佚失，尚可通过吟诵欣赏词的声韵美和意境美。故此，清初李渔在《窥词管见》明确地指出："曲宜耐唱，词宜耐读，耐唱与耐读有相同处，有绝不相同处。盖同一字也，读是此音，而唱入曲中，全与此音不合者，故不得不为歌儿体贴，宁使读时碍口，以图歌时利吻。词则全为吟诵而设，止求便读而已。"② 在辨析词与曲的基础上，提出了"词则全为吟诵而设"的结论。

词的创作与音乐关系密切。张炎《音谱》曰："词以协音为先，音者何，谱是也。古人按律制谱，以词定声，此正声依永律和声之遗意。有法曲，有五十四大曲，有慢曲。若曰法曲，则以倍四头管品之，即筚篥也。其声清越。大曲则以倍六头管品之，其声流美。即歌者所谓曲破，如望瀛，如献仙音，乃法曲，其源自唐来。……惟慢曲引近则不同。名曰小唱，须得声字清圆，以哑筚篥合之，其音甚正，箫则弗及也。慢曲不过百余字，中间抑扬高下，丁、抗、掣、拽，有大顿、小顿、大住、小住、打、掯等字。"③ 即指明音谱对慢词长调的章法结构组成所造成的深远影响。此外，张炎还借助图表的形式解说音律，书中用《五音相生配属图》《阳律阴吕合声图》《律吕隔八相生图》等图直观地讲述作词法的音声理论。

张炎在《词源》中首次提出了词学的"句法""字面""虚字"等概念，陈述创作规范，认为"词中句法，要平妥精粹。"④ "字面"即为后世所说的"字法"："句法中有字面，盖词中一个生硬字用不得。须是深加锻炼，字字敲打得响，歌诵妥溜，方为本色语。如贺方回、吴梦窗，

---

① （清）沈雄撰：《古今词话》，载唐圭璋编《词话丛编》，中华书局1986年版，第773页。

② （宋）张炎撰：《词源》，载唐圭璋编《词话丛编》，中华书局1986年版，第559页。

③ （宋）张炎撰：《词源》，载唐圭璋编《词话丛编》，中华书局1986年版，第255—256页。

④ （宋）张炎撰：《词源》，载唐圭璋编《词话丛编》，中华书局1986年版，第258页。

皆善于炼字面，多于温庭筠、李长吉诗中来。字面亦词中之起眼处，不可不留意也。"①

二 词的节奏

词的韵律由近体诗发展变化而来，吟诵的美感也主要体现在节奏、旋律和押韵方面。词的句子长短不齐，参差错落，节奏单位比近体诗复杂。词的句式从一字到十一字不等，吟诵前必须准确地把握每一句的节奏单位。

一字句。仅在《十六字令》词牌中出现，又名《苍梧谣》《归梧谣》《归字谣》，因全词仅十六字而得名。这种词为单调四句，第一、二、四句押平声韵，为最短的词。例如：

苍梧谣（饯刘恭父）
（宋）张孝祥

归。十万人家儿样啼。公归去，何日是来时。

苍梧谣
（宋）蔡伸

天。休使圆蟾照客眠。人何在，桂影自婵娟。

两词中的"归"和"天"是独立的一个句子。一个字构成一个节奏单位，并且是平声韵字，应长吟拖腔，处理不当易造成结构脱节，节奏不谐。

另有词中的一字逗，也是一字一顿，虽不是一字句，节奏却相似。例如：

莫等闲白了少年头，空悲切。（岳飞《满江红》）
问湖南宾客，侵寻老矣；江西户口，流落何之。（刘过《沁园春》）

---

① （宋）张炎撰：《词源》，载唐圭璋编《词话丛编》，中华书局1986年版，第259页。

以上的"莫"字和"问"字，均为一字逗，又叫一字领。

二字句。正好是一个节奏单位，第二个字处在节奏点位置，通常是韵字，应适当长吟。多以叠句出现在下片的开头起韵处，例如：

如梦令
（宋）李清照

常记溪亭日暮，沉醉不知归路。兴尽晚回舟，误入藕花深处。争渡，争渡，惊起一滩鸥鹭。

或者是用韵的短句。例如：

南乡子
（宋）苏轼

回首乱山横。不见居人只见城。谁似临平山上塔，亭亭。迎客西来送客行。

归路晚风清。一枕初寒梦不成。今夜残灯斜照处，荧荧。秋雨晴时泪不晴。

词中上片的"亭亭"和下片的"荧荧"均为平声，押"十一部青"韵。

不用韵的二字句可以看作二字逗，也有人称之为领字。

三字句。词中用得较多，平仄格式上，相当于律句的三字尾，可划分为两个节奏单位。例如：

转/朱阁，低/绮户，照/无眠。（苏轼《水调歌头》）
儿女/泪，君休/滴。荆楚/路，吾能/说。（辛弃疾《满江红》）

三字句有连用和不连用两种。连用的三字句，大多数是两个连用，其中前一个押韵与否均可，依词牌而定，后一个必押韵。在平仄安排上，两个连用的三字句如果是对偶关系，平仄一般是相反的。例如：

收锦字,下鸳机。净拂床砧夜捣衣。(贺铸《捣练子》)
平仄仄　仄平平
碧云天,黄叶地,秋色连波,波上寒烟翠。(范仲淹《苏幕遮》)
仄平平　平仄仄

两个连用的三字句如果是并列关系,平仄往往是相同的。例如:

夜来幽梦忽还乡,小轩窗,正梳妆,相顾无言,惟有泪千行。(苏轼《江城子》)
　　　　　仄平平　仄平平
重帘挂,微灯下。背阑同说春风话。(吕渭老《钗头凤》)
平平仄　平平仄

三个、四个三字句组合,也常出现。例如:

胡未灭,鬓先秋,泪空流。此生谁料,心在天山,身老沧洲。
平仄仄　仄平平　仄平平　　　　　　　　　(陆游《诉衷情》)

不连用的三字句。通常与其他句子配合使用,或在前,或在后。但无论在前或在后,三字句在句法和意义上都是相对独立的。单用的三字句在前,押韵与否皆可,若押韵则本词都押仄声韵。但无论押韵与否,在前的三字句的尾字以仄声最为常见,少有平声。例如:

江南好,风景旧曾谙。(白居易《江南好》)
平平仄
这次第,怎一个愁字了得。(李清照《声声慢》)
仄仄仄
柳阴直,烟里丝丝弄碧。(周邦彦《兰陵王》)
仄平仄

怅秋风、连营画角，故官离黍。（张元干《贺新郎》）
仄平平

单用的三字句出现在所配合的句子后面，则必入韵，本词押平声韵和仄声韵皆可。若押仄声韵，三字中的前两字多为平声。例如：

骤卷风埃，半掩长蛾翠妩。散红缕。（吴文英《扫地游》）
仄平仄

旧欢才展，又被新愁分了。未成云雨梦，巫山晓。（赵企《感皇恩》）
平平仄

若押平声韵，以"仄平平"最为常见。例如：

无言独上西楼，月如钩。（李煜《相见欢》）
仄平平

月明风露娟娟，人未眠。苏轼《醉翁操》
仄平平

还须注意，在一些词的三字句中，平仄可以互换，尤其是前两字互换的居多，《水调歌头》就是典型的例子。

四字句。《诗经》以后常见，平仄如同截取了七言律句的前面四个字，节奏单位一般两字均分为两个，特例较少。例如：

乱石/穿空，惊涛/拍岸，卷起千堆雪。（苏轼《念奴娇》）
柔情/似水，佳期/如梦，忍顾鹊桥归路。（秦观《鹊桥仙》）

以上四个四字句，形成两组前后句的对仗，节奏单位宜两字一顿。四字句的特殊节奏形式比较少见，例如：

过/春社/了，度帘幕中间，去年/尘冷。（史达祖《双双燕》）
细看来，不是杨花点点，是/离人/泪。（苏轼《水龙吟》）

词中的"过春社了"和"是离人泪"，按照意义单位划分为一二一节奏，这就比常见的四字句多出一个节奏单位，吟诵起来更加和谐顺畅。须注意，《水龙吟》是按照词谱断句，若是按照语法结构断句，应为："细/看来，不是/杨花/点点，是/离人/泪。"而"去年尘冷"句正常的两字均分即可，意义单位和吟诵节奏都比较谐美。

五字句。词的很多五字句来源于五言律诗，句式相近，但是平仄、对仗和用韵的要求相对宽松一些。常见上二下三的结构，也可再细分为"二二一"或"二一二"节奏。例如：

临江仙

（宋）晏几道

梦后楼台高锁，酒醒帘幕低垂。去年春恨却来时。落花/人/独立，微雨/燕/双飞。

记得小蘋初见，两重心字罗衣。琵琶弦上说相思。当时/明月/在，曾照/彩云/归。

上片的"落花人独立，微雨燕双飞"划分成二一二节奏，下片的"当时明月在，曾照彩云归"划分成二二一节奏。

还有少数五字句为上一下四的结构，宜细分为一二二节奏或三二节奏。例如：

东篱把酒黄昏后，有/暗香/盈袖。（李清照《醉花阴》）
执手相看泪眼，竟/无语/凝噎。（柳永《雨霖铃》）
写入琴丝，一声声/更苦。（姜夔《齐天乐》）

以上三例五言句，节奏均打破了律句规则，这在近体诗中是绝对不可能出现的，在词中却允许使用，可归入词的拗句类。

六字句。与六言诗的句式相同，可以看作在四字句的前面或后面加两个字，从而形成上二下四或上四下二的结构，可再细化为三个节奏单位。多数句子的意义单位和节奏单位相一致，形成二二二节奏。例如：

破阵子·为陈同甫赋壮词以寄之
（宋）辛弃疾

醉里挑灯看剑，梦回吹角连营。八百里分麾下炙，五十弦翻塞外声，沙场秋点兵。

马作的卢飞快，弓如霹雳弦惊。了却君王天下事，赢得生前身后名。可怜白发生！

词中的"醉里挑灯看剑，梦回吹角连营""马作的卢飞快，弓如霹雳弦惊"，属于律句，仄仄平平仄仄或平平仄仄平平，平仄相间，两字一顿。

少数六字句比较特殊，意义单位属于三三节奏，吟诵时上三下三，词谱往往在第三字后面注一个"豆"字，而三字还可再细分为一二节奏或二一节奏。例如：

纷纷坠叶飘香砌，夜/寂静、寒声/碎。（范仲淹《御街行》）
恨芳菲世界，游人未赏，都/付与、莺/和燕。（陈亮《水龙吟》）

还有极少的六字句，意义单位属于一五节奏，上一下五，其本质是五言句前加一个领字。但是《词律》往往在第三字下注作"豆"，意即三字一顿。吟诵时，这种句子只能根据意义单位划分，不能按照词谱来停顿。例如：

凌波/不过/横塘路，但/目送、芳尘去。（贺铸《青玉案》）

"但目送、芳尘去"实为"但"字领起的句式。若再细分，宜为"但/目送、芳尘/去"，形成一二二一节奏。

七字句。有两种句式，如果是律句，就与近体诗相同，但不一定粘对；如果不是律句，则与古体诗的句式等同。常见上四下三的结构，可再细分为二二二一节奏或二二一二节奏。例如：

虞美人

（宋）李煜[①]

春花/秋月/何时/了？往事知多少。小楼/昨夜/又/东风，故国不堪回首月明中。

雕栏/玉砌/应犹/在，只是朱颜改。问君/能有/几/多愁？恰似一江春水向东流。

上下片的第一个七字句同为二二二一节奏，第二个七字句则同为二二一二节奏。规整中孕育变化，吟诵时要准确地表现语言节奏的丰富性。

上三下四的结构也常见，可再细分为二一二二节奏。例如：

杨柳/岸、晓风/残月。（柳永《雨霖铃》）
凭栏/处、潇潇/雨歇。（岳飞《满江红》）

以上七字句的前三个字是一个节奏单位，书写时在第三字后用顿号与第四字隔断，吟诵时稍作停顿，后四个字均分为两个节奏单位。

还有一种上一下六结构的七字句，实为六言句加一字领。例如：

但/寒烟、衰草/凝绿。（王安石《桂枝香》）
又/檐燕、留人/相语。（辛弃疾《贺新郎》）

八字句。在意义上通常是上一下七结构，即一字领加七字句。但也可读

[①] 本词与《浪淘沙·帘外雨潺潺》作于宋太宗太平兴国三年（978）。公元975年，南唐归宋。三年后，徐铉奉太宗之命探视李煜，李煜叹曰："当初我错杀潘佑、李平，悔之不已！"在此心境下，写下了这首绝命词。故此，朝代应由南唐延至宋。

作上三下五的结构，即三字逗加五言律句。这两种情况均可再细分。例如：

对／潇潇暮雨洒江天。（柳永《八声甘州》）
待／从头、收拾／旧／山河。（岳飞《满江红》）
更／那堪、冷落／清秋／节。（柳永《雨霖铃》）

以上三个句式，在意义单位上，第一个只能是"对"一字逗领起七言句的上一下七结构。而下面的两句，句中后五字结合较为紧密，前三字可视作一字逗，也可视作三字逗。吟诵时，根据表情达意的需要去处理节奏细节。

也有八字句为上二下六结构，吟诵时可将节奏单位处理成二二二二节奏或二二三一节奏，一气呵成。例如：

此去经年，应是／良辰／好景／虚设。（柳永《雨霖铃》）
千古江山，英雄／无觅／孙仲谋／处。（辛弃疾《永遇乐》）

九字句。实际上是一字逗与八字句、二字逗与七字句、三字句与六字句、四字句与五字句组成的复合句。其中，在意义单位上多为上三下六结构，平仄格式以"仄仄平平仄仄仄平平"最常见。在吟诵时，节奏单位分别按二、三、四、五、六、七字句处理。例如：

上一下八：入／寻常巷陌人家相对。（周邦彦《西河》）
上二下七：恰似／一江春水向东流。（李煜《虞美人》）
上三下六：浪淘尽，千古风流人物。（苏轼《念奴娇》）
上四下五：只有情怀、不似旧家时。（李清照《南歌子》）
上六下三：寂寞梧桐深院／锁清秋。（李煜《乌夜啼》）

十字句。词的十字句较为罕见，多在《摸鱼儿》词牌中。《摸鱼儿》上下阕各有一个十字句，实际上是三字句和七字句的复合句，平仄格式通常是"仄仄仄平平仄仄仄平平"。例如：

摸鱼儿

（宋）辛弃疾

淳熙己亥，自湖北漕移湖南，同官王正之置酒小山亭，为赋。

更能消、几番风雨，匆匆春又归去。惜春长怕花开早，何况落红无数。春且住，见说道、天涯芳草无归路。怨春不语。算只有殷勤，画檐蛛网，尽日惹飞絮。

长门事，准拟佳期又误。蛾眉曾有人妒。千金纵买相如赋，脉脉此情谁诉？君莫舞，君不见、玉环飞燕皆尘土！闲愁最苦！休去倚危栏，斜阳正在，烟柳断肠处。

十一字句。词中最长的句子，极为罕见，常见词牌仅《水调歌头》有此长句。常见上四下七或上六下五结构，后五字多为律句。如果是上五下六，格式为"平平仄仄平仄，仄仄仄平平"；如果是上四下七，格式为"平平仄仄，平仄平仄仄平平"。例如：

上四下七：不应有恨，何事长向别时圆。（苏轼《水调歌头》）
上六下五：不知天上宫阙，今夕是何年。（苏轼《水调歌头》）

在处理十一字句节奏的时候，尤其要注意一字逗的特殊句式，吟诵时第一个字独自作为节奏单位，稍微停顿，余下的字再按照语义或音乐单位划分。一字逗"多数是虚词，如'但，正，又，渐，更，甚，乍，尚，况，且，方，纵'等等；有些是动词，如'对，望，看，念，叹，算，料，想，怅，恨，怕，问'等等。这些字大多是去声。"[①] 例如：

寒蝉凄切，对/长亭/晚，骤雨初歇。（柳永《雨霖铃》）
望/故乡/渺邈，归思难收。（柳永《八声甘州》）
看人间争求新巧，纷纷女伴欢迎。（辛弃疾《绿头鸭》）

[①] 王力主编：《古代汉语》第四册，中华书局1987年版，第1639页。

念/柳外/青骢/别后，水边红袂分时，怆然暗惊。（秦观《八六子》)
算/人间/事，岂是追思，依依梦中情绪。（晁补之《黄莺儿》)
啼鸟还知如许恨，料/不啼/清泪/长啼/血。（辛弃疾《贺新郎》)
听/乱飐/芰荷/风，细洒梧桐雨。（晁补之《黄莺儿》)
登临送目，正/故国/晚秋，天气初肃。（王安石《桂枝香》)
纵/无酒/成/怅望，只东篱，搔首亦风流。（辛弃疾《木兰花慢》)

在划分清楚词的节奏单位之后，第二步要谈一下节奏点字的语音时值。吟诵近体诗，语音时值严格遵循"平长仄短"的规则。词的格律比近体诗略微宽松一些，却更加复杂。相关的词谱分析和田野调查证实，在吟诵词时，不同的地区和不同的流派总体上都遵循了"平长仄短"的规则，但局部偶有例外。例如：

浪淘沙
（南唐）李煜

帘外雨潺潺，春意阑珊。罗衾不耐五更寒。梦里不知身是客，一晌贪欢。
独自莫凭栏，无限江山。别时容易见时难。流水落花春去也，天上人间。

查阜西吟诵，孙玄龄记谱

吟诵曲谱①显示，绝大多数节奏点的字都遵循了"平长仄短"的规则，平声字要比仄声字吟的语音长一些，两者的时值为 1.5∶1、2∶1、3∶1 不等。也有例外，"梦里不知身是客"和"别时容易见时难"两句节奏点的仄声字被长吟，这可能是吟诵者的个性处理。再看赵元任记录的胡适之吟诵的苏轼词：

江城子
（宋）苏轼

凤凰山下雨初晴，水风清，晚霞明。一朵芙蕖，开过尚盈盈。何处飞来双白鹭，如有意，慕娉婷。

忽闻江上弄哀筝，苦含情，遣谁听！烟敛云收，依约是湘灵。欲待曲终寻问取，人不见，数峰青。

胡适之吟诵，赵元任记谱

---

① 参见孙玄龄、刘东升编《中国古代歌曲》，人民音乐出版社 1990 年版，第 165 页。

曲谱①显示，绝大多数节奏点处遵循了"平长仄短"的规则，平声字要比仄声字吟的语音长一些，二者的时值比为1.5∶1、2∶1、3∶1不等。有两处例外：一是"鹭""意""取""见"等四个仄声的句尾字吟得较长，二是"烟敛云收，依约是湘灵。欲待曲终寻问取"三句的节奏点处，平声字和仄声字吟得一样长。

综上所述，词的吟诵基本遵循了近体诗"平长仄短"的规则，但是由于格律较宽及可押仄声韵等的特性，就让词的吟诵相对灵活。至于词中部分节奏点字的平仄的时值处理以及仄声韵的长吟，也就不难理解了。

吟诵节奏的最后一个问题是音高和旋律。近体诗吟诵有"平低仄高"和"平高仄低"两种行腔规则，吟诵者可以根据所处的方言、调式等选择一种使用，关键在保持整体的一致性，不可中途变换。词的节奏单位的音高及旋律处理与吟诵近体诗相同。

杨荫浏、阴法鲁对姜夔《白石道人歌曲》中的十七首自度曲进行的平仄、高低分析发现，"平低仄高"规则的总符合率为63%，其中符合率最高的《微招》《秋宵吟》达到了77%。② 若把眼光延展至南宋词人的生活地域考察，姜夔的十七首自度曲的音高和旋律基本符合江南地区"平低仄高"规则。追溯前文所举的查阜西吟诵的《浪淘沙》和胡适之吟诵的《江城子》，也都遵循了"平低仄高"的规则。再看不同人吟诵的同一首词的谱子：

浪淘沙

（南唐）李煜

帘外雨潺潺，春意阑珊。罗衾不耐五更寒。梦里不知身是客，一晌贪欢。
独自莫凭栏，无限江山，别时容易见时难。流水落花春去也，天上人间。

---

① 赵元任：《赵元任音乐论文集》，中国文联出版社1994年版，第152页。
② 参见杨荫浏、阴法鲁《宋姜白石创作歌曲研究》，人民音乐出版社1979年版。

曲谱显示，彭主爵和任尔敬在吟诵李煜的《浪淘沙》时，采用了相同的音高规则和旋律基调。具体呈现：由仄声字组成的节奏单位，大多数选配上升的旋律或使用较高的音；由平声字组成的节奏单位，大多数选配下降的旋律或使用较低的音。

中国是一个地域广阔、民族众多的国家。《礼记·王制》所谓："五方之民，言语不通，嗜欲不同，达其志，通其欲。"[②] 地理、民族和习俗等国情成就了中华民族灿烂多元的文化，也形成了纷繁复杂的地域方言和社会方言。各地方言的差异性，滋养了吟诵节奏单位音高和旋律的多样性。因此词的吟诵，既有"平低仄高"者，也有"平高仄低"者。例

---

① 参见傅雪漪《试谈词调音乐》，《音乐研究》1981 年第 2 期，根据 1956 年录音整理。参见杨荫浏《语言音乐学初探》，载《语言与音乐》，人民音乐出版社 1983 年版，第 21 页。

② （清）阮元校刻：《十三经注疏》，中华书局 2009 年版，第 2897 页。

如，钱来苏吟诵的李煜《捣练子》：

捣练子
（南唐）李煜

深院静，小庭空，断续寒砧断续风。
无奈夜长人不寐，数声和月到帘栊。

钱来苏吟诵，傅雪漪记谱

[乐谱]

曲谱显示，由平声字组成的节奏单位，选配的旋律并不统一，"小庭""夜长""帘栊"为下降旋律，而"寒砧""数声"为上升旋律；由仄声字组成的节奏单位，选配的旋律也不统一，"无奈"选用了上升的旋律，"断续""不寐""和月"选用了下降的旋律。但是吟诵的音高，都遵守了"平高仄低"的规则，平声字大多用较高的音，仄声字大多用较低的音。细究其因，旋律复杂可能是源于钱来苏的语言习惯，而音高统一当是受地域方言的影响。

三 词的风格

谈到词的风格特征，人们常会引用宋代俞文豹《吹剑续录》的记载："东坡在玉堂日，有幕士善歌，因问：我词比柳词何如？对曰：柳郎中词，只好十七八女孩儿，执红牙拍板，唱'杨柳外晓风残月'；学士词，须关西大汉，执铁板，唱'大江东去'。公为之绝倒。"[①] 这段话以苏轼和柳永为例，形象地道明了婉约词和豪放词的风格差异。其实，唐宋元

---

① （宋）俞文豹撰，张宗祥辑录：《吹剑续录》，载《古今说部丛书》（影印本），上海文艺出版社1991年版，第38页。

三代填词尚无"婉约"和"豪放"的说法,最早提出这个词学概念的是明代的张綖。他在《诗余图谱》的"凡例"末尾按语:"词体大略有二:一体婉约,一体豪放。婉约者欲其辞情酝藉,豪放者欲其气象恢弘。盖亦存乎其人。如秦少游之作,多是婉约;苏子瞻之作,多是豪放。大抵词体以婉约为正。故东坡称少游为今之词手;后山评东坡词虽极天下之工,要非本色。"①这段简约的文字,开创性地把词分为"辞情酝藉"的婉约和"气象恢弘"的豪放两种风格,同时提出了词以"婉约为正"的观点。

词的调有定句,句有定字,字有定声;句法长短参差,平仄、节奏和用韵繁复。词的吟诵,尤重选配腔调,以求声情相合。龙榆生尝言:"一般说来,每一歌词的句式安排,在音节上总不出和谐和拗怒两种。而这种调节关系,有表现在整阕每个句子中间的,有表现在每个句子的落脚字的。表现在整体结构上的,首先要看它的句式奇偶和句度长短方面怎样配置,其次就看它对每个句末的字调怎样安排,从这上面显示语气的急促与舒徐,声情的激越与和婉。"②词的语言表现形式与情感表达方式关系密切。"一般说来,凡是属于音节谐婉的调子,大多数是隔句一协或三句一协,而三句成一片段的格局,又多是用一个单句、一个对句组成。"③ 在音节上呈现拗怒激越声情的,一般更是多用仄声收脚的四言和六言偶句,杂以二言或三言短句,并押入声韵。④

婉约词擅长抒写缠绵悱恻的情致,感情蕴藉,音节谐婉,适宜运用轻声柔语吟诵。词史上,大体把欧阳修、晏殊、晏几道、秦观、柳永、周邦彦、李清照、姜夔、史达祖、吴文英等归为婉约派词人,而《鹊踏枝》《虞美人》《蝶恋花》《鹊桥仙》《清平乐》《雨霖铃》《临江仙》《满庭芳》《声声慢》《一剪梅》《醉花阴》《如梦令》等常见词牌多用来表现婉约之情。龙榆生认为,"至于例用平韵而以四言和五言或六言和五、七言混合组成的短调小令,它们的音节态度基本上也是属于流丽谐婉这一

---

① (明)张綖撰:《诗余图谱》卷首,嘉靖十五年刊本。
② 龙榆生:《词学十讲》,北京出版社2011年版,第40页。
③ 龙榆生:《词学十讲》,北京出版社2011年版,第70页。
④ 参见龙榆生《词学十讲》,北京出版社2011年版。

类型的。"① 《小重山》《临江仙》《南乡子》等词牌，用平声韵，偶句和单句交替相生，音节谐婉，声情难抑，适宜抒写缠绵低抑的情调。请看陈少松吟诵的小令《临江仙》：

临江仙

（宋）晏几道

梦后楼台高锁，酒醒帘幕低垂。去年春恨却来时。落花人独立，
仄仄平平平仄　仄平平仄平平　平平平仄仄平平　仄平平仄仄
微雨燕双飞。
平仄仄平平
记得小蘋初见，两重心字罗衣。琵琶弦上说相思。当时明月在，
仄仄仄平平仄　平平平仄平平　平平平仄仄平平　平平平仄仄
曾照彩云归。
平仄仄平平

1=G　　　　　　　　　　　　　　　　　　陈少松吟诵，滕缔弦记谱

[简谱曲谱]

梦后楼台高锁，酒醒帘幕低垂。
去年春恨却来时。落花人独立，
微雨燕双飞。记得小蘋初见，
两重心字罗衣。琵琶弦上说相思。
当时明月在，曾照彩云归。

晏几道在词中深情地回忆了第一次见到歌女小蘋的情景，前尘旧梦，

---

① 龙榆生：《词学十讲》，北京出版社2011年版，第52页。

甚至连衣服上的刺绣图案都记忆犹新。与深深的眷念之情相应，在用韵上，选用了适宜表达委婉心曲的"平声四支"韵，如"垂""时""思"三字；"平声五微"韵，如"飞""衣""归"三字。在平仄上，每句的尾部字，多为前仄后平；每句的节奏点字，平仄交错。全词对仗工稳，"梦后""酒醒"二句互文见义，形成张力；上下片各有一个单句，"去年春恨却来时""琵琶弦上说相思"，均为"平平平仄仄平平"的格式，平中见奇；余下皆对句，"梦后楼台高锁"与"酒醒帘幕低垂""落花人独立"与"微雨燕双飞""记得小蘋初见"与"两重心字罗衣""当时明月在"与"曾照彩云归"，上下句之间，无论意义是否相对，相应位置的各节奏点字的平仄都相对。由此构成了全词的和谐音节，吟诵时宜用轻柔婉转的腔调，忆而不悲。注意"醒"（xīng）、"弦"（xuán）二字破读。正如毛晋《小山词》跋："《小山集》直逼《花间》，字字娉娉袅袅，如挽嫱、施之袂，恨不能起莲、鸿、蘋、云，按红牙板唱和一过。"① 所说的六个女子，王嫱、西施为先朝美女，莲、鸿、蘋、云为相识歌女。晏几道《小山词自序》云：有"始时沈十二廉叔、陈十君龙家有莲、鸿、蘋、云，品清讴娱客。每得一解，即以草授诸儿，吾三人持酒听之，为一笑乐而"②。

豪放词一般抒写豪情壮志，声情激越，适宜用硬朗有力的音调吟诵。在词史上，一般把苏东坡、张耒、张元干、张孝祥、岳飞、辛弃疾、刘过、陈亮、戴复古、刘克庄、刘辰翁等归为豪放派词人；《江城子》《念奴娇》《西江月》《满江红》《破阵子》《永遇乐》等常见词牌多用来表现豪放之情。激越声情的词调多用入声韵，如《帝台春》《忆少年》《淡黄柳》《凄凉犯》《醉公子》等，这些词调大都句短韵密，情感急促激越。苏轼为豪放词的代表，声情以关西大汉执铁板之音为本色，"自有横槊气概，固是英雄本色"。③ 请看陈少松吟诵的苏轼《念奴娇》：

---

① （宋）晏殊、晏几道著，张草纫笺注：《二晏词笺注》，上海古籍出版社 2008 年版，第 604 页。
② （宋）晏殊、晏几道著，张草纫笺注：《二晏词笺注》，上海古籍出版社 2008 年版，第 602 页。
③ （清）徐釚：《词苑丛谈》卷 3，中华书局 2008 年版，第 186 页。

念奴娇

（宋）苏轼

大江东去，浪淘尽、千古风流人物。故垒西边，人道是、三国周郎
平平仄仄　仄平平　仄仄仄平平仄　仄仄平平　平仄平　仄仄仄平
赤壁。乱石穿空，惊涛拍岸，卷起千堆雪，江山如画，一时多少豪杰！
平平　仄仄平平　平平仄仄　仄仄平平仄　平平平仄　仄平平仄仄
　　遥想公瑾当年，小乔初嫁了，雄姿英发。羽扇纶巾，谈笑间、樯橹
　　仄仄仄仄平平　平平仄仄了　仄仄平平　仄仄平平　平仄仄　平仄
灰飞烟灭。故国神游，多情应笑我，早生华发。人生如梦，一尊还酹
仄平平仄　仄仄平平　平仄平仄仄　仄平平仄　仄平平仄　仄平平仄
江月。
平仄

1=G　　　　　　　　　　　　　　　　　　　　陈少松吟诵，滕缔弦记谱

《念奴娇》词牌，以唐代天宝年间著名女歌手念奴命名。《开元天宝遗事》云："念奴有色，善歌，宫第一。""每执板当席，声出朝霞之上。今大石调《念奴娇》，世以为天宝间所制曲。"① 可见曲调的激越高亢。在词中，苏轼通过描绘眼前壮阔奇险的景观和追忆古代英雄的功业抒发激越豪壮之情。同时，以声传情，彰显了语言文字的力量，用平仄和韵字的安排来展现胸中的狂放和豪迈。龙榆生认为，词表达声情的主要路径是句法和韵味，而且重在音节"和谐"和"拗怒"的搭配。在句尾字的平仄安排上，上阕的"乱石穿空"句、下阕的"遥想公瑾当年"句和"故国神游"句，尾字平声，所起的是"和谐"作用。余下各句的尾字多仄声，起到了"拗怒"作用。而"故垒西边，人道是、三国周郎赤壁"二句，按律应读作"故垒西边人道是，三国周郎赤壁"；"羽扇纶巾，谈笑间、樯橹灰飞烟灭"二句，依别本应改作"羽扇纶巾谈笑处，樯橹灰飞烟灭"。以龙榆生观点论词，词的音节是"拗怒"远超"和谐"。在句中字的平仄安排上，大多数为律句；但是上、下阕的结句，"一时多少豪杰""一尊还酹江月"的末尾四个字的格式却是"平仄平仄"，违反了律句两平两仄相间的规则，同样形成了"拗怒"。在韵脚的安排上，全词共十一韵皆为仄声，更有"物""壁""雪""杰""发""灭""发""月"等八个韵字为短促的入声。"因了硬碰硬的地方特别多，迫使它的音响向上激射，再和许多短促的韵脚组成一个统一的整体；这样，恰好和本曲的高亢声情紧密结合，最适宜表达激越豪壮一类的情感。"②

　　吟诵《念奴娇》这类豪放词，须用激越高亢的音调，但也不是从头至尾持续高音。吟诵曲谱显示，真正用高音朗吟的地方仅在上、下阕各有一处，即"乱石穿空，惊涛拍岸，卷起千堆雪"和"羽扇纶巾，谈笑间、樯橹灰飞烟灭"。"所以在这两处安排高音，正是为了能充分地以声现境和以声传情。"③ 为了更好地凸显豪放词的风格特征，吟诵时吐字须着力，尤其是每个句尾的仄声字，这些字多为入声，少数为去声和上声，

---

① （宋）王灼撰：《碧鸡漫志》卷五引《开元天宝遗事》，载《中国古典戏曲论著集成》（一），中国戏剧出版社1959年版，第142页。
② 龙榆生：《词学十讲》，北京出版社2011年版，第209页。
③ 陈少松：《古诗词文吟诵导论》，中华书局2017年版，第211页。

宜读得短促、干脆，而每句的韵字，皆为入声，要稍作停顿再托腔，如此处理方能体现词作的节奏和情韵。

　　有些词的风格介于豪放与婉约之间，抒发的情感比较复杂，属于刚中有柔的类型，在声情上表现出和谐与拗怒共存、慢声与促节兼有的特征。吟诵这一类风格的词，音调宜清越而激壮。再看陈少松吟诵的《八声甘州》：

八声甘州
（宋）柳永

对潇潇暮雨洒江天，一番洗清秋。渐霜风凄紧，关河冷落，残照当楼。
仄平平仄仄仄平平　仄平仄平平　仄平平平仄　平平仄仄　平仄平平

是处红衰翠减，苒苒物华休。唯有长江水，无语东流。
仄仄平平仄　仄仄仄平平　仄仄平平仄　平仄平平

不忍登高临远，望故乡渺邈，归思难收。叹年来踪迹，何事苦淹留？
仄仄平平平仄　仄平平仄仄　平仄平平　仄平平仄仄　平仄仄平平

想佳人妆楼颙望，误几回、天际识归舟。争知我，倚阑杆处，正恁凝愁！
仄平平平平仄仄　仄仄平　平仄仄平平　平平仄　仄平平仄　仄仄平平

陈少松吟诵，藤缔弦记谱

《八声甘州》词牌源自唐代大曲《甘州》，原为河西走廊地区的甘州民族音乐，经宫廷伶工改造成为著名的大曲，柳永有肇始之功，共用了八个平声韵脚，所以在曲调加注"八声"二字。《唐书·礼乐》记载："天宝乐曲，皆以边地名，若《凉州》《伊州》《甘州》之类。"① 柳永是第一个专力填词的作家，本篇作为词牌的范本被广为传唱。

　　上阕的首句"对潇潇暮雨洒江天，一番洗清秋"，用一个去声"对"字，领起一个由七言平句和五言拗句组合的奇句；接着"渐霜风凄紧，关河冷落，残照当楼"，又用一个去声"渐"字，领起三个四言的偶句，而三句之中又以最末一字收束前面的两个对句，每句收尾连用两仄较为陡峭，句法和章法充满互补和谐的美感。后面四句递用六、五、五、四言的句式，奇偶相生，没有一丝凝滞。下阕的首句为过片，使用一个六言偶句，接着又用一个去声"望"字，领起两个四言偶句，再用一个"叹"字，收束前文并领起一个由四言偶句和五言单句组合的对句，语义加深。跟着换上一个上三下四的特殊句式，一个上三下五的特殊句式，回眸却顾，跌宕生姿。最后是逆入的上三下四特殊句式，接一个四言平句，总收全局。全词抒发凄楚苍凉的情调，"极参差错落之致，借以显示

---

① （宋）欧阳修、宋祁撰：《新唐书》，中华书局2000年版，第315页。

摇筋转骨、刚柔相济的声容之美，我觉得《八声甘州》这一长调是最能使人感到回肠荡气的。"①

词的题材和风格复杂而多样，吟诵者却只熟悉少数的吟诵腔调，每种腔调又有固定的风格，或适宜婉约词，或适宜豪放词。这样，在吟诵腔调与词的风格之间就形成了一种缺位的矛盾。这就要求吟诵者在掌握腔调和规则后，去灵活变通，做到"一调吟千词"。适宜婉约词的调子，也可以吟诵豪放词，只要适当增大音量，让节奏变得短促；同理，适宜豪放词的调子，也可以吟诵婉约词，只需适当减小音量，让节奏稍变舒缓。

第五节　曲的吟诵

在中国文学中，诗词曲向来是并列的，唐诗、宋词、元曲代表着中国韵文的最高成就。人们通常所说的曲，包括戏曲与散曲两大类作品。戏曲指的是杂剧的曲词，是戏剧这一综合舞台表演艺术密不可分的一个组成部分；散曲则是继诗、词之后兴起的新诗体。

一　曲的兴起

曲是一种配乐歌唱的新诗歌体式。散曲简称为曲，明初朱有燉的《诚斋乐府》有最早的名称记载，元代人称为"乐府"或"今乐府"。词由边地的燕乐催生，配合曲子歌唱，因此唐代人就称词为曲子词，词到宋代出现了不受曲子束缚而重在抒情言志的趋势，即所谓的"以诗为词"，终致词曲分离。后来文人填词，不再把音乐和歌唱看作根本，而是凸显文学性因素，追求语言的典雅、情感的真挚和意境的深远。曲在元代兴起，同词的歌唱功能衰退有直接关系。明代徐渭《南词叙录》："今之北曲，盖辽金北鄙杀伐之音，壮伟狠戾，武夫马上之歌，流入中原，遂为民间之日用。宋词既不可被管弦，世人亦遂尚此，上下风靡，浅俗可嗤。"② 宋金之际，北

---

① 龙榆生：《词学十讲》，北京出版社 2011 年版，第 56 页。
② （明）徐渭原著，李复波、熊澄宇注释：《南词叙录注释》，中国戏剧出版社 1989 年版，第 24 页。

方少数民族如契丹、女真、蒙古等相继入主中原,胡乐番曲与中原音乐结合,孕育出一种新的乐曲。在词脱离原生态音乐的背景下,散曲作为一种新的配乐歌唱的诗歌形式应运而生。

曲和词既有联系,又有区别。二者都源自音乐,相同处甚多,如都分宫调,但宫调略有不同;某些曲调源自词调或由词调变化而来;曲的联套方式源自宋词。不同处也有很多,如曲的题材偏重叙事,在发展成为戏曲之后,同偏重抒情的词就有了明显分工。散曲从词发展而来,虽称之为"曲",重在强调其音乐特征,但是后人关注多在其包举的歌词。

二　曲的体制

散曲的体制主要有小令、套数及介于二者之间的带过曲。小令的名称源自唐代的酒令,又叫叶儿,为散曲体制的基本单位。基本特征是单片只曲、调短字少。另有一种重头小令,由同题同调的数支小令组成,合咏一事或分咏数事。如张可久的〔中吕·卖杏花〕《四时乐兴》,四支同调小令分咏春、夏、秋、冬,构成一个组曲。而乔吉的〔梧叶儿〕,百首小令同题合咏西湖,是重头小令中最长的作品。小令源自词,如〔一半儿〕就是从词调〔忆王孙〕变化而来,且比较二例:

忆王孙
(元) 李重元

萋萋芳草忆王孙,柳外楼高空断魂。杜宇声声不忍闻。欲黄昏,雨打梨花深闭门。

一半儿
(元) 关汉卿

碧纱窗外静无人,跪在床前忙要亲。骂了个负心回转身。虽是我话儿嗔,一半儿推辞一半儿肯。

〔忆王孙〕与〔一半儿〕相比,格式基本相同,尤其是前两句的平仄和用韵完全一致。不同之处在于,〔一半儿〕后三句多了六个衬字,如第三句的"了"、第四句的"虽是""儿"、尾句的两个"儿"等字；[忆王孙]句句用韵，五个尾字通押第六部平声韵，[一半儿]句句用韵，前四句的尾字押平声韵，而尾句押仄声韵，这是曲的特殊要求。

套数又称套曲、散套、大令，从唐宋大曲、宋金诸宫调发展而来，有三个基本的体制特征：由同一宫调的若干曲牌连缀而成；各曲同押韵；结尾部分通常有[尾声]。

带过曲是介于小令和套数之间的一种特殊体式，由同一宫调的不同曲牌组成，曲牌最多三个，为小型组曲，容量比套数小，且无[尾声]。所谓带，就是续上一首宫调的曲。正曲和过曲的配合是有要求的，如[正宫·脱布衫]带[小梁州]，[双调·水仙子]带[折桂令]等，只有二十多个曲牌有过曲。例如[雁儿落过得胜令]的后部分：

雁儿落过得胜令

（元）张养浩

也不学严子陵七里滩，也不学姜太公磻溪岸，也不学贺知章乞鉴湖，也不学柳子厚游南涧。俺住云水屋三间，风月竹千竿。一任傀儡棚中闹，且向昆仑顶上看。身安，倒大来无忧患。游观，壶中天地宽。

曲的前部为正曲[雁儿落]，"俺住云水屋三间"以下为[得胜令]。

曲的第一个体制特征是套数。套曲以一定的方式把若干曲联结在一起，扩展了篇幅，成为组诗的形式。这些联结的曲必须属于同一宫调。宫调为曲子的音乐名称，最早设84个，后有所减少，元代周德清《中原音韵》中列有六宫十一调，共17个。每个调都有特定的风格情调，曲调与情感的对应关系[①]：

仙吕调清新绵邈
南吕宫感叹伤悲
中吕宫高下闪赚

---

① （元）周德清撰：《中原音韵》（卷下），中国书店出版社2018年版，第31页。

黄钟宫富贵缠绵

正宫惆怅雄壮

道宫飘逸清幽

大石风流酝藉

小石旖旎妩媚

高平条物滉漾

般涉拾掇坑堑

歇指急并虚歇

商角悲伤宛转

双调健捷激袅

商调凄怆怨慕

角调呜咽悠扬

宫调典雅沉重

越调陶写冷笑

以上十七调中，高平、歇指、宫调在元代已废，道宫也未经考证，实际只有十三调。

曲把声律和情调结合起来，巧妙地用歌唱和吟诵的形式展示声情美。在词和曲的早期，精通音律者皆重择调，自制新曲也都标注宫调。后来辞逐渐脱离乐曲，声与情的关系也就淡了。正如沈括《梦溪笔谈》乐律篇所说："然唐人填曲，多咏其曲名，所以哀乐与声尚相谐会，今人则不复知有声矣，哀声而歌乐词，乐声而歌怨词，故语虽切而不能感动人情，由声与意不相谐故也。"[1]而元人强调声和情的联系，又让曲回到了歌唱的道路上。

曲的第二个体制特征是衬字。词也允许用衬字，但极为少见，而曲更加自由，衬字不仅多而且灵活多样。所谓衬字，是在曲律规定的字数之外临时增加的字，用以表示连接、转折的意义。因为衬字不表达重要内容，音乐上也不占重要节拍，所以在歌唱和吟诵时往往一带而过。李

---

[1] （宋）沈括撰，施适校点：《梦溪笔谈》，上海古籍出版社2015年版，第33页。

渔在《闲情偶寄·演习部》论长短抑扬时说："曲文之中，有正字，有衬字。每遇正字，必声高而气长；若遇衬字，则声低气短而疾忙带过，此分别主客之法也。"① 然而在书面的曲词里，有时候很难分辨正衬。识别衬字，大体有三条经验：一是看位置。衬字多在句首，若在句中则多为虚字。有时衬字又可以是一个句子。如白朴的《梧桐雨》："寡人亲捧一盏儿玉露春寒"，前面的七字句"寡人亲捧一盏儿"全是衬字。又如王实甫的《西厢记·长亭送别》二折《朝天子》："一个这壁，一个那壁，一递一声长吁气。"三个句子的开头都用数量词作衬字，递进式地刻画人物所谓细微心理，平中见奇，朗朗上口。二是定南北。曲有南北之分，南曲以管乐器伴奏，鼓板打节拍，所谓"南力在板""衬不过三"，衬字较少；北曲以弦乐器伴奏，弦索定节拍，所谓"北力在弦""死腔活板"，衬字较多。在衬字的数量上，北曲远多于南曲；在曲的体制上，套曲远多于小令。三是找俗字。"曲词多俗语曲口语，衬字的运用从节奏和音乐上限制曲散文化倾向。"② 大量使用俗谚俚语作衬字，确保了曲词语言活泼通俗的本色。

曲的第三个体制特征是配乐。在音律上，曲比词的要求更为严格，每支曲子都有独特的谱，每个调的句数和字数是固定的。"实际上曲不像近体诗那样以平仄交替为格律的基础，而是以音阶的高低为旋律。"③ 因此填曲力求字声与曲调的统一，史上未见脱离音乐的曲。曲讲平仄，但无粘对，而且仄分上去声。周德清在《中原音韵》"起例"说："平而仄，仄而平，上去而去上，去上而上去者，谚云'钮折嗓子'是也。"④ 周德清特别看重句末和曲尾的声调，严格规定了平、仄、上、去的用法，尤其是两个仄声连用时上去与去上的区别。如［落梅风］的末句为"仄平平仄平平去"，末字的去声不能替换。

---

① （清）李渔：《闲情偶寄》，上海古籍出版社 2000 年版，第 121 页。
② 高乐、武秋莉：《元曲衬字与元曲音乐性的融通》，《内蒙古民族大学学报》（社会科学版）2015 年第 5 期。
③ 程毅中：《中国诗体流变》，中华书局 2013 年版，第 170 页。
④ （元）周德清撰：《中原音韵》（卷上），中国书店出版社 2018 年版，第 3 页。

寿阳曲（落梅风）

（元）李寿卿

金刀利，锦鲤肥，更那堪玉葱纤细。添得醋来风韵美，试道甚这生滋味。

周德清评曰："第三句承上两句。第四句承上三句，生末句，紧要，'美'字上声为美，以起其音，切不可平声。'锦鲤'二字若得上去声，尤妙。"[1]

曲的第四个体质特征是用韵。北曲的平上去三声可以通押，而且入声已经分化为三声，所以韵很宽。《中原音韵》把曲韵分为十九部，即东钟、江阳、支思、齐微、鱼模、皆来、真文、寒山、桓欢、先天、萧豪、歌戈、家麻、车遮、庚清、尤侯、侵寻、监咸、廉纤。这个韵系已经和现代汉语非常接近了。曲的韵部虽然很宽，但是韵脚却很严，不能像诗词那样换韵，而是一首曲只押一个韵部，套曲也不例外。不同的韵字各有收声归韵，又对应不同的声情。因此，作者在作曲或度曲时会慎重地选择合适的韵部和韵字，以与特定的情节或情绪相配合。在一首套曲中，一旦情节变化，韵部和韵字也会随之变化。如表5示例：

表5　《西厢记诸宫调》（卷一）曲调（韵部）与情节对照表

曲调（韵部）	情节	情感	声响
［仙吕调·赏花时］（家麻） ［尾］（家麻）	张生的出身生平	欢快	轻柔
［仙吕调·赏花时］（萧豪） ［尾］（萧豪）	张生前往蒲州游学，来到黄河岸边	豪迈	高放
［仙吕调·醉落魄］（家麻）	张生到蒲州，找店住下	清新	平顺
［黄钟调·侍香金童］（鱼模） ［尾］（鱼模）	张生欲外出解闷，问店伙计附近有何景物	迷茫	浑厚

---

[1] （元）周德清撰：《中原音韵》（卷下），中国书店出版社2018年版，第56页。

续表

曲调（韵部）	情节	情感	声响
［高平调·木兰花］（歌戈）	伙计介绍普救寺	滉瀁	条畅
［仙吕调·醉落魄］（齐微） ［尾］（齐微）	张生到普救寺游览	凄切	轻幽
［商调·玉抱肚］（尤侯） ［尾］（尤侯）	张生进寺内，寺中景色	沉郁	低沉
［双调·文如锦］（齐微） ［尾］（齐微）	张生过回廊，寺后游览	凄切	轻幽
［仙吕调·点绛唇缠］（先天） ［风吹荷叶］（先天） ［醉奚婆］（先天） ［尾］（先天）	张生与莺莺相遇	激烈	高尖

在《西厢记诸宫调》中，韵部和韵字随着情节变化而变化，并且作者在变换韵部的首曲曲调前标示宫调名，以来区别前后的不同韵部的曲调。因此，徐复祚《曲论》称其"字字当行，言言本色，可谓南北之冠"。即便在同一宫调下使用了相连的曲调，由于说唱的情节不同，也会改换韵部，并且标示宫调名以示区别，如第一组的［仙吕调·赏花时］与［尾］。又如元代白朴的［越调·天净沙］四首，选用四种韵部，用不同声响分别描写春、夏、秋、冬四季的景色：

春（东钟）

春山暖日和风，阑干楼阁帘栊，杨柳秋千院中。啼莺舞燕，小桥流水飞红。

夏（廉纤）

云收雨过波添，楼高水冷瓜甜，绿树阴垂画檐。纱厨藤簟，玉人罗扇轻缣。

秋（家麻）

孤村落日残霞，轻烟老树寒鸦，一点飞鸿影下。青山绿水，白草红叶黄花。

冬（真文）

一声画角谯门，半亭新月黄昏，雪里山前水滨。竹篱茅舍，淡烟衰草孤村。

正如王骥德《曲律》所说："用宫调，须称事之悲欢苦乐，如游赏则用仙吕、双调等类，哀怨则用商调、越调等类，以调合情，容易感动得人。"① 选用适宜的宫调或韵部抒发情感，恰能以音传情，这不仅是曲的路数，也是中国韵文文体的共同特征。

三　曲的吟诵

曲是用来唱的，其文辞自然可以吟诵。曲的吟诵，一言以蔽之：复杂而灵活。复杂是指宫调、曲调等戏曲音乐因素同语言声韵的结合转换，灵活是说搞清楚了曲的体制特点，可以借用诗、词、文的理论与方法来吟诵曲。

诗是词、曲的源头之一。先谈一下曲对诗的吟诵理论与方法的借用。曲中有许多律句，吟诵曲中的律句，可以参照近体诗的吟诵规则。明代魏良辅融合昆山腔、苏州方言和五音的精妙，以四声唱曲，《曲律》云："五音以四声为主，四声不得其宜，则五音废矣。平上去入，逐一考究，务得中正，如或苟且舛误，声调自乖，虽具绕梁，终不足取。其或上声扭做平声，去声混作入声，交付不明，皆做腔卖弄之故，知者辨之。"② 沈璟编撰《增订南九宫曲谱》，为每一支南戏曲子唱词旁附四声，在昆山腔字音和音乐之间建立起了一种对应关系，设定了四声、用韵和句数，

---

① 王骥德：《曲律》，载《中国古典戏曲论著集成》（四），中国戏剧出版社1959年版，第137页。

② （明）魏良辅：《曲律》，载《中国古典戏曲论著集成》（五），中国戏剧出版社1959年版，第5页。

便于不懂音乐者作曲、演唱。沈宠绥在二人曲论的基础上提出:"凡曲去声当高唱,上声当低唱,平入声又当酌其高低,不可令混。"① 现代的曲吟诵研究以华锺彦最为精到,提出了"度曲八要":五音四呼与四等、四声唱法、出字、收音、唱得曲情、合乐、别阴阳、分南北。八条原则虽言度曲,却可管窥吟诵曲,对此先师华锋也多有分析。例如〔正宫·塞鸿秋〕:

正宫·塞鸿秋
(元)郑光祖

雨余梨雪开香玉,风和柳线摇新绿。
仄平平仄平平仄　平平仄仄平平仄

日融桃锦堆红树,烟迷苔色铺青褥。
仄平仄仄平平仄　平平仄仄平平仄

王维旧画图,杜甫新诗句。怎相逢不饮空归去。
平平仄仄仄　仄仄平平仄　仄平平仄仄平仄

此曲为典型的律句组合,但并不是近体诗。吟诵时只能一个接一个地处理律句,无须遵循粘对等近体诗规则。全曲用《中原音韵》第五部"鱼模"韵,七句中仅第五句不押韵,余下六个韵句尾三字均为"平平仄",而尾字为仄韵去声。华锋先生认为,吟诵时可以按照七言平起式律诗的方式处理,但节奏略有不同。按照近体诗"平长仄短"的规则,首句的第二字"余"为平声,作为第一个节奏点,须长吟稍作停顿;第五个字"开"、第六字"香"均为平声,均可长吟,由于句尾押韵,选择第五字长吟,第六字舒缓换气;尾字押仄韵去声,长吟渐弱。第二、三、四句与首句完全相同,不再赘述。第五、六句可以看作五言平起式绝句。"王维旧画图"句在第一个平声字"维"处停顿,长吟;"杜甫新诗句"句在第四个平声字"诗"处停顿,长吟。最后一句"怎相逢不饮空归去",可以看作词句,或是七言诗句加衬字形成的曲句。吟诵时,要遵循

---
① (明)沈宠绥:《度曲须知》,载俞为民、孙蓉蓉编《历代曲话汇编》(明代编)第二集,黄山书社2008年版,第619页。

词句一字逗的规则。领起"怎"字，虽是上声寝韵，仍需长吟，较平声稍短；"相逢不饮空归去"部分与曲首四句处理方式一致。粗略说来，除了"一字逗"的"怎"字，此曲就是一个五、七言律句的组合。[①]

再谈一下曲对词的吟诵理论与方法的借用。由诗到词，再到曲，文学作品的音乐性逐步增加。诗配雅乐，词与曲配胡乐；诗乐源自中原，而词曲乐源自边地。就音乐而论，曲与词的关系更为紧密，句式参差为共同特征。因此，吟诵曲自然也可以参照吟诵词的规则。例如乔吉《小桃红·立春遣兴》：

小桃红·立春遣兴

（元）乔吉

土牛泥软润滋滋，香写宜春字。散作芳尘满街市。洒吟髭。
⑥平⑰仄⑥平平　⑰仄⑥平平　⑥仄⑰平⑥平平　⑥平平

老天也管闲公事，春风告示，梅花资次，攒到北边枝。
⑥平⑥仄⑰平仄　⑰平⑥仄　⑰平平仄　⑰仄⑥平平

这首曲的句式复杂一些，有三字句、四字句、五字句，还有七字句。在音韵上，用《中原音韵》第三部"支思"韵，平仄通押，全曲八句中仅第六句不用韵，余下七句皆在韵。吟诵时，首句"土牛泥软润滋滋"的节奏点在第二字，"牛"字平声，长吟；第五字"润"仄声，不宜长吟；末两字"滋滋"为平声的联绵字，均需长吟，最后一字为韵字，可适当延时拖腔。第二句"香写宜春字"的节奏点在第四字"春"，长吟。第三句"散作芳尘满街市"为拗句，第四字"尘"为节奏点、末字"市"均为平声，长吟。第四句"洒吟髭"，按照词的三字句划分为二一节奏，第二字"吟"为平声侵韵、韵字"髭"为平声支韵，皆长吟。第五句"老天也管闲公事"，节奏点在第二字"天"、第五字"闲"，两次停顿形成三节奏，长吟，韵字"事"长吟。第六、七句"春风告示，梅花资次"看作诗、词的四言句，两字一顿，每句的第二个字"风""花"，长吟对仗，偶句用

---

① 华锋：《吟咏学概论》，大象出版社2013年版，第259页。

韵，韵字"次"长吟。最后一句"攒到北边枝"，同第二句完全一致，第四字"边"长吟。再看张养浩的《山坡羊·潼关怀古》：

山坡羊·潼关怀古

（元）张养浩

峰峦如聚，波涛如怒，山河表里潼关路。望西都，意踌躇，
平平㊀仄　平平平仄　平平㊁仄平平仄　仄平平　仄㊀平

伤心秦汉经行处，宫阙万间都做了土。兴，百姓苦；亡，百姓苦。
平平㊀仄平平仄　㊀仄仄平平仄仄仄　平　㊁仄仄　平　㊁仄仄

潼关是历史上的兵家必争之地。张养浩途经潼关时吊古伤今，谱唱出了这支非常著名的曲子，纵观历史，恨时局之险恶，哀民生之多艰，闪耀着民本思想的光辉。吟诵时，应该以低沉的基调、缓慢的语速，抒发内心的沉郁和愤懑。[山坡羊]曲牌规定，句句用韵，平仄通押。开篇的两句"峰峦如聚，波涛如怒"都是四字句，前后对仗，结构简单，两字一顿，为二二节奏，偶数位置的"峦""涛"皆为平声，长吟；"聚""怒"二字为仄声韵字，也须长吟，时长可较平声稍短。第三句"山河表里潼关路"是规范的七言律句，属于典型的二五节奏，第一个节奏点在第二字处，"河"平声，长吟；第二个节奏点在第五字处，"潼"平声，长吟；末字"路"为仄声韵脚，也须长吟。第四、五句"望西都，意踌躇"为连续的三字句，语义结构为一二节奏，而吟诵节奏为二一节奏，这种矛盾如何解决？依照吟诵节奏处理，"望西/都，意踌/躇"，每句后两字长吟。第六句"伤心秦汉经行处"也是七言律句，划分为二五节奏，第一个节奏点在第二字处，"心"平声，长吟；第二个节奏点在第五字处，"经"平声，长吟；末字"处"为仄声韵脚，也须长吟。第七句"宫阙万间都做了土"，是七言律句"㊀仄仄平平仄仄"，添加衬字后形成的八字句。句中哪个位置是虚字？这个八字句的格式为"㊀仄仄平平仄仄仄"，同七字句平仄对比发现，衬字可能是第六字、第七字、第八字；由于衬字不作韵字，首先排除第八字；又由于第六字"做"为实字，第七字"了"为

虚字,基本可以确定句中第七字为衬字。这样一来,可以把吟诵节奏划分为"四三节奏",具体细化为"宫阙万间/都/做了/土",第四字"间"平声长吟,第五字"都"平声停顿重读;"做了"二字仄声,又有衬字,轻松带过,蓄力于韵;最后的韵字"土"尽情长吟,亮明态度。曲尾的"兴,百姓苦;亡,百姓苦",对仗工整,鞭辟入里。"兴"和"亡"为对举的一字句,单字平声,均为韵字,长吟抒情;"百姓苦"为全仄三字句,适宜一字一拍,清晰诵读,叠加出现,振聋发聩,尤显沉郁愤懑。

散曲具有以俗为尚和口语化、散文化的语言风格。徐渭《南词叙录》说:"夫曲本取于感发人心,歌之使奴、童、妇、女皆喻,乃为得体。"① 清代黄周星《制曲枝语》也说:"曲之体无他,不过八字尽之,曰:少引圣籍,多发天然而已。"②

为了把握曲的散文化句子,最后谈一下曲对文的吟诵理论与方法的借用。文的吟诵有"字读法"和"句读法",读字遵循"字分实、虚、入,音分短、重、长"原则,追求读音清晰,意思准确;读句讲究文气和腔调,追求以气运腔,气韵皆出。关汉卿自称"普天下郎君领袖,盖世界浪子班头",著名的套数〔南吕·一枝花·不伏老〕可视为"浪子"宣言,其〔黄钟尾〕云:

> 我是个蒸不烂、煮不熟、捶不扁、炒不爆、响珰珰一粒铜豌豆,恁子弟每谁教你钻入他锄不断、斫不下、解不开、顿不脱、慢腾腾千层锦套头。我玩的是梁园月,饮的是东京酒,赏的是洛阳花,攀的是章台柳。我也会围棋、会蹴鞠、会打围、会插科、会歌舞、会吹弹、会咽作、会吟诗、会双陆。你便是落了我牙、歪了我口、瘸了我腿、折了我手,天赐与我这几般儿歹症候,尚兀自不肯休。则除是阎王亲自唤,神鬼自来勾,三魂归地府,七魄丧冥幽。天哪!那其间才不向烟花路儿上走。

---

① (明)徐渭原著,李复波、熊澄宇注释:《南词叙录注释》,中国戏剧出版社1989年版,第49页。

② (清)黄周星撰:《制曲枝语》,载《中国古典戏曲论著集成》(七),中国戏剧出版社1959年版,第120页。

这首散曲全是白话文，大量使用衬字，语言朴素自然，表情直白淋漓。先看首句，曲牌的正格为"仄平平仄仄平平"，对应主句为"我是一粒铜豌豆"七字，中间插入了"个蒸不烂、煮不熟、捶不扁、炒不爆、响珰珰"共十六个衬字。吟诵时，正字与衬字要有所区别，正字可稍重于衬字。"我是个蒸不烂"的节奏单位，划分为一二三节奏，即"我/是/个/蒸不烂"结构。其中，"我"字是全句的主语，应重读或长吟强调；"是"与后面的"铜豌豆"组成全句的谓语，"个"为定语，稍作停顿，舒缓语气。以下的"蒸不烂、煮不熟、捶不扁、炒不爆、响珰珰"都是"铜豌豆"的定语，三字一组，气韵流畅，形成排比。吟诵时三字一顿，无须再刻意划分节奏单位，可以重读每组的首字"蒸""煮""捶""炒""响"（视为动词）等动词，强化语气，形成旋律波澜。"一粒铜豌豆"的节奏单位，划分为二三节奏，第二字"粒"稍作停顿，舒缓语气，最后三字清晰诵出，尾字"豆"重读。

首句的结构和衬字具有示范性，余下句子仅稍作说明。第二句的节奏单位："恁/子弟每/谁教你/钻入/他锄不断、斫不下、解不开、顿不脱、慢腾腾/千层/锦套头"，注意"钻入"重读，稍作停顿，五个排比三字句按照首句方式处理。第三句的节奏单位："我/玩的是/梁园月，饮的是/东京酒，赏的是/洛阳花，攀的是/章台柳。"主语"我"领起，重读；以下四个六字排比句，每句均匀切分，首尾重读，第一字重读、第六字长吟。第四句的节奏单位："我/也会/围棋、会/蹴鞠、会/打围、会/插科、会/歌舞、会/吹弹、会/咽作、会/吟诗、会/双陆"，主语"我"领起，重读；以下九个三字排比句，用"也会"打头，每遇"会"字停顿，形成明快的一二节奏。第五句的节奏单位："你便是/落了/我牙、歪了/我口、瘸了/我腿、折了/我手，天赐与我/这几般儿/歹症候，尚兀自/不肯休"，前面以四字句的排比句为主，两字一顿，自然便析出了"你便是"三字；后面的句式较长，按照语义结构，先是四字一组，后是三字一顿。第五句的节奏单位："则除是/阎王/亲自唤，神鬼/自来勾，三魂/归地府，七魄/丧冥幽"，"则除是"领起的四个排比五字句，五字句为二三节奏。尾句的节奏单位："天哪！那其间/才不向/烟花/路儿上走"，"天哪"重读感叹；"向"和"花"稍作停顿，适当长吟；"间"为大的停顿、"走"为韵字，皆长吟。在总体上，这支曲子的吟诵节奏较为缓慢。

综上所述，曲作为一种音乐性的文体，由诗和词发展演变而来，讲究声律，旋律是其本质。同时，曲又源自边地的民间，语言文辞通俗泼辣，表现出强烈的散文化倾向。在吟诵曲时，既要借鉴诗、词、文的理论和方法，更要融会贯通、灵活运用，以凸显曲的体制特征，防止千篇一律的简单套用。

第六节 文的吟诵

同诗词曲相比，文的吟诵更为灵活自由，主要可以从字法、句法和旋律等方面着手处理。

一 文的字法

古文的吟诵法可以分为"字读法"和"句读法"两个层次。"字读法"，即每个字的诵读方法，是基于字类的诵读方法，而不是词，总体上须遵循"字分实、虚、入，音分短、重、长"[1]的规则。作为吟诵前的准备，首先要把作品中的字分为三类：入声字、实字、虚字。

第一类是入声字。入声字具有发音短促的特点，古文中的入声字，有实字也有虚字，但在读法都归为入声字，都短读。第二类是实字。"实字"是有实际意义的字，都平读，具体读法有三种：一般的实字要平读；逻辑重音和语法重音要重读；重要的实字要长读。第三类是虚字。"虚字"是没有实际意义的字，如"之、乎、者、也、而、何、且、然、若、夫、焉、以、于、则、者"等，都重读，具体读法也有三种：一般的虚字用重读；个别虚字要平读，如当"的"的"之""于"；重要的虚字要长读，语音高且用时长。

实字平读和虚字重读的读字法，正好与现代的阅读方法相悖。为什么会出现这种情况呢？这是中国传统文化的显性反映，古人行文视虚字

---

[1] 徐健顺：《普通话吟诵教程》，广西师范大学出版社2018年版，第429页。

为灵魂,孔子尝言:"言以足志,文以足言。不言,谁知其志?言之无文,行而不远。"① 清代的刘大櫆曾从虚字的视角概述了历代文章的演变:"上古文字初开,实字多,虚字少。典、谟、训、诰,何等简奥,然文法要是未备。至孔子之时,虚字详备,作者神态毕出。《左氏》情韵并美,文彩照耀。至先秦、战国,更加疏纵。汉人敛之,稍归劲质,惟子长集其大成。唐人宗汉多峭硬。宋人宗秦,得其疏纵,而失其厚懋,气味亦少薄矣。文必虚字备而后神态出,何可节损?"② 在中国文的发展史上,实字和虚字的使用比例影响着历代文风的疏纵和简奥,甲骨卜辞、金文、《尚书》《周易》《春秋》《老子》等上古文章多用实字、少用虚字,虚字占比不足10%。《论语》之后,文中虚字骤增,虚字占比超过20%,这种情况一直延续到清代。其间,因为虚字的使用频度和方法的变化,催生了战国的疏松、汉代的劲质、唐代的峭硬、宋代的舒缓等迥异的文风的嬗变。

从虚字运用的角度审视中国散文史,《论语》是一部开启新风的划时代作品,可谓"实字表意,虚字达情"的范本。明代武之望尝言:"要知文趣,须知行文虚实之法。文字体贴发挥,虽要着实,至于玲珑写意,见镜花水月之趣,往往于虚处得之。有用实意发挥者,亦有用虚意游衍者;有用实语衬贴者,亦有用虚语点缀者;有用实字填塞者,亦有用虚字斡旋者。盖不实则浮而不切,不虚则累而不逸。实不着相,虚不落空,文章家妙诀也。"③ 如果说文意多落在实字,那么文趣则往往来自游衍灵动的虚字。徐健顺曾以《论语》为例说明:

子曰:"学而时习之,不亦说乎?有朋自远方来,不亦乐乎?人不知而不愠,不亦君子乎?"(《论语·学而》)

文中使用了虚字"而""之""乎",就是一个感叹句,在谈一种感

---

① (唐)孔颖达:《春秋左传正义》,载(清)阮元校刻《十三经注疏》,中华书局2009年版,第4311页。
② 刘大櫆:《论文偶记》,人民文学出版社1959年版,第8—9页。
③ (明)武之望撰:《重订举业卮言》卷上,明万历二十七年刻本,第40页。

受，主观倾向明显，充满感情色彩；如果没有了虚字，就成了一个判断句，在讲一个道理，属于客观叙述。前者让道理内化于心，知行合一，后者仅是一个空洞的道理，泛泛而谈。又如：

有子曰，其为人也孝弟，而好犯上者，鲜矣。（《论语·学而》）

弟（tì）：同"悌"；鲜（xiǎn）：少。句子的大意可以直译为"孔子的学生有子说：那种孝顺父母、敬爱兄长的人，却喜欢触犯上级，是很少见的"。如果吟诵，就要长吟句尾的虚字"矣"，语气助词让句子变为一个感叹句，句子想表达的真实意思是："孔子的学生有子说：那种孝顺父母、敬爱兄长的人，却喜欢触犯上级，很少见啊！（没见过，不可能）"

清代袁仁林的《虚字说》对虚字和实字作了较为全面的辨析，可作二者区分的重要参考。古今对照，现代汉语中的名词、动词和形容词一定是实字；助词、介词、连词、语气词、叹词一定是虚字；副词和代词的归类，虚字和实字皆有可能，可用"语助"的标准去辨别，若能助益语气，这个字就是虚字，否则就是实字。

"实字平读和虚字重读"是吟诵的一般性规则。凡事都有例外，像实字中的逻辑重音和语法重音就要重读，而虚字中的衍字却要平读。"衍字"原指缮写、刻板、排版错误时多出来的字，这里专指说话时单纯为了拖长时间、舒缓语气而增加的字，只占有语音的时长、无实际意义，因为无须再强调，所以宜用平读。前文提到的当"的"用的"之"字、当"在"用、表示位置的"于"字，以及现代汉语中的"的"字，都属于这种情况。例如《道德经》曰："合抱之木，生于毫末；九层之台，起于累土；千里之行，始于足下。"删去"之"改为"合抱木，生于毫末；九层台，起于累土；千里行，始于足下。"语义并无变化，"之"字仅起占有时长、舒缓语气的作用，又在句中，无须重读。

刘勰《文心雕龙·章句》曰："至于夫、惟、盖、故者，发端之首唱；之、而、于、以者，乃札句之旧体；乎、哉、矣、也，亦送末之常科。据事似闲，在用实切。巧者回运，弥缝文体，将令数句之外，得一字之助矣。"① 刘勰从句式结构的角度分析了虚字在句首、句中和句末等不同位置的情况,揭示了虚字在连缀文句和衔接意脉中的"弥缝文体"作用,并举例分析了骈文的四六句中间的虚字。

实字是语句的主体结构和实际意义的载体,而虚字则是串联实字来顺畅文义的活体。《虚字说》就有"运实必虚"的说法:"声有藏于言中者,卓炼之至,不用虚字,其意自见;有相须而出者,行乎不得不行,止乎不得不止,而虚实间焉。较字之虚实,实重而虚轻,主本在实也;论辞之畅达,虚多而实少,运实必虚也。"② 袁仁林肯定了虚字连缀实字的作用,打通了声音和文辞的隔膜,指出诵读时的吐气发声体验,就是最直接的文意感知过程。声出气顺的"声"和文畅辞达的"文"对应,是文章节律形成的基础。进而提出,声与文的契合主要通过句首和句末的一些虚字去实现,正所谓"夫、盖、肆、繄、乎、也、焉、哉之类,肖言语之声,文致之而婉合"③。楼昉在《过庭录》中也说:"文字之妙,只在几个助辞虚字上。看柳子厚答韦中立、严厚舆二书,便得此法。助辞虚字是过接斡旋、千变万化处。"④ 徐健顺吟诵古文也重虚字,例如吟诵的《论语》⑤:

论语·学而(部分)

子贡曰:"贫而无谄,富而无骄,何如?"子曰:"可也。未若贫而乐,富而好礼者也。"子贡曰:"《诗》云:'如切如磋,如琢如磨',其斯之谓与?"子曰:"赐也,始可与言《诗》已矣,告诸往而知来者。"

---

① (南朝梁)刘勰,范文澜注:《文心雕龙》,人民文学出版社1958年版,第572页。
② (清)袁仁林,解惠全注:《虚字说》,中华书局1989年版,第130页。
③ (清)袁仁林,解惠全注:《虚字说》,中华书局1989年版,第130页。
④ (宋)楼昉撰:《过庭录》,载王水照编《历代文话》第1册,复旦大学出版社2007年版,第454页。
⑤ 徐健顺:《普通话吟诵教程》,广西师范大学出版社2018年版,第444页。

这则语录为孔子与弟子端木赐的对话。第一句的"子贡曰"与后面"子曰"互为问答,之所以用"曰"而不是"云""言"等字,有两个原因:一是"曰"字的本义有神谕之意。"子曰"就类似于郑重告知:先生讲话了,要注意听。二是"曰"为入声字,读音短促。吟诵时,"子贡曰""子曰"的"子"字长吟,"曰"字短诵,"贡"字平读。第二句的"贫而无谄,富而无骄"讲大丈夫的气节,孟子曾用"富贵不能淫,贫贱不能移,威武不能屈"诠释。子贡刚入孔门,作为一个十几岁的少年,问老师如何才能成为一个男子汉。吟诵时,虚字"而"长吟,实字"贫""谄""富""骄"重读,这样就用虚字的时长把"贫"与"无谄"、"富"与"无骄"两件相反的事分隔、对立起来。"何如"二字是一个舒缓的长吟,表示恭敬。第三句是孔子的回答,"可也"是一种态度,实字"可"须吐音清晰,虚字"也"为语气助词,长吟。孔子不想打击子贡的积极性,言犹未尽,顺便提出了更高的要求:"未若贫而乐,富而好礼者也",处理方式同前句,两组意思相反的实字"贫""乐""富""礼"重读,虚字"而""也"长读,入声字"若"短促急读,其他字跟着语流行进,如"者"与"也"组合,重读强调。

孔子与弟子的第一回合问答,问得直接,答得干脆,质而无文。而以下第二回合的问答,则充分显示了中国的文化传统和哲学智慧。子贡曰:"《诗》云:'如切如磋,如琢如磨',其斯之谓与?""其""之""与"都是虚字,句首的重读,其他位置的长吟,语气舒缓,以示恭敬。"磋"和"磨"虽是实字,但在并列句的尾部,可长吟强调,以形成音节美。子贡学聪明了,第二次没有直接问,而是以琢玉问求学,褪去了"言之无文,行而不远"的粗陋。孔子的答复以"赐也"领起,实字"赐"是学生的名字,重读表示肯定,"也"虚字长吟,表示惊喜和赞叹。下面的回答也很巧妙:"始可与言《诗》已矣,告诸往而知来者。"弟子的聪慧让孔子非常惊喜,以至于连用两个语气词"已矣",长吟感叹。在吟诵中,两次对话递进升级,让师徒的形象栩栩如生,音容笑貌如在眼前。

阅读古文时,常会遇到骈散结合的文章,这类文章应该区别对待:散体部分,按照古文的读字法,遵循"字分实、虚、入,音分短、重、长"的规则要求吟诵;骈文部分,按照近体诗平长仄短、韵字拖长以及平低仄高或平高仄低的平仄律吟诵。例如徐健顺吟诵的《陋室铭》[1]：

陋室铭

（唐）刘禹锡

　　山不在 高，有仙则名。水不在深，有龙则灵。斯是陋室，惟吾德馨。苔痕上阶绿，草色入帘青。谈笑有鸿儒，往来无白丁。可以调素琴，阅金经。无丝竹之乱耳，无案牍之劳形。南阳诸葛庐，西蜀子云亭。孔子云："何陋之有？"

　　铭是古代一种刻在器物上自勉警示或歌颂功德的韵文。其中，放置书案右侧用来自勉警示的为座右铭。刘禹锡的《陋室铭》就是一篇骈散结合的座右铭，旨在表现安贫乐道、洁身自好的高雅志趣和独立人格。句式以五言为主，间杂四言和六言，参差错落，节奏明快，一韵到底，音韵和谐。为了方便吟诵标注，本章按照体例形式和语义结构分为四个部分。

　　开篇四句"山不在高，有仙则名。水不在深，有龙则灵"从《世说新语》的"山不高则不灵，渊不深则不清"[2] 中翻出新意，以"山不在高""水不在深"比兴室之陋，"有仙则名""有龙则灵"比兴室之德。然后由山水自然引出"斯是陋室，惟吾德馨"。在读字法上，本文押"平声九青"韵，吟诵时第一部分的六个句子近似四言诗句，但毕竟是骈文，还须考虑古文逻辑重音的处理。"名""灵""馨"为三个韵字，要长吟；"不""则""室""德"为四个入声字，应短诵。在读句法上，依义行调，可分上中下三调。"山不在高"中的"高"音压过"山"，"有仙则灵"中的"仙"要强调，"水不在深，有龙则灵"中的重音落在"水"

---

[1] 徐健顺：《普通话吟诵教程》，广西师范大学出版社2018年版，第453页。
[2] （南朝宋）刘义庆著，张㧑之译注：《世说新语》，上海古籍出版社2007年版，第379页。

和"龙","斯是陋室,惟吾德馨"的腔调可灵活处理,前句的调高,那就是一个舒畅淡然的刘禹锡;后句的调高,则是一个孤芳自傲的刘禹锡。也许后者更符合历史的真实。

第二部分是三组五言为主的句子,近似律句,可以按照近体诗平长仄短、平低仄高的规则吟诵。前四句的格式为"平平仄平仄,仄仄仄平平。平仄仄平平,仄平平仄平。"按照平仄律,第三句的尾字"儒",应仄而平,余下各字都符合平仄格式,这就是骈文的特征。最后两句"可以调素琴,阅金经"形散实韵,前者五言,后者三言,呈现散文形态;如果把"可以"二字看作衬字,或者二字逗,"调素琴,阅金经"就是三言律句,偶字位置的"素"和"金"平仄相对,"琴"和"经"皆平声,押"平声九青"韵。吟诵时,偶句的尾字"青""丁""经"为韵字,须长吟两拍;"绿""色""入""白""阅"五个入声字短诵半拍;余下仄声平读一拍。同时依义行调,偶句的音调可以稍高于奇句。

第三部分是典型的骈文句型。两个六字句,两个五字句,两两相对。这种句式源自楚辞骚体,例如把屈原《离骚》中"帝高阳之苗裔兮,朕皇考曰伯庸"句的"兮"和"曰"省去,就可以变成类似的六字句和五字句的组合"帝高阳之苗裔,朕皇考伯庸"。吟诵时,可看作楚辞处理,"无丝竹之乱耳,无案牍之劳形",两句开头的"无"字,重读领起下文;"竹""牍"为入声字,位置对称,短诵即收;"之""耳"为句中虚字,或长吟,或重读;余下各字根据语流灵活处理。"南阳诸葛庐,西蜀子云亭"近似于律句,只是奇句尾字"庐"平声出格。可依照律句规则吟诵,"庐"字不能长吟,时长取平声和仄声的中间值。依义行调,这两句说的是古代的道德典范,应高调肯定。

最后一部分用孔子的话作结。《论语·子罕》记载:"子欲居九夷。或曰:陋,如之何?子曰:君子居之,何陋之有?"① 刘禹锡用圣人的话自证和自勉。吟诵时,"孔子云:何陋之有",七个字除了"云"为平读,六字皆重读或长吟。"孔子"为圣人,为了增加权威性和可信度,宜重读;"有"为篇尾字,根据语气必须长吟;"之"为句中节奏点虚字,必

---

① (清)阮元校刻:《十三经注疏》,中华书局2009年版,第5409页。

须长吟；余下"何"与"陋"两字也重读，时长分配可灵活把握，若"何"字音稍高稍长，重在抒情；若"陋"音稍高稍长，则重在明志。

二　文的句法

文的句式比较复杂，有散句，也有骈句，吟诵时可以根据作品表情达意和语流谐畅的需要，灵活地把握句子的节奏单位。这里，仅就常见的四字至七字句稍作分析。

骈句是由结构相似、内容相关、行文相邻、字数相等的句子对仗形成的偶句。文中的骈句，单句以四字至七字居多，三字句和超过八字的句子比较少见。四字句通常划分为二二节奏。例如：

　　日星/隐曜，山岳/潜形；商旅/不行，樯倾/楫摧；薄暮/冥冥，虎啸/猿啼。　　　　　　　　　　　　　　（范仲淹《岳阳楼记》）
　　影来/池里，花落/衫中。　　　　　　　　　　（庾信《春赋》）

四对四字的骈句，两两相对，两字一顿，声韵和谐。

五字的骈句，常见句首两字一组、后三字一组，即五言诗的二三节奏。例如：

　　希踪/三辅豪，驰声/九州牧。　　　　　　（孔稚珪《北山移文》）
　　拂鹿/看马埒，分朋/入射堂。　　　　　　　　（庾信《春赋》）

少数五字的骈句，句首单字一组、后四字一组，而后四字也可再均分，形成一四节奏或一二二节奏。例如：

　　虽/清辞/丽曲，时发乎篇；而/芜音/累气，固亦多矣。
　　　　　　　　　　　　　　　　　　　　　（沈约《谢灵运传论》）
　　诵/明月/之诗，歌/窈窕/之章。　　　　　　（苏轼《前赤壁赋》）

六字的骈句，大体有两种节奏单位：一种是句首两字一组、后四字

一组,即二四节奏。如果后四字再均分,则形成二二二节奏或二一二一节奏。例如:

尸踣/巨港/之岸,血满/长城/之窟。 (李华《吊古战场文》)
日出/而/林霏/开,云归/而/岩穴/暝。 (欧阳修《醉翁亭记》)

另一种是均分的三三节奏,也可再细化形成二一一二节奏或一二一二节奏。例如:

野芳/发/而/幽香,佳木/秀/而/繁阴。 (欧阳修《醉翁亭记》)
居/笠毂/而/掌兵,出/兰池/而/典午。 (庾信《哀江南赋》)

七字的骈句比较独特,节奏与七言诗不同,通常表现为三一三节奏、三二二节奏或者二三二节奏。例如:

焚芰制/而/裂荷衣,抗尘容/而/走俗状。(孔稚珪《北山移文》)
记事者/必提/其要,纂言者/必钩/其玄。 (韩愈《进学解》)
落霞/与孤鹜/齐飞,秋水/共长天/一色。 (王勃《滕王阁序》)
王歂/为和亲/之侯,班超/为定远/之使。 (庾信《哀江南赋》)

在骈句之外,文更多的是散句。散句的长短不一,节奏单位划分具有较大的随意性,吟诵者可根据自己对句意的理解、文气的把握和腔调特点去灵活处理。例如:

三 峡
(南北朝) 郦道元

自/三峡/七百里中,两岸/连山,略无/阙处。重岩/叠嶂,隐天/蔽日。自非/亭午/夜分,不见/曦月。
至于/夏水/襄陵,沿溯/阻绝。或/王命/急宣,有时/朝发/白帝,暮到/江陵,其间/千二百/里,虽/乘奔/御风,不以/疾也。

春冬/之时，则/素湍/绿潭，回清/倒影。绝巘/多生/怪柏，悬泉/瀑布，飞漱/其间，清荣/峻茂，良多/趣味。

每至/晴初/霜旦，林寒/涧肃，常有/高猿/长啸，属引/凄异，空谷/传响，哀转/久绝。

故/渔者/歌曰："巴东/三峡/巫峡长，猿鸣/三声/泪沾/裳！"

1 = F

张本义吟诵，周兆利、姜力舒记谱

通过对《三峡》的吟诵节奏划分和曲谱分析，可以梳理出文的散句吟诵特点：一是散体句的节奏划分较为随意，灵活性大，每节字数不定，同诗词常见的两字顿不同。二是文的节奏划分，弱化节奏单位，强调意义单位的完整性；诗词的节奏划分，则是节奏单位优先，确保音节和畅，如果意义单位与节奏单位发生矛盾，意义单位服从节奏单位。三是常见虚字在句首独居一节领起下文的情况，如"自""或""虽""则"等，须重音长吟，或舒缓文气，或递进转折，或调和音节，助推文章波澜，增添声腔韵味。

三 文的旋律

吟诵文要比诗词自由，可以说是一种无乐谱的歌唱，许多传统调式在吟诵时喜欢拿腔使调，对音高、音长和停顿作夸张的处理，因此古文的吟诵旋律曲线非常明显。所谓文的旋律，就是在读字法和读句法作用下形成的语调曲线。读字讲究"实字平读和虚字重读"，读句遵循"节奏单位服从语义单位"，文的吟诵旋律又是怎样通过语调达成的呢？

前人对古文语调与旋律的关系多有论述。早在20世纪30年代，黄忠苏就提出，"表示疑问反诘之语句，其读法则由抑而扬，音调上升而流利，谓之升音调"；"表示肯定决断之语句，其读法则由高而低，音调下降而直捷，谓之降音调"；"表示感慨叹息之语句，其读法则由扬而抑，音调下降而舒缓，亦属于降音调；唯与表示肯定决断之语句绝不相同，盖读至句末助词，腔调虽渐渐降低，然颇缓而不促，所谓一唱三叹，感喟无已，乃得近似，此与收音短而速者迥异。"[1] 周殿福以古文诵读理论为基础，提出了现代白话文的语调问题："一般说来，说话人在心情平静的时候，叙述句常用平调来表示，疑问句常用升调来表示，祈使句常用曲折调来表示，肯定句常用降调来表示。不过，这四种基本句式不能包括语调图的全部，实际语调图要比这四种句式复杂得多。"[2] 两种理论分别对古文和现代白话文的诵读法作了梳理，面对复杂的句式，吟诵者可以打通古今的限制，把握住语调的曲折性特征灵活运用。

在四种语调中，叙述句应该用平直的语调吟诵，实际却表现为"平

---

[1] 黄忠苏：《朗诵法》，上海开明书店1936年版，第104—105页。
[2] 周殿福：《语言艺术发声基础》，中国社会科学出版社1980年版，第307页。

中见曲"。平静的心态适宜对事件作客观叙述，但是吟诵者必有主观情感倾向，吟诵时的语调也就有起伏，因此平直的语调只能是相对的。例如范仲淹《岳阳楼记》的开篇两句：

```
1=G
ⲏ6  1 0 1  6 5 1  6 5  6 1 · 1 6 5 6 0 ‖
  庆 历 四 年  春，滕 子 京  谪 守 巴 陵 郡。

6 1 1 0 1  2 1 2 3 - 3·3  5 6 1 3 4 3  2 3 2 1· 1 - ‖
 越 明 年，政 通 人 和，    百 废    俱 兴。
```

这两句都是陈述句。第一句"庆历四年春，滕子京谪守巴陵郡"，吟诵者尚可保持平和之气，客观地介绍滕子京贬谪的时间和地点，语速较慢。第二句"越明年，政通人和，百废俱兴"，滕子京在巴陵的一年颇有政绩，惊喜和赞叹之情不禁让音调逐渐升高，到结尾处稍下降，整句的语调曲线非常明显。

疑问句和反诘句应该用上升的语调吟诵，实际却表现为"前升后降"。例如王安石《读孟尝君传》中的反诘句，陈少松吟诵的旋律如下：

```
1=C
ⲏ5  5  6 1 6  6 0 2  2  3 5 3  2  2 3 2  2 3 2  1 6 ‖
  孟 尝 君 特  鸡 鸣 狗    盗  之  雄  耳，

5  2 3· 5  2 3 2  1 - ⅰ6  1 5 - 5· 5 ‖
 岂 足 以 言 得   士？
```

此句起调较低，逐渐升高，到结尾处又稍下降。这一类的疑问句和反诘句，吟诵时上升的语调曲线比较长，但结尾处反跌，如果尾字是语气词就更加明显。

祈使句常用曲折的语调吟诵，或"先升后降"，即低调起、中高调、低调收，或"先降后升"，即高调起、中低调、高调收。例如：

故曰:"仁者无敌。"王请勿疑。(《孟子·梁惠王上》)

这是一个祈使句。"故"字重读,"曰"为入声字,轻声短读,"仁者无敌"两字一顿,"者"字重读,句尾的"敌"长吟。"王请勿疑"为祈使部分,"王""请"要发音充分,响而实;"勿"字平读,音调稍降;"疑"字作弯曲的拖腔长吟。

肯定句和感叹句应该用下降的语调吟诵,肯定句的音调"下降而直捷",感叹句的音调"下降而舒徐"。例如:

子在川上曰:"逝者如斯夫!不舍昼夜。" (《论语·子罕》)
子曰:"由!诲女知之乎?知之为知之,不知为不知,是知也。"
(《论语·为政》)

1=G

子 曰: "由! 诲女 知之 乎?
知之 为知之, 不知 为不知, 是 知 也"。

上例中的"逝者如斯夫!"是感叹句,吟诵音调应符合"下降而舒徐"的要求,"夫"虽为句尾字,但后有接续性的句子,不宜拖腔。下例为判断句,这则陈少松的吟诵旋律显示,语调是弯曲的:前面主语部分的"诲女知之乎?知之为知之,不知为不知",实际上是一问两答,问句的音调由低升高,答的两个判断句富于变化,前者音调先降后升,后者音调先升后降,从而形成流畅的波动曲线;后面的"是知也"三字,音调符合"下降而直捷"的要求,尾字"也"低声长吟拖腔。

第五章

吟诵的调式

中国古代，官方制定有标准的语言和音韵系统，但因受到自然条件和物质基础的限制，未能在教育中普及，各地的官学和私学多以方言教官韵，形成了形式多样、内容统一的文言读书调。这些文言读书调就是吟诵，可谓头绪繁杂、各呈风貌，虽然庞杂却均遵从了官韵系统的标准。因此，各地吟诵调的不同之处是发音声调各异；相同之处是都遵从了依字行腔的基本规则。总体而言，吟诵调可以归为以字为谱、选调套吟、字调与套调相结合三种类型。

以字为谱类型的吟诵，习称"字调"。"以字为谱"，顾名思义就是用字作谱的意思。这是一种按照汉字的声调来确定作品的音高、音长，同时根据文意表达需要对局部乐音作适当调整，最终形成旋律的吟诵方法。每一个汉字都有声、韵、调，其中以字成曲的关键是声调。古代汉语和现代汉语各有四种调值，现代汉语普通话四声的调值为55、35、214、51。无论是官韵还是方言，都可以根据作品文字调值的变化配音形成乐曲，这就是吟诵。以字为谱吟诵的突出优点是适应性强，不仅适用诗、词、曲、赋、文等各种文体，而且普通话和方言兼容。

选调套吟类型的吟诵，习称"套调"。这是一种选用人们熟悉的民间小调或者简单上口的改编或自创调式，套吟作品的吟诵方法。套调具有简单易学、朗朗上口的特点，一般用于少年儿童的学习教育，长于蒙学读物和短篇诗词的背诵。清代吴趼人尝言，"有一利必有一弊"，套调的局限是适用范围狭窄，曲、赋、文等鸿篇巨制不适选用。

字调与套调相结合类型的吟诵，简称混合调。混合调是字调与套调的结合共用。混合调综合了两种吟诵方法的优点，同时避免了套调适用文体少和字调复杂难学的问题，增强了吟诵的适应性和灵活性。例如，河南大学教授华锺彦定型的华调，既可用"八大调"吟诵近体诗，又可用混合调吟诵古体诗和韵文。著名学者唐文治创立的唐调，兼用字调和套调，因材施教，为当前国内最流行的吟诵调。

第一节　字调

汉语是一种有声调的旋律性语言。宋代沈括就提出了中国歌唱艺术的"字声相协"原则："声中无字，字中有声。"[①] 在吟诵的过程中，作品既是一个整体，同时又是一个字、一个字排列组合起来的；既是文学的，又是音乐的。"声中无字"，指从整体和音乐的角度看，字的内容和情意通过声音的形式转化为旋律在音乐中展现；"字中有声"，指从局部和文学的角度看，每一个字可以解析为字头、介母、字腹、归韵、字尾五个部分，由此组合成富于变化的腔调。尤须注意的是，当吟诵中遇到重要的平声字和韵字的时候，为了抒情就会把某一个字咬得音序很清楚，并把腔拖得很长，因为咬字让作品中的每一个字听起来已经不像生活中的那个字了。正所谓"一个汉字就是一首歌"。

一　字调的概念

字调是一种按照汉字的四个声调确定作品的音高、音长的吟诵方法。字调的乐音与声调必须保持一致，以声调为基准形成吟诵旋律是其最重要的特点。

二　字调的原则

汉语是声调语言，因为语言表达的需要，语句的声音会产生停延、轻重和升降等变化。根据汉语的旋律性特点，陈少松、徐健顺、陈江风等提出了字调以字为谱，问字取声；依字行腔，腔随字转；依义行调，

[①] （宋）沈括撰，施适点校：《梦溪笔谈》，上海古籍出版社2015年版，第31页。

自然成曲的吟诵基本原则。

以字为谱，问字取声原则。"以字为谱"，就是用汉字作为吟诵的曲谱；"问字取声"，就是向汉字求取乐音。二者综合，要求在编制旋律时，应按照汉字的声调确定音高、编排腔调的旋律。这一原则明确了字调吟诵的路径和方法，其出发点是：汉字是一种旋律性的语言。

依字行腔，腔随字转原则。"依字行腔"，就是要按照每一个字的声调的高低来确定乐音的高低变化，从而形成具体的腔调；"腔随字转"，就是腔调要随字调的变化而变化。这一原则是字调吟诵的创作原则，其出发点是：汉字是音形义结合的表意文字。

依义行调，自然成曲原则。"依义行调"，就是根据作品的整体风格和感情基调来确定吟诵的调值；"自然成曲"，就是通过语音变化表现作品的神韵，避免重复和单调。这一原则是字调吟诵的修改原则，其出发点是：汉字是音形义结合的表意文字。

三　字调的步骤

吟诵是一种韵律性的声读。字调吟诵从文字转化为乐音，至少需要经过模拟音高、确定音长、编排乐章、修改完善四个步骤。

（一）分辨声调，模拟音高

吟诵的第一个环节，是分辨作品中每一个汉字的声调，根据调值确定音高。"以字为谱"，决定了字调吟诵必须回归汉字本身，自成旋律，表达情意。这就不像套调，可以按照选中的任意一首乐曲的固有音调去吟诵。汉字古今各有四种调值，即四声。调值是根据汉字读音的高、低、升、降的变化确定的具体数值。调值是一个相对抽象的概念，为了方便掌握，人们尝试用各种直观、形象的方法标识。如《声调歌》："一声平平左到右，二声向上爬山头，三声先下拐向上，四声一路往下溜。"这是一首用语言描述声调特征的歌诀，类似的歌诀还有很多种。歌诀具有描述形象、容易记忆的特点，但还不够精确。进而就有了尝试借助仪器测量，用数据说话的调值。1930年，赵元任在《语音教师》提出了"五度制调符"理论。这是当前世界上声调语言最科学、最通用的调值标识方法。汉语普通话的四声标为［55］［35］［214］［51］。

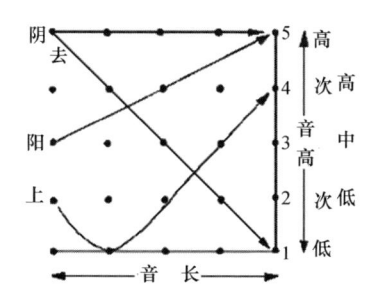

图 1　普通话四声五度标记法

普通话的汉字有四种声调，在通过吟诵变为语言表达时，就形成了一个四种调值不断变化的语流。说白了，普通话的语流就是 55、35、214、51 四种调值起伏变化的语流。

汉字调值可以转化为语流起伏，那么与标准乐音的关系又如何呢？学界通过对《大学》《三字经》《弟子规》等大量经典的普通话吟诵研究，总结出了普通话调值与乐音的转换规律，用模拟音高解决了语音与乐音的对应转换问题。根据调值模拟的基础音高，如果高声吟以 $\dot{1}$ 为基准安排模拟音高，低声吟以 6 为基准安排模拟音高，具体转换情况如表6[①]。

表 6　　　　　　　　汉语调值与模拟音高转换表

汉语声调	调值	模拟音高	说明
阴平	55	高吟 $\dot{1}$　低吟 6	模拟音高的组合较多，此表仅列举一组基础的旋律组合。
阳平	35	高吟 6$\dot{1}$．低吟 56．	
上声	214	高吟 3 6　低吟 3 5	
去声	51	高吟 $\dot{1}$ 3　低吟 6 2	
入声	派入三声。即把入声按照口语发音，分别编入其他三声。	参照《中原音韵》入派三声的声调发音，音高也参照此处理，具体以三连音标示：$\widehat{130}$、$\widehat{610}$、$\widehat{360}$、$\widehat{130}$	随着语流作短促处理。作为韵字或关键字，需要时可在停顿后长吟拖腔。

[①]　参见陈江风、宋丽娜《中华经典吟诵教程》，河南大学出版社 2020 年版，第 80 页。

如表所示，汉语声调为阴平时，调值为55，暂把高吟模拟乐音的音高定为i，那么以高音i为基准，阳平的调值35，应唱成6i．；上声的调值为214，应唱成36；去声的调值为51，应唱成i3。这样四声就成了一个相互关联的乐音整体。如果一部作品从头到尾按照这样一个四声组合模式去吟诵，也可以成曲，但是显得单调乏味，于是按理推出第二个四声组合模式：暂把低吟模拟乐音的阴平唱成中音6，以6为基准，阳平的调值35，应唱成56．；上声的调值214，应唱成35；去声的调值51，应唱成62。这样，阴、阳、上、去四声都有了自己的音高，并且是两种组合。

汉语四声与模拟乐音的转换规则有了，那么近体诗的律句与乐句的转换也就简单多了。五言和七言近体诗各由四种基本句型组合而成，借助歌诀可以加强体式记忆。陈江风总结歌诀：

　　平仄句式有四种，暂定甲乙和丙丁。
　　五七言律有变异，五言格律先粗通。
　　仄起仄收定位甲，仄起平收唤作丁。
　　平起平收叫它乙，平起仄收是为丙。

根据歌诀的描述，近体诗的四种句型定位如下：

　　甲式句：仄仄平平仄
　　乙式句：平平仄仄平
　　丙式句：平平平仄仄
　　丁式句：仄仄仄平平

同时，歌诀还对近体诗的组合规则作了准确的描述：

　　甲式律甲列先，甲乙丙丁排两遍。
　　乙式律乙打头，乙丁甲乙上半首，丙丁甲乙随其后。
　　丙式律丙为先，丙丁甲乙排两遍。
　　丁式律在最后，丁乙丙丁上半首，甲乙丙丁把阵收。

根据歌诀的描述，我们很容易梳理出近体诗的各种组合模式，进而由格律转换为曲谱。下面以五言甲式律说明，歌诀说"甲式律甲列先，甲乙丙丁排两遍"，于是形成以下组合：

　　甲式句：仄仄平平仄，乙式句：平平仄仄平。
　　丙式句：平平平仄仄，丁式句：仄仄仄平平。
　　甲式句：仄仄平平仄，乙式句：平平仄仄平。
　　丙式句：平平平仄仄，丁式句：仄仄仄平平。

这是一首仄起仄收、首句不入韵的五言律诗的标准模式。根据四声模拟的阳调和阴调，可以把平仄律转换曲谱①：

$$\begin{array}{cccccc} \dot{1} & \dot{1}\widehat{6} & \dot{1} & \dot{1}\cdot & \dot{1}\ - & |\ 6\ 6\cdot\quad 6\ \dot{1}\quad \widehat{6\ 5}\ 3\ | \\ 仄 & 仄 & 平 & 平 & 仄， & 平\ 平\quad 仄\ 仄\quad 平。 \end{array}$$

$$\begin{array}{cccccc} 3 & 3\cdot & 6 & 5\ 6\cdot & |\ \dot{1}\ \dot{1}\quad 5\ 6\cdot\quad \widehat{6\ 5}\cdot\ | \\ 平 & 平 & 平 & 仄\ 仄， & 仄\ 仄\quad 仄\ 平\quad 平。 \end{array}$$

$$\begin{array}{cccccc} \dot{1} & \dot{1}\widehat{6} & \dot{1} & \dot{1}\cdot & \dot{1}\ - & |\ 6\ 6\cdot\quad 6\ \dot{1}\quad \widehat{6\ 5}\ 3\ | \\ 仄 & 仄 & 平 & 平 & 仄， & 平\ 平\quad 仄\ 仄\quad 平。 \end{array}$$

$$\begin{array}{cccccc} 3 & 3\cdot & 6 & 5\ 6\cdot & |\ \dot{1}\ \dot{1}\quad 5\ 6\cdot\quad 6\ 5\cdot\ | \\ 平 & 平 & 平 & 仄\ 仄， & 仄\ 仄\quad 仄\ 平\quad 平。 \end{array}$$

以上的五言律句组合方式和曲谱显示，截取其中的四句即为绝句，至于七言律句，是按照平仄相间的规则在五言律句前增加两字后产生的，相关规则在前文已讲，不再赘述。

字调吟诵，通常是两种模拟音高组合模式的搭配运用。细究其因，这既是吟诵艺术避免单调重复的审美要求，又是传统文化中阴阳和谐的哲学追求使然。

《汉语调值与模拟音高转换表》的最下一行为入声的情况。中古的官韵声调分为平、上、去、入四种，其中的入声是一种短促的发音，《康熙

---

① 参见陈江风、宋丽娜《中华经典吟诵教程》，河南大学出版社2020年版，第157页。

字典》描述为"入声短促急收藏"。之所以短促，是由于入声字在元音之后以一个塞辅音收尾。当响亮的元音发出后，尾音跟随着［-p］［-t］［-k］一类的塞辅音，阻断了元音的音响，从而形成短促的语流。中国历史经历了两晋、宋元、清代三次大的民族融合，语音在元代就已经发生了重大变化。所以，周德清在元代编制《中原音韵》的时候，大都（北京）地区的入声已经开始分别派到平、上、去三声的发音中去了。为了方便当时的北曲创作，周德清准确地记录了入声字归入其他声调的情况，这就是"入派三声"。在吟诵时，入声字可以按照派入的声调读。例如，入声字"石"，派入阳平，唱成第二声 $\underline{\overset{3}{610}}$；入声字"柏"，派入上声，唱成第三声 $\underline{\overset{3}{360}}$；入声字"落"，派入去声，唱成第四声 $\underline{\overset{3}{130}}$。这样既保留了《中原音韵》派入三声的各自状态，又有后面的休止符"0"标示入声短促的状态，简单易行①。

（二）根据平仄，确定音长

吟诵的第二环节是确定音长。根据汉字的声调，按照平长仄短的音长原则，以及平低仄高或平高仄低的音高原则，把平声拉长、仄声缩短，同时固定使用一种音高标准，或平低仄高，或平高仄低，让原有的静态的、相等的语言节奏变化起来，从而形成一种美声的旋律。

（三）编排乐句，顺理成章

在确定每个字的音高和音长后，吟诵就进入了编排乐句、形成乐章的第三环节。汉字属于单音独体字，一个字之内不会存在轻重音节，只有字与字之间才会根据语气和文意形成轻重缓急的变化。编排乐句是吟诵文本的解读与合成环节，具体要分清每个字音的韵头、韵腹、韵尾的轻重关系，把字音声调转换成自然流畅的乐句，再把文本的语言节奏转换为吟诵节奏，从而形成乐句。

因为汉语声调本身带有高低起伏的变化，所以只要将声调和韵脚进行适当排列，就可以创造出富有节奏感的乐句。这就是字调产生的原理。对于大多数的吟诵者来说，编制乐句相对容易，难的是"顺理成章"，即

---

① 参见陈江风、宋丽娜《中华经典吟诵教程》，河南大学出版社2020年版。

按照字调的四声与乐音转换规则排列众多的乐句时，巧妙地运用高吟和低吟的组合，避免单调和重复，吟诵出流畅灵动的乐章。具体方法是，准确把握"依字行腔"原则，阳调编排四声，阴调安排韵字和尾字。例如，毛泽东七绝《为女民兵题照》的首联："飒爽英姿五尺枪，曙光初照演兵场。"吟诵时，第一步是分清每一个字的声调："四三一一三入一，三一一四三一二。"第二步是以阴调为韵字和尾字注音，以阳调为余下字注音。两句十四个字中只有"枪""场"二字为阴调，余下十二字为阳调。第三步是形成乐章①：

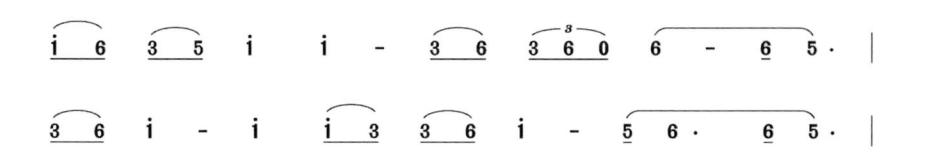

$$\overset{\frown}{1\ 6}\ \overset{\frown}{3\ 5}\ \overset{\frown}{1}\quad\overset{\frown}{1}\ -\ \overset{\frown}{3\ 6}\ \overset{\overset{3}{\frown}}{3\ 6\ 0}\ \overset{\frown}{6\ -}\ \overset{\frown}{6\ 5\cdot}\ |$$

$$\overset{\frown}{3\ 6}\ \overset{\frown}{1}\ -\ \overset{\frown}{1}\quad\overset{\frown}{1\ 3}\ \overset{\frown}{3\ 6}\ \overset{\frown}{1}\ -\ \overset{\frown}{5\ 6\cdot}\ \overset{\frown}{6\ 5\cdot}\ |$$

（四）咬文嚼字，调节阴阳

第四环节是修改完善。这是根据表情达意需要而做的咬文嚼字和审美表现需要而做的乐曲修改。

咬文嚼字主要解决字正腔圆的问题。明代戏曲家魏良辅在《曲律》中提出："曲有三绝：字清为一绝，腔纯为二绝，板正为三绝。"② 由此可见字正腔圆的重要作用。"字正"指的是吟诵的字头要正，声母、韵母的拼合与声调要到位，咬字要清晰。具体就是要把字的头、腹、尾三个音分别读清楚，头音就是声母，腹音就是韵母，而尾音则是韵母的延长。例如"圆"字，"yuán"中的"y"为字头，"u"为字腹，"an"为字尾。在吟诵时，字的声母先出，即为"字头"，保证声母的读音准确至关重要。"腔圆"指的是吟诵字韵的主腔、润腔以及二者结合形成的拖腔要"三位一体"，归韵圆满。具体就是要做到行腔中除了声母和韵母以外没有其他音，字腹要圆润（声母和韵母之间拖腔的过程还要过渡得圆润流

---

① 参见陈江风、宋丽娜《中华经典吟诵教程》，河南大学出版社2020年版，第82页。

② （明）魏良辅：《曲律》，载《中国古典戏曲论著集成》（五），中国戏剧出版社1959年版，第7页。

畅且不露痕迹），装饰好尾音，做到归韵准确干净。

吟诵必先字正，而后腔圆。正如明代沈宠绥《度曲须知》所说："凡敷演一字，各有字头、字腹、字尾之音。头尾姑未鳌指，而字腹则出字后，势难遽收尾音……由腹转尾，方有归束。今人误认腹音为尾音，唱到其间，皆无了结。已故东字有翁音之腹，无鼻音之尾，则似乎多。"[1]

乐曲修改主要解决乐章旋律问题。陈江风、徐健顺等根据汉语调值与模拟音高进行转换，推出了吟诵的高吟和低吟两种组合模式，即阳调与阴调两套乐曲。阳调的四声转换为：$\dot{1} - \widehat{6\dot{1}}. \widehat{36} \widehat{1\dot{3}}$；阴调的四声转换为：$6 - \widehat{56}. \widehat{35} \widehat{62}$。阳调用来标示一般的用字，阴调用来标示韵字和相关低吟的字，两套曲谱搭配运用丰富了吟诵乐谱的灵活性。下面举例说明[2]：

春　晓

（唐）孟浩然

调值　　一二入入三　四四二二二
　　　　春眠不觉晓，处处闻啼鸟。

调值　　四二一三一　一入一一三
　　　　夜来风雨声，花落知多少。

按照高吟规则，可以把这首绝句所标出的二十个声调逐一转换为乐音：

$\dot{1}\ \widehat{6\dot{1}}.\ \dot{1}\ \widehat{\dot{1}30}\ \widehat{6\dot{1}0}\ \widehat{36}\ |\ \widehat{\dot{1}3}\ \widehat{3}\ \widehat{6\dot{1}}.\ \widehat{6\dot{1}}\ \widehat{366}$
春　眠　　不　觉　晓，　处　处　闻　啼　鸟。

$\widehat{\dot{1}3}\ \widehat{6\dot{1}}\dot{1}\ \widehat{36}\dot{1}-\ |\ \dot{1}\ \widehat{\dot{1}30}\ \dot{1}\ \dot{1}-\widehat{36}$
夜　来　风　雨　声，　花　落　知　多　少。

---

[1] 沈宠绥：《度曲须知》，载《中国古典戏剧论著集成》（五），中国戏剧出版社 1959 年版，第 221 页。

[2] 陈江风、宋丽娜：《中华经典吟诵教程》，河南大学出版社 2020 年版，第 88 页。

按照低吟规则，也可以转换为另一种乐音：

春眠不觉晓，处处闻啼鸟，
夜来风雨声，花落知多少。

同一首诗，高吟与低吟的效果是不一样的。低音的曲谱把韵脚字都唱成阴调355，而把高吟的韵脚字都唱成阳调366，就与其他字形成了阴阳调的搭配，同时，诗中音调重复的句子也稍有变化，如"处处闻啼鸟"句，前四个字中有两个连续的第四声、两个连续的第二声，也可以稍加变化。这样一来，吟诵就有了高吟和低吟的选择空间，平添了吟诵表现的灵活性。

四　字调的体式

字调吟诵的原则明确，步骤规范、易行，不受地域与方言限制，具有极强的适应性，适用于散文、骈文、古体诗、近体诗等各种文体。

（一）散文吟诵

《大学》是一篇论述儒家修身齐家治国平天下思想的散文，原是《礼记》的第四十二篇。宋代大儒程颢、程颐把《大学》篇抽出单行，南宋儒学集大成者朱熹编订《大学》，并与《中庸》《论语》《孟子》合在一起注解，成为"四书"。《大学》的文辞简约，内涵深刻，充分体现了儒家修己治人的思想。以《大学》第一段为例说明：

> 大学之道，在明明德，在亲民，在止于至善。知止而后有定；定而后能静；静而后能安；安而后能虑；虑而后能得。物有本末，事有终始。知所先后，则近道矣。

吟诵时，可以用阳调高音1̇ – 61̇ . 36　1̇3 吟诵文的主体部分，阴调低音6 – 56 . 35　62 吟诵文的韵字和应该低声的文字。吟诵曲谱如下：

陈江风吟诵　陈江风、宋丽娜记谱

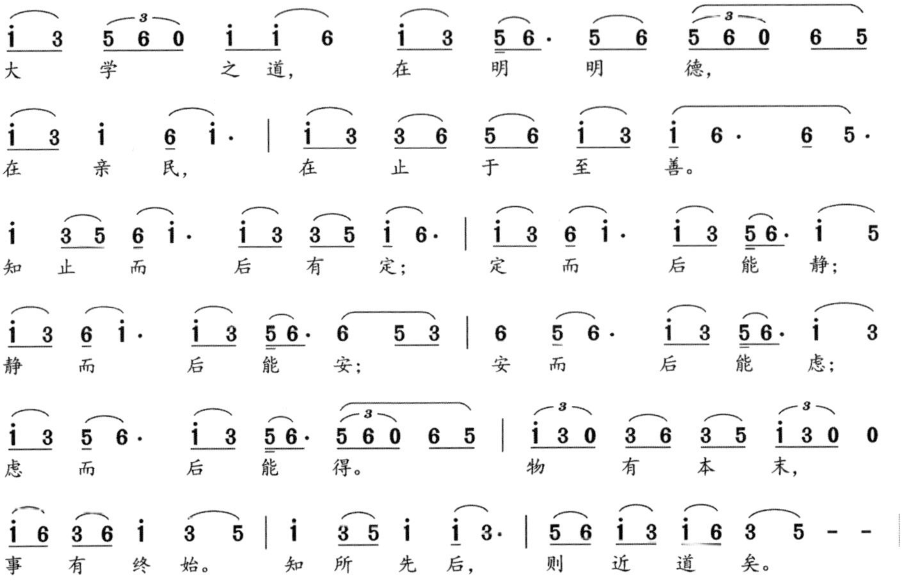
大学之道，在明明德，
在亲民，在止于至善。
知止而后有定；定而后能静；
静而后能安；安而后能虑；
虑而后能得。物有本末，
事有终始。知所先后，则近道矣。

（二）骈文吟诵

与散文相比，骈文在声韵方面多了一些要求，阴调吟诵的地方自然增多，规律性也更强。以唐代王勃的《滕王阁序》第一段为例说明：

豫章故郡，洪都新府。星分翼轸，地接衡庐。襟三江而带五湖，控蛮荆而引瓯越。物华天宝，龙光射牛斗之墟；人杰地灵，徐孺下陈蕃之榻。雄州雾列，俊采星驰。台隍枕夷夏之交，宾主尽东南之美。都督阎公之雅望，棨戟遥临；宇文新州之懿范，襜帷暂驻。十旬休假，胜友如云；千里逢迎，高朋满座。腾蛟起凤，孟学士之词宗；紫电青霜，王将军之武库。家君作宰，路出名区；童子何知，躬逢胜饯。

第五章　吟诵的调式

陈江风吟诵　陈江风、宋丽娜记谱

1 3 1 - 1 6 1 3 . | 5 6 · 6 - 6 3 5 . | 1 1 - 1 3 3 5 0
豫　章　故　郡，　洪　都　新　府。　星　分　翼　轸，

1 3 6 6 0 5 6 5 6 · 6 5 . | 1 1 1 6 1 · 1 3 3 5 6.
地　接　衡　庐。　襟　三　江　而　带　五　湖，

1 3 5 6 1 6 1 · 3 1 1 3 0 5 0 | 1 3 0 1 1 1 3 5.
控　蛮　荆　而　引　瓯　越。　物　华　天　宝，

5 6 · 1 - 1 3 5 6 3 5 6 6 5 | 5 6 5 6 0 1 3 5 6.
龙　光　射　牛　斗　之　墟；　人　杰　地　灵，

5 6 5 6 · 1 3 5 6 | 1 - 1 1 6 · 6 5 . | 6 1 1 1 3 1 6 0 0
徐　孺　下　陈　蕃　之　榻。　雄　州　雾　列，

1 3 3 6 1 5 6 · | 5 6 5 6 3 5 5 1 3 1 1 -
俊　采　星　驰。　台　隍　枕　夷　夏　之　交，

5 6 3 5 1 3 1 5 6 1 3 5 . | 1 1 1 0 6 1 1 - 1 3 5 1 6.
宾　主　尽　东　南　之　美。　都　督　阎　公　之　雅　望，

3 6 3 5 0 5 6 · 1 6 · 6 5 . | 3 6 5 6 1 1 - 1 1 3 1 6.
棨　戟　遥　临；　宇　文　新　州　之　懿　范，

5 6 6 1 1 3 1 6 · 6 5 | 5 6 0 6 1 1 1 3 | 1 6 3 5 5 6 5 6.
襜　帷　暂　驻。　十　旬　休　假，　胜　友　如　云；

1 3 5 5 6 6 · | 1 5 6 3 5 1 3 3 | 6 1 1 - 3 5 1 6.
千　里　逢　迎，　高　朋　满　座。　腾　蛟　起　凤，

1 3 5 6 0 1 3 1 1 - 5 6 6 - 6 5 . | 3 5 1 3 6 6 -
孟　学　士　之　词　宗；　紫　电　青　霜，

```
5 6 1̇ 1̇ 6 - 3 5 1̇ 6·  6 5· | 1̇ 1̇ 1̇ - 1̇ 3 0 3 5·
王  将 军 之  武 库。          家 君 作 宰,

1̇ 3 6 6 0 5 6  6 - 6 5· | 6 1̇ 3 5 5 6 6 -
路 出 名 区;           童 子 何 知,

6  5 6·    1̇ 3 1̇ 6·   6 5·
躬 逢 胜    饯。
```

滕王阁由唐高祖李渊的幼子滕王李元婴为歌舞宴饮而建设,却因王勃的一篇《滕王阁序》扬名,后有江南三大名楼"独为第一"的说法。上元二年(675)重九日,王勃南下交趾看望父亲途经洪州(南昌)时作《滕王阁序》,从洪州的地势、人才写到宴会,紧扣秋日描绘滕王阁的壮丽,再从宴会娱游续写人生羁旅之情、抒发高远之志,最后以应命赋诗和自谦之辞作结。句法四、六字句居多,除了少数虚词,几乎通篇对偶和用典。吟诵时,照例是阳调和阴调两套乐曲配合使用。由于赋文较长,须注意把握题旨,以"因声求气"的方法吟诵,起调要意境开阔,娓娓道来,大气悠远。同时,要注意骈文对仗工整,辞采华丽的特征,做到文势与气势的整齐,韵字和低音关键点长吟,以及仄声韵和平声韵的衔接。

(三) 古体诗吟诵

古体诗的声律相对自由,但终归是诗体,节奏性要明显比散文和骈文强。以汉乐府《饮马长城窟行》为例吟诵说明:

饮马长城窟行

汉乐府

青青河畔草,绵绵思远道。远道不可思,宿昔梦见之。
梦见在我傍,忽觉在他乡。他乡各异县,辗转不相见。
枯桑知天风,海水知天寒。入门各自媚,谁肯相为言。
客从远方来,遗我双鲤鱼。呼儿烹鲤鱼,中有尺素书。
长跪读素书,书中竟何如。上言加餐食,下言长相忆。

第五章　吟诵的调式　267

陈江风吟诵，陈江风、宋丽娜记谱

1 1 - 5 6 | 1 3 3 5 · | 5 6 5 6 · | 1 3 3 5 1 6 · |
青 青 河 畔 　草， 绵 绵 　思 远 道。

3 5 1 3 5 6 0 | 3 5 6 - | 1 3 0 6 6 0 | 1 3 1 6 6 5 |
远 道 不 可 思， 宿 昔 梦 见 之。

1 3 1 6 1 3 3 5 1 6 · | 6 6 0 5 6 0 | 1 3 6 6 5 |
梦 见 在 我 傍， 忽 觉 在 他 乡。

6 6 1 3 1 3 1 6 · | 5 6 3 5 1 3 6 1 5 · |
他 乡 各 异 县， 辗 转 不 相 见。

6 6 - 1 1 - 6 - | 3 6 3 5 6 1 - 6 5 |
枯 桑 知 天 风， 海 水 知 天 寒。

1 3 0 5 6 · 1 6 1 3 1 6 · | 5 6 3 5 5 6 · | 6 5 |
入 门 各 自 媚， 谁 肯 相 为 言。

1 3 5 6 3 5 5 6 · 5 6 · | 1 6 3 5 5 6 3 5 5 6 · |
客 从 远 方 来， 遗 我 双 鲤 鱼。

6 5 6 1 3 5 5 6 · | 1 3 5 3 5 0 1 3 6 6 5 |
呼 儿 烹 鲤 鱼， 中 有 尺 素 书。

5 6 1 3 5 6 0 1 3 6 - | 6 6 - 1 3 5 6 5 6 5 |
长 跪 读 素 书， 书 中 竟 何 如。

1 3 5 6 6 6 5 6 0 0 | 1 3 5 6 · 5 6 6 - 1 6 - - |
上 言 加 餐 食， 下 言 长 相 忆。

中国古代征役频繁，游宦之风很盛，因此出现了大量的游子思妇诗，汉乐府《饮马长城窟行》为其中的名篇。曲名由相传古长城边有水窟，可供饮马而来。这些诗表现了妇人独守的悲苦和对行人的思念，真挚动人。全诗用第一人称叙述，唱出了思妇在夜里对远方服役丈夫的想念，

"草""道"同韵,"思""之"同韵,"傍""乡"同韵,"县""见"同韵,"鱼""书""如"同韵,"食""忆"同韵,首句与第二句的"绵绵"双关了草生长的连绵和妇人思念的不绝,第二句与第三句、第四句与第五句、第六句与第七句又用了顶针似的叠唱手法,更是增强了诗文的流畅度和音乐性。吟诵时,阳调和阴调配合使用。每句的尾字多为韵脚,用阴调低音 6 - 5̄6．3̄5　6̄2̄,可适当变化,表现思妇复杂而微妙的内心世界。

（四）近体诗吟诵

近体诗吟诵相较古体诗、散文、骈文等文体的吟诵,区别较大。吟诵时,不但要遵守"平长仄短、入短韵长"的律句规则,而且要遵守由句构篇的阳调与阴调的配合规则。下面举例说明:

清　明

（唐）杜牧

清明时节雨纷纷,路上行人欲断魂。
借问酒家何处有?牧童遥指杏花村。

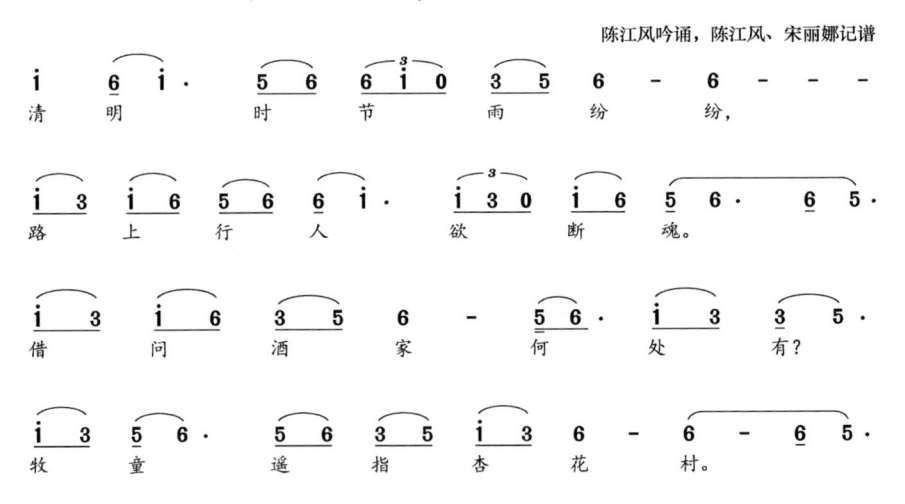

陈江风吟诵,陈江风、宋丽娜记谱

（简谱略）

这是一首平起平收、首句入韵的七言绝句。吟诵时,要严格执行平长仄短、入短韵长的规则,把每句第二、四、六位置的平声字长吟两拍,其他字一拍。"纷""魂""村"押"平声十三元"韵部,长吟为四拍。

吟诵节奏为"二（六）四四二（六）"。诗的首句开宗明义，点明了感伤的吟诵基调，因此"清"字虽高吟，余下不可继，"雨纷纷""欲断魂"须用心表现，要低缓而绵长。尾句"牧童遥指杏花村"，前四字"牧童遥指"要吟得清晰、均匀，后三字"杏花村"要适当长吟，"村"字收束乐章，可长吟拖腔。这样，前抑后扬，意犹未尽，把读者带入一个哀愁、悲凄的心境，并与作者清明冷雨中的思乡之情暗合。

第二节　唐调

唐调是唐文治创立，经多代弟子传承和发展的，一种用抑扬顿挫的腔调表现诗文的精气神的重要吟诵流派。唐调因唐文治而得名，是中国第一个以姓氏命名的吟诵调式。唐文治（1865—1954），字颖侯，号蔚芝，晚号茹经，清同治四年（1865）生于江苏太仓，民国元年（1912）定居无锡，著名教育家、国学大师。1892年中进士，官至清农工商部左侍郎兼署理尚书。1907年退出政坛，以1920年为界，先在上海办学，后至无锡讲道。曾任上海高等实业学堂（上海交通大学前身）和邮传部高等商船学堂（大连海事大学、上海海事大学前身）监督（校长），创办私立无锡中学（无锡市第三高级中学前身）和无锡国学专修馆（苏州大学前身）。

唐文治自幼服膺理学，穷极一生探索救国救民的道路，因时而变先后提出并进行着实业救国、教育救国、读经救国的实践。著有《茹经堂文集》《十三经提纲》《国文经纬贯通大义》等。

一　唐调的源流

唐调包括读文调、诵经调和吟诗调三种，尤以读文调最具特色，也最为人称道。溯源唐调的历史形成，有着家传和师承两个方面的原因。

唐调的吟诵腔调源于以太仓调为基础的江南调。唐文治走的是一条典型的中国知识分子学而优则仕的道路，优良的家学传统和书院教育为其奠定了坚实的治学和吟诵根基。

1865年，唐文治出生在江苏省太仓县的一个书香之家。太仓历史悠久，三国时吴在此屯粮建仓，元代开埠海运漕粮，明代郑和从此起锚七下西洋，素有"六国码头"的通都大邑称谓。太仓地处江尾海头，地理位置优越，商业贸易繁荣，被誉为鱼米之乡，极为重视教育，文化积淀丰厚。据唐文治《唐文治年谱》[①]及其天祖唐景星遗稿《墨池杂著》[②]记载，唐文治上溯五代皆为单传，长辈多塾师。唐文治自幼受到良好的家庭教育，可以说青少年是浸润在家传诵读和私塾读书调的环境中成长的。5岁启蒙，受业于外叔祖胡啸山门下，先识字，后读《孝经》。9岁受业于姨父姚菉翘门下，读《诗经》。10岁、11岁随父亲唐守祺在苏州私塾读《尚书》《周易》。12岁受业于外祖父胡汝直门下，读《礼记》，学作八股文及试帖诗。13岁受业于姨父钱宫极门下，读《左传》。14岁读完四书五经。16岁入州学，师从太仓理学家王紫翔，潜心研读性理之学及古文辞。18岁中举人。21岁进江阴南菁书院，受业于经学大师黄以周和王先谦门下，学训诂之学。28岁中进士。父亲唐守祺为清贡生，以课徒教书为业，要求极为严格，"手书家训悬诸祠中，论通经先以熟读经文为主，督责背诵必一字无讹乃已。"[③]母亲胡氏从五岁开始口授唐诗和《四书》，唐文治《先妣胡太夫人事略》记载："先妣胡氏，外祖讳汝直字古愚，妣陈氏。太夫人，先妣自幼端正严肃，待人以诚，口授《孝经》《四书》，通经史大义，年二十一来归。"[④]祖父唐学韩口授诸经，时常"府君卧夜抵足口授诸经，咿唔之声，或达丙夜。"[⑤]因此，唐文治早期的吟诵腔调主要是当地的读书调。学界关于吴汝纶调与唐文治调的关系多有研究，朱立侠于2012年和2013年先后采录桐城（桐城派的集中活动区域）的私塾读书调和对枞阳（桐城派方苞、刘大櫆、姚鼐、吴汝纶的籍贯）的吟诵调，同唐调作腔调和神气比对，未发现吴调与唐调之间的直接关联性。[⑥]江苏师范大学的郭广伟是吴汝纶调的吟诵传承人，师承徐仰

[①] 参见陆阳《唐文治年谱》，上海三联书店2013年版。
[②] 参见（清）唐景星《墨池杂著》，清光绪十四年刻本。
[③] 唐文治：《茹经堂文集》（一编卷五），文海出版社1926年刊印，第24页。
[④] 唐文治：《茹经堂文集》（一编卷五），文海出版社1926年刊印，第377页。
[⑤] 唐文治：《茹经堂文集》（一编卷五），文海出版社1926年刊印，第356—357页。
[⑥] 朱立侠：《唐调吟诵研究》，中国社会科学出版社2015年版，第101—103页。

仪，而徐仰仪又师承吴汝纶之子吴闿生。郭广伟1948年进入无锡国专学习，其2013年采录时回忆："在学期间，唐文治教过《岳阳楼记》《秋声赋》《吊古战场文》等古文，因听不懂唐文治以太仓方言的吟诵，加上自己入学前便已会吟诵，所以没有学会唐调。"郭广伟在私塾和高中时两次受教于徐仰仪，为正宗的吴调传承人，同时又听过唐文治吟诵，其判断较为可信。对比郭广伟的《马说》《滕王阁序》《放鹤亭记》等古文吟诵音频与唐文治古文吟诵音频，二者在腔调和韵律上存在较大差别。大体而言，差异主要有三：其一，语言不同，吴调为徐州话，属于北方官话；唐调为太仓话，属于吴方言；其二，声腔不同，由于方言各异，依字行腔时产生的韵律就会存在差异；其三，拖腔长短及字句部位不同，唐调在每个小节结束，都有一个拖腔；吴调在每个小节结束，多不拖腔，或有短促急读，反而在句中的平声字拖腔。

"唐调与吴调虽然调子差异较大，但是读文的方法却极为相似。吴调简朴，而唐调丰富，但是都很注意文章起承转合的结构，吴调的抑扬顿挫虽不及唐调明显，但同样把文章的神气体现出来了。"[①] 究其原因，周邦道《唐文治传略》对唐文治"又尝精研文章读法，缘情发声，因声达意，引吭朗诵，低徊讽咏，尽抑扬顿挫之美；盖私淑湘乡，而得其真传"[②] 的评价显得十分精到。"私淑湘乡""得其真传"揭示了唐调对桐城派读文法的继承。

唐调的基础理论来源于桐城派，主要有两个部分：一个是桐城派关于经文与古文的观点；另一个是桐城派关于文章阴阳刚柔的观点。这两个观点是桐城派文论的核心要素，唐文治以其为理论基础创制吟诵调式，就让唐调传承了桐城派的文脉和渐进式的传习路径。

在桐城派的观念中，经、史、子、集之间非并列关系，而是一种主从关系。在各类典籍文献中，儒家经典文道合一，具有至尊地位，不仅是后世文章的典范，而且后世文章皆出六经。由此，桐城派构筑了一条清晰的文脉传统：从先秦的儒家经典，到先秦两汉的诸子与史家文章，

[①] 朱立侠：《唐调吟诵研究》，中国社会科学出版社2015年版，第103页。
[②] 唐文治：《国文经纬贯通大义》，文史哲出版社1982年版，附录第287页。

进而是唐宋八大家的盛况，再有明代归有光的唐宋派，终归桐城三祖方苞、刘大櫆、姚鼐。并且提出了一条逆时的学习古文路径，从桐城派文章入手，依次上溯，归于六经。就经文与古文的关系而言，桐城派认为经文是古文的根源，而古文为经文的支流。正如方望溪在《古文约选》序中所言："自魏晋以后，藻绘之文兴，至唐韩愈起八代之衰，然后学者以先秦盛汉辨理论事、质而不芜者为古文，盖六经及孔子、孟子之书之支流余肆也。"①

文与道的关系是中国文学的重要命题，"文以载道"和"文以明道"历来是其主流。桐城派倡导"文道合一"，姚鼐《答翁学士书》尝言："夫道有是非，而技有美恶。诗文皆技也，技之精者必近道，故诗文美者命意必善。文字者，犹人之言语也，有气以充之，则观其文也，虽百世而后，如立其人而与言于此；无气，则积字焉而已。意与气相御而为辞，然后有声音节奏高下抗坠之度，反复进退之态，采色之华。故声色之美，因乎意与气而时变者也，是安得有定法哉！"②姚氏的文道论以文气体道，在《海愚诗钞序》中第一次系统地阐述了"阴阳刚柔"说："吾尝以谓文章之原，本乎天地；天地之道，阴阳刚柔而已。苟有得乎阴阳刚柔之精，皆可以为文章之美。阴阳刚柔，并行而不容偏废。有其一端而绝亡其一，刚者至于偾强而拂戾，柔者至于颓废而暗幽，则必无与于文者矣。"③曾国藩继承姚氏理论，在《求缺斋日记》中提出："吾尝取姚鼐姬传先生之说，文章之道，分阳刚之美，阴柔之美。大抵阳刚者，气势浩瀚，阴柔者，韵味深美。浩瀚者，喷薄而出之，深美者，吞吐而出之。"④所著《古文四象》则将文章分为太阴、少阴、太阳、少阳四类，并命之为太阴识度，少阴情韵，少阳趣味，太阳气势，主张通过四象把握文章的风格，从而体会作文的境界。

---

① （清）方苞：《方望溪全集》，中国书店出版社1991年版，第303页。
② （清）姚鼐著，刘季高标注：《惜抱轩诗文集》，上海古籍出版社1992年版，第84—85页。
③ （清）姚鼐著，刘季高标注：《惜抱轩诗文集》，上海古籍出版社1992年版，第48页。
④ （清）曾国藩：《曾国藩全集》第十七卷，岳麓书社2011年版，第24页。

唐调对桐城派基础理论的继承主要表现在文体分类与腔调特征方面①。唐文治治学以桐城诸家为师范，《曾文正公日记序》尝言："文治少年读曾文正公书，未尝不匔匔翼翼，想见其为人。"②并得到曾门四大弟子之一吴汝纶的言传身教。1948 年，唐文治应邀在大中华唱片公司灌制读文录音唱片，并附录演讲。这是中国最早的吟诵音频资料，演讲中谈及读文方法："十数年前，读国文者，多沿袭八股调，萎靡不振，毫无生气。近则学校中以诵读为耻，并八股调亦不得闻，可叹！按近世读文法，莫善于湘乡曾文正，谓要读得字字著实，而其气翔于虚无之表。得其传者，为桐城吴挚甫先生。鄙人曾与吴先生详细研究，大抵当时文正所选《古文四象》，分太阳气势、太阴识度、少阳趣味、少阴情韵四种。余因之分读法，有急读、缓读、极急读、极缓读、平读五种。大抵气势文急读、极急读，而其音高；识度文缓读、极缓读，而其音低；趣味情韵味平读，而其音平。然情韵文亦有愈唱愈高者，未可拘泥。"③由此可见唐调与桐城派的文脉关系。

在唐文治与吴汝纶的交往中，两次谈到吟诵问题。一次是辛丑年（1901），另一次是壬寅年（1902）。据《唐文治年谱》记载，"光绪二十七年辛丑十月，吴汝纶来绍宅访唐文治，未值，逾两日，唐文治往访，两人如相识，吴氏很谦虚，称唐文治为'先生'。"④而《桐城吴挚甫先生文评手迹跋》则详细记载了唐文治请教古文文法的经过⑤：

"余请益，先生但唯唯余请益，先生但唯唯；迨再三请，先生始慨然曰：'天壤间作者能有几人？子欲求进境，非明文章阳阳刚柔之道不可。'因为余言，少时偕张濂亭先生从曾文正公学为文，殊碌碌无短长。某日，文正出，吾偕濂亭检案牍，见公插架有《古文四象》

---

① 参见朱光磊《唐调吟诵的文体腔调与四象理论》，《徐州工程学院学报》（社会科学版）2018 年第 2 期。
② 唐文治：《茹经堂文集》（一编卷四），文海出版社 1926 年刊印，第 318 页。
③ 唐文治：《唐蔚芝先生读文灌音片》，大中华唱片厂，1948 年。
④ 陆阳：《唐文治年谱》，上海三联书店 2013 年版，第 59 页。
⑤ 唐文治：《茹经堂文集》（三编卷五），文海出版社 1926 年刊印，第 24 页。

一书,盖公手定稿本也。亟取之,录其目,越日归诸架。逾数月,文章大进。文正怪之曰:'予等岂窃窥吾秘本乎?'则相与大笑。"

又为余言:"文章之道,感动性情,义通乎乐,故当从声音入,先讲求读法。濂亭初见文正时,文正告之曰:'子文学《南丰类稿》,筋脉太缓,宜读介甫文以遒炼之。'即就座中朗读王介甫《泰州海陵县主簿许君墓志铭》一过,濂亭闻之大有悟,此文家入门诀也。"余因亟求吴先生读法,先生即取余《奉使日本国记》讽诵之,余惭甚。然聆其音节,无不入妙,爰进叩其蕴。先生曰:"读文之法,不求之于心,而求之于气,不听之以气,而听之以神。大抵盘空处如雷霆之旋太虚,顿挫处如钟磬之扬余韵;精神团结处则高以侈,叙事繁密处则抑以敛;而其要者,纯如绎如,其音翱翔于虚无之表,则言外意无不传。《乐记》师乙所谓'上如抗,下如坠,曲如折,止如槁木,累累乎端如贯珠',皆其精理也。知此则通乎神矣。"余又叩应读之文,先生曰:"第读《古文辞类纂》《经史百家杂钞》二书足矣。文正之文,以昌黎为间架,而其神理之曲折,则皆庐陵也。故黎莼斋称之为欧阳文忠后一人。君善学之,会心不远矣。"余感谢而去。

这篇跋讲述了唐文治向吴汝纶求教文章之道、读文之道和作文之道的过程,两人从文章阴阳刚柔之说,谈到读文之法。吴汝纶传授了吟诵方法,并以唐文治的《奉使日本国记》为例示范吟诵。

跋接着记载了壬寅年的第二次交往。在光绪二十八年(1902),三十八岁的唐文治随专使大臣载振出使欧美,归国途经日本,时值吴汝纶在日本考察学务,二人在东京不期而遇,"屡次相约夜谈,论古文源流,并曾文正行宜宗旨甚晰"[①]:

明年壬寅七月,余随载育周专使游历欧美,道经日本,先生亦在东邦考察学务。会驻日公使蔡钧凌侮留学生某君等,朝旨命载专

---

① 唐文治:《茹经堂文集》(三编卷五),文海出版社1926年刊印,第24页。

使查办。先生来谒专使,见示喜甚,曰:"君来,学生可吐气矣。"余昼间事繁,先生每来夜谈,因又详询曾文正公遗事。先生慨然曰:"此数百年来一人,非特道德崇隆,勋华炳标而已。乃其精神已不可及。"遂言文正每日于寅正起,披览公牍,卯正早餐,群僚毕集,公详告各案,剖析如流。辰巳两时接见宾客将领等,或批答公牍。午初作大字,午正餐毕,即遍历宾僚宿舍,无偶遗者。或围棋一局。未正后见宾治事,酉初晚餐后即读经史古文,至亥正止。高诵朗吟,声音达十室以外。

这次会晤两人主要谈论了一代文宗曾国藩的遗事,即所谓的"曾文正行宜",重点讲述了曾国藩夜间吟诵经史古文的生动情形。

通过文传与面授,唐文治一方面创造性地继承了桐城派尊经从文的文体区分理论,继而根据不同的文体分类创造出了不同的吟诵腔调;另一方面,唐文治创造性地继承了桐城派文章阴阳刚柔的理论,提出了读文"十六字诀",具体规范吟诵的高低缓急。

综上,唐调的腔调基础为江南调,理论基础为桐城派读文法,二者互为表里融合为传统的吟诵调式。"唐调的调子来源是江南调,具体说是太仓调。也可以说,江南调是唐调的基础调。唐文治在此基础上进行了改造,加上了标志性的独特尾腔 6i5,而形成了唐调,可以说,唐调是唐文治的创造。"[①] 对此,魏嘉瓒称其为内在美和外在美的完美结合:"读文方法寻求的是文章的内在美,读文章时首先要弄清文章的思想内涵、文体风格以及结构安排、起承转合等,然后根据不同的文章采用不同的读法。这一点他们都遵循了曾国藩的'四象'要求。而读文的声腔和韵律寻求的是吟诵的外在美,即用自己的方言声音把文章读的好听、传情。这一点则因为方言而会形成五彩缤纷的吟诵声调。但是,对于某种方言的吟诵或者某个人的吟诵来说,这二者应该是有机的统一,相辅相成、相得益彰。有了好的读文方法,又有好的声腔韵律,才能形成好的吟诵

[①] 朱立侠:《唐调吟诵研究》,中国社会科学出版社 2015 年版,第 105 页。

声调，二者缺一不可。唐文治的吟诵就做到了这种完美的结合。"① 陈少松赞其为硬件与软件的美妙配合："一种吟诵腔调能否形成和流传取决于这种腔调是否美听动人，而腔调的是否美听动人又与传授的老师和学习的弟子条件如何极有关系。这条件包括'硬件'和'软件'两个方面。'硬件'指嗓音、口齿、中气等条件，'软件'指文学、音韵学、音乐等修养。对传授腔调的老师来说，如果他的嗓音响亮、甜润，口齿清楚，中气充足，又有较高的文学、音韵学和一定的音乐修养，那么他的吟诵必定能美听动人，他所传授的这种腔调也就自然会赢得弟子们的喜爱而广为流传。……前面提到的唐文治先生向吴汝纶学习吟诵之法后创造了著名的'唐调'就是这种情况。"②

二 唐调的传承

吟诵的传承有两种途径，主要是师徒之间的口传心授，少有凭借底本的个人研习。无论如何，掌握规则和底本都是传承吟诵的不二法门。唐文治是中国最早发行吟诵专辑的人，曾两次录制吟诵唱片。这些唱片就是研究和传承唐调的最好底本，弥足珍贵。

唐文治第一次吟诵采录在1934年，由华东电气公司录制唱片2张，读文4篇。《唐文治年谱》"1934年（民国二十三年 甲戌）70岁"条记载："6月30日，交通大学在文治堂举行第三十四届毕业典礼。立法院孙科、铁道部代表吴绍曾、市政府秘书长俞鸿钧参加典礼。应校长黎照寰之邀，唐文治参加毕业礼，并发表演讲。'见'到离校十三年后的同学，'相与执手，欢甚'。随之赴上海华东电气公司灌留声机片音，读文四篇。本届毕业生中有日后成为'中国航天之父'和'火箭之王'的机械工程学院学生钱学森。"③可惜的是，这次吟诵的篇目和内容已佚。第二次吟诵采录在1948年，由大中华唱片公司录制灌音片两种，分别为"正集十张""通用集五张"。《唐文治年谱》"1948年（民国三十七年 戊子）84

---

① 魏嘉瓒：《最美读书声——苏州吟诵采录》，长江文艺出版社2014年版，第226页。
② 陈少松：《古诗词文吟诵》，社会科学文献出版社2002年版，第320页。
③ 陆阳：《唐文治年谱》，上海三联书店2013年版，第345页。

岁"条记载:"农历正月,由薛桂轮、谢绍相(字仲显,生卒年不详)、周树慈(字志仁,生卒年不详)、陆景周、陆汝挺、冯振及唐庆诒等,发起为唐文治读文灌制唱片,由薛桂轮总其成。灌音唱片为上海大中华唱片厂所制,正集凡十张,每张收录读文两篇;又发行通用集五张,每张两篇。内有中英文对照,英文译文为唐文诒所撰。所录内容包括《诗经·鸨羽》《卷阿》《棠棣》《谷风》《伐木》,《楚辞·云中君》(有误,应为《湘君》)《湘夫人》,《左传·吕相绝秦》《史记·屈原列传》,诸葛亮《前出师表》,韩愈《送李愿归盘谷序》,李华《吊古战场文》,欧阳修《秋声赋》《丰乐亭记》《五代史·伶官传序》《泷冈阡表》,范仲淹《岳阳楼记》,苏轼《水调歌头》,岳飞《满江红》,昆曲《长生殿小宴》。"①

这两种唱片同时发行,正集名为《唐蔚芝先生读文灌音片》(10张LP唱片),附《唐蔚芝先生读文灌音片说明书》,收有《唐蔚芝先生读文法讲词》《唐蔚芝先生读文法纲要》《国学大师唐蔚芝先生读文灌音片缘起》及各篇目录。通用集名《唐蔚芝先生读文灌音片通用集》(5张LP唱片),为正集唱片的选辑版,附《唐蔚芝先生读文灌音片通用集说明书》,收有唐庆诒《英文介绍辞》、薛桂轮《英文总说明》及各篇目录。其中,正集《唐蔚芝先生读文灌音片》的内容最为丰富,具体篇目如下(前方数字为上海大中华唱片厂的唱片编号):

1362 第一片上:唐文治述:唐蔚芝先生读文法讲辞

1363 第一片下:唐庆诒述:唐谋伯先生英文介绍辞

1389 第二片上:唐文治读:欧阳修《秋声赋》

1406 第二片下:唐文治读:欧阳修《丰乐亭记》

1407 第三片上:唐文治读:李华《吊古战场文》(上)

1408 第三片下:唐文治读:李华《吊古战场文》(下)

1396 第四片上:唐文治读:欧阳修《五代史·伶官传序》

1397 第四片下:唐文治读:范仲淹《岳阳楼记》

1392 第五片上:唐文治读:司马迁《史记·屈原列传》(上)

---

① 陆阳:《唐文治年谱》,上海三联书店2013年版,第446页。

1393 第五片下：唐文治读：司马迁《史记·屈原列传》（下）

1394 第六片上：唐文治读：诸葛亮《前出师表》

1395 第六片下：唐文治读：韩愈《送李愿归盘谷序》

1390 第七片上：唐文治读：《诗经·鸨羽》《诗经·卷阿》

1391 第七片下：唐文治读：欧阳修《泷冈阡表》

1384 第八片上：唐文治读：《诗经·棠棣》《诗经·谷风》《诗经·伐木》

1385 第八片下：唐文治读：岳飞《满江红》

1388 第九片上：唐文治读：《楚辞·九歌·云中君》（有误，应为《湘君》）《楚辞·九歌·湘夫人》、苏东坡《水调歌头》

1387 第九片下：唐文治读：《左传·吕相绝秦》

1386 第十片上：唐文治读：唐若钦《迎春诗》《送春诗》

1364 第十片下：唐文治、唐庆诒合唱：昆曲《长生殿·小宴》（第一段）

　　唐文治父子的中英文演讲除外，唱片共收诵读和合唱作品 22 种，内容十分丰富，文体有诗、词、文、赋、曲、表等多种样式，时代从先秦降及晚清，纵深极大。这些音频依照文体可以分为 7 种：

　　古文 9 篇：司马迁《史记·屈原列传》、诸葛亮《前出师表》、韩愈《送李愿归盘谷序》、李华《吊古战场文》、范仲淹《岳阳楼记》、欧阳修《秋声赋》《丰乐亭记》《五代史伶官传序》《泷冈阡表》

　　诗经 5 篇：《鸨羽》《卷阿》《棠棣》《谷风》《伐木》

　　楚辞 2 篇：《湘君》《湘夫人》

　　儒经 1 篇：《左传·吕相绝秦》

　　诗歌 2 首：唐若钦《迎春诗》《送春诗》

　　宋词 2 阕：苏东坡《水调歌头》、岳飞《满江红》

　　昆曲 1 首：《长生殿·小宴》（第一段）

　　在这 7 种作品中，最后一个昆曲是父子合唱，属于戏曲的范畴，其余的 6 种都属于吟诵。唐文治文体意识极强，吟诵时根据不同体式选用不同方法，从而展现出不同的腔调特征。唐门弟子陈以鸿把吟诵方法梳理为四种："老夫子的读文法是颇具特色的。读文法随文体而不同，按先生所读,大致可分为四类。第一类是《诗经》《楚辞》和五七言诗歌。这类文体句法整齐,结构前后重复,读法主要在表达出韵味来。第二类是长短句,在诗歌读法的基础上,随词体不同而变化。第三类是上古散文,以经书为主,因写法古朴,读法也比较庄重而拘谨。第四类是先秦诸子以次的历代散文和骈文,以及一部分韵文。随着文体的蓬勃发展,不仅句法变化多,文章结构变化亦多,相应的读法也错综复杂起来。先生读文法的博大精深,特别体现在这一类文章中。"[1] 根据此分类法,我们可以大体地把握唐文治灌制唱片的作品顺序和串联规则。

唐调的吟诵方法根据文体样式和作品情感的需要而灵活多变,但是总的腔调却仅有读文调、诵经调和吟诗调三种。三种腔调的差别主要表现在旋律章法和尾腔方面。吟诗调用于古典诗词,唐调早期无近体诗可考,"词则根据格律进行吟诵,主旋律 6i653 和 35335 等,尾腔直接拖最后一音";诵经调用于先秦古文和儒家经典,"主旋律为 66i35,调子相对固定,有起承转合之章法,因而重复用两个主旋律,尾腔为结尾的 5 或 3 拖腔";读文调承续了桐城派的古文理论,突出表现文章阴阳刚柔的性质,通用古文,"依字行腔,跌宕起伏,气势纵横,旋律基本按文义和文气进行,主旋律为 555 56i65,尾腔为 6i5。"[2] 如果再进一步梳理三种腔调,考究其来源,唐文治的吟诗调有两种:一种是太仓调为主的江南调,另一种是承续桐城派文脉又糅合方言的自创调。

20 世纪是中国的思想文化、政治经济、科学技术和工业制造等从传统走向现代的时代。世纪之初,西学东渐,中国教育开始从传统书院向现代学校转型,改革家沿着不同的路径探索,蔡元培、胡适等借书院精神改造现代大学,而章太炎、马一浮等则试图重建已经失落的书院。唐文治作为一位中国教育界的工科先驱,从早年的"振兴实业",呼唤西学、提倡洋务,至中年的"教育救国",守望传统、接纳新学,再到晚年的"读经救国",振兴国学、办学讲道,总能应时而变,走出了一条传统与现代相衔接、理工与人文相融合的道路。

---

[1] 陈以鸿:《唐文治 讲国学铿锵悦耳》,《上海交大报》2008 年 3 月 10 日第 4 版。
[2] 朱立侠:《唐调吟诵研究》,中国社会科学出版社 2015 年版,第 96 页。

1907年，43岁的唐文治应邀出任南洋公学的监督（校长）一职，将"造就专门人才，学成致用，振兴中国实业"① 作为办学宗旨，主持在中国高等学校首次开设铁路、机电、商船驾驶、铁路管理等专科，奠定了交通大学的基础。学校先后改名南洋大学、上海工业专门学校，至1921年学校定名交通大学，历时14年，唐文治成为新中国成立前交通大学任期最长、建树最多的校长。唐文治秉持崇德、尚实、重文的办学理念，吟诵也成为课堂和校园生活的一道亮丽风景，开创了中国高等工科学校工文结合的先例。学校设立国文科，成立国文研究会，并在各年级开设国文课，唐文治宣讲"本校国文课特加注意"："科学之进步尚不可知，而淘汰本国之文化，深可痛也！"② 自编一批国文教材，如《国文阴阳刚柔大义》《曾子大义》《大学大义》《论语大义》等。在国文课上，唐文治总是会吟诵古文，学生都会模仿唐调，后期他双目虽近失明，仍坚持授课，背诵经文不差一字，讲解义理精微透彻，诵读古文声音铿锵，唐调风靡学界。著名文学史家、文艺批评家朱东润（1896—1988）15岁时受到唐文治资助与吟诵面授，在复旦大学存有吟诵录像，收《送董邵南序》《张中丞传后序》《秋声赋》《泰州海陵县主簿许君墓志铭》等四篇，与唐调比较，吟诵方法接近，但是腔调差异较大，为目前最早的唐门弟子吟诵音像。据《叶圣陶日记》"1941年1月13日条"记载："避地嘉州"时，"东润来，以所作文《文章之标准》交余，系投《国文月刊》者。文甚长，将近万言，俟明日看之。谈次，余以君时称其师唐蔚芝（文治）先生读文之神妙，请摹读数篇，俾余得其仿佛。君遂为余诵欧阳修《五代史·伶官传序》及《秋声赋》两篇，字字咬清楚，为其长处，其抑扬顿挫，与苏人无大异。据谓唐之声调得自吴挚甫也。君去，余送之。月色皎洁，山树辉映，境至幽寂。至板桥，始各自归。"③ 翻译家、吟诵家陈以鸿，机缘巧合在交通大学和无锡国专先后读书，成为唐文治

---

①　上海高等实业学堂：《邮政部上海高等实业学堂章程》，载《交通大学校史资料选编》（第一卷），西安交通大学出版社1986年版，第206页。

②　唐文治：《函交通部致送高等国文讲义》，载《唐文治教育文选》，西安交通大学出版社1995年版，第117—119页。

③　叶圣陶：《叶圣陶日记》，商务印书馆2017年版，第271页。

晚年的弟子，在吟诵理论研究和实践推广方面做了大量工作，采录有《丰乐亭记》《岳阳楼记》《秋声赋》《出师表》等篇目，吟诵方法和腔调非常接近唐文治先生。

中国传统文化具有天人合一、体用不二的性质。儒学作为传统文化的内核，在天道转化为人道的过程中，不仅规范着人们的现实行为，同时也指明了人生信仰。20世纪20年代初的中国，在科学、民主的冲击下，孔家店被推倒，实用价值论取代了儒学传统，存在形而上缺失的问题。在"从全、从新、从变、从速"的文化激进主义心态下，学界多试图用最直接、最极端的方式挽救艰难的时局。在这么一个文化转关的时刻，唐文治感于"学风愈不靖"，以吟诵作为讲授文学和培养人格的门径，创办了无锡国学专修馆，1927年改名无锡国学专修学校。陈平原评价说："对传统文化大有好感，可又能顺从浩浩荡荡的世界潮流，与现代教育制度接轨的，当推唐文治先生创办的无锡国专。"[①] 唐先生在1947年春天的校友会训辞中说："读文一事，虽属小道，实可以涵养性情，激励气节。近时诸同学为鄙人读文灌音，本月杪可出版问世。诸同学注意读文，则精神教育即在于是。他日家弦户诵，扩充文化，为文明教育最盛之邦，其责任实在于我诸同学。"[②] 并在《论读文法》开宗明义："作文之气，当与天地清明之气相接，谅哉顾亭林先生之言。天地阖关之气不可见，可见者则昼夜之运行而已；人生节宣之气不可闻，可闻者文章诵读而已。然则诵读者所以节天地清明之气，而与为节宣者也。养天性在此，感人心亦在此。是以孔子言'诵诗三百'。子路谓：'何必读书，然后为学？'孔子斥之。孟子言'诵诗读书'。荀子言'诵数以贯之，思索以通之。''诵数'者，思索之本也。非诵读何以能精思哉？自古圣贤皆以诵读为我儒之先务，宋朱子读书法，言之尤详。乃近时学校于诵读绝不措意，甚至有笑为守旧者，吾不知其何说。凡东西国学校，非特文字当熟读，即史地等书亦无不熟读。惟熟读乃能印入脑筋，书乃为我所有。故

---

① 陈平原：《传统书院的现代转型——以无锡国专为中心》，载《中国大学十讲》，复旦大学出版社2002年版，第71页。

② 唐文治：《无锡国专校友会春季大会训辞》，载《唐文治教育文选》，西安交通大学出版社1995年版，第313页。

凡考察学校诵读之声朗然者，其校必兴盛可知也；诵读之声寂然者，其校必腐败可知也。"① 唐文治作为校长，将诵读与学校学风联系在一起，构筑了声音、文气、神情、境界的四层读书体系，吟诵在无锡国专广为传播，英才辈出。著名文学史家、诗人钱仲联，本有吟诵家学功底，1924 年入无锡国专学习，"唐先生诵古文也诵诗，但不诵骈体文。钱先生读古文的方法，是得唐先生师承的，至于读诗词则是得到他的同门师兄王蘧常教授的影响。"② 钱仲联的吟诵录音为唐调传人中最早、最全的音频资料，涵盖了诗经、楚辞、古文、古体诗、近体诗、词、骈文、赋八种文体。同唐文治的吟诵相比，《诗经》《楚辞》与唐文治的吟诵基本相同，属正宗的唐调；古体诗《圆圆曲》《听女道士卞玉京弹琴歌》等七言古诗的节奏与旋律同唐文治相近，仅在结尾处有疾缓之别；《出师表》《吊古战场文》《丰乐亭记》《祭张员外文》等古文，虽然腔调接近，但是勇气与发声差别较大，唐文治用气浑厚宽宏，发声自然，而钱仲联用气细弱高亢，在四象之中长于阴柔类。萧善芗为唐调著名的女弟子，用气和发声的方法深得唐文治真传，开创性地以唐调吟诵《饮酒》等五言古诗，最早提出了"读经调"一说，认为唐文治在吟诵以儒家经典为主的上古散文时，所用腔调与其他古文不同，同时强调唐调无吟诵格律性诗词的例证，在四象之中长于阴柔类。吟诵家、南京师范大学教授陈少松为唐调第二代代表性传人，师承钱仲联，在四象上长于阴柔类，以情韵取胜。理论研究也多有建树，著有《古诗词文吟诵研究》《论语选吟》。魏嘉瓒师承葛毅卿、高树森、蒋庭曜等人学习吟诵，长于古诗，多加修饰，具有音乐性，尾腔一唱三叹，《长恨歌》《木兰辞》传诵较广，著有《最美读书声——苏州吟诵采录》。

三　唐调的特色

唐调的特色主要表现在腔调和读法两个方面。腔调，可以专指某吟

---

① 唐文治：《论读文法》，《无锡国专月刊》1937 年第 5 期。
② 严明：《钱仲联谈诗文吟诵》，载《最美读书声——苏州吟诵采录》，长江文艺出版社 2014 年版，第 176 页。

诵调子，如华调、苏州调等，实际上是吟诵种类的称谓。又可以细化梳理发声、节奏和旋律等方面的特征。

（一）节奏特征

所谓节奏，主要指吟诵时文字之间的时值关系，由语音的高低、轻重、长短和快慢的变化形成，尤以语音长短至为重要。须注意，文学作品的节奏形式是一种语言节奏，按照自然音步组合，两个音节构成一个音步，依次沿着时间轴线延展。而吟诵的节奏形式是一种音乐节奏，不仅受到语言、文学和音乐的影响，还同吟诵方法密切相关。因此，吟诵虽以语言节奏为基础，却也不避偏离语言节奏的技术处理。

从声律的角度辨析吟诵节奏，古代文体分为格律和非格律两大类。律诗、词和骈文属于格律类文体，古诗和古文属于非格律类文体，二者吟诵的方法与调子皆有不同。在唐文治流传的吟诵音频和文字资料中，仅有两首词，无涉格律诗，当今唐门弟子的关于格律诗的吟诵调子，也并非唐调。唐调的吟诵偏重于古文，长于非格律文体。故此，这里重点把唐调传统的《诗经》《楚辞》、古诗、经文、古文等文体，分为诗词和古文两大类进行吟诵节奏和旋律分析。

诗词的篇幅句式长短不一、叙事抒情的功能各异，吟诵节奏也不一样。"吟诵"是一个联合词组，其节奏有"吟"与"诵"两种，"吟"松"诵"紧，在诵读时因文体不同而表现为不同的疏密关系。刘熙载《艺概》说："诵显而歌微。故长篇诵，短篇歌；叙事诵，抒情歌。诗以意法胜者宜诵，以声情胜者宜歌。古人之诗，疑若千支万派，然曾有出于歌诵外者乎？"[①] 诗词的情思有显豁和隐微的差别。长篇或叙事的诗词，多用与说话相近的诵，清晰地表达相对繁复的内容；短篇或抒情的诗词，则多用与歌唱相近的吟，尽情地抒发细微的感情。

1.《诗经》的节奏

《诗经》的句式，绝大多数为四言，五、六、三言次之，偶有二、七、八言。在语言节奏上，四言句两字一顿，节奏点在中间平分，而吟诵节奏相对灵活一些。唐调的吟诵节奏比较独特，现存唐文治吟诵《诗

---

① （清）刘熙载撰：《艺概》，上海古籍出版社1978年版，第76—77页。

经》作品 5 篇，四言句的吟诵节奏基本是两顿三拍，前两字一拍，后两字各一拍，如《国风·邶风·谷风》（第一节）："习习/谷/风，以阴/以/雨。黾勉/同/心，不宜/有/怒。采葑/采/菲，无以/下/体？德音/莫/违，及尔/同/死。"唐门弟子由此传承，无锡钱绍武吟诵《短歌行》、郭广伟吟诵四言句时皆处理为三拍。唐调的四言句选择三拍，既有自身恪守"吟诵读书法"的原因，"这大概与唐调的尾腔习惯有关。由于每句最后一字有一个拖腔（押韵处）或者暂停（非押韵处），所以需要单独作为一拍。而如果要产生尾腔，则在前一个字就应该蓄势。"① 当然，唐调四言句也可能受到了蒙学的三节拍的启发。

2.《楚辞》的节奏

《楚辞》的句式比较复杂，以五言、六言为主，间杂四言、七言，多用语气词"兮"，"以""夫""之""与""而""此""其"等虚词也较为常见。《楚辞》的主要句式有两种：第一种是以五言为基础句，语言节奏是上三下二，即前三字一拍，后两字一拍，第三字后加入虚词，就形成"一二一二"的六言句，语言节奏是上三下三，如《九歌·云中君》："浴/兰汤/兮/沐芳，华/采衣/兮/若英。灵/连蜷/兮/既留，烂/昭昭/兮/未央。"第二种是以五言为基础句，第三字后和句尾皆加入虚词，就形成的"一二一二一"的七言句，语言节奏是上四下三，即在虚词处停顿。如《离骚》："帝/高阳/之/苗裔/兮，朕/皇考/曰/伯庸。"吟诵节奏与语言节奏有别，"唐调《楚辞》时，以'兮'字为界，把每一句分成两部分，前一部分作一拍，后一部分末尾两字各作一拍，若中间还有字则两字一拍，每句总数一般不超过四拍。"② 五言句吟为三拍，如《九歌·湘君》："石濑兮/浅/浅，飞龙兮/翩/翩。"六言句吟为三拍，如《九歌·云中君》："浴兰汤兮/沐/芳，华采衣兮/若/英。灵连蜷兮/既/留，烂昭昭兮/未/央。"七言句也吟为三拍，如《离骚》："帝高阳之/苗裔/兮，朕皇考曰/伯/庸。"八言句则吟为四拍，如《九歌·湘君》："扬灵/兮/未/极，女婵媛兮/为余/太/息。"

---

① 朱立侠：《唐调吟诵研究》，中国社会科学出版社 2015 年版，第 174—175 页。
② 朱立侠：《唐调吟诵研究》，中国社会科学出版社 2015 年版，第 175 页。

唐调吟诵《楚辞》和《诗经》，采用了相同的节奏模式和腔调，关键处和巧妙处在句尾二字因拖腔长吟而产生的美声效果。这种吟的方式是节律性短句的基本吟诵方法，古文和古诗也经常运用。

3. 古诗的节奏

古诗，也称古体诗、古风，体裁分"歌""行""吟"，形式有四言、五言、七言。唐调吟诵古诗，采用了诵的方式，依照两字一拍、字字均分的语言节奏行进，末尾一字或有休音。四言句式的吟诵节奏：二拍，无休音；五言句式的吟诵节奏：三拍，末尾一字有1/2拍的休音；七言句式的吟诵节奏：四拍，末尾一字有1/2拍的休音。

有趣的是，古体诗的年代非常久远，而近体诗后出，后人在创作古体诗时为了分辨体式，就归纳了诸多避免合律的规则，比如"孤平""三平调"等。唐文治的吟诵音频中有其父唐若钦作的两首七言古诗，《迎春诗》与《送春诗》。这两首诗四句一韵、平仄交替、自然流转，属于八韵的歌行体。唐若钦为了有别近体诗，特意使用了仄韵、转韵和非律句，如《迎春诗》："一番花信回阳春，千门万户景象新。来从东郊德在木，太和元气相弥纶。"第一句、第四句的结尾三字"回阳春""相弥纶"都是平声；《送春诗》："莺莺燕燕啼江南，晴天沉醉春光酣。碧桃盛开杂秾李，争艳斗媚何狂憨。"第一句、第二句和第四句的结尾三字"啼江南""春光酣""何狂憨"也都是平声。唐文治在吟诵时，注意到了七言古诗的转韵和"三平韵"等特征，处置较为巧妙：在转韵的四个句子中，前三句为两字一拍；第四句的前四字两字一拍，结尾三字各自一拍，并且最后一字拖腔。《迎春诗》的吟诵节奏：

一番/花信/回阳/春—，千门/万户/景象/新—。来从/东郊/德在/木—，太和/元气/相—/弥—/纶——。

唐调吟诵节奏符合古诗的文体特征，一般句式为两字一拍的节奏，转韵句式为尾部一字一拍，最后一字长吟拖腔。总体上，唐调吟诵古诗具有语速快、节奏感强、基础句字均衡的特点。

4. 词的节奏

词相对复杂，据清康熙时陈廷敬和王奕清等编《词谱》记载，有 826 调、2306 体，尚有许多未录。各种词调的长短、句式、声情变化繁多，吟诵有一定的难度。词的吟诵方法，传承至今的主要有两种：其一，按照格律诗的规则吟诵；其二，用歌唱的形式来吟唱。正如秦德祥所说："至于吟词，有人以'诵'的节奏形态为主，也有人采用近于'唱'的方式。"① 在吟诵词时，平声字多用"吟"的节奏方式，仄声字多用"诵"的节奏方式。其实，所谓"歌唱"或"吟唱"，就是"吟"的美声延展。

唐文治的吟诵音频中，有苏轼的《水调歌头》和岳飞的《满江红》两首词。二词都属于长调，前者平声韵，后者仄声韵。唐文治在吟诵时，采用了偏于"吟唱"的方法，突破了格律诗"平长仄短"规则，部分仄声字被长吟拖长。

满江红

（宋）岳飞

怒发冲冠，凭栏/处，潇潇/雨歇。抬望/眼，仰天/长啸，壮怀/激烈。三十功名/尘与土，八千/里路云和/月。莫等闲/白了少年/头，空悲/切！

靖康/耻，犹未雪；臣子恨，何时/灭？驾长车/踏破贺兰/山缺！壮志饥餐/胡虏肉，笑谈/渴饮匈奴/血。待从头/收拾旧山/河，朝天/阙！

《满江红》的有三言、四言、五言、六言、七言等句式，节奏变化非常丰富。吟诵时，基本遵循两字一节、平长仄短的规则，又有独特处理：平声字在节奏点位置，皆稍微延长；入声字在句中出现，皆快速吟过；入声字为句尾韵字，则拖腔长吟，如"月""切""血""阙"等。如上下阕的七言对仗句"三十功名/尘与土，八千/里路云和/月"与"壮志饥餐/胡虏肉，笑谈/渴饮匈奴/血"，完全是格律诗的吟诵节奏，而"三十

---

① 秦德祥：《吟诵音乐的节奏形态及其特征——以六首〈枫桥夜泊〉的吟诵谱为例》，《音乐艺术》（上海音乐学院学报）2004 年第 2 期。

功名/尘与土"句中的"十"字为入声短吟,至第四个"名"为平声长吟,从而形成了前疾后缓节奏,尤见平仄之精微。

水调歌头

（宋）苏轼

明月几时/有？把酒问青/天。不知/天上/宫阙,今夕是何/年。我欲/乘风/归去,又恐/琼楼/玉宇,高处不胜/寒。起舞弄清/影,何似在/人间？

转/朱阁,低/绮户,照无/眠。不应/有恨,何事/长向/别时/圆？人有/悲/欢/离/合,月有/阴/晴/圆/缺,此事古/难全。但愿/人长/久,千里/共婵/娟。

《水调歌头》有三言、四言、五言、六言等句式。吟诵时基本遵循两字一节、平长仄短的规则,主要根据文意划分节奏。如"明月几时/有？把酒问青/天""起舞弄清/影,何似在/人间"等律句,完全是格律诗的吟诵节奏。而"人有/悲/欢/离/合,月有/阴/晴/圆/缺"句,分别由"人有""月有"两字一节领起,前有"悲/欢/离/合"四种人类情感,后有"阴/晴/圆/缺"四种自然现象,前后对仗,一字一顿,则是按照文意处理,强调主旨。

"诗讲平仄,词讲四声。"[①] 总体上,唐文治是在按照汉语的四声规则吟诵词,入声为促声,短促有力,吟半拍；平、上、去三声为舒声,一字一拍,延展均衡。

5. 文章的节奏

唐文治吟诵的文章,有经文和古文两大类。经文和古文的吟诵节奏相近,一般采用诵的方式,速度较快。文章吟诵节奏主要受到句式和风格的影响。

句式是文章的具象表现特征。吟诵节奏与语言节奏不完全同步,字数和结构等句式因素直接影响着吟诵。先说一下字数,文章每句的字数

[①] 陈江风、宋丽娜：《中华经典吟诵教程》,河南大学出版社2020年版,第118页。

从单字至十数个不等,甚至更多。由于单字和双字的句子较少,且仅一字一拍或平分两拍,而字数较多的长句式在结构上可以划分为若干个字数少的小句式,此处均暂不论。这里以唐文治吟诵《秋声赋》音频为例,从句子的字数因素分析唐调的吟诵节奏。

秋声赋

(宋) 欧阳修

欧阳子方夜读书,闻有声自西南来者,悚然而听之,曰:"异哉!"初淅沥以萧飒,忽奔腾而砰湃,如波涛夜惊,风雨骤至。其触于物也,鏦鏦铮铮,金铁皆鸣。又如赴敌之兵,衔枚疾走,不闻号令,但闻人马之行声。余谓童子:"此何声也?汝出视之。"童子曰:"星月皎洁,明河在天,四无人声,声在树间。"

余曰:"噫嘻悲哉!此秋声也。胡为而来哉?盖夫秋之为状也:其色惨淡,烟霏云敛;其容清明,天高日晶;其气栗冽,砭人肌骨;其意萧条,山川寂寥。故其为声也,凄凄切切,呼号愤发。丰草绿缛而争茂,佳木葱茏而可悦,草拂之而色变,木遭之而叶脱。其所以摧败零落者,乃其一气之余烈。

夫秋,刑官也,于时为阴;又兵象也,于行为金。是谓天地之义气,常以肃杀而为心。天之于物,春生秋实,故其在乐也,商声主西方之音,夷则为七月之律。商,伤也,物既老而悲伤;夷,戮也,物过盛而当杀。

嗟乎!草木无情,有时飘零。人为动物,惟物之灵,百忧感其心,万事劳其形,有动于中,必摇其精。而况思其力之所不及,忧其智之所不能,宜其渥然丹者为槁木,黟然黑者为星星。奈何以非金石之质,欲与草木而争荣?念谁为之戕贼,亦何恨乎秋声!

童子莫对,垂头而睡。但闻四壁虫声唧唧,如助余之叹息。"

《秋声赋》吟诵三言句式为两拍,前两字一拍,后一字一拍,二一节奏,如"欧阳/子"。四言句式均为分两拍,二二节奏,如"鏦鏦/铮铮,金铁/皆鸣",又如"星月/皎洁,明河/在天,四无/人声,声在/树间"两组四句,分成八个节拍,每句中前拍匀速、后拍长吟,韵律性强。五言句为三拍，两字一拍，句尾单字一拍拖腔，若为入声字则加字拖腔。二二一节奏，如"百忧/感其/心⌒⌒，万事/劳其/形——"，最后的"心"字稍微拖腔，"形"字长吟。六言句为四拍，有两种吟诵节奏，第一种为二一一二节奏，如"草拂/之/而/色变，木遭/之/而/叶脱"；第二种为一二一二节奏，如"初/淅沥/以/萧飒，忽/奔腾/而/砰湃"。其实，六言句的吟诵节奏为按照语言节奏和逻辑关系划分的三言句的组合，"而""以""之"等虚词一字一拍，长吟拖腔是节奏变化的原因和关键。七言句可以分解为三言与四言句的组合，或者二言与五言句的组合，吟诵时平声较仄声稍长，句首的平声字尤其要长吟，用时甚至超过句内节奏点的平声字，这与律句中的节奏点多在偶数字平声时长吟截然不同。如"丰草/绿缛而/争茂，佳木/葱茏而/可/悦——"，"丰"和"佳"就比句中的节拍所在字"草"和"木"吟诵用时还要长。

  风格是文章的整体表现特征。文章的主旨、内容和情感决定了文章的性质和风格，同时也影响了吟诵的节奏。唐文治进一步拓展了桐城派的文章理论，把古文分为阴柔、阳刚等不同的性质，并在吟诵中形成了不同的节奏风格。1930年，唐文治在无锡县立初中演讲读文法："读文有抗坠抑扬曲直敛侈之妙。质而言之，读法有五：曰急读，缓读，极急读，极缓读，平读。其音亦分五：曰长音，短音，高音，轻音，平音。其气为二：曰疾，曰徐。大抵阳刚之文，宜急读，极急读，高音，短音，而其气疾；阴柔之文，宜缓读，极缓读，长音，轻音，而其气徐；少阳少阴之文，宜平读，平音，而其气在不疾不徐之间。然亦须因时制宜，未可拘泥。"[①] 唐调的吟诵节奏深受阴阳、刚柔的文章性质影响，由之产生读法的缓急、音调的长短、用气的急徐等变化。

  总体而言，唐调的吟诵节奏是以两字一顿、一句一停的语言节奏为基础，根据文体样式和情感表达的需要，进行平仄声调和结构位置等因素的配合而形成的节奏形态。

（二）旋律特征

  语言与音乐同源，美也与生俱来。卢梭在《论语言的起源兼论旋律

[①] 唐文治：《县初中敦请唐蔚芝先生讲学》，《新无锡》1930年11月23日。

与音乐的模仿》中说:"诗歌先于散文而生,因为感觉先于理智,音乐也是这样。最初,没有音乐,只有旋律,而旋律仅仅是言语的声音变化。"[1] 诗文的声调变化与音乐的旋律起伏具有亲缘性,兼有声韵两种属性。诗文的韵如同音乐中的调,韵部设定了韵字的选用范围,调式设定了音阶与和弦的选用范围;声分平仄,在同一调式内,平声韵居多,可视为正调式,仄声韵少见,则视为副调式。而诗文中途换韵,犹如音乐曲中转调,正所谓"无韵不成诗,无调不成曲"。依照前文,分五类介绍唐调的旋律特征。

1. 《诗经》的旋律

唐文治吟诵的《诗经》,调子相对固定。这里以《诗经·鸨羽》为例,分析唐调的旋律特征。

鸨 羽

1 = A （稍慢）

唐文治吟诵 秦德祥记谱

| 6 6 1 | 3 ³5 | 6 6 1 | 3 ³5 - | 2̇ 2̇3̇ | 1̇ 1̇ | 2̇ 2̇3̇ | 1̇ 6 5 - |

肅肅鴇羽,　集于苞栩。　王事靡盬,　不能蓺稷黍。
肅肅鴇翼,　集于苞棘。　王事靡盬,　不能蓺黍稷。
肅肅鴇行,　集于苞桑。　王事靡盬,　不能蓺稻粱。

| 6 6 1 | 3 ³5 - | 2̇ 2̇3̇ | 1̇ 1̇ | 2̇ 2̇3̇ | 1̇ 6 5 - |

父母何怙?　悠悠苍天!　曷其有所?
父母何食?　悠悠苍天!　曷其有极?
父母何尝?　悠悠苍天!　曷其有常?

唐调吟诵的《诗经》旋律,根据音高分为上调和下调两种。上调音高,以高音 2̇ 起音,用于结尾时有 1̇65 的尾腔;下调音低,以 6 起音。旋律发展,四句一组,十分巧妙。一、二句相同,三、四句相似(仅尾腔不同),既避免了单调重复,又显示了严谨章法。音域较窄,一般只跨 3—3̇ 一个八度;音阶较少,只有 12356,为中国传统的五声调式。

---

[1] [法]卢梭著:《论语言的起源兼论旋律与音乐的模仿》,吴克峰、胡涛译,北京出版社 2009 年版,第 74 页。

《诗经》的旋律特征与作品章法结构吻合。《诗经》四句一章，因此唐调吟诵首句以下调开始，第二句重复下调，第三句换成上调，第四句为上调带尾腔，四句一章就形成了复中求变的形式。后面各章照此反复。如果一章只有三句，则不重复第二句的下调。

2.《楚辞》的旋律

唐文治吟诵《楚辞》的调子与《诗经》相近，只是章法不同。例如以《楚辞·湘君》。

湘君（节选）

1＝B（中速）

唐文治吟诵　秦德祥记谱

以上乐句共使用了八种旋律：

A——6 6 6̇1 3̇ 5，出现 11 次。

A₁——6̇ 1̇ 333 3̇ 3 5，出现 1 次，A 的变体，中间延长。

B——2 2 11 23 1，出现 1 次，与 A 不同。

B₁——66 66 65 6，出现 1 次，前与 B 同，后与 B 相反。

B₂——66 1 1 2 1，出现 1 次，与 B 类似。

B₃——6 2 11 23 1，出现 1 次，起音稍有变化，后与 B 相同。

C——6 6 11 1̇6 5，出现 1 次，与 A、B 皆不同。

C₁——33 35 6̇15，出现 1 次，C 的变体。

朱立侠分析发现，《楚辞·湘君》实际只有三种基本旋律，其中 A 种运用最多，为主旋律。把 A 种的基本旋律"6 6 6 1̇ 3 5"与《诗经·鸨羽》的相关句对比，就会发现二者完全一致，只是由于句式增长而在前面加了半拍 6。可见，唐文治吟诵《诗经》《楚辞》使用的是同一个调子。当然，由于《诗经》的句式和章法相对简单、整齐，多四言一句、四句一章，旋律也就相对单一、固定；而《楚辞》为杂言体，多六言、七言，句式参差、长句居多，句式和章法也更为丰富。为了适应句式参差的变化，唐调从主旋律演变出诸多变体。如四言句"6̇ 6̇ 1̇ 3 5"变成五言句、六言句时第一拍由 16 分音符变成了 8 分音符，从而节奏变慢，成为"66 6 1̇ 3 5"。两种吟诵旋律之间的复与变，渗透着唐文治对中国诗歌体式演进的动态认识。

3. 古诗的旋律

近体诗严守格律，吟诵时受到字音声调的平仄限制，在语音的长短、高低等方面形成了对立，必须选择对称的方式，所以没有固定的乐句。而古体诗不讲究格律，吟诵时的字音声调灵活，便于音乐性展现，多使用模进的方式，因此多用一些大体固定的乐句。所谓模进，即模仿进行，是一种常用的带有重复性的发展旋律手法，也称移位。具体来讲，就是将某一音乐材料（主旋律片段）在不同高度上（二三度音程居多）进行上移或者下移。在吟诵时，旋律片段的组合关系具有以下特点：其一，在音高上，数个片段主旋律形成上、中、下的层次。其二，在章法上，数个片段主旋律根据作品的内容进行组合，依次循环使用，吟诵者对作品的理解决定了选调类型。其三，在表现上，同一个片段主旋律用于不同的作品，可以根据句子字数变化和情感需要进行微调，由此表现出吟诵的即兴性和多样性。其四，在衔接上，数个片段主旋律之间，可以穿插过渡性的乐句，多有自由延伸和即兴发挥的情况。唐文治曾经吟诵过两首七言古诗《迎春诗》《送春诗》，举一分析。

送春诗

（清）唐若钦

唐文治吟诵，秦德祥记谱

1=F
（中速，稍快）

| 6 6 6 5 6 6 5 6 | 6 6 6 6 5 6 5 6 | 2 3 2 1 1 2 3 3 2 1 | 6 6 6 6 1 3 5 — |
| 一番花信回阳 春，千门万户 景象 新。来从 东郊德在 木，太和 元气相 弥 纶。

| 6 6 6 5 6 6 5 6 | 6 6 6 6 5 6 5 6 | 2 3 2 1 1 2 3 3 2 1 | 6 6 6 6 1 3 5 — |
| 记得咚咚 鸣腊 鼓，桃梗悬枝 并画 虎。预识 平原春草 生，争看 曲径寒 梅 吐。

（突慢，至曲末逐渐加快）

| 3 5 3 5 3 2 1 2 1 3 2 3 5 | 1 1 6 6 1 6 · 5 3 | 6 5 6 1 1 5 6 5 3 | 5 6 1 6 6 5 3 — |
| 几度 冰霜 着意 催， 渡江 已报早春来。 二分艳色梨云酿， 十里晴光杏坞开。

| 3 5 6 6 1 6 5 6 | 6 5 6 3 5 6 1 3 | 6 6 1 3 · 1 1 1 | 6 6 6 6 1 3 5 — |
| 东风处处闻莺燕， 夜游秉烛谁开宴。相期刻翠 并栽红， 金谷联吟集 群 彦。

| 5 3 3 3 5 2 3 3 2 1 | 3 2 3 5 1 5 6 5 3 | 6 1 1 6 6 1 | 6 6 · 1 1 3 5 — |
| 豪情醉月 迭飞 觞，花落 分沾 衣袖香。但取词章谐鼓吹，哪须 管弦按宫 商。

| 5 3 6 1 6 6 5 1 | 6 1 6 6 5 6 | 2 2 3 1 1 2 2 3 | 6 6 · 1 1 3 5 — |
| 朝吟一曲 春光 晓，婉转 繁音答好 鸟。隔院 藤阴绿渐 浓，入帘 柳絮烟 微 袅。

| 5 3 3 2 3 5 2 3 3 2 1 | 3 2 3 3 5 1 5 6 5 3 | 6 1 1 1 6 6 1 | 6 5 6 6 6 1 3 5 — |
| 何人拾翠 向晴 郊，潜听 花丛 蝶版敲。斗酒双柑饶别 趣，忍将 春色等闲 抛。

| 5 3 3 5 6 3 5 6 | 6 1 6 6 6 5 6 | 6 3 2 1 1 1 3 2 | 6 6 1 1 3 5 6 1 3 — |
| 盎然淑气周环 宇（啊），千红 万紫从头 数（啊）。迎得 韶光有几 时，莫遽 离情动南 浦。

这首七言古诗的吟诵，有以下特点：其一，节奏紧凑，速度较快。主要使用了诵的方式，韵字则用吟的方式。第三章起句较慢，每章末句有尾腔。其二，每个乐句收尾的基本旋律是"6 6 6 6 1 3 5"，与《诗经》a 句、《楚辞》A 句相同，这说明唐调的七言古诗与《诗经》《楚辞》的

主旋律一致，属于同调。其三，结构上，第一、二章旋律结构一样，第三、四章旋律相近（起承两句稍异），第五、七章旋律相似（承句稍异），第六、八章旋律相似（转句稍异）。其四，章法多变，同中有异。前四章以并列方式呈现，后四章以交叉方式呈现。其五，音调的高低与曲折起伏适中，旋律变化在二、三度之间，声韵较为平稳。

4. 词的旋律

在文学体裁中，词与近体诗最为接近，被称为"诗余"。因为二者都建立在汉语声调的基础上，所以吟诵方法和腔调也较为接近。正如赵元任《新诗歌集·序》所言："在中国吟调儿用法的情形，大略是这样：吟律诗是一派，吟词又是一派，吟古诗又是一派，吟文又是一派；吟律诗的调儿跟吟词的调儿相近而吟文的调儿往往与吟古诗的调儿相近。"① 粗略地讲，词的吟诵方式有两种：要么套用近体诗音调，要么吟唱。唐调词的旋律也有两种。

唐文治吟诵录音中，有苏轼的《水调歌头》和岳飞的《满江红》，这两首词均采用了吟唱的方法。

水调歌头——明月几时有

（宋）苏 轼

唐文治吟诵，秦德祥记谱

---

① 赵元任：《赵元任全集》第 11 卷，商务印书馆 2005 年版，第 7 页。

满江红

(宋) 岳 飞

唐文治吟诵，秦德祥记谱

[简谱：1=D（慢速）]

怒发冲冠，凭栏处、潇潇雨歇。抬望眼、仰天长啸，壮怀激烈。
三十功名尘与土，八千里路云和月。莫等闲、白了少年头，空悲切。
靖康耻，犹未雪。臣子恨，何时灭。驾长车踏破，贺兰山缺。
壮志饥餐胡虏肉，笑谈渴饮匈奴血。待从头、收拾旧山河，朝天阙。

　　两首词均采用了相同的吟诵调子。具体旋律特点如下：其一，递进式地运用了下、中、上三调，吟诵时从下调起音，然后逐渐上升为中调、上调。其二，音域较窄，跨度在一个八度之内。其三，未见4和7半音，为中国五声调式，起调与毕曲皆在3上，属于五声的角调式。

　　两首词均为双阕长调，篇幅较大，吟诵旋律却仅由"３５３３５"和"６１６５３"尾腔等少数旋律片段及其变种组合而成，律动而简约。简言之，韵脚主旋律"６１６５３"形成长拖腔，是唐调吟唱词的标志性特点之一。

　　唐门弟子对词的吟诵旋律，多有变化。陈少松就常套用近体诗的旋律去吟诵词。试以晏几道《临江仙》（梦后楼台高锁）（上阕）和杜牧《清明》为例，对比分析：

临江仙（上阕）

（宋）晏几道

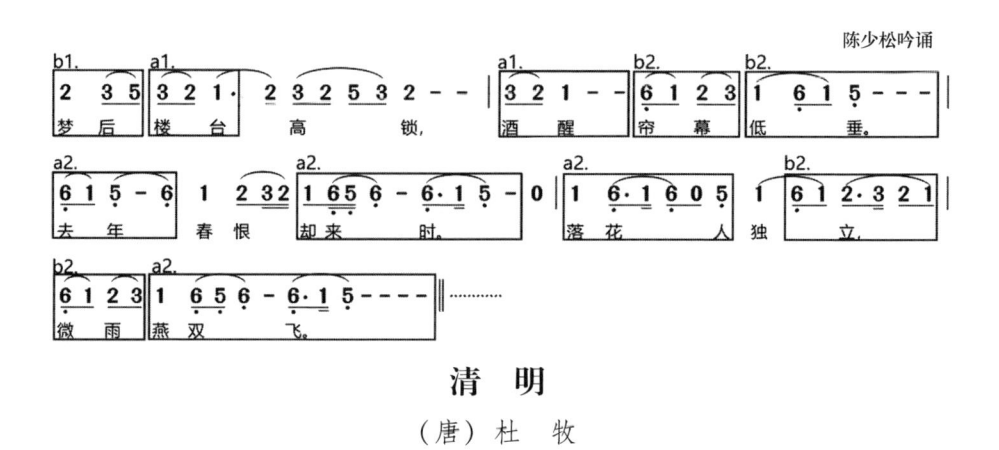

[陈少松吟诵]

[简谱：梦后楼台高锁，酒醒帘幕低垂。去年春恨却来时。落花人独立，微雨燕双飞。]

清 明

（唐）杜 牧

[陈少松吟诵]

[简谱：清明时节雨纷纷，路上行人欲断魂。借问酒家何处有，牧童遥指杏花村。]

由于词套用诗调，近体诗与词的旋律大体相同。朱立侠梳理发现，主旋律由 a_1、a_2、b_1、b_2 等四种乐句构成，音高与字调配合紧密，a 音调低，旋律上行，用于平节，可以拖腔；b 音调高，旋律下行，用于仄节，不能拖腔。这种旋律严格遵守声律规则，四声处理平长仄短，属于套调的范畴。

5. 经文的旋律

儒家经典在唐文治的治学体系中占据崇高地位。因文脉传承，唐文治把部分先秦古文归入经文类，并以吟诵旋律与古文有所区分。下面，以《左传》为例，分析吟诵经文的旋律。

左传·吕相绝秦（片段）

唐文治吟诵　秦德祥记谱

（乐谱略）

夏四月戊午，晋侯使吕相绝秦，曰："昔逮我献公及穆公相好，戮力同心，申之以盟誓，重之以昏姻。天祸晋国，文公如齐，惠公如秦。无禄，献公即世。穆公不忘旧德，俾我惠公用能奉祀于晋。又不能成大勋，而为韩之师。亦悔于厥心，用集我文公。是穆之成也。

唐调吟诵经文，旋律特点表现在四个方面：其一，节奏紧凑，速度较快。其二，基本旋律为"66 1 35"，与古诗的旋律相同，却别于古文的旋律。其三，无标志性的尾腔，偶尔出现的"655""653"尾腔，也未过多延长，仅在末尾一音直接拖长，如"秦""晋"等字直接拖长5、1，形成一个短暂的拖腔。其四，音域跨度大，律动感强，与古文的一字一顿平调不同。这从一个侧面说明，唐文治吟诵经文和古诗的调子源于其家乡太仓调，而与桐城派无关。

6. 古文的旋律

唐调最具特色的是古文。唐文治的《唐蔚芝先生读文灌音片》录古文9篇，在各种样式中篇目最多、历时最久，也最能体现唐调与桐城派读文法的文脉关系。

在吟诵旋律上，古文与诗词迥异。吟诵时，诗词平仄规则的限制，节奏相对固定，旋律或平降仄升，或平升仄降；而古文不受平仄规则的限制，节奏较为随意，旋律灵活多变，长于个性处理。正如陈少松所言："每吟到精彩处、激动处以及层末、段末、篇末，语调往往先上升，然后下降，并将最后一字的声音拖长几秒钟，我们可将这样的语调曲线称为旋律波峰。"[①] 吟诵古文时有"旋律波峰"，而吟诵诗词一般不出现。试

[①] 陈少松：《古诗词文吟诵》，社会科学文献出版社2002年版，第327页。

以唐文治吟诵《秋声赋》为例分析。

秋声赋（片段）

（宋）欧阳修

唐文治吟诵　秦德祥记谱

[曲谱：1=G（稍快），歌词为"欧阳子方夜读书，闻有声自西南来者，悚然而听之，曰：'异哉！'初淅沥以萧飒，忽奔腾而砰湃；如波涛夜惊，风雨骤至。其触于物也，鏦鏦铮铮，金铁皆鸣；又如赴敌之兵，衔枚疾走，不闻号令，但闻人马之行声。予谓童子：'此何声也？汝出视之。'童子曰：'星月皎洁，明河在天，四无人声，声在树间。'"]

　　古文的吟诵旋律特点：其一，节奏均匀，多为一字一拍，入声字半拍，段落尾字可拖拍，符合汉字单音节的特点。其二，旋律简单，上调"$\overset{.}{2}\overset{.}{2}\overset{.}{2}\overset{.}{2}\,3\,2\,\overset{.}{1}$"和下调"$5\,5\,5\,5\,6\,\overset{.}{1}\,6\,5$"两个基本旋律，另有尾腔"$6\,\overset{.}{1}\,5$"反复使用，勾连跳跃。其三，平调为主，淡化音律，多同音反复，句子几乎皆以"5 5 5 5 5"起始，仅在结尾处出现尾腔波动，用来标识比较重要的断句。其四，旋律发展呈现"微升—大跳—渐降"的曲线特点，常由低音起始，上升大二度，然后上跳纯四度，然后再逐级下降。如《秋声赋》中下划线处，平中见奇，凸显文气。其五，有相对固定的独特尾腔。如图中方框部分，句末的尾腔旋律为"$3\,2\,\overset{.}{1}\,6\,\overset{.}{1}\,5$"，段末的尾腔可以适当延长，如"声在树间"句加长了"6"的音；若用在分句末或者其他不需要延长的地方，可省去末尾的"5"，变成"$3\,2\,\overset{.}{1}\,6\,\overset{.}{1}$"，如"金铁皆鸣"句。应该注意的是，当在一个段落频繁出现"之乎者也矣焉哉"等语气词时，为避免重复，唐调常选用不同的尾腔。如《丰乐亭记》末段，"喜与余游也"句用"$6\,\overset{.}{1}\,\overset{.}{2}$"，"无事之时也"句用"$\overset{.}{1}\,6\,\overset{.}{1}$"，"刺史之事也"句用"$\dot{2}\,\dot{1}\,6$",最后一句"遂书以名其亭焉"才用"$6\,\dot{1}\,5$"。"$6\,\dot{1}\,5$"尾腔是唐调读文的特色,具有上三度下四度的大变化,跌宕起伏,较有气势,与唐调其他文体旋律的尾腔迥异。[1]

综上所述,唐调的特色主要表现在辨识文体、平调为主、一字一拍、双调回环、特殊尾腔等五个方面。

第三节 华调

华调是华锺彦创立,经其子华锋和弟子等多代传承和发展的一个长于表现诗歌特色的重要吟诵流派。

一 华调的源流

华调创始人华锺彦(1906—1988),原名连圃,字锺彦,1906年10月生于辽宁省沈阳,十岁开始读私塾,后考入奉天省立第一师范学校,毕业后考入东北大学,由于"九一八"事变,转学考入北京大学国文系。1933年毕业,先后在天津女师学院、东北大学、东北师范大学任教。1954年因患哮喘,通过教育部调新乡师范学院。翌年院系调整,调至开封师范学院(今河南大学)任教。

华锺彦知识渊博,学贯古今,"非有自己的真知独见,决不轻易下笔,惟恐浪费读者目力。"[2] 著作大致分为四类:其一,文学典籍校注,《花间集注》《诗经会通》;其二,文学史论,《戏曲丛谭》《诗经十论》《中国文学通论》《先秦文学》;其三,文学专论,《东京梦华之馆论稿》《东京梦华之馆论稿补遗》;其四,文学创作,《华锺彦诗词选》《华锺彦诗词选补编》。

华锺彦治学严谨而致用,不仅是学养深厚的学者,还是一位关心现实、正直仁爱的诗人。白本松称其"以声韵通训诂,以训诂求真解;考据力避繁琐,论说切忌凿空;评论古人旧作,应当知人论世,实事求是,

---

[1] 朱立侠:《唐调吟诵研究》,中国社会科学出版社2015年版,第202页。
[2] 华锺彦:《华锺彦文集·作者自传》,河南大学出版社2009年版,第3页。

坚持唯物辩证，严肃批判继承，既不迷信古人，又不鄙薄传统；应坚持进步，唯真理是从，著述必须有的放矢，务使读者开卷有益。"① 1933年，华锺彦由曾广源推荐到天津女师院任教，讲授诗词曲类课程，为体会戏曲情韵，曾请教习到家教授昆曲唱法，并练习舞台动作，后著《戏曲丛谭》。求学、治学之路，得到江陵曾浩然、瑞安林公铎、霸州高阆仙等诸多良师指导，"面讲面改，析理毫芒；口耳之教，吟咏之音，至今不忘。其后由诗至于词曲，以类相从，诗友切磋，苦练深思，其业乃进。于是因时而兴，感物而动，凡邦家大事，社会珍闻，无不纳于吟咏，见于篇章。"一生创作了三千余首诗词曲赋，可惜多毁于丙午（1966）浩劫，今存八百余首。这些作品，出自本心，不加雕饰，关注现实，吟诵性情。如《八一五日本投降赋》（1945）、《雷锋曲》（1962）、《悼念周恩来总理》（1976）、《念奴娇·粉碎"四人帮"》（1976）、《十一届三中全会》（1978）等皆传递着时代的声音，而更多的作品则是生活写实，如《汴京四咏》（1982），四首七言绝句分别以龙亭、铁塔、禹王台和相国寺为题材，怀古咏今。

华锺彦精通诗词曲律，痛惜吟诵被当作旧文化废弃，从20世纪70年代开始撰文提倡吟诵。1979年，在《学术研究辑刊》第1期发表《从旧体诗的光辉传统展望其未来》一文，或因当时"文化大革命"尚有余威，便巧借领袖、鲁迅等从事古典诗词创作的事例，提倡古典诗词的研究与写作，策略性地绕过了"复古主义"的政治红线。继而连续发表《发扬古典诗歌传统 拯救古典诗歌危机》（《中州学刊》1981年第2期）、《发扬鲁迅旧体诗的革命传统》（《学习与纪念论文集》，河南人民出版社1982年）、《古典诗歌的韵律与作法》（《函授通讯》1982年第1、2、3、4期）、《论唐诗传统的继承与发展》（《河南师范大学报》1983年第5期）、《唐诗吟咏的研究》（《中州学刊》1985年第5期）、《论步韵和诗应该变革》（1987）、《发展诗词创作 改造用韵方法》（《中州学刊》1988年第3期）等文。

1982年5月，唐代文学学会在西安召开年会，华锺彦在会上阐述唐

---

① 华锺彦：《华锺彦文集·序》，河南大学出版社2009年版，第3页。

诗与吟诵结合的重要性，并现场吟诵示范，让许多年轻学者第一次知道了诗是可以唱的，获得了与会专家的共鸣。会后，为了保护传统吟诵，大会秘书处委托华锺彦组织"唐诗吟咏研究小组"，调查全国各地的吟诵情况，继承发展古法吟诵，为写作古诗创造条件。小组初期有 7 名成员，1984 年发展到 15 人，成员来源五湖四海，方言土语各异，具有一定的广泛性。这是中国最早的专门研究吟诵的学术组织。研究梳理出了古诗吟诵的基本规律："平起诗的吟诵顿挫处皆在二四四二（即第一句的第二字，第二句的第四字，第三句的第四字，第四句的第二字）。仄起诗的吟诵顿挫处皆在四二二四。更进一步即可做到'平长仄短'，'声情一致'。"① 同时，小组的外籍组员李珍华教授来信举证，美国多伦多大学东亚系屈罗布教授能吟汉诗，在德国宣读文章的节奏也契合"四二二四"和"二四四二"律，证实了这一规律的普遍性。

华锺彦治学应时而变，不断探寻古典诗歌的内容与形式的改造路径。一方面，传承文脉，较早地在全国各地开展了关于吟诵的田野调查和采录，收集、保存了丰富的吟诵材料，尤其是一些大学吟诵者的音频录音，为当代学院派传统吟诵弥足珍贵的第一手材料；另一方面，服务社会，提出了创新古典诗歌的建设性意见。其《梁园咏》曰："诗情应许热如汤，文胆何妨大于斗。能言人所不曾言，须教我手写我口。为诗要为贤者歌，扇动真风振九有。为文要使强梁惧，仿佛黄钺在君手。善不能扬恶不诛，人妖何以分好丑？诗文要具首创心，激励群英并骥走。诗文不切生民病，几何不将覆酱瓿？"② 具体建议有五项：

（一）对形式方面的改造，必须经历学习继承的过程。必须对旧的形式规律，能够运用自如，知其优缺点与难易点之所在，才能去粗取精，完成改造，由必然王国进入自由王国。当然若在学习继承的同时，了解改造的倾向，那么继承运用就可能加快一些。

（二）今天的青年已经处于"五四"运动文体变革后六十多年，

---

① 华锺彦：《华锺彦文集·作者自传》，河南大学出版社 2009 年版，第 4 页。
② 华锺彦：《发扬古典诗歌传统 拯救古典诗歌危机》，《中州学刊》1981 年第 2 期。

若再使用当年古奥艰深的语言，人民是难以接受的。只有代之以鲜明流畅，雅俗共赏的语言，才能为人民所欢迎。

（三）自从近代海禁大开之后，国际文化交流频繁，新的人名、地名、事物名的运用，有时不可避免。戊戌前后，如谭嗣同、黄遵宪、梁启超等，都已习惯使用。新时代的古典诗歌，亦应照例使用，把新名词融化在近体诗中。

（四）古典诗歌的近体诗，过去皆用"平水韵"三十韵。"五四"以来，已多有人打破此种限制，如鲁迅先生诗"城头变幻大王旗"与"月光如水照细衣"，是"支"与"微"合韵，即是用词韵；毛泽东诗"百万雄师过大江"与"天翻地覆慨而慷"是"江"与"阳"合韵，也用词韵。我们是同意近体诗使用词韵的。因词韵不仅减少的侵、覃（皆闭口音）二韵分别并入真、寒二韵中，把东、冬韵与庚、青、蒸韵并为一韵，总共分十一韵。不过，这需要提出商讨，期在约定俗成。

（五）过去有人提过，要改造中国的诗歌，使旧体诗与民歌相结合。这无疑是说，古体诗与民歌相结合。这个改造，主要在于保持古体诗的风格声调，而尽量趋向口语化。这可能成为中国诗歌的前景。至于近体诗，格律严整，则只能要求其通俗易懂，若要求其与无格律的民歌相结合，那是不可能的。使古体诗与民歌相结合。这个改造，主要在于保持古体诗的风格声调，而尽量趋向口语化。这可能成为中国诗歌的前景。至于近体诗，格律严整，则只能要求其通俗易懂，若要求其与无格律的民歌相结合，那是不可能的。

吟诵和诗歌相伴而生，二者源于情意。华锺彦在学界最早提出了吟诵为古典诗歌的创作方法、情感表达途径和艺术表现方式的论点。《唐诗吟咏的研究》指出[①]：

一、吟咏是深入诗歌的最好门径。古人学诗贵在掌握情意，情

[①] 参见华锺彦、李珍华《唐诗吟咏的研究》，《中州学刊》1985年第5期。

意常常从深入吟咏中玩索而得,较比咀嚼文字之所得,更有深刻的感受。所谓"仁言不如仁声之入人深也"(《孟子·尽心上》)。而且诗中所有难解之处,经过反复吟咏,也很容易全面会通。所以清人方东树《昭昧詹言》说:"诗以声为用者也。其微妙在抑扬抗坠之间。读者静气按节蜜咏活吟,觉前人声中难写,响外别传之妙,一齐俱出。"

二、吟咏是创作诗歌的基本功。唐诗是我国最珍贵的文学遗产,我们一定要高标准地继承它。不能停留在赏析的阶段上,必须深入到创作的领域中。要创作就必须以吟咏为基础,若能吟得唐诗又多又熟,自然可以出口成章,"熟读胸中有本,细作笔下生花",青年诗人都可能取得这种经验。杜甫诗"陶冶性灵存底物,新诗改罢自长吟"(《解闷》),说明长声吟咏不仅是陶冶性情的方法之一,又是检验新创作音律的准绳。

三、吟咏是诗歌的艺术表现之一,诗歌是艺术,吟咏也是艺术,二者的关系难解难分。譬如大鹏依靠双翼,才能高飞远引,牡丹依靠绿叶,才能辉映成趣。诗歌只表现语言文字之美,还是在纸面上,必须加上吟咏的声音节奏之美,才可以飞跃起来。这正是艺术的表现。

华锺彦吟诵调的形成,主要受到了东北当地私塾读书调、学者交流(或传承)和个人研习等因素的影响。1906年10月,华锺彦生于辽宁省沈阳的农村,"十岁始入私塾读书,凡所读之书多能背诵。在高小以前八年,每试必拔前茅"[①]。华锺彦自幼在家乡读私塾,自然地就接触了吟诵。可以说,沈阳当地的读书调是华调的基础和底色。在大学阶段,华锺彦多获良师相授,"有高亨先生的文字学与诸子研究;有曾广源先生的音韵学、文选学、诗经与唐诗研究;有钱玄同、马裕藻等先生对文字音韵的综合运用;有张旭先生对楚辞的精辟考证;有罗庸、郑奠等先生对中国文学的研究独见;有林损、俞平伯、许之衡等先生对诗、词、曲的精湛

---

① 华锺彦:《华锺彦文集·作者自传》,河南大学出版社2009年版,第1页。

分析。后由曾广源先生介绍为高步瀛（阆仙）先生的入室弟子，专学唐诗宋词，相从年余，时相唱和。"① 古典诗词是吟出来的，华锺彦为"高步瀛（阆仙）先生的入室弟子，专学唐诗宋词，相从年余，时相唱和"，其"相从年余，时相唱和"说明华锺彦与高步瀛学习时间久、师生关系密切，这个"唱和"即是吟诵。可见，华锺彦的吟诵的理论与方法深受河北霸州高步瀛的影响。而高步瀛则是桐城派后期代表作家吴汝纶的高足。据记载，1894—1902 年"高步瀛中举后，曾在长清、完诸县教书，然每月必赴保定莲池书院应课。因擅长骈文，颇受莲池书院主讲桐城派古文家吴汝纶先生推崇。经吴点拨，遂专攻古文辞，得兼骈、散之长"②。高步瀛问学于吴汝纶，并结交了吴闿生、傅增湘、谷钟秀、籍忠寅、尚秉和等莲池俊秀，从而奠定了学术基础。另据《高步瀛的思想与著作》记载："步瀛受知于吴汝纶，尽通其学，长于文诗。北游京师，更肆力于清儒考据之学，佐以辞章、义理，故著作皆精博可读，因是遂为北方大师。"③ 进而明确了高步瀛与吴汝纶的师承关系。桐城派极重大声诵读，把吟诵当作治学的基本功。因此，从吴汝纶到高步瀛，再从高步瀛到华锺彦，三人之间存在师承关系，口传或者指导传授桐城派读书法和相关理论的渠道畅通，也应是一种常态。

　　文献证实华调吟诵源出桐城派，先由吴汝纶传至高步瀛，次由高步瀛传至华锺彦，再由华锺彦传子华锋及弟子，后来逐渐开枝散叶的传承脉络。④ 同时，陕西师范大学和华锋保存的吟诵原始录音，也为华调传承提供了旁证。1982 年，唐代文学年会在西安召开，金启华、霍松林、舒芜、华锺彦诸先生在会上多有吟诵展示。对比原始录音发现，舒芜和华锺彦吟诵杜甫的七律《蜀相》，基本节奏和旋律极为相似。这首诗四联八句，吟诵的节奏点完全一致，首句在第四个字，次句在第二个字，第三句在第二个字，第四句在第四个字，后四句按照前面四句的节奏点重复

---

① 华锺彦：《华锺彦文集·作者自传》，河南大学出版社 2009 年版，第 1 页。
② 张岂之主编：《民国学案》（第四卷），湖南教育出版社 2005 年版，第 22 页。
③ 姚渔湘：《高步瀛的思想与著作》，载《大陆杂志史学丛书》第一辑第八册，大陆杂志社 1967 年版，第 155 页。
④ 华锋：《论华氏吟诵调及其特点》，《聊城大学学报》（社会科学版）2016 年第 1 期。

了一次。文献证实，舒芜为安徽桐城人，本名方管，系桐城方氏后人。而华锺彦生于沈阳、工作在河南，舒芜生于安徽、工作在北京。两人的处所相距甚远，吟诵的曲调却极为相似，唯一的学术交集点在于桐城派。据此推测，华锺彦的吟诵曲调可能具有桐城派的文脉，或者在读书法理论方面存在传承关系[1]。有趣的是，唐调也是源自桐城派吴汝纶，唐调与华调多有交流。1984 年春，华锺彦游学东南，先是到了南京，"1952 年除夕，余与唐曾在东北师大合奏《长生殿·弹词》。今来秣陵，又听吟唱'窗外雨潺潺'，不觉怆然，感知音之难逢也。"[2] 触景生情吟作《听唐圭璋词长吟唱后主词》："忆别宽城三十霜，昆腔合奏不提防。老来重听潺潺雨，漫下知音泪数行。"后在苏州会晤钱仲联，钱转播先师唐文治的吟诵录音，"其声洪亮，有似孙登长啸"，华锺彦赋诗《姑苏访钱仲联教授》："慕煞江南二仲名，姑苏夜话慰平生。殷勤为我传高咏，犹似苏门鸾凤鸣。"[3] 一时传为吟诵佳话。

华锺彦在吟诵消退之时守望传统，未致文脉断绝。1988 年先生病逝于京，此后吟诵虽渐冷，却不绝如缕。华调经华锺彦之子华锋和弟子王文金、陈江风等人的传承，各有发展。

华锋（1947—2022）为华锺彦二子，河南大学文学院教授，华调吟诵传承人，曾任教育部中华经典资源库吟诵专家、中华吟诵学会副理事长、河南省吟诵学会首届会长。华锋吟诵由父亲华锺彦传授，"至于华锋的吟诵，大概是七八岁时开始跟父亲学习。那时，也没有把吟诵当成一门学问，只是闲暇时，教一首二首而已，而且是时断时续，例如，'文化大革命'时期老先生自顾不暇，哪有心情、哪有时间教吟诵呢，真正把吟诵看作一门学问的，是 20 世纪 80 年代的事情了"[4]。著有全国第一部系统的吟诵学专著《吟咏学概论》（大象出版社 2013 年版），继而主编一系列吟诵教材，撰文《华氏吟诵调的特点》（《光明日报》2016 年 4 月 14

---

[1] 2019 年 1 月在郑州轻工业大学召开的河南省吟诵学会年会前的座谈会上，华锋、陈江风、杜红亮、鲁庆中、王立锁等学者交流时提出的观点。
[2] 华锺彦：《华锺彦文集》，河南大学出版社 2009 年版，第 1186 页。
[3] 华锺彦：《华锺彦文集》，河南大学出版社 2009 年版，第 1188 页。
[4] 华锋：《论华氏吟诵调及其特点》，《聊城大学学报》（社会科学版）2016 年第 1 期。

日刊)、《叶嘉莹：吟诵的正宗在中国》(《中国社会科学报》2016年2月15日刊) 等，主持国家社会科学基金重大项目子课题"中华吟诵的抢救、整理与研究"（2016），在河南省吟诵学会主讲培训五期（郑州轻工业大学），为国内吟诵名家。

陈江风，1953年生于湖南省宁乡市，郑州轻工业大学教授，民俗学家，中国神话学会副会长、河南省吟诵学会名誉会长、教育部中华经典资源库吟诵专家、河南省民间文化遗产抢救工程专家组组长。著有《走进格律诗殿堂——格律诗创作与吟咏》（大象出版社2014年版）、《中华经典吟诵教程》（河南大学出版社2020年版）、《吟诵课堂》（河南大学出版社2021年版）。打破古代汉语、现代汉语和音乐学之间的壁垒，推进传统吟诵的现代适应性改造，华调和字调皆通，为国内吟诵名家。

二　华调的调式

（一）吟诵的原则

华锺彦的《古典诗歌的韵律与作法》[①] 把古典诗歌概括为古体诗、近体诗、词、曲四大类，从韵律角度讲解诗歌的创作方法，其实就是在谈论诗歌的吟诵方法。而《唐诗吟咏的研究》[②] 则专论近体诗和古体诗的吟诵问题，提出了古体诗"三平落脚""五七同声"的吟诵原则、近体诗"平长仄短、二四分明、声情并茂"的吟诵原则。其中，"平长仄短、二四分明"属于吟诵技巧层面，"平长仄短"即平声字吟得较长，仄声字吟得较短；"二四分明"即句中偶字的平仄决定吟诵节奏。"声情并茂"属于文学意蕴层面，指体裁内容决定吟诵风格，并渗透在字斟句酌之中。

（二）近体诗的八大调

近体诗讲究声律、音分平仄，华锺彦在《唐诗吟咏的研究》中提出："如何分呢？要以第一句第二字的平仄为准，第二个字若是平声，便是平起，若是仄声，便是仄起。其吟咏有一定规律：韵字必吟。各句中间至

[①] 华锺彦：《古典诗歌的韵律与作法》原载《函授通讯》1982年第1、2、3、4期，载《华锺彦文集》，河南大学出版社2009年版，第644—676页。

[②] 华锺彦、李珍华：《唐诗吟咏的研究》，《中州学刊》1985年第5期，第72页。

少要有一处吟咏。仄起的近体诗，不论五言和七言，各句中间的吟咏顿挫处，必须在第一句的第四个字，第二句的第二个字，第三句的第二个字，第四句的第四个字，归纳起来，可以概括为'四二二四'。若读仄起的律诗，可按此规律重复一遍就是了。平起的近体诗，也是不论五言和七言，各句中间的吟咏顿挫处，必须在第一句的第二字，第二句的第四字，第三句的第四字，第四句的第二字。归纳起来，可以概括为'二四四二'及其押韵处。若读平起律诗，也照此重复一次。"[1] 文中的所谓"吟咏"指长吟，以区别短诵。并列举了仄起五言律诗、平起五言律诗、仄起七言绝句、平起七言绝句、仄起七言律诗、平起七言律诗等六种例子，分别作吟诵分析。而在《古典诗歌的韵律与作法》中，对近体诗的五言和七言的八种体例全部进行了声韵分析。两文合并去其重，以前文六种调式为基础，再从后文择取仄起五言绝句和平起五言绝句两种调式，华调就有了八种调式。这八种调式，经过华锋等人梳理，定型为著名的"八大调"。这里，直接列举华锺彦的八种调式，示范讲解。

1. 仄起五言绝句

八阵图

（唐）杜甫

功盖三分/国，名成/八阵图。
江流/石不转，遗恨失吞/吴。

这是一首仄起仄收、首句不入韵的五言绝句，为四二二四节奏。大历元年杜甫初到夔州时作，咏怀表达了对诸葛亮的敬仰及其未能完成统一大业的遗憾。杜甫出身儒学世家，心怀天下，却怀才不遇。首句着眼宏观，赞颂诸葛亮的丰功伟绩，吟咏时应起调高昂，把满腔热情一下子倾泻出来。"功"字为上平东韵，宜吟得实大声宏；"盖"字为去声泰韵，顺势而下，不用着力，较为响亮；"三""分"二字皆属平声，前字适中，后字长吟；"国"字为入声，因在句尾，为了断句换气可吟得稍长。第二

---

[1] 华锺彦、李珍华：《唐诗吟咏的研究》，《中州学刊》1985 年第 5 期。

句具体说诸葛亮的经天纬地之才，吟咏时须感情饱满、情绪沉稳。前两字皆平声，吟诵时"名"字高昂、开放；"成"字悠长拖腔；"八"字入声，"阵"字去声，不宜长吟；"图"字上平韵脚，须长吟。第三句以江水奔腾、大浪淘沙来述说诸葛亮的功业，沟通历史与现实，把读者带入时空隧道，悠然升起一种历史沧桑感。吟诵速度适当减缓，声调趋向中平调。第四句诉说诸葛亮壮志未酬的遗憾，基调归于沉重。吟诵时，"吞""吴"为句尾的平声字须长吟，相较"吞"字稍短，而"吴"为韵字，应当长吟，以宣泄苦闷和感伤。

2. 平起五言绝句

曲池荷

（唐）卢照邻

浮香/绕曲岸，圆影覆华/池。
常恐秋风/早，飘零/君不知。

这是一首平起仄收、首句不入韵的五言绝句，二四四二节奏，作于永徽三年。卢照邻一生坎坷多舛，任新都尉时染风痹，辞职北返，痛苦不堪。前两句写花好月圆，按照格律规则轻轻地、缓缓地吟诵，自然表现一种恬静、优美的意境。"香"字长吟；"池"字平声韵字，长吟拖腔。后两句转为借花自悼，感情基调转为低沉哀伤，音调低平。"风""零""知"三字长吟，尤其"知"为结尾韵字，须长吟拖腔，方能表现诗人内心的苦闷、抑郁之情。

3. 仄起五言律诗

春　望

（唐）杜甫

国破山河/在，城春/草木深。
感时/花溅泪，恨别鸟惊/心。
烽火连三/月，家书/抵万金。
白头/搔更短，浑欲不胜/簪。

这是一首仄起仄收、首句不入韵的五言律诗，为四二二四、四二二四节奏，押下平十二侵韵。安史之乱后，杜甫被困长安两年，国难深重，家书断绝，满腹悲愁，以诗抒怀。吟诵时除按规律分别顿挫外，还应揣度情节，有所抑扬缓急。首联"国破山河在，城春草木深"，白描安史之乱后首都长安的凄凉境况。繁花似锦的首都经由战乱而破败萧条，但是春天来了，希望还在。首联"国破山河在"，以中平速陈述。"国破"二字为仄声，须清晰诵读；"山河"二字为平声，均须长吟，尤其是处在节奏点位置的"河"字；"春"字为上平十一真韵，处在节奏点位置，又是诗人用情极深之处，须重音长吟；"深"字为韵字，下平十二侵韵，长吟。颔联"感时花溅泪，恨别鸟惊心"，"花溅泪""鸟惊心"为乐景写哀情，宋代司马光《温公续诗话》有"山河在，明无余物矣；草木深，明无人矣；花鸟，平时可娱之物，见之而泣，闻之而悲，则时可知矣"[1]的诠释，这个倒装句在说：见花感时而落泪，见鸟恨别而惊心。"时"为上平四支韵，"惊"为下平八庚韵，处在节奏点位置，均须长吟；"心"为韵字，十二侵韵，长吟。颈联"烽火连三月，家书抵万金"，至情之语，"三""书"二字为处在节奏点的平声字，自当长吟；"'万'字是去声愿韵，自然不宜长吟的，但此处为了强调战火纷飞的年代，一封家书有无与伦比的价值，可适当提升'万'字的音高。"[2] "金"字为韵字，下平十二侵韵，长吟。尾联"白头搔更短，浑欲不胜簪"，表现对国家动乱的担忧，"头""胜"二字为处在节奏点的平声字，自当长吟；"簪"字为韵字，下平十二侵韵，长吟并拖腔，宣泄心中的愁苦。

4. 平起五言律诗

登岳阳楼

（唐）杜甫

昔闻／洞庭水，今上岳阳／楼。

吴楚东南／坼，乾坤／日夜浮。

---

[1] （宋）司马光撰，李文泽、霞绍晖校点：《司马光集》，四川大学出版社2010年版，第1794页。

[2] 华锋：《吟咏学概论》，大象出版社2013年版，第194页。

亲朋/无一字，老病有孤/舟。
戎马关山/北，凭轩/涕泗流。

这是一首平起仄收、首句不入韵的五言律诗，二四四二、二四四二节奏。唐代宗大历三年（768），杜甫（57岁，卒前二年）老年多病，左臂偏枯，右耳已聋，兼有肺痹，处境艰难。当时，诗人沿江而下，从江陵、公安一路漂泊到岳州，在困顿孤苦中登临神往已久的岳阳楼，凭轩远眺烟波浩渺的洞庭湖，不禁思绪万千，以诗礼赞山川之壮美，哀叹命运多舛，忧虑国家多难，尽显诗圣的本色。吟诵时要遵守平起五言律诗的平仄和用韵的规则，对好句中的偶字和韵字长吟，同时注意"岳""无""孤舟""戎马""涕泗"等诗人用情较多的字，也须重读。首句属拗句，"庭"字应仄而平，亦须半吟。末句"流"字尤须长吟，以示国难家仇、不尽哀伤之感。

5. 平起七言绝句

朝发白帝城

（唐）李白

朝辞/白帝彩云间，千里江陵/一日还。
两岸猿声/啼不住，轻舟/已过万重山。

这是一首平起平收、首句入韵的七言绝句。李白因永王璘案被流放夜郎，西行至白帝城，收到赦免的消息，随即乘舟，东出三峡，直达江陵，心情畅快作此诗。全诗为二四四二节奏，"辞""陵""声""舟"，处在节奏点位置，均须长吟；"间""还""山"为韵字，为上平十五删韵，更须长吟；"彩""一""啼""万"为句中关键字，须适当加重语气。在感情基调上，首句要高昂，特别是"彩云间"三字，描写白帝城地势之高，为舟船顺江而下之快蓄势。次句要激荡，"千里"和"一日"，以空间之远与时间之短形成对比，平仄相间，简短有力，最后以"还"字收束，为上平十五删韵，自然舒展，亲切传神。第三句要轻轻带过，如蜻蜓点水，由于由衷的喜悦，猿声再多也不足道。末句要通脱舒畅，有豁然开朗之势。特别在"万"字上要读得实大声宏，以示明快。

6. 仄起七言绝句

望庐山瀑布
（唐）李白

日照香炉/生紫烟，遥看/瀑布挂前川。
飞流/直下三千尺，疑是银河/落九天。

这是一首仄起平收、首句入韵的七言绝句，押平声一先韵，为四二二四节奏。李白游庐山时，见瀑布奇景而作，所写奇景句句入神，字字飞动。吟咏时除按规律进行吟诵外，还应把惊奇明快的情意表现出来。首句"日照香炉生紫烟"，"香炉"为庐山的香炉峰，宋代乐史《太平寰宇记》记载：香炉峰"在庐山西北，其峰尖圆，烟云聚散，如博山香炉之状"。"炉"字为上平七虞韵，处在节奏点位置，须长吟；"生"字为下平八庚韵，让静止的画面一下子生动起来，云雾时聚时散如在眼前，处在七言诗第五字的关键位置，也应长吟；长吟二字之后，"紫"字为入声纸韵，须轻诵带过；尾字"烟"为韵字，押下平一先韵，须长吟，适当拖腔。次句"遥看瀑布挂前川"，"看"字为上平十四寒韵，处在节奏点位置，须长吟；"挂"字为去声卦韵，气势磅礴，让全句气韵全出的重要字，虽不能长吟，宜适当提升音高重读；"川"字为韵字，押下平一先韵，须长吟，适当拖腔。第三句"飞流自下三千尺"，"流"字为下平十一尤韵，处在节奏点位置，须长吟，展现瀑布动感；"直下"二字为仄声，轻轻带过；"三"字为下平十三覃韵，处在句中第五字的关键位置，又是平声，须重读、长吟，突出山高水长。"疑是银河落九天"，"河"字为下平五歌韵，处在节奏点位置，须长吟；"落"字为入声十药韵，处在句中第五字的关键位置，因是入声，不能长吟，只能适当加重语气，凸显惊奇所见；"天"字为下平一先韵，句中韵字，也是全诗尾字，须长吟拖腔，尽情表现拥抱大自然的欣喜之情。

7. 平起七言律诗

宿 府
（唐）杜甫

清秋/幕府井梧寒，独宿江城/蜡炬残。
永夜角声/悲自语，中天/月色好谁看。
风尘/荏苒音书绝，关塞萧条/行路难。
已忍伶俜/十年事，强移/栖息一枝安。

这是一首平起平收、首句入韵的七言律诗，二四四二、二四四二节奏。杜甫从乾元二年至广德二年已经失官五年，得故人严武照顾表为检校工部员外郎，兼节度使参谋，总算有了寄身之所，不愁温饱。然而国事多难，关山戎马，依旧萦绕在心头，因此吟诵的基调忧悲。诗押十四寒韵，"吟咏时除按平起律诗规律抑扬顿挫外，还应注意第七句的第六字'年'字，本应用仄声，而用了平声，是为变格，名为拗句，这样的平声应当加以半吟。"[①]"十"字轻读带过，"独"字、"悲"字、"强"（读上声）字等皆应重读。因为这一枝之栖非诗人所愿，强而后可，故"强"应重读，方显诗人情意。

8. 仄起七言律诗

登 高
（唐）杜甫

风急天高/猿啸哀，渚清/沙白鸟飞回。
无边/落木萧萧下，不尽长江/滚滚来。
万里悲秋/常作客，百年/多病独登台。
艰难/苦恨繁霜鬓，潦倒新停/浊酒杯。

这是一首仄起平收、首句入韵的七言律诗，为四二二四、四二二四

---

① 华锺彦、李珍华：《唐诗吟咏的研究》，《中州学刊》1985年第5期。

节奏，押上平十灰韵。本诗是杜甫流寓夔州之作，时值深秋，登高怀远，国家多难，久客不归，老病穷愁，滚滚而来，愁中断酒，愁更加深。全诗一气呵成，八句皆对，初不经意，巧夺天工。明代胡应麟赞美说："一章五十六字，如海底珊瑚，瘦劲难名，沉深莫测，而精光万丈，力量万钧。通章章法、句法、字法，前无昔人，后无来学，微有说者，是杜诗，非唐诗耳。然此诗自当为古今七言律第一，不必为唐人七言律第一也。"①"哀""回""来""台""杯"为韵字，均须长吟；"高""清""边""江""秋""年""难""停"为句中节奏点字，也须长吟；"猿""鸟""萧""滚""常""独""繁""浊"为句中关键字，均须重读。在整体上，应注意轻重缓急的变化。开头两句，写深秋景物要吟得比较平稳，"猿啸哀"定下悲愁的调子。下句笔下的景物转美，正是悲愁中看美景，越加重其悲愁。王夫之《姜斋诗话·诗译》说："以乐景写哀，以哀景写乐，一倍增其哀乐。"② 不可误解为清爽。"无边"二句表面写景，实则概括天地之变，悲凉愁苦，变化急剧，绝不停留在落木长江之上。吟诵的声调应该随之提高加急。第五、六句，有去国怀乡之情，"百年"应轻缓。第七、八句的"繁霜鬓"为寄情最深处，应重读；"杯"字为全诗的尾韵，更应长吟拖腔。

（三）八大调的乐理编排

华调"八大调"的例诗各有乐理编排，通过曲谱"我们很容易发现，五言平起的绝句与五言平起的律诗，它们的曲谱是一样的，只不过是第二首律诗是把第一首绝句的乐谱反复重复了一遍"③。五言仄起绝句与五言仄起律诗，也是同样的情况。曲谱如下：

---

① （明）胡应麟撰：《诗薮》，上海古籍出版社1958年版，第95页。

② （清）王夫之著，戴鸿森笺注：《姜斋诗话笺注》，上海古籍出版社2012年版，第10页。

③ 陈江风、宋丽娜：《中华经典吟诵教程》，河南大学出版社2020年，第139—140页。

1. 仄起五言绝句

八阵图
（唐）杜甫

华锋吟诵，张宗伟记谱

1 1 6 1 1· 1 - | 6 6· 6 1 6 5 3 | 3 3· 6 5 6· | 1 1 5 6· 6 5· ‖
功盖三分国，　名成　八阵图。江流石不转，遗恨失吞吴。

2. 平起五言绝句

曲池荷
（唐）卢照邻

华锋吟诵，张宗伟记谱

3 3·　6 5 6· | 1 1 5 6· 6 5· |
浮香　绕曲岸，圆影覆华　池。

1 1 6 1 1· 1 - | 6 6· 6 6 1 6 5 3 ‖
常恐秋风早，　飘零君不　知。

3. 仄起五言律诗

春　望
（唐）杜甫

华锋吟诵，张宗伟记谱

1 1 6 1 1 1 0 | 6 6· 6 1 6 5 3 | 3 3· 6 5 6· |
国破山河在，　城春草木深。感时花溅泪，

1 1 5 6· 6 5· | 1 1 6 1 1 1 0 | 6 6· 6 1 6 5 3 |
恨别鸟惊　心。烽火连三月，　家书抵万金。

3 3·　6 5 6· | 1 1 5 6· 6 5· ‖
白头　搔更短，浑欲不胜　簪。

第五章 吟诵的调式　315

4. 平起五言律诗

登岳阳楼

（唐）杜甫

华锋吟诵，张宗伟记谱

5. 平起七言绝句

朝发白帝城

（唐）李白

华锋吟诵，张宗伟记谱

316　▶▶　吟诵的源流与体式

6. 仄起七言绝句

望庐山瀑布

（唐）李白

华锋吟诵，张宗伟记谱

| 1 6 6 6 5 3·| 1· 6 1 6 - | 6 6 5 3 5 6 |
| 日 照 香 炉　　生　紫　烟，　遥 看　瀑 布 |

| 5 6 5 3 3 2·| 2 2 1 3 3 | 5 3 3 0 |
| 挂 前　川。　飞 流 直 下 三 千　尺， |

| 5 3 3 2 1 6·| 2 1 3 2 1 6 5 |
| 疑 是 银 河　　落 九 天。 |

7. 平起七言律诗

宿　府

（唐）杜甫

华锋吟诵，张宗伟记谱

| 3 3· 1 6 1 5 6· 5 - | 1 6 1 5 6 5 3 5 3 5 3 - |
| 清 秋　幕 府 井 梧 寒，　独 宿 江 城　蜡 炬 残。 |

| 2 3 2 2 1 6 - 5 3 5 3 - 2 | 3 3 2 1 5 3 6 3 5 3 5 3 2 1 - |
| 永 夜 角 声　悲 自 语，　中 天　月　色　好 谁 看。 |

| 3 3 2 1 - 6 5 6 1 6· 6 0 | 1 6 1 5 6 5 3　5 3 5 3 - |
| 风 尘　荏 苒 音 书 绝，　关 塞 萧 条　行 路 难。 |

| 2 3 2 2 1 6 - 5 3 5 3 - 2 | 3 3 2 1 5 3 6 3 5 3 5 3 2 1 - |
| 已 忍 伶 俜　十 年 事，　强 移　栖 息　一 枝 安。 |

8. 仄起七言律诗

登 高
（唐）杜甫

华锋吟诵，张宗伟记谱

[五线谱/简谱：风急天高猿啸哀，渚清沙白鸟飞回。无边落木萧萧下，不尽长江滚滚来。万里悲秋常作客，百年多病独登台。艰难苦恨繁霜鬓，潦倒新停浊酒杯。]

（四）古体诗的六种调

古体诗包括乐府诗在内，可分为五言古诗、七言古诗、杂言古诗三种。这类诗歌的句式多样，声韵复杂，节奏也不固定，吟诵的难度较大。"古体诗的基本句法，仍以五七言为主，各句的吟咏顿挫处，除韵字之外，还要在第二字，第四字，进行选择。"[1] 如果在古体诗中遇到第二字、第四字皆非平声，或者连续五个字皆平声的情况，就需要根据吟诵原则进行妥善选择。甚至，遇到仄声字为韵脚的古体诗，就要打破常规，另当别论。如杜甫《自京赴奉先县咏怀五百字》《北征》等，用入声字为韵，读音需适当延长，音长介于平仄之间。

古体诗也讲究偶字与句尾的声韵，只是同近体诗相比要灵活一些，最显著特点是"三平落脚"和"五七同声"。"三平落脚"即一个诗句的

---

[1] 华锺彦、李珍华：《唐诗吟咏的研究》，《中州学刊》1985年第5期，第76页。

末尾三字皆用平声;"五七同声"即七言诗的一个诗句的第五字与第七字皆用平声,若是五言诗则为"三五同声"。这些关键处多须长吟,方能显示古诗的美妙味道。华锺彦在《唐诗吟咏的研究》中,以唐代诗歌为例分析,共把古体诗吟诵分为六种调式。

1. 平声隔句用韵的七言古诗

江上吟

（唐）李白

木兰/之枻沙棠舟,玉箫/金管坐两头。
美酒樽中/置千斛,载妓随波/任去留。
仙人/有待乘黄鹤,海客无心/随白鸥。
屈平/词赋悬日月,楚王/台榭空山丘。
兴酣/落笔摇五岳,诗成/笑傲凌沧洲。
功名/富贵若长在,汉水亦应/西北流。

李白屈于仕途,玄宗开元二十二年（734）游汉江作此诗抒发理想。六朝以降,古体诗五、七言为主的句法形成,相伴的吟诵原则大体与近体诗相同。吟诵应注意:其一,"每句中间的吟咏处,不选第二字即选第四字。"① 如诗中的"兰""箫"皆为第二字,"中""波"则为第四字。若句中的第二字、第四字皆非平声,节奏点另选别字。其二,"'三平落脚''五七同声'照例皆吟咏,不过长短、高低、轻重、急徐不尽相同,当以内容情意而定。"② 如"心"字,本应长吟,因后紧接"五七同声"的"随"字,长吟与否皆可。"沙棠舟"三平轻声,"空山丘"三平中的"空"字要重音,以示嘲讽。"西北流"属"五七同声","西"字重而缓,以示相反之意;"流"字尾声长吟。其三,起调徐缓,中音平吟。"屈平"句后变得高亢急切,尤其是"平"字要高而重,凸显诗中"屈平"即为诗人的化身,郁结之情由此数句中喷涌而出。其四,末二句从

---

① 华锺彦、李珍华:《唐诗吟咏的研究》,《中州学刊》1985 年第 5 期。
② 华锺彦、李珍华:《唐诗吟咏的研究》,《中州学刊》1985 年第 5 期。

反面落笔，尽抒抑塞不平之气，声调由高而下，余音袅袅，尽在弦外。

2. 平声句句用韵的七言古诗

饮中八仙歌
（唐）杜甫

知章/骑马似乘船，眼花/落井水底眠。
汝阳/三斗始朝天，道逢/麹车口流涎，恨不移封/向酒泉。
左相日兴/费万钱，饮如长鲸/吸百川，衔杯/乐圣称避贤。
宗之/潇洒美少年，举觞/白眼望青天，皎如/玉树临风前。
苏晋长斋/绣佛前，醉中/往往爱逃禅。
李白一斗/诗百篇，长安/市上酒家眠，天子呼来/不上船，自言/臣是酒中仙。
张旭三杯/草圣传，脱帽露顶/王公前，挥毫/落纸如云烟。
焦遂五斗/方卓然，高谈/雄辩惊四筵。

天宝年间，奸佞当朝，国事渐衰，旷达之士多借酒消愁。杜甫困居长安，用谐趣的情调为八位超凡的饮者塑像，通过诗歌表达内心愤懑及对权贵的蔑视。此诗属于歌行体，色彩明丽，旋律轻快，一韵到底，一气呵成。华调吟诵，除按一般规律顿挫外，还应注意：其一，"全诗句句用韵，有句句吟咏的特点"[①]，每句的尾字均需长吟。其二，"称避贤""诗百篇""方卓然""惊四筵"为"五七同声"，这类的第五字、第七字为平声，均须长吟。若此类句中第二字也为平声，长吟与否随意，如"杯"字；若此类句中第二字也为平声，并且是篇尾句，则宜长吟，如"谈"字。其三，"临风前""如云烟"为"三平落脚"，三字均须长吟，前字音稍长，中间字最短，尾字音最长，可拖音。若此类句中第二字也为平声，长吟与否随意，如"毫"字；若此类句中第二字也为平声，并且是篇尾句，则宜长吟。

[①] 华锺彦、李珍华：《唐诗吟咏的研究》，《中州学刊》1985年第5期。

3. 平声五言的乐府诗

前出塞·挽弓当挽强
（唐）杜甫

挽弓/当挽强，用箭/当用长。
射人/先射马，擒贼先擒/王。
杀人/亦有限，立国自有/疆。
苟能/制侵陵，岂在/多杀伤。

天宝八年，哥舒翰虽然攻拔吐蕃石堡城，但也伤亡甚众。杜甫怜民多亡而作此诗。前四句陈述用兵之道，后四句诘问穷兵黩武之非。吟诵此诗，除按一般规律顿挫外，还应注意：其一，本诗从说理中表现情感，声调平和。其二，前两句皆"三五同声"。其三，"先擒王"为"三平落脚"。其四，"制侵陵"三字与"岂在"二字皆应重读，以表明诗人的观点。

4. 仄声韵的五言古诗

古风·齐有倜傥生
（唐）李白

齐有/倜傥生，鲁连特高/妙。
明月出海/底，一朝/开光曜。
却秦/振英声，后世仰末/照。
意轻/千金赠，顾向平原/笑。
吾亦澹荡/人，拂衣/可同调。

李白以诗述志，自比鲁仲连，愿为国立功，救民于任，功成而身退。吟诵时，除按一般规律顿挫外，还应注意：其一，"用仄声韵的古体诗，其单句末字平声者必吟。"① 如第一句的"生"，第三句的"声"字，第

---

① 华锺彦、李珍华：《唐诗吟咏的研究》，《中州学刊》1985 年第 5 期。

五句的"声"字。其二,"鲁连""千金""平原""人""拂衣"等字,须高声重读,以表现诗人情意。

5. 平仄换韵的乐府诗

将进酒

（唐）李白

君不见，黄河之水/天上来，奔流到海/不复回。
君不见，高堂明镜/悲白发，朝如青丝/暮成雪。
人生得意/须尽欢，莫使金樽/空对月。
天生我材/必有用，千金/散尽还复来。
烹羊宰牛/且为乐，会须/一饮三百杯。
岑夫子，丹丘生，将进酒，杯莫停。
与君/歌一曲，请君/为我倾耳听。
钟鼓馔玉/不足贵，但愿长醉/不愿醒。
古来/圣贤皆寂寞，惟有饮者/留其名。
陈王/昔时宴平乐，斗酒十千/恣欢谑。
主人何为/言少钱，径须/沽取对君酌。
五花马，千金裘，呼儿/将出换美酒，与尔同销/万古愁。

天宝三载（744），李白被排挤出京，玄宗赐金放还。李白与岑勋（岑夫子）应受邀到嵩山好友元丹丘的颍阳山居为客，借酒放歌，以抒发满腔不平之气，遂作此诗。吟诵时，除按一般规律顿挫外，还应注意：其一，诗篇发端就由两组排比长句领起，如挟天风海雨迎面扑来，前两句为空间范畴的夸张，后两句为时间范畴的夸张，以空间无限反衬人生短促，可谓"朝""暮"之间。两个"君不见"后应顿逗，以示提顿之意。"天上来"为"五七同声"。"黄河之水"须一气连读，"河"字短诵。"高堂明镜"也须一气连读，"悲"字平声长吟。"朝"与"暮"为互文，二字皆应顿逗，以示时间之快。其二，"三百杯""倾耳听"为"五七同声"，"三"字应重读，"倾"字应长吟。其三，"将"字、"杯"字皆应顿逗。"歌"字与"君"字相比，歌是句中的主要内容，故应长吟。其四，从"径须沽酒"至"换美酒"，要高声快读，以示愤慨情意。其五，末句"尔"字、"万"字要高声，"销"字"愁"字要长吟。

6. 平仄换韵的杂言古诗

短歌行·赠王郎司直
（唐）杜甫

王郎酒酣/拔剑斫地/歌莫哀，我能/拔尔抑塞/磊落之奇才。
豫章翻风/白日动，鲸鱼跋浪/沧溟开。
且脱佩剑/休徘徊！西得诸侯/棹锦水，欲向何门/跂珠履！
仲宣楼头/春色深。青眼高歌/望吾子，眼中之人/吾老矣。

代宗大历三年（768），杜甫从夔州出三峡寓居江陵，暮春遇王郎入蜀。王郎怀才不遇，杜甫吟诗劝慰。诗歌前五句劝慰王郎，后五句抒写送行，风格"突兀横绝，跌宕悲凉"①，节奏短促。吟诵时，除按一般规律顿挫外，还应特别注意：其一，"歌莫哀""春色深"皆"五七同声"。其二，"之奇才""沧溟开""休徘徊"为"三平落脚"。其三，"豫章翻风"的"章"与"风"可选其一长吟。其四，"仰宣楼头"的"头"字紧接"五七同声"的"春"字，长吟与否自定。"深"字为仄韵诗的单句末尾的平声字，须长吟。其五，"眼中之人"的"眼"字要重读，"人"字要长吟，二者为诗人情深之处。②

诗例分析可见，古体诗的吟诵虽相对灵活，但也有基本原则：一是"平长仄短"，节奏点多在第二字、第四字、第五字及尾字上。华锺彦所举的六个诗例，长吟之处都在平声字及韵字，说明华锺彦对古体诗的吟诵节奏处理，"没有考虑诗句本身的思想内涵或艺术诉求，他仅仅是从吟咏的角度，来确定诗句节奏点。"③古体诗的句式复杂，但绝大多数为五言和七言，吟诵节奏点一般都在第二字、第四字的位置，而七言句的第

---

① （唐）杜甫著，（清）杨伦笺注：《杜诗镜铨》引卢德水评语，上海古籍出版社1998年版，第916页。
② 参见华锺彦、李珍华《唐诗吟咏的研究》，《中州学刊》1985年第5期。
③ 华锋：《吟咏学概论》，大象出版社2013年版，第178页。

五字也属于"给力"的字，这些均为长吟的优先选项。同时，还须把握句式匀称的原则，尽可能把长吟的字错开，如果前一句的节奏点在第二字，后一句的节奏点最好选在第四字或者第五字的位置，以形成抑扬顿挫、参差错落的节奏感。二是注重"五七同声"和"三平落脚"的细节处理。这两种词汇组合都在句子尾部，三字中的前后字皆为平声，中间一字为仄声就属于"五七同声"、为平声则属于"三平落脚"。"三平落脚"是古体诗的重要标志，运用越多水平越高，也是吟诵的关键处。具体而言，三个平声字中的最后一字为韵字，必须长吟；前两字只能选择一个字长吟：五言诗选择第二字（句中第四字）长吟，七言诗选择第一字（句中第五字）长吟。这样，既可保持节奏的错落有致，又与前一项要求一致。三是注意情感走向。与近体诗讲究声律不同，古体诗更为重视情感把握，吟诵时因表达情感的需要，跨度较大。

（五）词的两大吟体

"诸多的词体，可以分为两类。一类是与格律诗关系非常密切的词体，另一类是与格律诗关系相对比较疏远的词体。因而词的吟咏，我们也可以把它分为两大类，一类是与格律诗比较接近的词体，另一类就是除此之外的词体。就前者而言，他们的吟咏带有明显的格律诗吟咏的痕迹，有一定规律可循。就后者而言，其体式复杂，平仄音韵更是复杂，吟咏起来其难度要比吟咏前者大得多。如果我们把前者称为易吟体，那就可以把后者称为难吟体。"[1]

词是在近体诗基础上衍生的，必然受到四声和音韵的影响；同时词又是在胡乐的滋养下形成的，其根本属性为音乐。纵观中国词学发展史，词在产生的初期和全盛时期，主要依据音乐填词，四声、音韵等文学因素据次要地位，我们或可称这个时期的词为唱词。后来，词的音乐性逐渐弱化、曲谱失传，四声、音韵等语言文学因素被文人重视起来，主要传播途径就成了吟诵。根据先师华锋的认识，这里粗略地把词分为易吟体和难吟体进行介绍。

---

[1] 华锋：《吟咏学概论》，大象出版社2013年版，第228—229页。

1. 易吟体

词脱胎于近体诗,在初期多律句,可直接套用近体诗规则吟诵,体式规范,便于掌握,华锋称之易吟体。易吟体的常见词牌主要有［清平调］［木兰花令］［鹧鸪天］等。例如华锋吟诵的李白［清平调］。

清平调
（唐）李白

云想衣裳花想容,春风拂槛露华浓。
仄仄平平仄仄平　平平仄仄仄平平
若非群玉山头见,会向瑶台月下逢。
平平仄仄平平仄　仄仄平平仄仄平

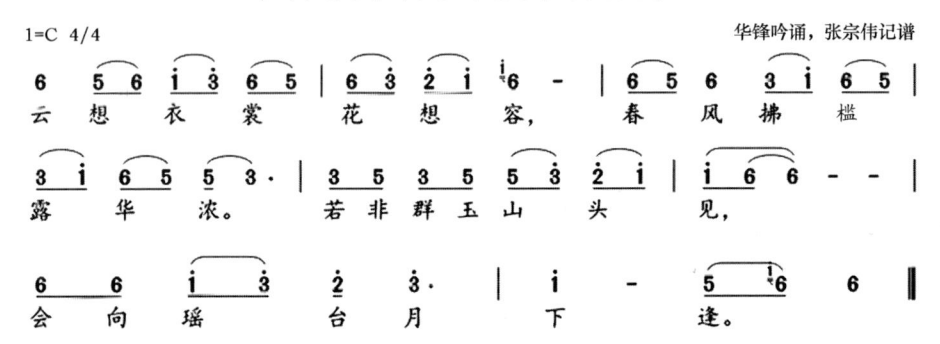

1=C 4/4　　　　　　　　　　　　　华锋吟诵,张宗伟记谱

这首词的体式和句式同仄起平收、首句入韵七言绝句近似,若以平水韵论,第一、二、四句的尾字"容""浓""逢"押上平二冬韵,完全符合近体诗的平仄律和用韵规范。吟诵时,可以直接套用近体诗的吟诵方法去处理平仄四声的调值和音高,说到区别,仅仅是词较诗歌多了一些音乐性元素,更加接近歌唱。与近体诗相近的易吟体词较多,又如范仲淹的词:

渔家傲

塞下秋来/风景异,衡阳/雁去无留意。
仄仄平平平仄仄　平平仄仄平平仄

四面边声/连角起。千嶂里，长烟/落日孤城闭。
平仄仄平平仄仄　平仄仄　平平仄仄平平仄
浊酒一杯/家万里，燕然/未勒归无计。
仄仄平平平仄仄　平平仄仄平平仄
羌管悠悠/霜满地。人不寐，将军/白发征夫泪。
仄仄仄平平仄仄　平仄仄　平平仄仄平平仄

这首词句句用仄声韵，共十个韵字，在《词林正韵》都属于第三部，但是"异""意""地""寐""泪"四字为去声寘韵，"起""里""地"三字为上声纸韵，"闭""计"二字为上声霁韵，吟诵时应注意上声与去声的区别。按照近体诗平长仄短的吟诵规则，这首词押的仄声韵应用短诵，就与韵字必长吟的规则产生了矛盾，该如何选择？恰当的做法是，仄声韵字也须长吟，"通常采取调和的方法，在长吟与不长吟之间选一个中间值，在长吟的同时，戛然而止，把两方面的要求都兼顾到了。"[①] 而在句中节奏点的选择方面，上下片除了两个三言句，其余八句皆为律句，可以直接套用近体诗第二个或者第四个平声字停顿长吟的方法，这样就有了"来""阳""声""烟""杯""然""悠""军"等八个换气长吟处，从而形成四二四二节奏。

2. 难吟体

词毕竟与诗有别，后期随着体式的自觉，律句减少，词体的音乐性特征凸显，虽然用韵方面没有近体诗那么严格，可以通用临韵，而且又扩大了使用临韵的范围，但是因固有的音乐规范，创作与吟诵的情况更加复杂，华锋称之为难吟体。例如辛弃疾的词：

破阵子·醉里挑灯看剑

醉里挑灯/看剑，梦回/吹角连营。
仄仄平平仄仄　平平平仄平平

[①] 华锋：《吟咏学概论》，大象出版社2013年版，第232页。

八百里分/麾下炙，五十弦翻/塞外声。
平仄仄平平仄仄　平仄平平仄仄平
沙场/秋点兵。
仄平平仄平
马作的卢/飞快，弓如/霹雳弦惊。
仄仄仄平平仄　平平仄仄平平
了却君王/天下事，赢得生前/身后名。
仄仄平平平仄仄　仄仄平平仄仄平
可怜/白发生。
平平仄仄平

辛弃疾自孝宗淳熙九年（1182），时年四十三岁，落职闲居信州上饶（今江西上饶市）达二十年之久。淳熙十五年冬，好友陈同甫来访，"长歌相答，极论世事"，别后作此词寄陈同甫，抒发爱国忧民的情怀。词的感情基调是豪放、激昂，最后一句则是充满了悲愤、感伤。词为双调62字，上下各五句、三平韵，"营""声""兵""惊""名""生"等六个字，押《词林正韵》第十一部平声韵，均须长吟。而句中的节奏点选择，仍可套用近体诗平长仄短的规则，在第二字或第四字的位置停顿、长吟，这样就形成了四二循环的吟诵节奏。

三　华调的特点

华调吟诵可以溯源到桐城派，在2012年河南省吟诵学会筹建期间，由华锋、王文金、陈江风等人商议定名。华调属于典型的学院派吟诵类型，既重学理研究，又有吟诵实践。目前，保存最早的吟诵资料是华锺彦1982年录制的磁带。这些吟诵录音包括古体诗和近体诗两部分，尤以近体诗最为详备。20世纪80年代，华锺彦先生提出近体诗吟诵的基本原则：平长仄短、节奏分明、声情并茂。以近体诗吟诵原则为基础，进而延展至其他文体的吟诵，通过原始录音的对比分析，华调有以下特点。

（一）节奏明快，倚音较少，古朴典雅

华锺彦把吟诵看作是传统的读书方法和表情达意的途径，很少添加音乐元素，因此华调吟诵具有腔调纯粹、节奏明快、古朴典雅的风格。在节奏点的关键字和韵字的处理上，尽量简洁，不过度长吟。"在华先生看来过度长吟不一定能准确地表现出诗人的真实情感和作品的文化内涵，效果也不好。"[①] 不同文体的腔调，异中求同，力求举一反三。《诗经》、《楚辞》乐府、古体诗、近体诗、词各有通用的吟诵腔调，触类旁通。四言诗的节奏点在每句的第二字与第三字之间，五言以上的句式，节奏点依情况而定，均遵循每句一个节奏点的原则。吟诵《诗经》，多须还原西周农耕生活和礼乐文化的背景，以君子的口吻去展现"乐而不淫，哀而不伤"的雍容中正之气。如《诗经·关雎》的吟诵节奏："关关/雎鸠，在河/之洲。窈窕/淑女，君子/好逑。"就是两字一组，均匀切分。尤须说明，在《诗经》《楚辞》的时代尚无四声，吟诵也就不讲平仄，但凡遇到入声字，短诵则可。如《离骚》的吟诵节奏："帝高阳/之苗裔兮，朕皇考/曰伯庸。摄提贞/于孟陬兮，惟庚寅/吾以降。"

华锺彦吟诵乐府诗、古体诗和歌行体，节奏四句一组，凸显主旋律。《离骚》全篇300余句，除了"约黄昏以为期兮，羌中道而改路""乱曰，已矣哉"两句，余下皆为四句一节，这是一种音乐节奏的划分。吟诵《离骚》的曲调也是四句一个回环，具有曲调简单、容易上口的特点。这也正是传统读书方法的典型特点。设想一下，吟诵《孔雀东南飞》《长恨歌》《琵琶行》这类篇幅较长的作品，如果使用复杂的曲调，不仅难以掌握，而且不能起到加深印象、便于记忆的效果。

（二）注重偶字，平长仄短，韵字必吟

华锺彦吟诵的文体形式，最初仅是诗词，主要包括《诗经》、《楚辞》、古体诗、近体诗和词等。华调吟诵的节奏处理，从近体诗的律句研究起步，视古体诗和词为近体诗的变体，进而把吟诵延伸至古体诗和词。近年来，大体是在2012年以后，华锋尝试文和曲的研究与吟诵实践，多有展示和推介。总体而言，华调起步于近体诗、擅长于近体诗，近体诗的特点也最为显著。

近体诗讲究格律，律句的平仄规则是："一三五不论，二四六分

[①] 华锋：《华氏吟诵调的特点》，《光明日报》2016年4月14日第5版。

明"。华调认为，每一个律句只有一个节奏点，节奏点的字须长吟，标准近体诗的节奏点的字都是平声，出现了特例仄声，吟诵时可变通处理。华调对近体诗每句只停一次的划分，恰好避免了五、七言一句多停，必有一个在仄声，违背"平长仄短"汉语发音规律的问题。当然，平声拖长、仄声稍短、入声短促也是一种语言美学要求。根据平仄规则和吟诵需要，华调慎重地处理每句的偶数字，节奏点一般选择在第二个字或者第四个字，节奏组合规则是四句一组：第一句与第四句相同，第二句与第三句相同。例如，第一句的第二个字若为平声，则选为节奏点长吟；若为仄声，则选择第四个字（按照规则必是平声）长吟。第二句与第三句的节奏点相同、与第一句相异（节奏点长吟字二四对换）。第四句与第一句相同，也是第四字。于是，近体诗的基本吟诵节奏就是二四四二或者四二二四，格式非常规范。绝句吟诵一遍即可，律诗或排律就循环套用。凡事多有例外，如杜甫的《江畔独步寻花》首句"黄师塔前江水东"，"师"和"前"虽然都是平声字，但是因为"黄师塔"为固定词组，不能为了押韵就修改专有名词，所以只能按照仄起七绝处理，选择"前"字长吟。又如李白的《黄鹤楼送孟浩然之广陵》，首句"故人西辞黄鹤楼"，第二个字"人"虽然是平声，但是诗却为仄起，因为第二句"烟花三月下扬州"属于仄起的律句。所以，在吟诵定调的时候，判断平起或仄起，不仅要看首句第二个字，有时还要分析第二句的情况。

　　华锺彦吟诵坚持韵字长吟原则，近体诗和韵文的韵字都必须长吟。韵字长吟已经成为华调的传统特色，即便是押仄声韵甚至入声韵的诗歌也无例外。如贾岛的《寻隐者不遇》："松下问童子，言师采药去。只在此山中，云深不知处。""去"和"处"均为仄声字，格律不符合近体诗的用韵规则，华调称其为"五言古绝"，吟诵时仄声韵字照例长吟，只是音长较平声韵略短。又如柳宗元的《江雪》："千山鸟飞绝，万径人踪灭。孤舟蓑笠翁，独钓寒江雪。""绝""灭"和"雪"均为入声字，平仄不符合近体诗的声韵规则，也只能归入"五言古绝"的类别范畴。吟诵时入声韵字照例长吟，音长较平声韵略短。如果平声韵长吟四拍，仄声韵一般最多长吟两拍或稍多一点，入声韵最多长吟一个节拍。

（三）篇有定调，字无定音，声随情转

华调吟诵恪守三原则："平长仄短、节奏分明、声情并茂"。华锺彦认为，吟诵作为一种读书方法，最终目的是准确把握作品的内容和情感。因此，在三个原则中，"声情并茂"居首要地位，平仄和节奏次之，强调吟诵的形式要为内容服务。正如宋代安子顺尝言："读诸葛孔明《出师表》而不堕泪者，其人必不忠；读李令伯《陈情表》而不堕泪者，其人必不孝；读韩退之《祭十二郎文》而不堕泪者，其人必不友。"[①]

吟诵作品的题材内容决定了吟诵的感情基调，是谓"篇有定调"。中国古典文学的传统题材相当丰富，并长于抒情，主要有惜时、怀古、相思、思乡、春恨、悲秋、出处、游仙、黍离、生死等十大主题，这些作品因题材内容不同，抒发的情感也各异，确定吟诵的感情基调就须用心揣摩和斟酌，相近主题或同一主题尤其如此。例如惜时主题，主要展示一种时空无限与生命短暂的矛盾，文学作品中表现为生命无常、及时行乐和乘势而动三方面的题材。第一种题材表现生命美丽而短暂，抒发生命短暂、光阴易逝的哀叹，如《诗经·曹风·蜉蝣》："蜉蝣之羽，衣裳楚楚。心之忧矣，于我归处。蜉蝣之翼，采采衣服。心之忧矣，于我归息。蜉蝣掘阅，麻衣如雪。心之忧矣，于我归说。"第二种题材表现生命短暂，要及时行乐，如《诗经·唐风·山有枢》："山有枢，隰有榆。子有衣裳，弗曳弗娄。子有车马，弗驰弗驱。宛其死矣，他人是愉。山有栲，隰有杻。子有廷内，弗洒弗扫。子有钟鼓，弗鼓弗考。宛其死矣，他人是保。山有漆，隰有栗。子有酒食，何不日鼓瑟？且以喜乐，且以永日。宛其死矣，他人入室。"第三种题材表现用有限的生命建功立业，不负人生，如《离骚》："日月忽其不淹兮，春与秋其代序。惟草木之零落兮，恐美人之迟暮。不抚壮而弃秽兮，何不改乎此度。"以上三种诗歌题材的感情基调都是感伤，吟诵时却又不同，第一种是感伤中带着无奈和忧郁，第二种是感伤中带着轻松和劝慰，第三种是感伤中带着慷慨和激越。

[①]（宋）赵与时：《宾退录》，上海古籍出版社1983年版，第116页。

华调吟诵极重感情基调的掌控，绝不以声害意，当抒发感情需要时可以突破声韵的限制，是谓"字无定音"。例如"酒"字，音"jiǔ"，平水韵属"上声二十五有"韵部，普通话也为上声。但是在"葡萄美酒夜光杯""潦倒新停浊酒杯""绿蚁新醅酒"三个句子中，"酒"字所处位置不同，吟诵时常以弱化四声的方法巧妙展示"酒"的不同文化内涵。猛地一听，似乎是"倒字"了，实际是华调为了准确地表达感情所做的艺术处理。又如"烟"字，在"风烟望五津""日照香炉生紫烟""绝胜烟柳满皇都"三个句子中，华调根据所处位置和感情基调进行艺术处理，可以表现不同的文化内涵。吟诵时，第一个"烟"字要强调时空的高远，重在表现边地烽烟滚滚的意境；第二个"烟"字强调思绪的飘逸，重在表现山顶云雾直上九霄的意境；第三个"烟"字强调柳梢的轻柔，重在表现初见早春微雨蒙蒙的欣喜。

"字无定音"是在套用基本调吟诵时，为了避免单调重复、保持艺术多样性而采取的技术手法。"字无定音"首先表现在汉语四声的艺术处理。华调的去声字通常以念为主，入声字发音短促有时也以去声处理，而阳平字、上声字则是字头念、字尾拖，介于半读半唱之间。"吟诵带来的形象像是音乐形象，实则仍是文学形象。吟诵重词不重乐，旋律、节奏都是对文学形象的强化和再度美化。"[①]

"字无定音"还表现在文学体式变格的拗句音值补救。近体诗的拗句分析如下：

池 上
（唐）白居易

小娃撑小艇，偷采白莲回。
㊁平平㊁㊁　㊀㊁㊁平平

不解藏踪迹，浮萍一道开。
㊁㊁平平㊁　平平㊁㊁平

---

① 王宁：《吟与唱》，《文史知识》1998 年第 10 期。

宿建德江

（唐）孟浩然

移舟泊烟渚，日暮客愁新。
平平㡀㡁仄　仄仄仄平平

野旷天低树，江清月近人。
仄仄平平仄　平平仄仄平

这两首诗为平起五言绝句，使用相同的调式吟诵。第一首诗为正格；第二首诗为变格，首句的第三字"泊"，应为平声，实为仄声，因此用第四字"烟"补救，应用仄声，却用平声，造成句子的平仄联内未完全相对，整体符合格律的局面。对于拗句诗，吟诵时要特别注意，不能简单地按照常规套调处理，其规律是"在拗句平声处，稍加吟咏，使人有特殊感，方见妙处"①。吟诵"撑"字应平声直道，音值稍长；"泊"字则字尾声调稍下行，音值短促。

起调高低不同也是华调吟诵"字无定音"的重要因素。古代的先贤从漫长的历史长河中走来，其作品浸润着太多的悲欢离合和喜怒哀乐。而吟诵的主要作用就是场景还原，准确地再现原著的思想情感，不能臆想，更不能为了追求旋律的美感而罔顾格律。"如李白《早发白帝城》与杜牧《清明》同为平起七言绝句，但是前者喜而后者悲，前者扬而后者抑，从而导致了起调的一高一低，节奏的一疾一缓。"② 因此，两首诗的具体字音，自然不可能固定在同一个音阶。

《孔子诗论》曰："诗亡离志，乐亡离情，文亡离言。"③ 唐代殷璠的《河岳英灵集》尝言："词有刚柔，调有高下，但令词与调合，首末相称，中间不败，便是知音。"④ "词有刚柔"，"词"主要是情意的表现，"刚

---

① 华锺彦：《华锺彦文集》，河南大学出版社2009年版，第658页。
② 杨娜：《华氏吟诵调：吟必有法　吟无定法》，《岭南师范学院学报》2018年第5期。
③ 马承源主编：《上海博物馆藏战国楚竹书》（一），上海古籍出版社2001年版，第3页。
④ （唐）殷璠编：《河岳英灵集·集论》，载《唐人选唐诗（十种）》，上海古籍出版社1958年版，第41页。

柔"则是情意的具体属性。华锺彦认为,"吟咏声调的高下,就必须随情意的刚柔而变化,这便是'词与调合',亦即'声情一致',表里如一。"①

"声随情转"是声情并茂的先决条件。诗歌作为一种有音乐性的文体,产生于节奏和韵律。诗歌创作必须符合一些音乐规则,欣赏与传播也应考虑其中的音乐元素,吟诵为品味诗歌的本真韵味提供了一条最佳途径。华调从诗歌吟诵起步,也以诗歌吟诵最具特色、最为人称道。正如华锺彦所言:"诗歌只表现语言文字之美,还是在纸面上,必须加上吟咏的声音节奏之美,才可以飞跃起来。"② 具体而言,"既要求平长仄短,声韵谐调,又要求钻研揣摩全诗情意,务求声情一体,表里一致,即元曲所谓'唱得曲情'。才算取得吟咏的要领。"③ 杨娜等梳理出华调有"一字定乾坤"和"一调有双面"的以声传情特点,十分精到。例如:

出 塞
（唐） 王昌龄

秦时/明月汉时关，万里长征/人未还。
但使龙城/飞将在，不教/胡马度阴山。

这是一首盛唐的边塞诗,如若简单、机械地套用基本调进行音乐性处理,则会发声羸弱、抒情平淡,很难表现出盛唐积极向上、边关报国的饱满情绪。华调吟诵时,末句的"度"字虽非节奏点关键字,但为了抒情需要着力吟出,配合着上声"马"字的有力跃起,飞腾势起,境界全开。可谓"一字定乾坤"。

另有"一调有双面"。吟诵时为了表达不同的情感,华调还常用声随情转的多种技法。例如:

---

① 华锺彦、李珍华:《唐诗吟咏的研究》,《中州学刊》1985 年第 5 期。
② 华锺彦、李珍华:《唐诗吟咏的研究》,《中州学刊》1985 年第 5 期。
③ 华锺彦、李珍华:《唐诗吟咏的研究》,《中州学刊》1985 年第 5 期。

赠汪伦

（唐）李白

李白乘舟/将欲行，忽闻/岸上踏歌声。
桃花/潭水深千尺，不及汪伦/送我情。

芙蓉楼送辛渐

（唐）王昌龄

寒雨连江/夜入吴，平明/送客楚山孤。
洛阳/亲友如相问，一片冰心/在玉壶。

  这两首诗歌都是仄起七言绝句，都是表达真挚深厚的友情。但是，前者叙说愉悦，情感温馨，色调较暖；后者场景清寒，情感悲沉，色调偏冷。华调吟诵时使用了仄起七言绝句的基本调，按照"声随情转"的技法表现不同的情感因素。在整体基调上，《赠汪伦》的声调上扬，给人一种轻松欢快之感；《芙蓉楼送辛渐》的声调下沉，给人一种清冷孤寂之感，同时透露出诗人"自述心地莹洁，无尘可滓"[1]的开阔胸襟和坚强性格。在用字处理上，《赠汪伦》首句从节奏点的"舟"字起为升调，"将"字继续上扬，"欲"字入声稍降、轻轻带过，"行"字再次上提。此句原本是叙说离别，但上扬的基调尽显李白的飘逸洒脱。黄叔灿《唐诗笺注》评曰："相别之地，相别之情，读之觉娓娓兼至，而语出天成，不假炉炼，非太白仙才不能。'将'字、'忽'字，有神有致。"[2]《芙蓉楼送辛渐》低音起调，首句节奏点的"江"字以平读处理，语音低而平，不像前诗的"舟"字吟得婉转悠扬，后面的"夜""入"二字，一个去声、一个入声，正好顺势而下，"吴"字为平声韵字，因前面声音下坠，此处不宜提起太多，宜委婉拖腔，吟出孤寂之感。《赠汪伦》次句的节奏点的"闻"字继续上扬，由轻而重，由虚而实，由远及近的"踏歌声"

---

[1] 陈伯海笺注：《唐诗笺注》，载《唐诗汇评》，浙江教育出版社1995年版，第446页。
[2] 陈伯海笺注：《唐诗笺注》，载《唐诗汇评》，浙江教育出版社1995年版，第654页。

表达诗人的惊喜；《芙蓉楼送辛渐》次句的节奏点"明"字与"平"字在同一音高，"送客"二字皆为仄声，入声字"客"读作去声，"楚山孤"三字有所回升，但"孤"字并未着力扬起，而是停留在"山"的同声区，山孤客寂的惆怅失落以声传递。绝句的第三句为"转"，为全诗结尾的情感抒发作铺垫，不可过高。《赠汪伦》此句五个平声字，另有一个上声的"水"字，吟为中音，一个入声的"尺"字，一带即过，整句较为平缓；《芙蓉楼送辛渐》前两句较为低沉，第三句由低沉稍转轻松，节奏点"阳"字在入声"洛"字后，可直音吟出，"亲友"保持中音，"问"字尾音向下拖长，如泣如诉，悲从声来。尾句《赠汪伦》节奏点的"伦"字平声长吟后稍作停顿，"送我情"中的"送"字为去声，清晰读出，"我"字上声，半读半吟，去声与上声连用，本身就有一种回折扬起之感，加之尾韵"情"字的动情长吟，温暖的情谊倾泻而出；《芙蓉楼送辛渐》节奏点的"心"字平声长吟后稍作停顿，"在玉壶"中的"在"字为去声，"玉"是入声，可按去声读。两字连吟，一路下行，尾韵"壶"在节奏点"心"字后还加了衬字"哪——嗯——"拖音，意蕴深长。分析可见，《赠汪伦》全诗的平声字走高的幅度较为明显，仄声字音调适中；《芙蓉楼送辛渐》全诗的平声字走高的幅度不大，仄声字音调较重。这两首诗基本调相同，但是情感不同，因而造成吟诵效果的较大差异。①

---

① 杨娜：《华氏吟诵调：吟必有法 吟无定法》，《岭南师范学院学报》2018 年第 5 期。

附录一

平水韵

北宋陈彭年等奉诏编修《大宋重修广韵》，简称《广韵》，让中国的官韵数发展到206个韵，过细的韵部给科举考试带来一定的不方便。为了配合科举考试的需要，南宋时平水人刘渊编《壬子新刊礼部韵略》时将《广韵》进行了部分合并，凡是《广韵》注明可以"同韵"的韵部合为一个韵部，凡注明"独用"的韵部则保持不变，这样就形成了《壬子新刊礼部韵略》107韵。其实，比刘渊稍早的山西平水籍金人王文郁已经尝试了《平水新刊韵略》106韵。清代康熙年间，以两部韵略为基础编制《佩文诗韵》，并韵部为106个。其中，上平声15部，下平声15部，上声29部，去声30部，入声17部，这就是流传的《平水韵》。本书所附《平水韵》为常用字表，以供参考。

上平声

一东：东同童僮铜桐峒筒瞳中［中间］衷忠盅虫冲终忡崇嵩［崧］菘戎绒弓躬宫穹融雄熊穷冯风枫疯丰充隆窿空公功工攻蒙濛朦曚笼胧栊咙聋珑砻泷蓬篷洪荭红虹鸿丛翁嗡囱葱聪骢通棕烘崆

二冬：冬咚彤农侬宗淙锺钟龙茏春松淞冲容榕蓉溶庸佣慵封胸凶匈汹雍邕痈浓脓重［重复］从［服从］逢缝峰锋丰蜂烽葑纵［纵横］踪茸蛩邛筇跫供［供给］蚣喁

三江：江缸窗邦降［降伏］双泷庞撞豇扛杠腔梆桩幢蚕［冬韵同］

四支：支枝肢移［竹移］为［施为］垂吹陂碑奇宜仪皮儿离施知驰池规危夷师姿迟龟眉悲之芝时诗棋旗辞词期祠基疑姬丝司葵医帷思滋持

随痴维厄縻麾埤弥慈遗肌脂雌披嬉尸狸炊湄篱兹差〔参差〕疲茨卑亏蕤骑〔跨马〕歧岐谁斯澌私窥熙欺疵赀羁彝髭颐资糜饥衰锥姨夔衹涯〔佳、麻韵同〕伊追蓍缁其箕椎罴簏萎匙脾坻嶷治〔治国〕骊萦怡尼漪牺饴而鸥推〔灰韵同〕匙陲魑锤缡璃骊羸陂縻蘼脾芪畸牺羲曦欹漪猗崎崖萎筛狮螭鸥绥虽粢瓷椎饴鳌痍惟唯机耆逵岿丕毗枇貔楣霉辎虳嗤螇飔坿峕鲥鹚笞漓怡贻禧噫其琪祺麒巍螭栀鹂累跐琵祁骐誉咨睢馗胝鳍蛇〔委蛇〕陴淇丽〔地名〕厮氏〔月氏〕僖嘻琦怩熹孜瞿磁痿隋迻郦嵋唯椅〔音漪，木名〕

五微：微薇晖辉徽挥韦围帏违闱霏菲〔芳菲〕妃飞非扉肥威祈畿机几〔微也、如见几〕讥玑稀希衣〔衣服〕依归饥〔支韵同〕矶欷诽绯晞葳巍沂圻颀

六鱼：鱼渔初书舒居裾琚车〔麻韵同〕渠蕖余予〔我也〕誉〔动词〕舆胥鉏疏蔬梳虚嘘墟徐猪闾庐驴诸储除滁蜍如畲淤妤且沮洳徂龃茹桐於祛蘧疽蛆醵纾樗蹰〔药韵同〕欤据〔拮据〕

七虞：虞愚娱隅无芜巫于衢瘢瞿戵儒襦濡须需朱珠株诛铢铢蛛殊俞瑜榆愉逾嵛谀腴区躯驱岖趋扶符凫芙雏敷麸夫肤纡输枢厨俱驹模谟摹蒲逋胡湖瑚乎壶狐弧孤辜姑觚菰徒途涂茶图屠奴吾梧吴租卢鲈炉芦颅垆蚨孥帑苏酥乌污〔污秽〕枯粗都茱侏禺拘嵎蹰桴俘臾萸吁涒瓠糊醐呼沽酤泸舻轳鸬弩匍葡铺〔铺盖〕菟诬呜迂盂竽跗毋孺酴鸪骷剞蛄晡蒲葫呱蝴鼢俎猢郛孚

八齐：齐黎犁梨妻〔夫妻〕萋凄堤低题提蹄啼鸡稽兮倪霓西栖犀嘶撕梯鼙赍迷泥溪蹊圭闺携畦稊跻奚脐醯鼙蠡醍鹈奎批砒睽萋箆虀藜猊蜺鲵羝

九佳：佳街鞋牌柴钗差〔差使〕崖涯〔支麻韵同〕偕阶皆谐骸排乖怀淮豺侪埋霾斋槐〔灰韵同〕睚崽楷秸揩挨俳

十灰：灰恢魁隈回徊槐〔佳韵同〕梅枚玫媒煤雷颓崔催摧堆陪杯醅嵬推〔支韵同〕诙裴培盃偎煨瑰茴追胚徘坏桅傀儡〔贿韵同〕莓开哀埃台苔抬该才材财裁栽哉来莱灾猜孩徕骀胎唉垓挨皑呆鳃

十一真：真因茵辛新薪晨辰臣人仁神亲申身宾滨槟缤邻鳞麟珍瞋尘陈春津秦频蘋颦濒银垠筠巾民岷泯〔轸韵同〕珉贫纯淳醇纯唇伦轮沦抡

匀旬巡驯钧均榛莘遵循甄宸纶椿鹑屯呻粼嶙辚磷呻伸绅寅姻荀询峋氤恂嫔彬皴娠闽纫湮肫逡菌臻豳

十二文：文闻纹蚊云分［分离］氛纷芬焚坟群裙君军勤斤筋勋薰曛醺芸耘芹欣氲荤汶汾殷雯贲纭昕熏

十三元：元原源沅鼋园袁猿垣烦蕃樊喧萱暄冤言轩藩媛援辕番繁翻幡璠鸳鸳蜿湲爰掀燔圈谖魂浑温孙门尊［樽］存敦墩炖暾蹲豚村屯囤［囤积］盆奔论［动词］昏痕根恩吞荪扪昆鲲坤仑婚阍髡馄喷狲饨臀跟瘟飧

十四寒：寒韩翰［翰韵同］丹单安鞍难［艰难］餐檀坛滩弹残干肝竿阑栏澜兰看［翰韵同］刊丸完桓纨端湍酸团攒官观［观看］鸾銮峦冠［衣冠］欢宽盘蟠漫［大水貌］叹［翰韵同］邯郸摊玕拦珊狻鼾杆珊姗殚箪瘫谰獾倌棺剜潘拚［问韵同］槃般蹒瘢磐瞒漫馒鳗钻抟邗汗［可汗］

十五删：删潺关弯湾还环鬟寰班斑蛮颜奸攀顽山闲艰间［中间］悭患［谏韵同］孱潺擐菅般［寒韵同］颁鬘疝讪斓娴鹇鳏殷［赤黑色］纶［纶巾］

下平声

一先：先前千阡笺天坚肩贤弦烟燕［地名］莲怜连田填巅鬈宣年颠牵妍研［研究］眠渊涓娟娟边编悬泉迁仙鲜［新鲜］钱煎然延筵毡旃蝉缠廛联篇偏绵全镌穿川缘鸢旋船涎鞭专圆员乾［乾坤］虔愆权拳橡传焉嫣鞯搴飱铅舷跹鹃筌痊诠悛遭禅婵躔颠燃涟珵便［安也］翩骈癫阗钿［霰韵同］沿蜒朒芊鳊胼滇佃畋咽湮狷蠲鹜搴膻扇棉拴荃籼砖挛儇璇卷［曲也］扁［扁舟］单［单于］溅［溅溅］辁

二萧：萧箫挑貂刁凋雕迢条髫调［调和］蜩枭浇聊辽寥撩寮僚尧宵消霄绡销超朝潮嚣骄娇蕉焦椒饶硝烧［焚烧］遥徭摇谣瑶韶昭招镳瓢苗猫腰桥乔娆妖飘逍潇鸮骁桃鹪鹩缭獠嘹夭［夭夭］幺邀要［要求］姚樵谯憔标飚嫖漂［漂浮］剽佻髫苕噍哓跷侥了［明了］魈峣描钊轺桡铫鹪翘枵侨窑礁

三肴：肴巢交郊茅嘲钞包胶苞梢姣庖匏坳敲胞抛蛟崤鸡鞘抄螯咆哮凹淆教［使也］跑艄捎爻咬铙茭炮［炮制］泡鲛刨抓

四豪：豪劳毫操［操持］氂绦刀萄猱褒桃糟旄袍挠［巧韵同］蒿涛

皋号［号呼］陶鳌曹遭羔糕高搔毛艘滔骚韬缫膏牢醪逃濠壕饕洮淘叨啕篙熬遨翱嗷臊噑尻麏鰲獒敖牦漕嘈槽掏唠涝捞痨芼

五歌：歌多罗河戈阿和［和平］波科柯陀娥蛾鹅萝荷［荷花］何过［经过］磨［琢磨］螺禾珂蓑婆坡呵哥轲沱鼍拖驼跎佗［他］颇［偏颇］峨俄摩么娑莎迦疴苛蹉嵯驮箩逻锣哪挪锅诃窠蝌髁倭涡窝讹陂鄱蟠魔梭唆骡挼靴瘸搓哦瘥酡

六麻：麻花霞家茶华沙车［鱼韵同］牙蛇瓜斜邪芽嘉瑕纱鸦遮叉奢涯［支佳韵同］巴耶嗟趑加笳赊槎差［差错］蟆骅虾葭袈裟砂衙呀琶杷芭筢笆疤爬葩些［少也］佘鲨查楂渣爹挝咤拿椰珈跏枷迦痂茄桠丫哑划哗夸胯抓洼呱

七阳：阳杨扬香乡光昌堂章张王房芳长塘妆常凉霜藏场央泱鸯秋嫱床方浆觞梁娘庄黄仓皇装殇襄骧相湘箱缃创忘芒望尝偿樯枪坊囊郎唐狂强肠康冈苍匡荒遑行妨棠翔良航倡伥羌庆姜僵缰疆粮穰将墙桑刚祥详洋徉伴梁量羊伤汤魴樟彰漳璋猖商防筐煌隍凰蝗惶璜廊浪当裆珰沧纲兀吭潢钢丧盲簧忙茫傍汪臧琅当庠裳昂障糖疡锵杭邙赃滂襄攘瓢抢螳跟眶炀闾彭蒋亡殃蔷镶孀搪彷胱磅螃

八庚：庚更［更改］羹盲横［纵横］觥彭亨英烹平枰京惊荆明盟鸣荣莹兵兄卿生甥笙牲擎鲸迎行［行走］衡耕萌甍宏闳茎罂莺樱泓橙争筝清情晴精睛菁晶旌盈楹瀛嬴赢营婴缨贞成盛［盛受］城诚呈程酲声征正［正月］轻名令［使令］并［并州］倾萦琼峥嵘撑粳坑铿撄鹦黥薨澎膨棚浜枰苹钲伧檠嘤轰铮狰宁狞瞠绷怦璎砰甿鲭侦柽蛏茎赪）荣赓黉瞠

九青：青经泾形陉亭庭廷霆蜓停丁仃馨星腥醒［醉醒］惺俜灵龄玲铃伶零听［径韵同］冥溟铭瓶屏萍荧萤荣肩垌蜻硎苓瓴翎娉婷宁暝瞑螟猩钉疗叮厅町泠棂囹羚蛉咛型邢

十蒸：蒸丞承丞惩澄陵凌绫菱冰膺鹰应［应当］蝇绳升缯凭乘［驾乘，动词］胜［胜任］兴［兴起］仍兢矜征［征求］称［称赞］登灯僧憎增曾缯层能朋鹏肱薨腾藤恒罾崩塍誊崚嶒姮塍冯症簦甓凝［径韵同］棱楞

十一尤：尤邮优尢流旒留骝榴刘由油游猷悠攸牛修羞秋周州洲舟酬雠柔俦畴筹稠丘邱抽瘳遒收鸠搜驺愁休因求裘仇浮谋牟眸侔矛侯喉猴讴

鸥楼陬偷头投钩沟幽纠啾楸蚯踌绸惆勾娄琉疣犹邹兜呦咻貅球蜉蝣辀帱
阉瘤硫浏麻湫泅酋瓯啁飕鏊篌抠篝诌骰偻沤［水泡，名词］蝼髅搂欧彪
掊虬揉蹂抔不［与有韵"否"通］瓿缪［绸缪］

十二侵：侵寻浔临林霖针箴斟沈心琴禽擒衾钦吟今襟［衿］金音阴
岑簪［覃韵同］壬任［负荷］歆森禁［力所胜任］褑喑琛涔骎参［参
差］忱淋妊掺参［人参］椹郴芩檎琳蟫愔喑黔嶔

十三覃：覃潭参［参考］骖南楠男谙庵含涵函［包函］岚蚕探贪耽
眈龛堪谈甘三酣柑惭蓝担簪［侵韵同］谭昙坛婪戡颔痰篮襤蚶憨泔聃邯
蟫［侵韵同］

十四盐：盐檐廉帘嫌严占［占卜］髯谦佥纤签瞻蟾炎添兼缣沾尖潜
阎镰黏淹钳甜恬拈砭詹蒹歼黔钤佥舰崦渐鹣腌襜阊

十五咸：咸函［书函］缄岩谗衔帆衫杉监［监察］凡馋芟搀喃嵌
掺巉

上声

一董：董懂动侗洞空孔总笼［东韵同］拢桶捅蓊蠓汞

二肿：肿种［种子］踵宠垅［陇］拥冗重［轻重］冢捧勇甬踊涌俑
蛹恐拱竦悚耸巩怂奉

三讲：讲港棒蚌项耩

四纸：纸只咫是靡彼毁委诡髓累技绮觜此泚蕊徙尔弭婢俾弛豕紫旨
指视美否［否泰］痞兕几姊比水轨止徵市喜已纪跪妓蚁鄙晷子仔梓矢雉
死履垒癸趾址以已似秕祀史驶耳使［使令］里理李起杞圮跂士仕俟始齿
矣耻麂枳峙鲤迩氏玺巳［辰巳］滓苡倚匕迤逦旖旎舣妣秕芷拟你企诔捶
屣棰揣豸祉恃

五尾：尾苇鬼岂卉几［几多］伟斐菲［菲薄］匪篚娓悱櫂韪炜虺
玮虮

六语：语［语言］圉圄吕侣旅杼伫与［给予］予［赐予］渚煮暑鼠
汝茹［食也］黍杵处［居住、处理］贮女许拒炬距所楚础阻俎沮叙绪
屿墅巨去［除也］苣举讵滺浒钜醑咀诅苎抒楮

七麌：麌雨宇舞府鼓虎古股贾［商贾］估土吐圃庾户树［种植，动

词〕煦诩努辅组乳弩补鲁橹睹腐数〔动词〕簿竖普侮斧聚午伍釜缕部柱矩武五苦取抚浦主杜坞祖愈堵扈父甫禹羽怒〔遇韵同〕腑拊俯罟赌卤姥鹉拄莽〔养韵同〕栩窦脯妩庑否〔是否〕麈褛篓偻酤牡谱怙肚踽虏弩诂瞽殴祜沪雇仵缶母某亩蛊晓

八荠：荠礼体米启陛洗邸底抵弟坻柢涕悌济〔水名〕澧醴诋眯娣棨递昵睨蠡

九蟹：蟹解洒楷〔佳韵同〕拐矮摆买骇

十贿：贿悔罪馁每块汇猥璀磊蕾傀儡腿海改采彩在宰醢铠恺待殆怠乃载〔岁也〕凯闿倍蓓迨亥

十一轸：轸敏允引尹尽忍准隼笋盾〔阮韵同〕闵悯菌〔真韵同〕蚓牝殒紧蠢陨哂诊疹赈肾蜃膑龟泯窘吮缜

十二吻：吻粉蕴愤隐谨近忿扢刎揾槿恽韫

十三阮：阮远〔远近〕晚苑返反饭〔动词〕偃蹇琬沅宛畹菀婉绻巘挽堰混棍阃悃捆衮滚鲧稳本畚笨损忖囤遁很沌恳垦龈

十四旱：旱暖管琯满短馆〔翰韵同〕缓盥〔翰韵同〕碗懒伞伴卵散〔散布〕伴诞罕瀚〔浣〕断〔断绝〕侃算〔动词〕款但坦袒纂毂拌懑㶁莞

十五潸：潸眼简版板阪盏产限绾柬拣撰馔赧皖汕铲羼见楝栈

十六铣：铣善〔善恶〕遣〔遣送〕浅典转〔霰韵同〕衍犬选冕辇免展茧辨篆勉剪卷显践〔霰韵同〕践喘藓软蹇〔阮韵同〕演充件腆跣缅缱鲜〔少也〕殄扁匾蚬岘畎燹隽键变泫癣阐颤膳鳝舛婉辗遭先衮辫撚

十七筱：筱小表鸟了〔未了，了得〕晓少〔多少〕扰绕绍杪沼眇矫皎杳窈袅挑〔挑拨〕掉〔啸韵同〕肇缥缈渺淼莺赵兆缴缭〔萧韵同〕夭〔夭折〕悄舀侥蓼娆硗剿晃貌秒孚了〔了望〕

十八巧：巧饱卯狡爪鲍挠〔豪韵同〕搅绞拗咬炒吵佼姣昂茆獠〔萧韵同〕

十九皓：皓宝藻早枣老好〔好丑〕道稻造〔造作〕脑恼岛倒〔跌倒〕祷〔号韵同〕捣抱讨考燥扫〔号韵同〕嫂保鸨稿草昊浩镐杲缟槁堡皂瑙媪燠袄懊葆裸芼澡套涝蚤拷栳

二十哿：哿火舸禅舵我拖娜荷〔负荷〕可左果裹朵锁琐堕惰妥坐

[坐立] 裸跛颇 [稍也] 夥颗祸桠婀逻卵那坷爹 [麻韵同] 簸叵垛哆硪么 [歌韵同] 峨 [歌韵同]

二十一马：马下 [上下] 者野雅瓦寡社写泻夏 [华夏] 也把厦惹冶贾 [姓贾] 假 [真假] 且玛姐舍喏赭洒瘕剐打耍那

二十二养：养痒象像橡仰朗桨奖蒋敞氅厂柱往颡强 [勉强] 惘两曩丈杖仗 [漾韵同] 响掌党想鲞榜爽广享向饷幌莽纺长 [长幼] 网荡上 [上升] 壤赏仿罔谠倘魍魉谎蟒漭嗓盎恍脏 [肮脏] 吭沆慷褓镪抢肮扩

二十三梗：梗影景井岭领境警请饼永骋逞颖颍顷整静省幸颈郢猛丙炳杏秉耿矿冷靖哽绠荇艋蜢皿儆悻婧阱狰 [庚韵同] 靓悝打瘿并 [合并] 犷眚憬鲠

二十四迥：迥炯茗挺艇梃醒 [青韵同] 酩酊并 [并行，并且] 等鼎顶肯拯謦到溟

二十五有：有酒首口母 [麌韵同] 妇 [麌韵同] 後柳友斗狗久负 [麌韵同] 厚手叟守否 [麌韵同] 右受牖偶走阜 [麌韵同] 九后咎薮吼帚垢舅纽藕朽臼肘韭亩 [麌韵同] 剖诱牡 [麌韵同] 缶酉苟丑糗扣叩某莠寿绶玖授踩 [尤韵同] 揉 [尤韵同] 溲忖钮扭呕殴纠耦掊瓿拇姆擞绺抖陡蚪篓黝赳

二十六寝：寝饮 [饮食] 锦品枕 [枕衾] 审甚 [沁韵同] 廪衽稔凛懔沈 [姓氏] 朕荏婶沈 [沈阳] 葚禀噤谂怎恁任罩

二十七感：感览揽胆澹 [淡，勘韵同] 唊坎惨敢颔 [覃韵同] 撼毯糁湛菡萏罨喊嵌 [咸韵同] 橄榄

二十八俭：俭焰敛 [艳韵同] 险检脸染掩点簟贬冉苒陕谄俨闪剡忝 [艳韵同] 琰奄歉芡崭垫渐 [盐韵同] 罨捡弇崦玷

二十九豏：豏槛范减舰犯湛巉 [咸韵同] 斩黯范

去声

一送：送梦凤洞众瓮贡弄冻痛栋恸仲中 [击中] 粽讽空 [空缺] 控哄赣

二宋：宋用颂诵统纵 [放纵] 讼种 [种植] 综俸供 [供设，名词] 从 [仆从] 缝 [隙也] 重 [再也] 共

三绛：绛降［升降］巷撞［江韵同］戆

四寘：寘置事的意志思［名词］泪吏赐自字义利器位戏至次累［连累］伪寺瑞智记异致备肆翠骑［车骑，名词］使［使者］试类弃饵媚鼻易［容易］辔坠醉议翅避笥帜炽粹莳谊帅厕寄睡忌贰萃穗二臂嗣吹［鼓吹，名词］遂恣四骥季刺驷寐魅积［积蓄］被懿觊冀愧匮恚馈黄箦柜暨庇庋莉腻秘比［近也］鸷悲韨示嗜饲饲遗［馈遗］蕙祟值惴屉眦罾企渍譬跛挚燧隧悴尿稚雉茝悷肄泌识［记也］侍踶为［因为］

五未：未味气贵费沸尉畏慰蔚魏纬胃汇［字汇］谓渭卉［尾韵同］讳毅既衣［着衣，动词］蛰溉［队韵同］翡诽

六御：御处［处所］去虑誉［名词］署据驭曙助絮著［显著］箸豫恕与［参与］遽疏［书疏］庶预语［告也］踞倨蒨淤锯觑狙［鱼韵同］菇薯

七遇：遇路铬赂露鹭树［树木］度［制度］渡赋布步固素具务雾鹜数［数量］怒［麌韵同］附兔故顾句墓慕暮募注住注驻炷祚裕误悟寤戍库护屦诉妒惧趣娶铸绔傅付谕喻妪芋捕哺互孺寓赴冱吐［麌韵同］污［动词］恶［憎恶］晤煦酗讣仆［偃仆］赙驸婺锢蚨飓怖铺［店铺］塑愫蠹溯镀璐雇瓠迕妇负阜副富［宥韵同］醋措

八霁：霁制计势世丽岁济［渡也］第艺惠慧币弟滞际涕［荠韵同］厉契［契约］敝弊毙帝蔽髻锐庆裔袂系祭卫隶闭逝缀翳替细桂税婿例誓筮蕙诣砺励瘵噬继脆睿毳曳蒂睥妻［以女妻人］递逮蓟蚋薜荔唳掭枥泥［拘泥］媲壁彗睥睨剂嚏谛缔剃屉悌俪锲眥掣羿棣螮薤娣说［游说］赘憩鳜甈呓谜挤

九泰：泰太带外盖大［个韵同］濑赖籁蔡害蔼艾丐奈柰汰癞霭会旆最贝沛需绘脍荟狈侩桧蜕酹外兑

十卦：卦挂画［图画］懈廨邂隘卖派债怪坏诫戒界介芥械薤拜快迈败稗晒溘湃寨疥屆蒯箦𫢉聩聩块夬话杀［音铩，降也］

十一队：队内辈佩退碎背秒对废悔海晦昧配妹喙溃吠肺耒块碓刈悖焙淬敦［盘敦］塞［边塞］爱代载［载运］态菜碍戴贷黛概岱溉慨耐在［所在］鼐玳再袋逮埭赍赛忾暧咳嗳眛北［音背，违也］

十二震：震信印进润阵镇刃顺慎鬓晋骏闰峻衅振俊舜焮吝烬讯仞迅

汛趁衬仅觐蔺浚赈［轸韵同］龀认殡摈缙躏厪谆瞬韧浚殉馑

十三问：问闻［名誉］运晕韵训粪忿［吻韵同］酝郡分［名分］紊愠近［动词］扠拚奋郓捃靳

十四愿：愿怨万饭［名词］献健建宪劝蔓券远［动词］偡键贩畈曼挽［挽联］瑗媛圈［猪圈］论［名词］恨寸困顿遁［阮韵同］钝闷逊嫩溷诨巽褪喷［元韵同］艮揾

十五翰：翰［寒韵同］瀚岸汉难［灾难］断［决断］乱叹［寒韵同］观［楼观］干［树干，干练］散［解散］旦算［名词］玩烂贯半案按炭汗赞漫［寒韵同。又副词，独用］冠［冠军］灌爨窜幔粲灿璨换焕唤涣悍弹［名词］惮段看［寒韵同］判叛绊鹳伴畔锻腕惋馆旰捍疸但罐盥婉缎缦侃蒜钻谰

十六谏：谏雁患涧间［间隔］宦晏慢盼篆栈［潸韵同］惯串绽幻瓣苋办谩讪［删韵同］铲绾孪篡裥扮

十七霰：霰殿面县变箭战扇煽膳传［传记］见砚院练链燕宴贱馔荐绢彦掾便［便利］眷倦羡奠遍恋啭眩钏倩下汴片禅［封禅］遣溅饯善［动词］转［以力转动］卷［书卷］甸电咽茜单念［念书］昫淀靛佃钿［先韵同］镟漩拣缮现狷炫绚绽线煎选旋颤擅缘［衣饰］撰啱谚嫒忭弁援研［磨研］

十八啸：啸笑照庙窍妙诏召邵要［重要］曜耀调［音调］钓吊叫眺少［老少］消料疗潦掉［筱韵同］峤徼跳嘹漂镣廖尿肖鞘悄［筱韵同］峭哨俏醮燎［筱韵同］鹞鹩轿骠票佻［萧韵同］

十九效：效教［教训］貌校孝闹豹罩棹觉［瘥也］较窖爆炮［枪炮］泡［肴韵同］刨［肴韵同］稍钞［肴韵同］拗敲［肴韵同］淖

二十号：号［号令］帽报导操［操行］盗噪灶奥告［告诉］造到蹈傲暴［强暴］好［爱好］劳［慰劳］躁造［造就］冒悼倒［颠倒］燥犒靠懊瑁燠［皓韵同］耄糙套［皓韵同］纛［沃韵同］潦耗

二十一箇：箇个贺佐大［泰韵同］饿过［歌韵同。又过失，独用］座和［唱和］挫课唾播破卧货簸轲［轗轲］驮髁［歌韵同］磋作做剁磨［磨磐］懦糯缚锉挼些［楚些］

二十二祃：祃驾夜下［降也］谢榭罢夏［春夏］霸暇灞嫁赦籍［凭

籍］假［休假］蔗化舍［庐舍］价射骂稼架诈亚麝怕借卸帕坝靶鹧贳炙嘎乍咤诧佗罅吓娅哑讶迓华［姓华］桦话胯［遇韵同］跨衩柘

二十三漾：漾上［上下］望［阳韵同］相［卿相］将［将帅］状帐唱让浪［波浪］酿旷壮放向忘仗［养韵同］畅量［数量］葬匠障瘴谤尚涨饷样藏［库藏］舫访贶嶂当［适当］抗桁妄怆宕怅创酱况亮傍［依傍］丧［丧失］恙谅胀鬯脏［内脏］吭砀伉圹犷桄挡旺炕亢［高亢］阆防

二十四敬：敬命正［正直］令［命令］证性政镜盛［茂盛］行［学行］圣咏姓庆映病柄劲竞靓净竟孟诤更［更加］并〈梗韵同〉聘硬炳泳迸横［蛮横］摒屏榺迎郑㹳

二十五径：径定听胜［胜败］罄磬应［答应］赠乘［名词］佞邓证秤称［相称］莹［庚韵同］孕兴［兴趣］剩凭［蒸韵同］迳甑宁胫暝［夜也］钉［动词］订叮锭謦汀瞪蹭蹬亘［亘古］镫［鞍镫］滢凳磴泾

二十六宥：宥候就售［尤韵同］寿［有韵同］秀绣宿［星宿］奏兽漏富［遇韵同］陋狩昼寇茂旧胄宙袖岫柚覆复［又也］救厩臭佑右囿豆饾窦瘦漱咒究疚谬皱逅嗅遘溜镂逗透骤又侑幼读［句读］堠仆副［遇韵同］锈鹫绉呗灸箍酎诟蔻偩构扣购彀戊懋贸袤湫凑貙鸴沤［动词］

二十七沁：沁饮［使饮］禁［禁令］任［信任］荫浸潛谶枕［动词］噤甚［寝韵同］鸠赁喑渗窨妊

二十八勘：勘暗滥啖担憾暂三［再三］绀憨澹［咸韵同］瞰淡缆

二十九艳：艳剑念验堑赡店占［占据］敛［聚敛］厌焰［俭韵同］垫欠僭酽潋滟俺砭坫

三十陷：陷泛忏赚鉴泛汎嵌梵监阚站馅蘸

入声

一屋：屋木竹目服福禄谷熟肉族鹿漉腹菊陆轴逐苜蓿宿［住宿］牧伏夙读［读书］犊渎椟黩鬻复［恢复］粥肃碌骕鬻育六缩哭幅斛戮仆畜蓄叔淑俶独卜馥沐速祝麓辘镞蹙筑穆睦秃縠覆輻瀑郁［忧郁，郁郁葱葱］舳掬踘蹴踧袱袚鹏鹄髑榖扑匐簌蔟煜复［复杂］蝠蓂孰塾蠹竺曝鞠瑊谡箙囿［职韵同］副

附录一　平水韵　345

二沃：沃俗玉足曲粟烛属录辱狱绿毒局欲束鹄蜀促触续浴酷躅褥旭欲笃督赎渌纛碡北［职韵同］瞩嘱勖溽缛梏

三觉：觉［知觉］角桷榷岳乐［音乐］捉朔数［频数］卓啄琢剥驳雹璞朴壳确浊擢濯渥幄握学龌龊榢搦镯喔邈荦

四质：质日笔出室实疾术一乙壹吉秩率律逸佚失漆栗毕恤密蜜桔溢瑟膝匹述黜弼跸七叱卒［终也］虱悉戌嫉帅［动词］蒺侄踬怵蟋筚篥必泌荜秫唧帙溧谧昵轶聿诘鳌垤捽苾鬐鹬窒苾

五物：物佛拂屈郁［馥郁，郁郁乎文哉］乞掘［月韵同］吃［口吃］讫绂弗勿迄不怫绋沸茀厥倔黻崛尉蔚契屹熨［未韵同］绂

六月：月骨发阙越谒没伐罚卒［士卒］竭窟笏钺歇突忽袜曰阀筏鹘［黠韵同］厥［物韵同］蹶蕨殁橛掘［物韵同］核蝎勃渤悖［队韵同］孛揭［屑韵同］碣粤橜鳜脖饽鹘捽［质韵同］猝愡兀讷［呐］羯凸咄［曷韵同］矻

七曷：曷达末阔钵脱夺褐割沫拔［挺拔］葛阏渴拨豁括抹遏挞跋撮泼秣掇［屑韵同］趿獭［黠韵同］剌喝磕蘖瘌袜活鸹斡怛铍捋

八黠：黠拔［拔擢］八察杀刹轧戛瞎刮刷滑辖铩猾捌叭札扎帕茁鹖揠萨捺

九屑：屑节雪绝列烈结穴说血舌洁别缺裂热决铁灭折拙切悦辙诀泄锲咽［呜咽］轶噎彻澈哲鳖设啮劣玦截窃孽浙孑桔颉拮撷揭褐［曷韵同］纈碣［月韵同］挈抉衺薛拽［曳］蓺洌瞥迭跌阅餮垫埒捏页闑鷢谲鴂撇蟞篾楔惙辍啜绠撤绁杰桀涅霓蜺［齐，锡韵同］批［齐韵同］

十药：药薄恶［善恶］作乐［哀乐］落阁鹤爵弱约脚雀幕洛壑索郭错跃若酌托削铎凿箔鹊诺萼度［测度］橐钥龠瀹着著虐掠获［收获］泊搏藿嚼勺谑廓绰霍镬莫箨缚貉各略骆寞膜鄂博昨柝格拓轹铄烁灼痄蒻箬芍蹯却噱蠖攫醵跞魄酪络烙珞膊粕簿柞漠摸酢乍涸郝垩谔鳄噩锷颚缴扩椁陌［陌韵同］

十一陌：陌石客白泽伯迹宅席策册碧籍［典籍］格役帛戟璧驿麦额柏魄积［积聚］脉夕液尺隙逆画［动词］百辟赤易［变易］革脊翮屐获［猎获］适索厄隔益窄核舄掷责坼惜癖僻掖腋释译峄择摘弈奕迫疫昔赫瘠谪亦硕貊跖鹢碛踖只炙［动词］躅斥冚鬲骼舶珀吓磔拆喀蚱阼剧檗擘栅

喷帻簀扼划蜴辟幗蝈刺峂汐藉螯蓦摭襞虢哑［笑声］绎射［音亦］

十二锡：锡壁历枥击绩勖笛敌滴镝檄激寂觌溺觅狄荻幂戚鹡涤的吃沥雳霹惕剔砾翟籴倜析晰淅蜥劈甓嫡轹栎阋菂踢迪晳裼逖蜺阒汨［汨罗江］

十三职：职国德食［饮食］蚀色力翼墨极殛息熄直值得北黑侧贼饰刻则塞［闭塞］式弑域蜮殖植敕亟棘惑忒默织匿慝亿忆臆薏特勒肋幅仄昃稷识［知识］逼克即唧［质韵同］弋拭陟恻测翊洫啬穑鲫抑或匐［屋韵同］

十四缉：缉辑戢立集邑急入泣湿习给十拾袭及级涩楫［叶韵同］粒汁蛰执笠熠汲吸絷挹浥悒岌熠茸什芨廿揖煜［屋韵同］歙笈［叶韵同］圾褶翕

十五合：合塔答纳榻阁杂腊匝阖蛤衲沓鸽踏拓拉盍塌咂盒卅搭褡飒磕榼遏蹋蜡溘邋趿

十六叶：叶帖贴牒接猎妾蝶叠箧惬涉躐捷颊楫［缉韵同］聂摄慑镊蹑协侠荚挟铗浃睫厌餍踥躞燮摺辄婕谍堞靥啑喋蹀鲽捻晔躐笈［缉韵同］

十七洽：洽狭峡法甲业邺匣压鸭乏怯劫胁插锸押狎夹恰蛱硖掐劄祫眨胛呷歃闸靥［叶韵同］

附录二

词林正韵

《词林正韵》把填词能够通用的《平水韵》韵部合并在一起，平上、去、三声合并为十四部，入声合并为五部，形成了十九部韵。

第一部

平声［一东二冬］通用

一东：风中［中间］空红同东翁宫通公穷功雄工丛鸿蓬终融丰［丰收］濛虹童虫弓桐蒙匆戎珑崇忠隆穹躬衷棷攻篷骢葱笼［董韵同］筒充聋枫铜瞳聪熊胧逢［鼓声］洪忡峒［崆峒］嵩［崧］烘䂮艨昽䆝芃冲［深远、淡泊］蓊僮癃茸濛恫幢［艨艟，战船］怱笻［竹筒］仝讧冯［姓也］䗖曚瀜蛊崧璁駥梦［音蒙］㵿绒朦渢螽蓊雺翀䕬［目不明］狨𪊏㜍曈鞃髼苘峝［崆峒］葓椶穜烽䶱豅蠓爞𪊨憃［憃憃，无知貌］痋罿螉篠拢［音聋，理也］潨疯酆膧苳蚣䑃䪋駥艨总［缝也］䌅［缕也，缕罟也］崆銜泽鬃茙髳犝泷［雨泷泷］酮娥悾玜瘛种［音虫，稚也］𡋣翁鰀䩸［鼓声］哄［同吅，言语嘈杂］漴［水声］䰱䰠䰰烽釭［毂铁］彏愡［惺愡］築肜䃁橦稄淙玒絧溇鯼㦫箜汎［音冯，亦浮也］厖［充实］鬷烽䍶䥷［釜属］囱焪［热貌］蕫䇯檬㵗眮泽㥒㕬蒿櫳䙝䉺䨴幪［肥貌］氃㦁橦［木名］䕔𪘬𪒋䏶［䏶侗］潨［水会也］柊狪芃䀁撞鏓愡䨻䕻䱐䵹䲳獞鎓碽鈺鮦［鱼名］蝬㺊䕕䝗蕫沖爞靊霳胧䳺䤨苿鉷熜鬆鵍镸漗㖲犎𣂪䖝虹閧樋䫔摠簤鐩汝烽兏悚澭佩翁㒾朾䗩症熥铜焢巰幊舮崬［山名］桐仜硥䙡𤮇崖隀侒囲埬鍐緫𥧑漨泽燢憁𦊗棟䥶䵺勬二冬：峰龙容钟松重［重复］浓踪鐘从［服从］封蓉宗逢胸农冬鍾慵筇锋舂庸侬凶茸供［供给］恭溶冲［要冲］雍㤩蜂墉蛩鬆秋缝［缝衣］镕淙佣兇醲烽镛邛㟔邕淞龔琮𥓓颙纵［纵横］饔憧［意不定］喁［喩喁］鬆笼［音龙，竹名］肜眬榕蹬卬洶痈共［敬也］噇蠠茏䗶［通作䗶］窴壅［与雍通］葑［菜名］匈廱鱅脓讻丰［丰采］惷［騃昏也，或作憧］熔咚䑣㤚禺［音颙，越地名］艟［艨艟］璿㯉瑽枞吽廊㾉蘺舼箰䠣苁［肉苁蓉］佟裕蹱驡慃碇橦籠㚥媸𥊨㟅灉柊犎銎詾庝䄱葑襛䰱灉［水名］枀㕼伀㴲蚣狳撞浵夆螤臃㵞鏊㑖挐夆婞蕽褈㡘鸞搈鷁緟諒㛕𧴛檂蚆笁泋枛褩烃曈鷟蓫㛢鋪縱剈懂［虑也］嵱［山名］髼㾅鬝隀㻑鑫踪炂楒龏楠熔䇁倧緟鈾犎鍐鋒梀鮥禯

上声［一董二肿］去声［一送二宋］　通用

一董：孔董笼蠓总澄懂挙动桶蓊㳘拢㨃㖒幪墥洞挏㖦㟅硿空［孔］纵［急遽趋事貌］汞竉偬矇懵［心乱］捅侗［儱侗］董埲勨傯［傯恫］壥菶统谏𧎐龍艨儱啈哄涸䝁揔勦倥［倥偬］詷瞳翁櫹烽塃㿈㦄㟅［悾偬］庞鸏䃔［草名］溄㮗娳嗊［闇声］箽苁［幸苁，草貌］鶦佅襾㦄勦䉞玤銇嫞慟椭

二肿：冢宠涌勇拥陇聳垄拱踵洶捧冗悚肿踊悚种［种子］壅重［郑重］巩栱恐蛹俑茸［草生貌］𪎮珙惠甬奉廗㠉挙溶慷螉［蟋蟀］讻渾［水浊也］嵷從䗺［音拱，虫名，百足也］輁駥侚䗒㝫鳋舯［鱼名］埇浲蹱苁［相入貌］臃坈嵱［山峰貌］塕㦛塔烽偆神搈稵俗䈵［箭室］潨［潨潨，疾貌］緟嚛鮥愡硧撒楝嫿㟅

一送：梦凤送洞弄冻众瓮痛贡仲栋恸鞚中［击中］讽控哢閧鬨粽哄［唱声］峒［山穴］霚衷［当也］矼恫空［空缺］㝫同［与詷同］偬䒋［与梦同］凇𧘍賵涷渾［乳汁］㒼汞赣铳鼆胴衝尀咔㦄喷缨［缨罟］傯綗廻䅎憁蚛洚駧霝䔛詷憁𩟗苀憻［悟也］摠蕫艨烽神婀埵縰趙癕烔［火貌］樒艸爃惍慰焆倲霁崠［山脊］㮗桥磋㬊䈍憁［憁恫］

二宋：用共颂诵供［供养，名词］宋从［仆从］统讼俸缝［隙也］综重［轻重］葑［菰根］种［种植］雍［九州名］纵［放纵］封奉恿［与戆同］㾋恐雺挎壅蹱緟儱揰瀧僼䓒愢湁褈［缯缕］易緝誦踪㙡縱韏灉

第二部

平声 [三江七阳]　通用

三江：江窗双邦降 [降伏，降下] 缸幢腔撞淙庞 [高屋，又姓] 扛舡厐釭 [镫也，一曰毂铁] 矼杠泷 [奔湍，又州名] 摐桩㟁哤茳鏦漴駹愯 [愚也] 窗逄 [塞也] 谾厖㳺玒梆㭥 [通摐] 橦 [帐极] 肛㳞 [水会也] 噇䯝狵㟓 [音腔] 栙痝䗥髶虹㥈䑛䒻娏𡋗哤 [嗔语，语不明] 江哐䚡浤跭䀠栙舡舡 [䑛舡] 鷞憽牻㰫㘾㜺㒈幢 [幢腔] 岜㴫瓨

七阳：香长光阳凉乡堂霜方黄章肠忘郎茫芳场狂忙筋伤床荒苍裳行 [行列] 王常梁妆藏房翔墙桑塘亡央皇扬良量 [衡量] 囊傍 [通旁] 尝冈羊张庄强 [刚强] 唐旁当 [应当] 浆装康湘廊昌商将 [持也送也] 杨航浪 [沧浪] 祥疆芒望妨昂凰鸯粮汤详徨棠娘洋琅偿狼徉坊箱纲梁煌刚僵珰仓防簧瓤篁彰樯慷遑臧鞅筐襄秧飏缰铛姜殇穰锵糠厢旸羌铓闾榔肓滂绷疮璋戕蚄枪惶颃潢杭相岗猖庠跄匡吭邙彊隍漳攘璜魴倡肪膀骦薑裆笪蝗钢丧 [丧葬] 鸧瀼 [露浓貌] 汪蓁獐庆 [福也] 泱芗嫱蟷奘伥禳刱 [伤也] 螂霶彷娼糖嫦滄劻孀磅鸧湟眶踉斯横怆 [悲也] 纕樟佯肓鎗筤赃蹡障瓢粮粻逄 [音房] 铛 [银铛] 疡帮牂殭蒋 [菰蒋] 镗喤雱印洸蜣饟镶偟苀罡舱兀 [人颈也] 螳㝮慌抢 [突也] 鞅 [马颈革] 菖膛砀鳇痒 [病也] 搪桹䣚螃悙炀磅锽鳇桁肮礓玱框迋磺趪胱嫦鬤瑭腐辌钖彭 [多貌] 艡莨鞲玚蔷 [同蘠，蔷薇] 鸏饕鈌荡 [地名，水名] 堈样 [槌也] 偒鸠柳仰忼 [同慷] 蘠劻軖鯝蚄罿慞糘㑶烺滂 [与傍通] 恾笎㟿猵堭怔昜墒㣻溏樘欘螃蟵桄 [桄榔] 馕洭烿蔣蔀烊盉蘯熿簹汸蝪彸煬葟潒尙 [尚书] 腸媓燙呛啷彷纕曭铪膛鳑閶蔷倀箥屮蟥襄鋃偟躟踼椋滴蠰儴娜徜樘挟苻欀癝牄舫葙棾簹虢玃䪿蚂蟓躷䏶䍎匚僥芫犕䙛襠䏦茖磄㛲蒚虹狭萌鳰矼芫鏽琉珪㺔䐎䐎锖鳞鷞鵬钫暢鯣任䋈滰骤映搁閧菱牞㽯㩰苤皀暲渭邝驡謊嗁郎锠鴌坑瓬猔映眸㫚邝坚偟疃樑竻彡駻嵘糖諹忨直嫌絴䮪犷欧愓欀魧㤦鸄抂輄沧霷𨙸栍邎横斝横唱㚰舤溇㝡垘胖谠塘虬玤硋鋿眃唣瑝䛒霙牒鱏氚煬嶈㟽眹閬茴跻礊胕岿瀇鑯繢瑃

上声 [三讲二十二养] 去声 [三绛二十三漾]　通用

三讲：讲港项蚌舡耩傋棒夯㯯碱玤㴻 [水会也] 蜂顜慃厖勪

二十二养：赏往响想象荡丈爽网掌壤莽［麌韵同］像朗桨上［上升］党幌敞长［长幼］鞅仰享广柱奖养恍蟒两惘痒漭罔曩仿飨怏俩颡魍脏［肮脏］晃苍［莽苍］攘［扰也］杖榜傲块耸强［勉强］盎昉沆帑放蒋仗［漾韵同］响簜潢镪慷穰向橡怆诳纺蟒襁瀼［水淤也］辆彊厂昶緉辋驵泱［泱漭，广大貌］滉鲞抢獎吭［阳、漾韵同］魍髣榥調磉慃彷惝倘迋磢蛧䖙矿［县名］档懭厈伉嗓曭旐慌谎䥣肮惕駚瓬瀼塽鋠氧躺滽燪煣莽蛧壐溰裳抌榔［木名］侠肩俠诳垧攮饟傢檩瀁抶䄩茵曭峡舞螃㭘憉㢋朡罉䵺䀬仉横䉵裲儴烺竞皛梀蚢騯爃麘躟妯嵕橡悚誏螱榚酐䄜侳鞅怔鲦詭襀邟䤞塹宖彊䓝軖犺絼燋侠攩鋘脼俍汧䛯䯺媴勍眪雱䛬塸瞠滰㧢斝瀼麞熿伤鴛鐒尯韐弇

三绛：绛袶泽降［升降］巷撞［江韵同］戆巷虹［音绛］淙幢閧憧［愚貌］赣［与戆同］胖艟［短船］漴［水所冲也］烊

二十三漾：望［阳韵同］壮相［卿相］浪唱怅帐状障［阳韵同］恙旷访涨舫将［将帅］嶂样上［上下］尚酿仗［养韵同］让亮妄畅况漾丧［丧失］饷藏［库藏］贶匠量［数量］葬向盎瘴谤王［霸王，又盛也］放忘傍［倚也，亦近也］宕怆［伤也］当［适当］创抗谅圹杖飏鬯荡嶂酱旺诳行［辈行］桁［桅也］阆圹倡亢［高亢］养［供养］长［度长短］砀张脏［内脏］两［车乘］仰［恃也，俟也，资也］偿妨挡响軮伉擋颃吭［阳、养韵同］强［倔强］扬［同飏］榜［进船也］胀绲防悢炕怏广账饟炀怆［倅也］瀁阆鄣［与障同］踼潒喤掠烫暘醠旁绑髈棒晾緉暴汤［与荡通，又与荡同］埌糨懭礸曠逛［欺也］眛羕徬烺诓柣［横木、充满］攛觥熿迋塝柳邊儴哴瀇捞彊唴滉軮犺潢［与滉同］瀇橚磢滄㑶眝眮㻴蠛峴园扗橨撖㝬蒗妠鍚量塘錫怕煏爌熵強亚暲邟诀揚姎懭蚖倀俍誏砊䟝矌悢鍚掤婞㳉㷇薈瓱贶邟㧢蠰䠀㧢撗

第三部

平声［四支五微八齐十灰（半）］ 通用

四支：时知诗枝期迟之奇思悲丝师池姿移离宜为［作为］垂辞疑眉谁随词持驰儿衰痴卮旗碑吹夷仪斯滋祠披私危兹篱支卮遗欺饥［饿也］窥棋湄差［参差］帷施墀嬉追漪资规疲芝颐卑涯基羁亏怡司岐脂皮嗤炊

熙慈陲陂肌蕤维漓璃麾茨其伊医曦螭咨累〔系累〕姬龟锥髭欹雌缁尸葵迤〔委迤，自得貌〕鳌歧脾彝飔贻饴巇骑〔跨马，动词〕疵縻赀推〔顺迁也，类推〕縻痍尼罴夔鹂梨蠃治〔理也〕箕狸隳篪逵敊弥绥萎〔蔫也〕而楣蔿肢鸥羲糜澌〔水索也〕椎綦笞媸屍噫〔恨声〕崎嘻洟〔鼻液〕醨陴匙孜罳蛇〔委蛇〕骊禧沵瀰〔水旷远之貌〕坻狋淄瓷鳌坻〔水中高地〕裨瞿齐〔衣下曰齐，又与荠通〕𠲤秄〔音兹〕比〔比邻〕萁鹚蕃姨妣寅〔音夷〕惟畜嶷貔嵋醨居〔语助辞〕榱丽〔高丽〕髻怩猊蘼鹜牺虫锤筛訾耆絺绫祺睢衹隋雎祁匦书〔音诗〕嶷〔九嶷〕𢊖犁〔牛驳〕
槌氏〔月氏〕魑绨埼圮襹胗提〔群飞貌〕澌傲摛𥘆丕孳〔生息〕輀衹旎崖坯蜊皷〔以箸取物〕邳瓵琦熹倕埘兹醨痿螭跜磁辎壈栀坤鳍鎚氂氂〔犛牛尾也，又与犛通〕𨀛〔蹇也〕琪𥁊〔谷𥁊，瓠勺〕撝锱馗〔与逵同〕厮罢𦺌粢趿戏〔呜戏，叹辞〕𧷽诒〔相欺也，遗也〕鲕𥞵淇铍骐㚻椅𦼋僖虒栿鲥㕑𥁰靍瓷𠴲〔口声〕胵眙〔举目貌，又县名〕娭刵坨蟻韲袆椸𦆛觿缭妳䆃骙髾雏垒〔重也，又与累同〕咦筅〔节也〕呰跜伾俱諅胢鸱偲〔偲偲，相切责也〕麒絁柟觩黟葰椅〔梓也〕蔇襹鹥蚳厍〔下也〕呞台〔我也，悦也〕劓妮襹鈹甄秠汦秪𰷹犠纚透虽恺呢甀劖魖娸欞荠赍赃仔〔克也，任也〕蕲〔蕲莐也，求也〕琵椑〔木名〕䒶鲻潍崼郫宦褫褆镒萁委〔委蛇〕灘籴榴厗鈭剂〔剪齐也〕氂〔牛黑色〕被〔荷衣〕呢觲㹟酏赵菱楮鈢𥘕蛳辌倠晲峓蚭䏿嫛疧跂唯虮徽狓盍汦馿嗞蛦觭䣂鍉廛踦䥨甾熺顀齹頺糍坯厂䧄桯𫑡阤汦𥄕旎嵯〔嶐嵯〕𦛼吱𦫔柸鳀胰釔蚭觋崼辚傒㘈𩽼齡波䪳佳羠鳠蚾箪〔捕鱼具〕蜲𧐠悷蒸㹄螭樆濱茊椅瓵柅麖琪棪𭦵𡸫崅〔山足〕𭳍𪼙荏化杯𦺖麒衹鹃蛪阺篼敉泜荏彼蚑㢱蠣鑢諀呲𢢞枇跜鸭吚蜱孋圕〔山名〕姼潆婴鴛襽鲼嗺鵋䲓駅𫲶鲏夂樹鈊苉蟣髊诶蝽栺腴婓惢诨睨魌楒恎萱麜髻挈脆箷鹢𩸙诔譩衹莔鹍攡鹈肶瑾𭸿枂醚鸁鶒爌挼磩𡾋𩹃筂堳楼厶衪薛荔𩶘皻菱泲柂〔木名〕蚝笥欷軝㰴鉴蚏爁蜾箔鉷瑈猏婴鲥𧅙莖𧏿𣸎𤩍蜚䘩𩇯𩠐𮊆鸰炎裱鴋姼衹慸虃丒郧狭聃簉櫺堕䏑技鱳㴔鳾㹨谯鲞她涹倭抹鉯伒軗屎巑𥜽菫鲤寠𥭖𤛸䡵諺秅渳瑁曀䥝越𫓧炜荃乀抵祇繻㲉嘻㰱謔徛狏懑鷬咦䭂棋𭛵膲錍扭豟壐攡抚㦬睚暊堇伽怀䖫旖龖鸎系惴櫭〔屋栋〕狺嚓秾櫹𡤧𪏎㳒枝鵑黄鎟伱胒䒑憅剘郆陑聊寫婑绤骑犄䳡鎯䳟荟恇隺訑恩婑𤖂瓵蠐忯瓈𧌒𠢦柴釆

狋祺璚峛䙬䵖䚩䈑袤㘴憘篡𦥑亓諀醮徥鶀籺陂郗猈菑鄪泀夊箻葰蚔奞苅炋蔚簥瞒摭怃駊鑛赽［赽赵］䀳鮨椦駬鄢郦

五微：归飞衣［衣服］微稀非机扉晖违機肥依辉围矶威霏闱饥［支韵同，谷不熟］挥薇菲［芳菲］希帏畿妃徽睎几［微也］玑巍讥欷旂祈騑㙘圻绯韦腓沂翬𪍑豨睎唏顾洯诽煇鍼䗦［与飞通］葳機口埼𧛼俙痱［风病］猲叽皈溦澨斐悕譩鵗鐖岿騛欉𩫞厞匀犛湋騛［山名］浠烯魼蜚裶蠐㩟僟鄿槭蚚蠹荞徽肵娓鲱屃珶蟥洷獬禈匇圻潭癜瞰婞椲涀虮魕鍏婵嗶飝鹹羙賊𢅘娍贒羙

八齐：西低啼迷溪栖齐兮泥题鸡堤携蹄梯凄嘶黎蹊畦妻稽跻闺鼙妻［夫妻］黎倪霓［屑、锡韵同］提犀圭悽犁［同犁］䣩脐鹥黄鲵璏鞮猊䀹梨赍挤笄蜺䀹奚奎𥘏䃽篦隮嵇徯鹖醯鐅绨批［屑韵同］儿［音霓，姓也］麛鹈騠鏡麑鞞鑴𩨹氏撕提䇎鬶䫵狋骊猉輗袿齯碑鼷枅绨秕蠇榡蛴坭［同泥］澌［与嘶同］螷［瓠瓢］折［安舒貌］㑥乩悽窜娃悷緊崹媞璧徥窒鏪雯柢醍锑邿襨綾棲缔鲑砒鸝婗促鄾遆提楒［樨］郳鯢渧卟鳀灂鼳蜺螇崥［山貌］邌趆鵜他脺犀蜂梘㹈麛盨遾𦘽麃嫛楔藤庣彽謫䶢祇㮰胜骎鶂臍睡郪㣍奚䤯蜺韢郎䙡莫鏫卪越笓況䀘嘶蜺斉鶁鸒𣪠䟡檐銈繥茥磃婄锋玺朕溇睫屄錍鸭䗠㷟釲儝㱇蚾毗嗘鐰䏶獂謑䴬奆栙睼椪鑠佥磎壛驪惿睚鮸迺樨

十灰（半）：回杯梅催徊雷灰堆隈嵬摧陪媒頹罍魁瑰枚醅培洄䜋槐［佳韵同，守宫］推［支韵同］㷟煤隤桅巍偎煨诙裴崔莓坯裸徊隗搥㵫䣢缞抔霉雖胚銗脢赔攻盔啡𧐖㷄㾈敦傀杯酶崴碅鮰嗺㦬摇輫䪋蕥悝伓頼紁顄鎚［锻也］㯫蛔怐㕟羧镭䐑蹟弟茴堆㻳㸙錐償䀠㑹莄慀俳碓瘄鎇椳浽㯺珝苚㲹榣韢螚鸝陮錂譈坆洓蕢烟檓溙奷瓵麀鏊詯椿鳂膭缋鶬雍碨儩［贿韵同］［败坏］薞𥰝榷橄硅㷍摄㬵鮠顊譚䏦

上声［四纸五尾八荠十贿（半）］ 去声［四寘五未八霁九泰（半）十一队（半）］ 通用

四纸：水子起士此死里耳喜理美矣市是史尔止己［自己］李紫指纸齿履已纪旨绮氏裏垒［军垒］蕊视始耻拟祀蚁髓恃轨靡溿鲤驶矢比毁鄙峙趾徙仕委迩梓彼涘以雉豕芷屣似址几［几案］妃砥巳［辰巳］晷诡俟汜倚妓婢伎杞咒圯祉姊徵［徵羽］弛耛旎企使弫洔迩菙鬼珥玺豸氿敠嘴

枳朼箣［策也］跪否［否泰］秕伱揆灛［水流貌］苡诔匕燨時篵揣唯［諾也］痏俚癸姒迤［迤迤，旁行连延］薿只蘶騏屺裡宄蓶累［累日］襦枾阯訾苣籽洧鮪甌被［寝衣，名词］薳技繭捶跽柅瀡舐踦鷹第痞梟纚髀皮骳鉺厎妣桯麂蟻巇扺掎儗儁萎［药草］椅屎誩酾痔机［木名］屎籽酏諰秭仔跱肺弥［止也，息也］疕俾庀恀苢骰羖橾蔦佹蒕涕褮跂庤蟢娌潷踦［踦间］礒轵壇锜縰薏崺芈昜飢伱頯渼汜姿秭狔菒跱坻［止也，又场也］玼［玉色鲜也］庫［伏舍］傀杝塊旖佌洱訔越庋您縈鞞梩儥骩虣悇恑唏吡妮鞁把锌阤魰硊眷狌憘輢遭悝欐羺獾奸伲吘疣被矖諰坭［地名］雋薩䳺泧杍蟻灢貏娸洰諽蠢葦攱㕣溪舭扼譩㳂鉛泳㐫扡聬迷薇楒瑡㳕砒奌拸衹朚悑胫䣞叙裿饮姜嘻澤㮙巂諈徥攞鵝劮抗底鈠岬［山足］袘鄢誃喦改娳鈙歗鋸忕朼鼓撱弛沘攟鉨枾猇佊釰詑铌掎芋矸唉吱［行喘息貌］璽铈萐杫扻隳藳崺鸘鈇芈躧涾屪烓嵼儀澶崍邔氏䯲衸噿婞腜嬬泚豙籽簪褆舒朼［同杫］惄憗㹢魼峐㟯汜

　　五尾：尾卉［未韵同］伟苇亹筐䡺斐婗炜䠋鬼韡悱菲［菲薄］匪玮岂几［几多］顗豨蚁胐桒虮蟣庪櫃诽颪俋浘巋晞葦蟹蠚魗餥泲膹燀媁悼梶嘽庉樟芔庀鍏陫悲偉

　　八荠：底礼体米启洗陛醴邸蠡［彭蠡］荠悌盻眯詆祢癸抵舣澧弟泚牴癠鲚済［水名］鱧柢鱉灛［水流貌］涕［霁韵同］溪綮递髀苊軧醍齐［齐齐，恭愨貌］鯉晲泥［露泥泥］缇坻［陇阪］欚［小船］訾諀桂舺挮蔗棶沛洣张媞匚豎盎眅濟娣莫衾䏽肌繭启越杏舭阺泳蛘卟袳扼玼［玉色鲜也］鐯橜抾鐦劙［丽上声，刀刺也］

　　十贿（半）：罪餒蕾磊琲汇［盛器，水流汇合］浼悔瑰儡［傀儡］賄隗每猥璀腿皠鬼瘣頠磥檑潅瘣䯔鯢礧癀崴纍镈硊摧倭［旧音妥］僓蠵蛔喂毇傀黱腺錐鎤聧鑐捗潷潣誹炿槯佸權媛殨琣熽鮰浽陮顝潫頠痱［风病］回［绕也］頛嗳湏

　　四寘：事地意醉至泪字志寺异翠寐思［名词］吏义寄睡致记利器戏弃骑［车骑，名词］坠媚二避愧悴瑞置位类试议遂赐次秘备臂䏿智吹［鼓吹］忌四饵治谊易［容易］翅骥值侍膩季肆鼻邃闼穗笥瘁稚嗣自嗜祟魅炽伪帜示祕泗匱馈粹驷萃庇唓冀㶸渍悸里觊恣施［惠也，与也］芰累

[连累] 刺隧陂员誌彗伎貳为 [因为] 遗 [馈遗] 挚鸷畀懿谥识 [记也] 伺厕贽憘譬罾轾裹帅视使 [使者] 緻迟 [待也] 被 [覆也，及也] 觊肄饲似瞶攱莉苢勤菩痹知 [与智同] 戴贡积穟恚觯葑出谈已寘鞴 [音备，本作犾] 恣始食几 [未已也] 植 [槌也，又通置] 剽比觑泊惢苊糒簤倚泌骳质柠緧诐技概企悲弑眙 [直视也] 忮陂 [倾也，邪也] 翠织禘奰缢跂屣暨腨跸俐遂巂痢饎瑑裡晒傺挚 [乳化也] 德司眦馀伙瘨咡巇 [声也] 蒉緀近 [已也，辞也] 珥瘘睢屁谇髲愤櫃禭葳 [同喂] 其 [语已辞] 瑟率耗垐笓柲硾廙寔旎憽璹垍皷铒蚑氉暹渐 [亦水索也] 掎庳 [有庳，国名] 欥岇睟咥俥栻剚懻柄甄呬偒劦骳憙糒旒犐蟪俹朮扻锤 [称锤] 儗埴鸐刌顟槌 [蚕槌] 喂唏虽哩榽洱鐼尻谭蝐葴鑢岻魃鸐轛庇諻訾瀡濗欸呗鋟鹜埑败坒蟪欧祂氪痤猤蟕殧 [至也] 鲈彗奎嘈樆噂诡杫廅攱搣賢媞囡徝腈觊懚歧 [行喘息貌] 踁鐾橖畸繍輵䒦兼賮煝哉佴饑袘孍鸍酾橲棍哄鐯胝釆皴胜訆秭怿瑰硊鷱堍玢涇膡芺娾輫柴 [积也] 杢轊祝訓媨泝枂邬慒鹝淄擿誅蟪澤眹憶璃姞魏誃芋穊肬芠怎眒馳疼嚌倚戴汝薡襺剘牸妼邙俀犹痹腄 [县名] 恢龓睟牷漠鄭㵕渶駮肍腪诒 [遗也，贻也] 孖枇 [细枇] 豣悷懚莱柴妭洌隶蚝 [同载] 禠哆揰

五未：气味贵慰未畏沸费谓纬魏渭讳汇 [类也，聚集也] 既毅猬胃尉歃蔚饩衣 [著衣，动词] 壆尉髴苐卉 [尾韵同] 狒溉 [队韵同] 忾扉诽曁汽翡蛋燹颲熨 [物韵同] 瞶荆瞶既婣纛睎菉霨鯱唏菲 [菲薄] 疿 [热疮] 麇焆穊𧇒蛋藙伮䫙葰洂肺薮芙徘犟无概旡擐毦鸶第悲巍鷘穖甴絹瀜刎嘩牺蘝蛂忣鲱烠

八霁：世计际岁细霁势弟丽制第逝袂桂闭帝系继滞砌翳惠裔憩繫厉涕 [荠韵同] 卫髻例蔽艺蒂製税替递脆荔敝唳慧婿契 [契约] 蜕弊锐诣誓蕙睨隶砺曳睇疠谛赘戾噬励缀毙柹币禊澁蓟俪柢毳剂祭痤汭嘒㿇贳济 [渡也] 离 [偶也] 蕥棣係繲巇蚋悦筮谜剃噬垸潟吱殢偈遰羿隿柄说 [游说] 睿傺媲蛎鳖泥 [拘泥] 渗嬖猘泄切粝唪薉瀇刿踶钛哰 [鸟鸣也] 揭襷逮薜蜈畷濟挤氻裧穧彗眦屉㯕芮瘵妻 [以女妻人] 蹶偈掣筐橀题 [视也] 稧鱖悷辖虉釱晴臀緓蟪摘甋蕡秋砅捩医 [弓弩矢器] 埶娣窆嫕緫蟪況算傺憏晢霓璿蜺鲵墆簪欚 [梁栋] 杕睥瘛浘唑蓟蛦䪳睇楾鎆婙曺嗻 [咽痛] 鱥䉵譓浙 [通作浙] 銎睼达 [足滑也] 嶡呑眐鶑裼醳摆籺迣㳿

[与涕同] 跐睨懟劘 [音丽，义同] 蹛嵑枘稧甈齐 [火齐] 瀰鷖獮擦疐櫕迣蠿鏴儶瀱齌瘱焥槷翜檖韰臍儠跩蕄俤殹檵睰怈祝泝炢臀鷙忕湴餤觝丿戜痏捑曬抌犚婴裂彐鑢潵呹靮琗衺蘩恀購劍帠戹互鈗鐬聽玭毃鸭楴榢鮨況挠睼涊欽鴑撆瘌裇呭渧檖妜笉赿猰㵁桼眭礜憥遱憓楷挩桧枊捤櫔爥沛戾鷤狋璕幆鏸鰶趆瘛詍祝襭說韈蛺慫茬楔瓈栁

九泰：外会最斾绘桧脍沛霈贝浍㹞荟昧兑侩蕞翙蜕濊酹膾檜檜祋哕苰駃剑娖稡琪柿儈瑻钡桹瘤溳愒儈鑶妐晻駼䂓䣀昩嬒昁鈗餘祋桵頪鋤牐絉褽澅娬爱祝

十一队（半）：辈内对佩碎背废退晦珮队吠秽块妹溄肺配溃喙末昧碓㑳阓酹义刈痗焙愤颣悖缋淬悔倅沫砩晬𢡃磸颓颒抹礌㭓北擂綷镦濑啐傫靺蔚邶敦 [盘敦] 儽眛漵圆孛回 [音缋] 昩胐悴褙莅挼晦瘆憿楣篃蝐襍柿胇嗳狒跶葰輽芲殨眊 [好也] 詯橺憭椊櫾刉埣燊鞼炌銇馈板斄佚橳錊獩鮁噮颣䫋籅姵瘁膭䪻嬇獃悴哱礧巋䰟遭䃶

第四部

平声 [六鱼七虞] 通用

六鱼：书馀如居鱼疏初庐虚车 [麻韵同] 除舒渠裾墟予 [我也] 锄间余蔬渔徐舆诸胥蹰 [药韵同] 欤储藇驴梳噓歔蛛琚玙誉 [动词] 摅鉏于 [叹辞] 蘧畲猪旟与 [语辞] 於茹樗祛狙 [御韵同] 纾袪趄淤菹胪篨潴蛆苴且椐雎据 [拮据] 沮疽妤鵹滁洳挐紓㡰魖蒢磲驉陆蝑㭉砠練駑精璩楮帤畬呿屠 [休屠] 鋙岨虑 [思虑] 谞蘆湑肤橥咀醵齬腒鶪涂攎篷鯲蝑仔粗藷摢鑢辇馀雒徛 [徛徛，行貌] 疋瘀鴡崌岠蜛蠢渌椐㥥䍚璩爧廞徐鱮狳扶縶架捈瑹捒譇郘媀坥㠥㳦鵒嘇㴃狙筡葆劶邟笘㝛硚㛰魠鱻挧鰁㹳藸伹櫖衻稰簩𪎆伽揩絬

七虞：无图湖夫孤珠都殊隅徒途壶枯须呼儒娱苏俱芜符愚扶乌衢趋躯驱吴株奴雏虞蒲乎区吾糊炉腴驹纡徂梧肤蹰曳凫胡姑粗厨涂吁迁敷塗垆模沽芦濡铺 [铺盖] 朱襦诬卢谟诛枢逋拘瘇租榆姝渝竽瑚鲈晡狐酥辜岖鹄盂弧臒输需顸劬摹孥铢乌舻跌乎愉麕污 [污秽] 鸣巫舻屠觚于谀踰觎酴菟瑜酤俞揄逾蒬葫雾殳俘痡䣫歈桴蛛繻盱鸜崳嚅俎蒱貙蚨禹酺弩蚨荼呱瘏刓舗鯢臚玞荂雺趺輺镂抪䤳泸眾鹕瑜骒泺趍 [俗趍字] 纑莩圩悟瓠

绚唔婴喁［声相和］瞿树枹荂阁毋芙橱筊稣瘉圬郲菇麸玗浧筶旴摸［同摹］懦萎罦牏於硺杆葫醹蝓膜［拜也］龉瓿桸鵼稃趏恶趣［与趋通］帑娄孺诹姁姁莆瀹嫫鞠鲷陬茱鸲跑藲疴膈戳啈猢欶轭骟氍盍嫋颛邟母喻呕膴句箍鸲蝴酴欶筑浯跦鋘鲈躤簚柧驺瓐椵獳嚧癒愈蠕嘟菩葡侏煦虖朐孚谭葡胸轳慺齫欋唔庯蒩釫呋氉睮釽貜锔崡枸溇珸滹箌救稃孟芋瑜幠鸹忬芋汯廓舍渨鸳廫邟妈鏽雩娄咕㽼歈祸［与幠通］㝦𫍹孵莩潾蠮扜鱬榑𧡼㠦㠦鑢鸰蜈觛㝃腰鹴嵺鯆襆堌枨哏鵌欟忩瞿庼袄嬬暚臑鹕鲦鸦骺歔龂鹉薃蜦庲陓窀跿樺陠虾胕𡊸譕榭栭㖨憦蒱莆铚鹢醅橾氌鸏衧苤薵絑鲳㲗鹈暵騄䳄抗渑瞴螫牙蒴㲪棯郖狙狗谕郈廑繂眹骬郶𫄧筈娞猢桙秣㠊佀胍鮎蜅绁𩺭溴諶钴夋廇跖蛶瓿虍蒱昫妖𢡖溇㒲襡哺钸蘸瘦戄嫭袇鲍瑹㰵莅姞酧鹉挎峋陈紨撫𫊸顀妤枵湆袾抄莑蔓鹓鰸裯杲垺㪔跑郲𥬞墿秺鈩昤嵛鮋袄欝萬䣀垺璬扜瞞捘宇

上声［六语七虞］ 去声［六御七遇］ 通用

六语：许侣暑渚举所汝旅阻绪处［居住、处理］序黍鼠语［语言］雨伫屿俎墅煮杵炬吕杼醑贮拒去［除也］禦龉苧楮纻女叙础溆距楚与［给予］予［赐予］膂簨圉巨筥圄钜弄苎糈簹抒褚咀苎棓苢鱮苴渚宁籹虖峿敔谞芋秬歫御茹［食也］岨秙忹汩癙岨桇铻［锄铻］著［著任］澨柜㚷岠穋蚷蒟鼀衙泞［澄也，澹也］苣粔纾儜竚作岠汻訏漆欤鐻龃麚诖椇蕇粔汜鲕铻垿楀㧡柠绍坾諝邒壴妵廘鉅憖昛祖鉏［锄铻］蒀絒毳躯𠁁胎麸肬

七麌：古土舞主户府虎鼓浦宇取［有韵同］羽武补吐［遇韵同］父缕午五谱母睹乳雨坞苦斧伍鲁祖数［动词］堵杜甫房辅组鹉橹尘腑妩侮努浒釜腐抚矩股否［音甫］禹竖簿庑俯脯拄罟姥愈圃卤普庚莽［养韵同］扈溥诩簪贾［商贾］蛊部祜聚栩树［种植］偻［偻佝］肚窭怒［遇韵同］坿踽下怙估柱赌亩［有韵同］窳诂努怃岵膴牯盬黼殁秽貐瓿掳簠瑀颗伛煦梧煦琥粗剖仵沪寠酤拇龋醹嵝瘐咮褛俣怚鴆旷𤺊麌拊謢簋牡［有韵同］筶疲㝏莊癙妵莆鄂邬袵肝珝篓滏垭帊狟鴩鼓簰砫楱窳鹪橹筶珛娄㠀妈籔齲宝橀蒌鑢雇噜蒟钴咣掮偶鹥鞓溞枸楒竘鄘嘘跙颥里蒱姻蒦螐蚁睹磝蚴躩扰鲕頙䞻焗桎梱畁酺勮鞋焷孜薗堵焗篰鹏峔夒、慺𥱿亶芐许𩎶鹈譕艍蒱倛㡺鱸洿峥鄅堁淳弓潏柕瞃巸芏

六御：絮曙御据誉［名词］驭助署豫箸虑藇庶去遽踞恕觑处［处所］预沴饫滪锯语［告也］倨如［音茹］蒢舆［异车］诅著［显著］茹除［去也］滤淤与［参与］薯昇瘀醵铝钜楚勴女［以女妻人］呿念椇稰嘘欤懅沮櫖鑢狙［鱼韵同］讵礜憷鑢悇𦡳榕鶿藇澦躇忬椐㡐𤒻橡荺匓坥壉粗嫭虮譃麩勴睹嗻濾怚僦胠藷谳

七遇：路暮住露赋雾步渡顾遇素故误怒度［制度］具护句注树［树木］悟布慕趣富［宥韵同］墓妒驻固鹭诉兔戍屦务惧数［数量］傅寓蠹附付晤互屡污［动词］铸鹜疏［书疏］赴哺库雨怖炷喻祚裤孺瘉忤瓠负溯沍裕揩谕愫妪𫘧芋妇［有韵同］澓聚痼捕吐［麌韵同］铟澍恶［憎恶］迕娶鮒莫［同暮］苦［困也］讣霔鹜吁嫭仆［偃仆］醋柱圃嫛護募赂羽塑呼［号呼］璐铺［店铺］宁胙飑潞埠阼煦呴蛀嗉祔足愬错簵绔盾㤱菟副［宥韵同］斁作柎［嘱咐］输［送也］顾赙酗莋驱酺攫㙺跗栌䯒镀谡蒟捂傃褐酤茹舗［糖舗］㯿属妭窋㾻瞿呋呴穫［焦穫，地名］雇蚹堌衈胍衧涸胯約駙覻𢋨拊啎腧露蓐燹耗鏴鉒紧诅鲔捗涸鈈梱䱬投崓镬㑅姻鹄芏豋飪鷯祙袹誧姹龖孟赋匾䕺嫭獯嫮忈柞榛旪聏𢈔牰揀燹陠緎堅秅慔鞋㕟稠趶柎墭隃縸媽𤷞禺［兽名，猴属］这擄昈紃掑魺钴苀繡訲罜顧𪅀弓㰸驽恂栂鑁瘘鷟祜筲㜽据𨛚

第五部

平声［九佳（半）十灰（半）］　通用

九佳（半）：怀佳斋阶崖谐排乖埋淮钗街鞋偕骸涯［支麻韵同］㑢霾皆柴牌揩䒾槐［灰韵同］喈豺俳挨差［差使］䬾齐［同斋］湝㖂捱鲑筛秸楷蕽［古同埋］稭睚痎徘虆簰䇎［大桴也］唯䐴𤀰𢱌䅹𣬒𢞼𨓞𦸉婑捱揩媘䩗蝔摧湝浼溰腌䴢脱薢啡愳楔条㜸鵖篟湏

十灰（半）：来开台［星名，山名］臺才哀苔哉埃莱材猜裁栽胎灾垓腮孩财该皑䒹唅骀縒毸陔呆徕抬傊能［三足鳖，又三能］賅鲐鳃駓佁佄䣘㟥思［多须貌］唉菑［同灾］駿㙜㠥搜欸咳［咳笑］偲［彊力也］𥼪䣳檑剀胲絯俫毐狭𣯀跆簦䃜鯠犛郂䂻㢻䇚涞陭㥊憞鶐懚搤𡾰棶㾺箔颰炫蕴㗒䏞輫昋叅𪸩㖊溾㤥孾侅㵀賊娸㻣

上声［九蟹十贿（半）］　去声［九泰（半）十卦（半）十一队

(半)〕　通用

九蟹：买骇蟹解澥洒楷〔佳韵同〕矮摆奶罢妳駴駚拐獬锴罫巀夥枴捭躧㸑瀿薜矖荚橄釛豥婎疧扺筊襽擷獬嗗鲑鸎徥擢簮

十贿（半）：在海改待彩宰载〔岁也〕倍綵乃凯亥茝采醢殆垓铠恺给㝢急蓓颏迨闓駘睐欸〔欸乃〕鼒岂歹飚毐诒〔相欺〕倈跴崽輆鲐酼娭箈埰傀綷㜪疧嵦瞪忋

九泰（半）：外大〔个韵同〕带霭赖籁泰害艾濑盖鲙蔼狯蔡壏奈丐奈太汏邰餲磕癞儋忲粝曃愒蘱軑〔地名〕檜釱瀣匃嗳堨䵽嘁廥忕䟷籆勽㐰撋髍餕馫棑舦㜅忦筄瘌鶆賫璶攋眜購胈㴨溗

十卦（半）：界怪拜戒快迈债隘派败卖坏介芥惫械湃瘵寨诚懈薤届呗稗廨疥虿䁱砦聩溚劀噫〔饱食息也〕晒玠犗哙解喟夬邂款齘韢㹢眦〔恨视貌〕价餲駃〔快也〕稗烋柴〔柴藩〕鮭蚧䎀喝孬鸑陌祄甕譺繲㦬炍骱䘲嘖簀紒咶唏呝䪼𦟪吤儧賵臍裂鷞楏㦒宯炫猚璹歆斦懘棑价欯涙訣琲獻𢖼斺妎謑嬻璄攦睉衸繡垪犿硰噇

十一队（半）：爱态代慨碍黛菜再概戴岱耐溉棐贷在〔所在〕鼒赛韢塞〔边塞〕赍袋脒载〔载运〕逮嘅暧璦阂裁〔制裁〕襶逮縡欵薆籆徕〔慰劳〕玳咳采忾㶋急劾琑铠媛曀歅棌䙽曖輆槪蟦栽〔筑板〕埰虮瑗媣燸㮣憖瀩棑伄塥鷞洅僾杚蠆

第六部

平声〔十一真十二文十三元（半）〕　通用

十一真：人春尘新身真神亲臣邻贫津频民巾辰轮滨陈宾伦珍因鳞秦辛仁晨沦巡旬麟嗔伸薪纶匀宸茵绅银均岣釁蘋钧申醇唇淳旻榛闉论〔同伦〕循困筼垠寅闽郴纯臻椿皴缗屯蹲询纯珉振〔厚也〕遵呻谆磷湮嚬瞋　姻裡岷袡潸燐鹑恂彬埵纫迍濒泯甄踆嫔狺莙畇蓁凾辚驎苟诜珣嚚抡竣璘㪜欯信〔与申同〕潾駪迿氤贞殷〔众也，盛也〕鄞甡駍畛嶙振麋溱輴贇缤俋曛斌絪洇娠宭辌肫刡齑蓁錞龟〔同敐〕郇菌〔《博雅》菌，薰也〕邠蠙玢諲䃩㻘旼矝〔矛柄〕傶忞䕼麕填㬫祵殡罠俍梹镔囷鹑蜦篃晌翻䰠㡙橓螾𡎺〔黏土也〕傧箘抻挔杶杻粦眕獜茞輴霦鹴頵玭晘滣䤯揗囷繗贇莙杁稹屯䟰肜璸鞇硱嗪䇞賢陈玫衡䴊峋厸鹽驎棆泍鯩瘨菁份洇橉經硈磺麏錀帳垠鬢嫃蝈苀姮阷揞鰛枞閿屾圊抿梱稤袴鸥槇鏻蠹湮臻驎踚囻覩枛萻婄訰魸宅縝駗輪桑雹鎮虂儆椿肿莩厫灏攽墫駶狋悥籈抁塗昀攽芪婼捼囡黃悙昀損汃沟嶄犾敮夋璜甋秂妮忳磧額溱鐕袗櫽嫃鋸姁璘宰稇訰迊藪磚誾鯙浪鶋欨徝瞐鋆鵁陊駇晡雞忽蚴砎肂脨姌泳檓獮圳

十二文：云雲君闻文分群军纷勤曛勋氛芬裙坟氲薰焚纹欣醺濆纭熏耘斤芹殷［众也，盛也］沄蚊汾芸筋懃棼荤忻雯缊垠枌蕡昕纁雾龂麇皲煴员黂贲缊愍羵猜矄懂筠妢焄勏饙厜蘜莙幘筼砏翂獯豶棻闉郥鼢瘒炘䰋緼鄆錂汶［黏唾也］膹粉瘟［瘟瘟，小痛貌］纥軥衻緼［粉緼］萳焫妏嚑寚盼馚涢潈澷茝錘蕲［山蕲，当归］菣眃鳶芝裙粉妢橨昐緼眗鮫囨所奻惧鯤耺砏盼妡蕫拵栁盼［大首貌］ 紛董［黏土也］ 蕒夯鐼隫檁縜妢慉欯煇玟虳闅鴍邝鷗薹蕓昕欥炆鲼粉攽錀雞馭闉

十三元（半）：门存村昏魂尊根痕孙恩论温樽坤奔吞盆浑昆暾阍藩屯豚扪崙飧敦蹲荪墩髡婚裈鲲仑琨喷埙鹍跟惇垠麋惛贡燉臀抡沄苫缊蠧璊囷猻啍焞辊饨溢垠崿们魨蜳䐗蕰瘟軠糜蘴楉焜炖魨纯［纯束］缊吨混馄鲲幡噋捹鶤［与蹲通］豤殙忳嚵湷［同奔］汶［汶濛，玷辱也］涒吩锟锛潉騉菎葿鸭驐殙蘈貒塡旽縛苆樤怋瞖蟉璊葾瘒瓮侴撆猑滑暋鐏脖瀎飩餫［与馄通］甋庮顐媞熅沐薄橏喰靹瘔緷梱睧悃浪珲辒跿玧黗襢姁闉溷［郁热也］苍韫悢镦坉拵忶囩憞隃

上声［十一轸十二吻十三阮（半）］去声［十二震十三问十四愿（半）］ 通用

十一轸：尽笋忍紧尹泯轸寯哂陨敏准隼悯蜃菌畛蚓殒蠢［动词］允牝引肾闵靷鬓賮臏稹疹盾悫狁诊纼箘鳞［巇鳞，山峻貌］困脤吮［舐也］朕鞁朕楯缜箽眕稛辚黾矧埻胗僯纯舛［杂也］慇紾偆鳌暋潤赈樺滣抎倎濜缮偭袗顐鴙獮抮嚑蟤聄苆嚬呁廲姫緈歅笉蠠暉沇鷏驎鋒頣箘銑啟滨釖垳玧筠箸鋠聄薗娶潚玃䒇莙剠撵阮昣乚掆輪袗辰凵俇檁䴏梱蕁愃蝒腈頺弫駚攽溳瓻鮏槙

十二吻：粉愤吻谨蕴槿忿韫殷［雷声］恽昙隐近抆扮听［笑貌］緼刎揾瘾坋［土膏肥也］抿弅䚩頿瑾抁碳［雷声］董攃齔蘟𤳏臏冘怋溎粉嶾齳伇惧趛漌鲼焗缊勹伆賱𦑊妢

十三阮（半）：稳本损衮沌阃混滚悃恳垦忖畚壶遁褱鮌浑［盛也］笨

十二震：润信鬓进印阵讯仞峻俊镇晋烬顺骏刃震认舜吝瞬迅振慎闰觐衅殉赈韧浚衬荩榇馑疢胤殡疄赆摈徇蔺趁［追逐］畯仅汛憗燐磷馂韧厪牣陈［同阵］酆舜亲［亲疏］切引隽［同俊］憗遴纫酳堩［涂也］缙瑨殣裖敠倰畯厝揎堇鞿盹蜦娠骏瑾塡悚敠圳塡谆楯雈抻吲趁骥龀畯轥焌囟儌伈擃睸嘅橉鬂旕坒吨趼瓶枸闉橍稕扨鈂茞阠涊铚抳歂嫭堇僦猭帐濿揎瑐沟斳绰寯苆胂闵麎釰潘窭奓睃溷椆迿徇濥璽屻輒鮒秋叨憜峻夋璘瞵［视不明貌］蟥𤯝瘁鏻乄㿷

十三问：问郡韵运分［名分］训晕舛酝愠靳粪絭近［动词］闻［名誉］偾璺份捃灌腪焮隐汶［水名］郓鏏忿［吻韵同］蕰縼坋员抨［寒韵同，埽除之名］焞堇［国名］挝攈坙鞰憗缊纷浸抵泯鱝㬎斆繗珺奻忕镇歕鏢莌檼晖桾腕斤［察也］鸭鲂斳鹋缊坛臐

十四愿（半）：恨寸论［名词］困遁［阮韵同］嫩闷顿钝逊褪坌喷［元韵同］溷巽㫷噢恩鐏圉奔［急赴］诨揾婥潡捘敦［通作顿］腀磩晖炙祷瀎扽鋅涃裉俒懑渝焌䏍蝓挤顈擩抟硍茛淒忳烠㛟谠

第七部

平声［十三元（半）十四寒十五删一先］　　通用

十三元（半）：言园源喧原轩翻繁元垣猿烦暄冤辕藩樊幡蕃援［引也］鸳萱谖掀璠墦䜛番湲鼋鸳反［平反］蘩沅鞬鹓袁宛蹯媛膰墦爰籓瞀矾洹怨祥蚖蜿咺源驜犍撧蘋暖［柔貌］虺狟阮［五原］芫𣗋棞箢烜蘩暖抾［与翻同］嬏𢛪煖［同暄、烜，又人名冯煖］螈棬鐇僠源杬咺蘩櫋犿椉竻蒐䔽鷄鳱翻愃鍌瀎滚慈臌喰睳貆珖䁝祷妴抃［连抃，宛转貌］旭嫄啈幡梡伦攘瀿䗖䇼褑婖撙勐婘蒽叩榬邧蝊幔驾鳒幡鷫

十四寒：寒看难［艰难］安欢残宽端官阑盘冠［衣冠］干丹餐兰澜竿观［观看］乾［乾燥］栏坛翰鞍鸾滩酸漫［水大貌］团弹峦湍肝玕桓丸蟠叹完珊单攒韩銮屼欑殚刊纨栾般棺拵薄檀瞒郸阛珊瘢杆箪骊刓谩磐钻繁［马腹带］潘汗［可汗］拦姗谨剜敦胖槃襕抃摊顸曼［曼曼，长

也］奷磻禪番［番禺］啴嚩鼾［鼻鼾］汍髖撣［音檀，触也］玃雈狻愽鑽鳗源判［普官切，音潘］倌莞墁［同墁］斓滦瘅欘鞎艽鬞饅岠弁［乐也］犴癱暓嘯矸［丹矸］鏄拌［舍弃］镘洹崔邗嫈豜顛驙搬剗嬗蹒湦驒豌痃澳縏萱剷迀槫瓛組彎幣挿桉犴钎皖浣鄮抏嚁悗獌獂𭶠貓𦇥鳽烷鵖蹦㦤抁跈尙忓瀾媥忏樠孌嫻䴉䴖貙籣䡅𡨋蠸芊綋褧蕿篙羪𬬟匩鞻榝㭉棔喰荽掔毌蟆鄻欗砏偯筧繢濽繟溥褍𫂏寛鸭端耿愽軒雁臤䜌娉鱒㹟狋蝥瑓虷攼窊糎嬏鋖峻瀅馯臕䅪
十五删：山间［中间］关还颜閒闲攀斑环湾班艰寰鬟悭頑蛮湲潺刪弯殷［赤黑色］潸萱頒奸扳鷳患阛孱［窄也］镮斓娴鳏瘝殷鬈纶［纶巾］讪馒跧［伏也］蔄圜［绕也］豟虥澴惼擐僝嬛闩嬛彯犴髾鍼痫䡃蕤譂赘贩澖矊彎敓𥸤狠鴘盤朌［颁通作朌］犟𦒜矜［同瘝］䚦朌臤睮覵憪軒邖硜㮊馯顅讘娶顥彎蜠䍻
一先：年天然烟前边仙船眠泉贤传煙田怜川篇钱缘弦连圆妍悬筵全先禅颠偏鲜鞭迁莲编千绵肩坚巅旋娟渊玄笺蝉宣牵捐翩权延便［安也］毡穿椽鹃缠联煎焉拳阡廛㫍镌骞专愆涟虔燕［地名］涎鈿躔儇诠鸢还［与旋同］涓膻燃筌鞯芋跹铅蠲蜒臑痊乾［乾坤］研［研究］遄湲埏舷沿阗甄砖鋋填溅［溅溅，水疾流貌］骈员荃挛棉湔韉悁埂䈄鶡铨鯾舡［俗船字］鱣籛寨翾悛嫣佺搴县辊濺逴咽平［平平，辨治也］滇蔫眅癲蜷圈戈漩痃籛卷［曲也］圜［与圆同］颧胼儇卷蒿璇鬈颞箪椽倦牷犍璿夸朘螾篨蠉梗湮潫縱譩孱跧塼挺键零［先零，西羌也］蜎擅嬛佃籼睊蹎犴朕獧扁［扁舟］瘨菣禣垠梴諓扇攑泘单［单于］嬗眴鲢銷椽瓀𫘦瑄煽澶婵撊谝螺諯蹁袄楩峻仟沺瞑［与眠通，又弓名、菜名］欦拴蝙枅榩磌开漹猭濵剸煇朜轾寅攁憪篊狿廯岍楩綔髻㲀琄朘栓扞𩛙媗甀嚈緣李骔鯾尙嶙蜒椛鐉腱壥蜒坌縴碝姽捲攘勦𨍎鱄纯［犹全也］莚鞙䴓琁衒缠獨巔蝒朎輴峜阕［阕氏］鵑婵蠸矔湅珄蹎𬸠䴋桷蠂幷湶疢奠嬧岦䶂昀孊姸鄢缠鲣谞郷牑鸭牑驙健馦菉㝋𢆥鲊迆硟縛肙兹腾珚批䚦帝屇矏㭛𧸘髥嫙佺鵻諡腄犴鵑釾粯炫砖鳀瓯肙豎纏薵弲硸蜒愃襽䀏珨琂挳瓻圌［同籅］鲸焆链［铅矿］鋑㽅罥囷郿鄟妶澫杅闟嫹鎤騽矔顚锟阹犏稩珳㯫㒰捲犏厎颰搷蓮檆婳瀟翶𢛳𣠄忏㛒籭削津㤴暙䏃㚫蔀篨䆳宀鄏榍帴𧌥仚珫㐹潧鍽騚汧㮕諯篤瓗剡頖癧槙僞揣㹪忊䉒甄獜奸緈點睭跰

上声〔十三阮（半）十四旱十五潸十六铣〕去声〔十四愿（半）十五翰十六谏十七霰〕　通用

十三阮（半）：晚暖返苑寋挽坂綣偃阮远婉阪反幰宛娩饭巘畹琬烜踠蜿〔蜿蟺，蚯蚓〕揵键堰蝘齴畹鸀菀夗楗缓圏鰋齞喧沅蘸匽皖寋奆笎鄢〔地名〕殟鲩俒鋺娿惬阮撼梡绾畹邧楄㹝䓯媣悁㔓褋湕㬉椀𦑩𡠗脘錵棒昒㚇撝鰱鸸

十四旱：满短馆管懒缓旱碗款煖〔同暖〕诞坦伞罕琯纂攒断𥧔笇衵侃罉毿散卵嬗伴浣亶蜑但蛋缵秆算盥趱潬疸赶笴悍〔性急也〕簒脘暵疸傲瘅厂薜匴衎袒㤪焌㥏焊撊䈇畚瘓旰梡垾靹䩺埌狚澸䡞䣆芊繵𠬧繖繨浑灛忓鏑拌刐鏉䜋唌衦䘦腕𧙍䭿𨄚挄攌嵼楾〔断木也〕㻖皽晘銲𥻐玵䚲䖧板綄

十五潸：眼限简盏产板版撰赧拣莞巉柬浐潸僴刬睅绾弗铲栈〔谏韵同〕斍䚉轏彎僝钣皈轏𣣨拃骔攛棧𥏶睆舨圔鲛硍鋑羼欄晚㔙綄筵晘㼟婥攌皖〔明貌〕碊

十六铣：浅辨典展软剪犬免显巘辇篆藓茧冕衍践捲〔敛也〕勉翦辩卷〔舒卷〕泫喘缅转辩鲜〔少也〕岘遣演㷋闸善铉葴扁殄沔湎撚腆琎脑舛蹇褊狷选狝謇猵跣笾俛鳝蚬匾辡埏搴幰充癣睍件洇缱饯峜昄铣琄戩䞣钱〔铣也〕洗栈键吮趼辇隽蜓〔蝘蜓〕甂揣辪毨谝觃单𦦑撰㪉燀筅襧睍碥㟧鞭悁憪㛱宴狷辗椽僎㦸丏劯蠕墕垷挽剸蹍渶悓沇幝縓錪撎鞈膞圳衞趁〔跋也〕铲踹蜎嫣髯繻䜗俴𪂍〔𪂍池〕谝侪譞玴磶鈵㴓臏莕顮輴囷鮸蟮㵳㯳綡褊鷤婑睍䐡灘墰萆磼姺腸瘑僤搌蟗藕䩻㮇吮膶繵㗚傃栍啇𣈶呀鎬䳟挮𧊒市欻躈抮黃浣禅橏皸潤骞觊豻呢梴睥姰𨄟㟜跈菀姌埧鱒掜遱覝摹烷煸抎姺缳瞚膦奵說縛贪煓歚洇禒郸樿犏㜔菐鄍頵鋆琠䁠夵鄿啴喡馼䜪划

十四愿（半）：健愿願怨万萬劝献蔓建宪券曼贩楦饭〔名词〕远〔动词，远之也〕畈綣鄋圏〔地名〕堰畹挽〔挽联〕腱番媛蝄牵犍虡鬗嫣獌隒健褗娩奿蹱謜腕開褪僆瓛綩棷騼榥凟健㲸鵽卍愿巻犍禤㒎朊㵟郻䡞

十五翰：断〔决断〕散〔解散〕乱汉岸叹〔寒韵同〕半畔看〔寒韵同〕换旦观〔楼观〕案玩烂漫〔寒韵同，又副词，独用〕晏干〔树干，

干练］唤粲翰［寒韵同］斡贯幔难［灾难］段炭汗窜灿爨赞熳绊焕冠［冠军］腕泮灌判榦弹［名词］按璨闬盥［旱韵同］旰惋涣叛锻骭鹳算［名词］伴［旱韵同］暵缦瀚奂蒜懦逭漶馆［旱韵同］捍泮悍惮澜彖煅罐宴犴祼浒矸［山石貌］桉［同案］瓘谰墁浣钻谩鼾［卧息也］缎豻鳗滩撺衎騂竿胖垾杆谚爟捥懊碳鴅頖碫盰哻侃藋熯簳抏垸椴釬靬姅偄灒摊［按也］韏巑疸酇饅痑镩腶獌寇鑽牉瓓鑦洝毌怑愌粲矔鮟忨潫潆狚钎忓皔嚾槾逭岸韓錧榦潒淉舶殑梡䡝镧妧晼奸嗳褖拌鑵妲詳遺垶喭灡鑽穳礥僎峖瑍糷鵍蔡仟禶馯躝玫貚衦瑖湴肒婩犰鍌帴嫛罐厂禶瑦炍欒暺

十六谏：雁幻涧惯宦患［删韵同］盼办谏绽慢间［间隔］瓣串鴳苋豢赝讪［删韵同］丱篡晏汕蔄襻擐扮覵閒［隔也］栈［潸韵同］虥嫚瞯骭孪幔裥绾扳谩缦栅铲虦疝僈涮划豶睔鋻孱锏赸槵丱掼轕矔熳鏰妏掼瑦騴聰梡枧洝濖瞯覢姲粯暥綄缳蕑蔞釆覵絹晏

十七霰：见面变遍殿燕倦战贱院恋扇练羡传［传记］县片彦线箭电荐甸便［便利］薦砚现霰眷馔茜啭眩膳奠掾绢饯［铣韵同］擅宴鍊颤绚眄炼转堰溅钏卷［书卷］禅［封禅］弁谴咽炫研［同砚］衒嚥援［救助］旋［打转、屡次］罥汴钿［先韵同］狷淀善［动词］忭先［先之也］暗喑缮碾倩衍寱缘［衣饰］缠抃选煽溅穿［贯也］媛漩遣麪卞煎［甲煎］纤［绳索］瑗牵［牵挽也］晛楝靛甗佃劝娈饭撰谚瑱鬋眴拚［抃本字］渲惓骗悁［躁急也］剸輤袨昡拣链［链条］綪嬿昪弮鄯缱帣瞑［瞑眩剧也］狿縼籑填篟鄄瘃这湔桊洴睊港倪栫莚涀噮鶊趼養啓竪偭裤涏券辗蚬僝刋圈［猪圈］樿骗賛涑縓諓浰葥獧蚼偼萰軓瘢忺婩嵃禐漩豢埢衍婘嫸閉繼帺枧汌缚琠梋烇檈驠槙鰊湘弁滑孨鶊橏琁禩夐瓹精碮堜瀳鼰欒巒瑓鱄牸勬瞍哯玣糒襉阗［于阗，国名］飬䡝糆媡汳婝揵抁楥豣姰擶猭惗駧諞繏闇覸迿岍睼蒝燧琁禐僆姸譂匽垈槢庣牖頨槙肙帴睛緷

第八部

平声［二萧三肴四豪］　通用

二萧：遥朝桥消潮霄招寥条萧腰飘宵箫骄销摇饶樵苗凋谣瓢桡娇迢聊绡焦峣飙椒标邀韶蕉貂烧乔瑶寮调［调和］超翘尧潇雕嚣浇嶢描姚轺僚镳妖杓昭辽要［要求］娆彫苕飖枭跳蜩憀歊鹩撩髫挑鸮漂谯猫荛翛窑

364　▶▶　吟诵的源流与体式

枵夭［夭夭］刁䍃祧骁陶侨晓漻么［俗幺字］料佻瀌微晁幺髟魈缫趫臕
侥荞佻繇疒慓弨劭誉猺硝骄熛岩憔磠熮跷鳐嘤鲦剽燋嘹穘袄橇缭瞧礁靐
獠鷯锹怊蛸藻燎猋藠蝢蒌膘韶镖僑㙱镰獢鲦鹢锚橑鷮蹺镲鳔谣轿［小车］
僄逍瘭託箭嵺敩䡈翲撨睾螵裱叼镠僄褕葰惛嫖蟓蛲钊嶚髟荍媱䖟跿儦㚟
馨簥佋惢枵郰脁吗瞭尞谯廖骁簺票哨铫炪吆筲撬黾㠌麃摇蔗憭嫽潇虬飚
僄［僄姚］嘌憿鹊襥飚蜩瘭枤虫僥藙蛁㜑䑋嫖瑶鋈瘶嗠幖嘺嘹嫪眱炪䁘
娴穘㚯璙颏簚菽铅犝茇皻鮡彅鹜鳭撽稴磦紹眀刐郞灬庪䞓駬鮡鐕歔啋欥
肴蕠熮妁敩禠櫹蒢䓦狄㵘儌衵魌矫櫻慓聎窳屡愉萩䂃丩炪卲灾饱盔緔樑
顤繑爐狥俞鋻縻筊鐈顥鯛鮴茛䑛甸㓤䝿鎐佬

三肴：交巢郊梢茅嘲敲［效韵同］坳抛包胶蛟苞庖爻匏抄肴淆唙骰
胞钞［效韵同］铙教［使也］捎筲茆硗嘹旓譊茭哮泡［效韵同］蛸凹峭
稍抓鞘［鞭鞘］鲛髇炰咬猇骹跑聱髃炮［炮制］磁庨烋虓桐㦲飑咆笅轇
寠䆥䫹［长髦牛］樔轈［巧韵同，淫也］鄬䜧鶨胈媌䏨剿［剿袭］狡翼
䴢挠㧬［音庖，与揌同］寍䳑䶎羄諕偕笣爮撛刨［效韵同］崂枹婋
跤嵺䜕䬽吵䂨狍狓鮹鮑髐柗㴘宎㾞墩膠謞鵃鷀軪硣嗃磽［同硗］舠忼佼
［与郊同］亣勹鞘䰍捁［引取也］匏䫹䏲汷䣱［水名］㐲㯬歊頝嚗㵮肘
緔飚顤菁嬳秒㓹婄灯炪秠撆縻嶱蹻㳺挍㫅

四豪：高劳豪涛毛袍曹刀骚臯毫桃醪蒿逃遭号［号呼］牢鳌陶旄舠
膏韜滔操［把持］髦遨搔褒螯篙槽萄饕猱艘嗷嘈绦糟嗥㯞壕熬翱忉叨鏖
璈敖糕濠臊囊羔洮缫淘薅嗥嚣尻飚葵咷醄挠［巧韵同］绹悎蟧艚漕［卫
邑名］薅髽嵶聱獒捞嗨瘹㤼翢鉚蚝芼裪挑［轻儇跳跃之貌］筹鸶掐謟
滈潦［挠也，轹也］氂梼螃蛑笞［笞䌈］䌈［韬］袍牦帽駒酕糁皋搔
猱呺耗［独貌］袳憍［乱也］涝鳌燆痨唠諕蹐憹槕夲臑耗儯趫鹜泬鹩崂
𫛶稻齫眺菝抗岕鐏䐱㟱䀠㩮娋㿃稤設禠㔍蜪郂枊㠁瑫嵤潊薃獥㺝慦搫
𫐄䎷篡鳐嶹皫夵鈎謷甸陷

上声［十七筱十八巧十九皓］去声［十八啸十九效二十号］　通用
十七筱：鸟晓了［未了，了得］小表杳渺杪扰袅少［多少］沼兆窅
皎缈矫赵筱眇裹窈绕肯绍森悄［忧也］旐蓼嫋肈曒醥晶朓貌殍瞭摽秒缭
嬲勦［围剿］夭［夭折］㝓潆挢愀挑［挑拨］窙摽荍湫［隘也］憭标掉
［啸韵同］鷔昭缴蹻佻娇慓娆勡［末也］僚［好貌］佋吵䮽蟜窅眺錶麃

附录二　词林正韵　365

眑钌剥鳒瞟訬鰷嫽憭髎貂杸偠媵屌闟櫆譑窔劜婋敿抗祒矋袑筱簝寮洮鈁
貥柖婥榚蘴伕庨宊璬鷯丿嶤鷟芣扚垗燋竷屸訆隞顤纱荍嘹昭狝楢歊剶敽
諹靚枕蒸灏蕉杊洺璙魕鳒瞟

十八巧：饱爪卯鲍搅咬挠〔豪韵同〕狡昂泖姣〔肴韵同，美也，媚
也〕咬〔齩也〕绞炒佼巧爝茆找铰瑶拗猫〔同卯〕笅孢吵鲍鞄饱㹺犳筲
昍頝櫹灐㐲炂㴱縉櫹挍㧆鷯

十九皓：老草早扫〔号韵同〕抱道岛宝好〔好丑〕藻保恼槁讨考浩
稿稻潦昊枣倒〔跌倒〕祷〔号韵同〕蚤皓脑捣缟杲葆燥藁媪皂堡造〔造
作〕裸镐嫂皞祅顥瑙澡埽涝悢灏栳鸹夭璪薹媢橑蘴拷栲繰烤髱懊恅璪磝
褒狫燠〔号韵同〕佬繰鞥惮螞㬤鄗荍套〔号韵同〕皃嬞齐滳捯薃菒芣裯
鯌趴墭堢答茗礵茢怗懪籑棍賮祜檺侊糳譅狣怒洮鮋勺稻搗忎咾犸弯聬鶡
鄪饱剝中丏椟峼裄洘湨

十八啸：笑照调〔音调〕妙啸诏庙钓眺料峭召耀峤叫要〔重要〕窍
诮曜徼肖烧〔野火〕掉〔筱韵同〕疗吊窵少〔老少〕醮藋劭骛獠俏跳
〔行貌〕邵铫㑞鞘〔剑鞘〕祡鹞醮哨噭骠轿燎熖漂〔水中击絮也〕剽
〔砭刺也〕噍誚〔责备〕约蒢摇〔音曜，亦动也〕突爝绕票悄〔筱韵同，
急也〕尿䏿溺趒嘹僄朓僬朓裱镣鷯摽葽〔草盛貌〕瘭訆俵僦覞邵嬥弯誂
尥獟𤲞帩潐薝瘯僄骲韒佃顤踃杺鐪顠譑犼顤驁窵晱嫽檋嫩㨪敥敫鴨寮洮
顤嬈〔不仁也〕諞堅斅僄嫽撨莜錛抗璙筱覞爟穼鮨尞鐪獄藁訋竨嫖〔轻
也〕

十九效：貌孝闹豹教〔教训〕效校棹觉〔寤也〕淖罩稍窖较炮〔枪
炮〕乐〔好也〕趠砲泡钞〔肴韵同〕珓踔疱胶敲〔肴韵同〕桡碻爆〔火
裂也〕坳酵靿獲巧佼敩傡㗁〔唤也，呼也〕袎笇窵窎梢犦麭刨〔肴韵
同〕拗艄挍佼婥湫睄撽坳𩣙㵦繑㩃佮炸嚆沙鞠骲礊浽㤅

二十号：到报帽操〔操行〕灶傲噪奥盗号诰导蹈耗劳〔慰也〕告
〔告诉〕悼隩趮氅瑁道好〔爱好〕暴〔暴虐〕冒鹜漕㬥造〔就也〕膏燾
軂犒翱靠茅嫪倒〔颠倒〕抱㵿眊扫〔皓韵同〕幠〔覆盖〕墺蘪〔沃韵
同〕祷〔皓韵同〕糙凿懊耗郜曝㣊懊燠〔皓韵同〕埽涝搞瘄憈謟缟澳媢
謷鶖套〔皓韵同〕㿈鏊劳熬纛鯌㤱譹傡軞䗩禠荕璹璻㰖趴嗥敖祮圫莒鄵
祜冃蔌艒芣擙㬥鮨鐭艰鏊鮨翺呆𦐂抚槌炶耢

第九部

平声 [五歌]　　独用

五歌：多何歌波过 [经过，个韵同] 河罗和 [和平] 萝磨 [琢磨] 阿峨 [哿韵同] 柯跎戈坡科娑蓑荷 [荷花] 摩娥讹哦梭珂魔蟠窝螺陀禾沱窠鹅蛾驼酡他莎呵鼍婆诃挲么 [哿韵同] 那轲疴颇涡苛痾哥莪它佗 [他] 拖磋驮牁骡靴俄陂邁傞搓锅瘥蛇蹉迤 [逶迤，行貌] 锣劘啰傩 [傩神] 蜊艖箩舸㭰瑳紽蟠睋婴囮婀吡蠃倭挼鮀醝鼇 [瓠瓢] 挪屙㲉 [同沱] 艭赼牺 [酒尊名] 猧砢覶鄱詑髲番唆茄 [茄子] 瘥嵯 [嵯峨] 伽瘸緺儸迦嵳㭁喎釶难 [同傩] 玻唆迻墥䍆砢訑她哪蔢轲蘑陂堝蠃稞䭴盉捼繁 [姓] 抄莎鑫㦉陁柂過軷錽枷踒猡菠驊攞萯䯤遳涹滆鼧婀峨皻迗鲛綏莎髊鱸䲡滆呐攭睉袉硪 [同峨] 覶摞嵕涯虆睡跢鼅踚榱㯲佐擎轲涐鎈虘吔誐鄧 [鄧城] 喽薨齣呙髍楇攃斜鎺翙挪鮀痿蹲桅蚵妺挐䘸厸钜狢削遾䐦攎廋或覴嗳鋼溿牁珴

上声 [二十哿] 去声 [二十一箇]　　通用

二十哿：我火可果堕锁墯朵祸颗裹琐舸妥娜坐 [坐立] 左坷么 [歌韵同] 觯柂倮颇 [稍也] 荷 [负荷] 砢跛夥柁笴躲垛惰簸蠃 [螺蠃] 瑳沱髯柂 [同柂] 轲跒蔛輠埦峩椭那腄播駊泇哿㛗佐硪瘯傩 [行有度也] 埵跢蝶娑 [駊娑，汉殿名] 媠揣隋駊猓閜卵拖伙猓婼阿 [与猗同] 稞㻛爸髁磀婀 [婀娜] 憜蚁爹 [麻韵同] 亶嬟跥笴鄌婑岢猓鷄猓唢拕⺍稞陏襥縒顆鍺炒牁鑼挼榱他埵袳緺攞疼敪陏砇敠婯鮰誐绬稞袤洝她㰻砢刵㨶瑳厸椯誃稞攭氉睉抴轲晒隆驰稞眭牁惢

二十一箇：坐过 [歌韵同，又过失，独用] 卧破座和 [唱和] 个贺课饿箇 [枚也] 睡涶些 [语辞] 大磨 [泰韵同，磨磐] 货惰挫做簸個逻作佐奈 [那也] 那懦 [怯也] 剉駃播左铿糯莝坷埵蹉轲 [農轲] 㦒磋刴瘅他皤婼骒迤娑 [逻娑] 㚲㖟唨啊髁 [歌韵同] 蚵摞帠摩牁糖蔢鎠跢㭙攞摛樜衪砢尵㑊岋誃禡㿉疼侉髁纙敠汜僰涶佐椤挼

第十部

平声 [九佳(半) 六麻] 通用

九佳(半)：佳涯厓 [支麻韵同] 蛙哇娃娲蜗鲑騧䡇緺艿侄雅呢

六麻：花家华斜霞涯 [支佳韵同] 沙赊鸦茶嗟车 [鱼韵同] 纱槎誇麻加芽嘉遮瓜牙哗筲葩蛇砂差 [差错] 衙邪遐蛙琶瑕奢叉耶夸葭挝拿虾裟些 [少也] 巴洼娃騧他蟆查枒丫呀爬哑蜗窊爷谺苴楂哇娲罝笆艖桠廈伽铩迦鬙畬 [火种] 琊岈宎珈笯髽杈痂跏樝姱茄 [荷茎] 緺枒垞雅 [同鸦] 靴挐 [同拿] 瘕喳爹 [哿韵同] 鲨闍䯄犯渣杷柤污椰吧挪莎猳䑋苴瘕爹搽蝦畬 [火种] 涂 [沮洳] 妈划 [划船] 疤秅煆苶吒杷麻椵苓佘塗䔿荎 [斫木] 碬䡇咱齇溠铊麈駕蚆䚹傢㗲玡䶊椵啦叭呿痄杷铧跶钯巌䳺咩砗䙍鉇䳦吾 [县名] 肥碴桦疪蚜䂭嘛啈搭痛豥輋閜貑鏂譇柋胍蜱菫笓煆铧洳滦砑拕挪渲蹪担藷恲茞訝吠蝂詷笲姶杪找哗呙摭焲妃㜝爸拘㹮乩秅侉俹哆浂鎁鎈艊褡駒骜蓙咤滍鉥胴㧣媝拴䐃䐥鳖貼䐛煆嬧跒譂鉏疨豬籥歃衵 [县名] 肥説吡棽䥷晇椵

上声 [二十一马] 去声 [十卦(半) 二十二祃] 通用

二十一马：者马野社写也洒雅瓦下 [上下] 寡冶舍 [废也] 把捨赭假 [假借] 泻惹地啞夏 [华夏] 打哑且欛鮓椵若踝苴厦贾姐耍扯妑錁序間輠剮瘕髁哆傻碼瑪壄叚啫䀹足痄跒椵㚉乜驰邖鼙蟇鶱苲厏騌地稞粿摭挜溎呬偖稞馮鮭鞋聍腂鷍蕹譇踷雫椆担椵鷌訳蠚她餡顲而䕓

十卦(半)：话挂画卦铩絓杀袘繡瘥衩註扖罫榨睉杷嘎韃䯏溘磊

二十二祃：夜化驾暇谢罢价借榭架亚下 [降也] 稼罅嫁骂讶华 [华山, 又姓] 怕诧舍 [庐舍] 麝卸蔗跨诈赦射迓乍夏泻藉柘霸咤坝胯炙稏帕吒汉砑娅吓妊假 [休假] 靶䌈灞把 [与弝通] 嚇榨鷓贯差 [短缺] 祃岔厦桦籍蜡咓吗髂妊睱嘎贾 [姓] 杷袚唬溠杷咪椛侘犽䲘衙 [与迓同] 閜䕟酠謞躤踷渣哆扠偌枴鲑爸妑挐䰅庳禣舺疨叭恘而咃枕閜鱬砟揢㒁馂芐挓訝憜騇窄筥偦諾俹忾謑洽諣疘椵嘛砑狔奓嫭狛臍忊坬

第十一部

平声 ［八庚九青十蒸］　　通用

八庚：生声情明清城名行［行走］成鸣平轻晴惊兵横［纵横］荣倾程京英营耕迎更［更改］卿精盈争缨盟旌兄莺征［征伐］诚楹嵘瀛羹荆并［相从也，合也，兼也］衡评笙茎烹鲸萦呈萌觥筝泯醒琼庚婴贞檠晶明撑擎坑赢亨枰泓罂莺赪甍怦赓狞撄睛正［正月］铛［酒铛、茶铛］粳宏籯蘅甥钲嘤铿轰饧樱琤嬴盛［盛受］荥坪霙纮铮菁牲盲莹伦橙丁彭祯瑛桢闳棚珩鲭枪［檠枪］瞠苹卣鼪櫽勍黥虹绷镚峥猩砼令［使令］鹃驿鹦簧棖璎枋柽抨璚瞪鹒漺砰鎗伻脝竮䁖麂䗪翃蜻鈜鬙裎抢［抢攘，乱貌］怔桁搒𤲣浧侦眐媖榜［所以辅弓弩者］振哼甍［众也，疾也］趟啶泾澎軯泙甍銎輷箐灒洐嬛罥洺锽顷栟宬萤媖请净膨鐄姘蟛軿狰嶒闎輕拼锳祭盯吰滐硁蠳鈜鏽鉎晟鲜䖵蝾橙鵛筬腥㹥捐旷鸭狺浨夐峸顾諟箵硴窽圊硼拧挣硼泙绠婞耺虹鋐罃掌郷柠驲腈𧕘揰泜淀眐蠯符骍誙郲俞䝏强订㾕𥊕徯潆𠘰䦐瀿橃魽晴泫䨄悙栐宏愢笞艵漹荿椚愵霦嫇㓚扊絨趛羥瑝鋞撒匟簯痭拯葐枰娍茵沟㗰滂眚挭妵埄鹭梵琔鐏㮝苼䑋椚墨殸雅呼鐾情佽泩䣱韹珹磬姃燦硻柠蝾䜫碔唣婈俓鵋𦝩泞嫥阣螢湦㓁軒睘窨晴傑㯅蓹纴䂺寊鑾裦蚄鈞埥臤撐嬠䛼［幄也］𧂏璘魑𨫞櫋跻锄胼炘𥧉洰橙埂［坑］珵廲垶烓䐋揈矼痙

九青：青亭星经灵听冥庭形醒［醉醒］停屏扃宁馨零萍腥龄铭汀溟泠瓶刑廷萤坰翎霆棂铃苓丁荧婷舲型厅硎轩惺泾瓴傔冥伶鸰陉蜓玲聆醽渟仃咛钉𢯪邢蛉螟暝［晦暝］令［脊令］烃𨬱囡鯖町瞑輕䎺駉鯉筳箵荥篁玎䒷𧈦拎娉狌鄏径［行过也］叮羚潆䎒薵婷綎钘靬骿吟㹹晪爐订詷葶竛霛𤛳箐鉼娗［娗娗，容也］笭桯娙［汉女官名］媖狤荸坽姈蜓葵睲鲐珵刢䓝鉎跉圊疗狌舿駥樹䓂虰粤䀇蛏钉靪鄍絅柃聤叮鹓䃈胗门鸰洴鈃町紷朾𤝔漻頚獜漻邧颍䦪𨵵莶庁衍鼁莉桱芋煋諄䉖袰䤜嬟鹝鴴岺聆䣰［䣰覆也］樢鏻邢呠𨙶曼

十蒸：灯僧冰陵登能层凭升腾兴［兴起］藤曾朋增凴澄蒸胜［胜任］棱乘［驾乘］凝绳称［称赞］憎鹰仍膺蝇应［应当］徵承蠀丞肱鹏崩矜［矜夸］兢𡾰塍渑昇镫［锭也］绫恒菱惩鹰［答言也］缯譻凌弘縢䎒烝

簦緪崚誊滕淩棚螣礽征［徵召］楞冯［陵也，冯河］瞢［目不明］艿疼蘡薨症磳輘堋登鄫鯪淜橧緪［同緪］儚謳胥殑掤噌莔僜蕄憕瀊扔砯姮鞃夌掕睖陾駷蔆碐睖薾冫揯竲堋鬅噔倗憴邆膡蹬儚抍厷焺烝竑奟裬滕庱璒陪鱦嶝鞥瓨梭倰儌氶覴辺婈痭頳騰增溗腾鼆熷譄齡伶蕿驓弦錂嵭綮煳踜膯裬儌傰

上声［二十三梗二十四迥］去声［二十四敬二十五径］　通用

二十三梗：影静泠景境岭永井省幸顷领警梗整骋耿饼颖猛屏杏靖绠颈阱炳颍瘿逞倖秉郢荇矿艋请鲠哽黾眚怲丙炯并囧冏冥皿靓蜢箵璟憬犷箐悻打邴懭衿檠埂洞楞痉竫蛃悜渻裎峺斝奣茼睁狰［飞狐也］穬庰睲勐浧甄苘蟼艋澋倖搒寎揁昊鄳俓柃栟柠垦鲜眪庼憼偗皏朾炅徎摤鼆睛［眳睛，不悦目貌］撳栟挭胻莄郠璥晸鉼龶幜掟睲浜詽栐昞氶鋞箳彾廮鋲炴眳暻羉窉

二十四迥：迥顶鼎艇茗等酊炯肯挺醒町涬拯梃謦溟［与瀴同］铤并褧泂颎頲艼侹剄絅莛酩嵿惺脡珽冂胫滢颋聹冼奵佲诇订敻泞婞烃笭鞞濎炅榠涏圢眳嚶娗汫鋞鑏苘妖耵誔嫇巠斝庱烶俓庼誙莖綍檾媌朾踜軯閺徎瀴鼕頴

二十四敬：命病镜性咏净盛［茂盛］政映圣令［命令］正［正直］劲竞姓庆柄敬竟孟进聘郑横［蛮横］泳硬证更［更加］净儆清迎［往迓之也］行［德行］獍并［梗韵同，合并］侦评［平言也］靓帧敻另榜［进船也］證証轻［疾也］阱倩［请］盟［盟津］禜晟请謍摒挣怲娉鋥檠碰婧濪掌诇邴跰詺啈絎愽靘浧倞狌穽鸻娗詇竧胻僩朖鼕骿鉼誩瀴炏姘曔褩掅鋲墭瞜桀撔璥眐瞑痫滰絎蓢窺请朾鞕

二十五径：定兴［兴趣］径胜［胜败］赠听［青韵同］暝［夜也］应［答应］磬磴称［相称］乘［车乘］莹剩甑罄佞胫蹬凝［止水也］凭亘饤孕订瞑邓塍镫［鞍镫］醒泞秤宁滢碇證凳经［经纬，又织也］互艴瞪嶒庭症綮锭钉［以钉钉物也］凌［冰也］廷懜隥蹭墱膺［以言对也］薾憎鶙堋鑋倰踜螣軯霻堩傰磨楃磸掅遵驓蓥鋞誔覴鱦烝［热也］冥掟掕僜殸揯莔濎橙［几属］碃腈嶷瀧忊俓痭氶滕嫈睲撜霱

堪衽酰［通鸩］沈紟傑篤癍侉锓妊妗呫邡麟拎趁瘟惵扎钀掺茙伩鈗拧拎笒瞠

第十四部

平声［十三覃十四盐十五咸］通用

十三覃：南谈酣潭三堪甘庵岚参［参考］惭蓝骖探谙蚕龛含贪毵涵男簪［侵韵同］昙耽柑覃函［包函］楠憨篮谭髧担［负也］聃戡眈惏甑篸驔婪醰儋湛［与耽同］諵蟫蓭镡坛蚶堪泔馦锬盦痰鹌塨拿襤郯嵀邯坍錾媅漳［与淹同］坩酕颔晗婒俢魋鐔薟餤甜燂欿澹苷喑疳腤唅倓㽸剪浛笒䕘闇［治丧庐也］螴歛惂㦴湦荨賸嘾痷伳肣儖嵗喑坎礛玵瑊㑊酸瞫綅慘婒喃妡淹腩頷莟樿䀏婹嵐霄鸽鍂竓厽郯怙谂罄醓笒桛憳瞻撖颔弐类撎泠嘾欿蘫媷菡姶晗惵鐕

十四盐：帘檐簾添尖簽纖嫌兼盐严沾廉髯甜炎霑拈潜瞻蟾淹占［占卜］奁签恬厭［同恹］簽縴黏阎谦钳砭觇铦歼忺镰粘黔恹襜铃餍渐［入也］詹鹣暹幨金鲇兼苫玷崦唸憸签榍阉焰腌熞拎鈊谵髯溓蕲澏枯瀇蔽鸷爌瀸缦㥄磏奄［奄留］楠盐裣针㮮艬䥝枂呻蠊酟譣鎌袏掂锨筜橌襒槏椓彡㧱碱磏詀䉋嵰蚙憚錢燂譛蒼岭掭抒故廉埛玷耒廁㸢錀烕掩倍覘訆檶藏媱津䗖䚥祜胺伶蟾闫鉰蠊㮰妗［善笑貌］鹐聆砸譋玲潊蚧惨黇闳广慊撎錂忴类肷瘂嬐㗲㜘钐袻

十五咸：岩衫帆衔凡缄杉咸喃函［书函］䒾逸馋嵌［感、陷韵同］钀鹹监［监察］巉［貚韵同］劊严㩫諴掺崶械櫼岜衘瑊綅諵杴彭［屋翼也］騆鹹鸽傝擻崢亀詀嚵獮汎乡黚稴㦞艬站锨橌嗲稴嵎嵁杬㕞䃾鹹葴谳掐蠊濂赳舢鯐鰔磁郑瓶胗朳䶛覱洛［与洽同，沈也］䰛玲钐

上声［二十七感二十八俭二十九豏］ 去声［二十八勘二十九艳三十陷］通用

二十七感：感觉胆憯敢菡揽坎颔［覃韵同］憯撼毯壈菼橄黕窨紞㲷髪憵歆黔黙餤唅嵌［咸、陷韵同］禫欿淡澹［澹淡，勘韵同］憯㮦掩噞闇菡欿黔贉鵪耽［虎视］馣澉僋轗闟鋗悇唵喊憵醰錾苔輅鱤䢴坫橄贛唵黵志揞峇霠鞯䯼酢歔腩啖撖饕渰鏒顑瞥銘嘾撎俲颔祝沇肣馱燂喑喃憯䐶摘頷禫坅漊䩋䯤参［与㺧同］惏蚠洣㽓潎蒼撎扰罯色澰簪熸鹹

二十八俭：险点染敛篹冉忝俭检脸欿餤闪苒玷埮渐［渐次］崄贬剡飐崄芡陕潋谄掩慊俨睒罨嗛捡魇猃广黡赚壛奄浛罨磹厣弇椾店謲覝睑敛頯舔㸒晱黵喰籖梜譣欦騝孅淹鐥蠍㬒稴豏葴碐疼琂嬐龑呫嬚呥彡婂檻尕錯㤿孊磏䂺髥羷潋燄溓錯

二十九豏：减槛范黯範犯舰斩搀淰轞巉湛赚黰錽帆灒嵁闞［虎声］瓶昂歉碱闇豏溓喊［怒声］澉黔埳愞撖凵钒醶啗俗罋瘕䶄鹹濫［水名］扢槏

二十八勘：暗憾缆暂瞰勘担［所负也］探歛绀淡甔濫赕三［三思］澹［水摇动貌］淊磡憨憽坍唅篸啖［狂也］闯阇赣錾憛塪燄霮傽苍泠琀俟嚪胺媕顉餡忺镾撦揞竷訡㟏㴝俠蛤黵参［参鼓］忲憸馻凵傝癁姏暉誝闇頷

二十九艳：剑念艳店验焰滟埏欠占［占据］酽垫赡厌坫僭砭［盐韵同］窆厱殓觇掞韂爓敛苫佔兼磹歉潜襜僐橬潋痁惉燗黏醶孁盐［以盐腌物也］沾［水名，县名］幨淹忝［俭韵同］碱俺噞狝騐袷脋毡酽舱栝䇞譣棯襝胁［妖也］颭艳婪爓炎稴埝潋瞻裺趛嵁羬

三十陷：鉴泛监梵陷汎忏赚蘸站鑱帆［张帆行驶］欠馅儳剑渢㩗钐讯阚［犬声，兽怒声］涩諵谗蔵揞甗垰［同陷］顣瓶淊钒艦臽湛［姓］欯韽錎潊

第十五部

入声 ［一屋二沃］　通用

一屋：竹屋谷目木熟菊哭腹服肉独福速鹿逐麓禄肃宿［住宿］轴牧卜陆六筑族縠沐穀馥斛祝读［读书］犊築㾂叔复［往来也，返也］缩掬粥簇蹙育覆秃伏復曲［酒曲］淑穆蓄渎碌蠹戮幅穀扑镞熰竺菽漉瀑蓿撲蔌欶㯊鞠簏鷫睦蹴鹜蝠謖瀫觫霂煜澳仆［群飞貌］郁夙複槭畜辘倲汏朴浊麴孰濮葍衄角辐樸匊橉鸒輹毓舳倏讟醦僇暴［日乾也］曝蝮樕稑盝篍啄鞫昱蔌俶朒彧蓼匐鞠熇蹢告琭潚髑鞪芼睩磡囿跛袱忸腷梐澳愊鹔茯菔漷搉鏉蔽蓿副［剖也，判也，裂也］福瘯苜殰剭勠鹁虙槲薁鱐豖踧籯鯸穋毂毃罿㽱縠迶趢骕楝躅錥涑噈䎱鹔戫悶缪［与穆同］鵚歗衱毃秫蝮濲錸麤縬撖腥垿掬焃璹阿［阿谁］蹼汋［激水声］唷淯唠趚

第十六部
入声 [三觉十药]　　通用

秄狛踖飒犳菲任覡鹈噊鹬蘁縒峈搐滹咋拿均铬魀敫瘟櫟鏱墌鱍轿譳嫙扨
砟樨歍偌郘鱊挑烾擽苕跻佫

第十七部

入声 ［四质十一陌十二锡十三职十四缉］ 通用

四质：日笔室一失密术实術疾逸律出毕匹膝瑟帙漆吉溢栗述七必诘
跸秩橘恤蜜质乙悉虱栉秫蟀慄唧荜黜弼谧叱潏嫉戌聿昵泪率轶尤节筴鹭
镒窒壹怵卒［终也］锧侄绌苾佚崒鹬驲姪苗疌挟蛭桎绋罼沭猵泌遹繘溧
胇铚鞞馸衵聖礵祕笔泆鉍屋帅咥漯蟋尼［近也，止也］佶佾蒺飔欯聿訹
紩薾袟戙挃蓝姞礩冽虱比［比次也］鈚烨䄶鞸妷祕䲣鈗潏踤汩李傈鹏䆝
琵驮骎旺捽捽喬拮鈢浑椰鉍佖窸袟桎脺屋菦秩映瓆鸣衹［适也，仅仅也］
鹥圪咭疙宓蛣郅枇［枇杷］惄鸭锆潝滗蟛骏疷赺鳚怭齨弹咉猎箻胵辖崣
欼珸檵鸭磭桎响部祇［与祇通，适也］芇踒衹撊胇邠欥胵蠠扣抑槷泌魖
蛶鞈吹炢鮿鹓䏭瓅䋌遥樒蹽鵠祇［与祇通，适也］孚祄肷楤堇腔浂麇鐔
笛曁柒鸐旺鷩肁瘁焌繲㨖恋㝎灿怗嬻枈袛絉欤笀樀俒䚯赹鲒犰戴洼

十一陌：客白石迹碧夕尺宅席隔策惜役屐益陌［药韵同］璧伯赤癖
柏窄驿剧百脉昔僻翻隙戟迫掷液麦泽责僻额积释易［变易］乌厄获册坼
帛籍［典籍］获逆赫革适脊择帻谪拍魄披碛格拆瘠斥奕绎腋擘怪画［卦
画也］射索藉只译磔舶汐珀膈硕鲫弈蹠炙欒绤踏轭啧鹡斁绩划［划破］
扼嘓貊癶螫摘陌簀鹹喋蜴场疫帟迮核摭栅踢襞裱刺［穿也，伤也］撼
峄奭虩祏哑［笑声］薛蹩咋渚腊覈［同核］摘螆霓亦喀醳借槅嫿擗噷𠱓
虢碢蹢穫劐䏴搦鬲陦䓸筴掴莫［静也］霹墿黖䭔愬骉嚁呃［鸡声］嫡
鹨撆圛螠嗝舶泻貘虳翟蚱䧿栅佰襗漏霸［古与魄同］櫼咋罨笮［除木］
䴗啁磩舴洦旸靧襀斥綎故讀詻覤䐜郤皆啪峫硅嘀虮偒蛈邲葛礃樨缚槅灞
暳壏墌鸂𡙇䈰髦帕鬩蚯謡疬捇霁䤛峙鲌鯣蹯菊苖胭垎鈶嗼鐴蹹擈唇鳢犾
呇唐格瞁擗蹽鹅谖狇窆杔峈商砳扢裮趄刉腺鉏䟾憪燃拺跞嘈簀苩岶鸡鲕
箿砥燡䡱广瞦貈墿苧烄菜胎譧懞烁嫧猃毇楷櫁譜㶧蒿炟磬呆振溇耴鯖柅
蕈雅剺䃽廦袘殁冻緆菋辂㷄焯炀虆䜢顁楲蟗馲蝉漕颁投𢭏藾鉨泽鏁粐觅
猎胎狛铬㴐熖擽搭莋𥅡虮燋厃癝勣碏

十二锡：壁寂笛敌历滴觅激戚绩檄击锡的沥雳觋涤砾鹝枥惕镝析吃

狄羃浙荻晰甓栎轹溺劈幂籴剔逖阒迪鞡晳嫡芍觋呖适趱瓶霓［齐、屑韵同］慼篴阅赐瓅幂摘踢轹汨［汨罗］ 艦殈焱歘郋簎蜥蹢樀裼疬礔敕龘澼鬲坜緆轛鼏吊縶鏊佁耆翟墼跛茋鸙觋嫰秝昊烁漈虾糸砾歔箥镉霹擺愁帯鹝曆藚峎煀鱳嬖溆瓣塓駒溴莀嚁玓商讖璃鉨設焬綞欽苗毾婥楸侘蚸甅穓扸一蓓橀摘湨趲瞙價錄燉頢碧礳撤睍愗敳蒿扚擽杓蓘椃鄎糊鯸碱菽欒霝麽鼞鷖肑獙觊鄎譁

十三职：色得息国［屋韵同］力极侧识［知识］翼直黑忆墨域食［饮食］北［沃韵同］测棘职贼臆刻逼德恻饰默勒惑织则即稷特拭匿仄陟蚀稷式塞［闭塞］［闭塞］吸亿植敕抑克殖弋熄肋昃轼蝛懕忒饬洫啬踣國劾洫殛嘿艳匐［屋韵同］劳翊粳繶湜剆薏杙寔幅堿祴尅唧擬塤縢［螣縢］愎偪罭襺幅辖剋扐棫減邌蠱蟹蟅湢杙淂翊昃緎卿悥侐鷔或鰂副荊阞繥腷仂餘醷芒噫憝釱笐臟瑊綅癔瀷洰苢佰螺椨檖犆罣蔽卿趨楅瘜嫕忈搣蚎忕藗熤默垍忕稲蘵戠嗊芳賊冐玏赺朡溲嘿筛炢勅鈘鰡捗灿椙鶍溴虵踚嫐霙薔潶螆膴畐朳爌鄎窆穆遑檍摋坎涍憄抑蟹佽搯炤讖勛爅媷惐燡琙脤臮譁絴汃閂濬战袺殕慒苟鯏忇

十四缉：急立入湿集泣及邑十涩习拾蛰笠汲粒什给揖袭级吸执隰汁挹笈［叶韵同］戢縶茸炭浥辑悒缉 翕熠楫［叶韵同］裛唈伋噏渷廿裼毼欹湈霙霄榯岦芨熻霫鈒湠黐耳鰡颮卌畀煜［屋韵同］闟唶遐伋涪碟諿圾岦箮皀硈鸥尠澕霊憼騽鶎譅湒釱礏嚞瞥喥涤鑠湢嶵鴻赹虆瓨彶香藙熚俾鈒鴵嬌乀

第十八部
入声［五物六月七曷八黠九屑十六叶］ 通用

五物：物佛屈拂郁绂乞黻崛勿綍袚绋讫屹诎熨苇妭蔚髴倔黻弗唧欤怫芴仡欷吃［言蹇难也］刜汔迄弗不［与弗同］汔掘吻膃咇釢菀魆胇魶[色怒也］尉呦第厥［突厥］忔鷸坲瀎粅謪芅焥魶烉泼厵紼茵袇柭唏蚾趉泼乀虰距砩翇侚由苇窋鈽梻爩阢

六月：月发發骨阙没髮窟忽兀伐谒袜橇笐钺突粤蕨歇褐渤鹘勃越惚殁筏罚刖掘蹶曰窣柮阀卒［土卒］橜竭觓讷滑［乱也］猝戹剷獗羯机矻砆评脆揭捋堡咄蠍腬軏蠡峷碣馞核纥硉悖淈捽汨浡峷凸鳜蚏哕孛撅喝堀

年版。

陆阳著：《唐文治年谱》，上海三联书店 2013 年版。

林庚著：《诗人屈原及其作品研究》，上海古籍出版社 1981 年版。

冷玉龙、韦一心主编：《中华字海》，中华书局 1994 年版。

李重光编：《音乐理论基础》，人民音乐出版社 1962 年版。

李添富：《〈诗经〉用韵的格律问题》，收于《韵律语法研究》第六辑，北京语言大学出版社 2020 年版。

李晓静、曲清琳：《〈现代汉语词典〉对破读字的处理》，收于《中国文字研究》第五辑，广西教育出版社 2004 年版。

启功著：《声律论稿》，中华书局 2000 年版。

人民音乐出版社编辑部编：《赵元任歌曲选集》，人民音乐出版社 1983 年版。

唐作藩著：《学点音韵学》，商务印书馆 2018 年版。

唐圭璋编：《词话丛编》，中华书局 1986 年版。

唐文治撰：《茹经堂文集》，文海出版社 1926 年刊印。

王力著：《诗经韵读》，上海古籍出版社 1980 年版。

王力著：《诗词格律》，中华书局 2012 年版。

王水照编：《历代文话》，复旦大学出版社 2007 年版。

闻一多著，朱自清、郭沫若、吴晗、叶圣陶编：《闻一多全集》，生活·读书·新知三联书店 1982 年版。

魏嘉瓒主编：《最美读书声——苏州吟诵采录》，长江文艺出版社 2014 年版。

徐健顺著：《普通话吟诵教程》，广西师范大学出版社 2018 年版。

徐健顺著：《吟诵概论》，广西师范大学出版社 2019 年版。

杨伯峻译注：《孟子译注》，中华书局 1960 年版。

俞平伯著：《俞平伯全集》，花山文艺出版社 1997 年版。

杨万里编著：《草堂诗馀》，崇文书局 2017 年版。

杨荫浏、孙丛音、武俊达著：《语言与音乐》，人民音乐出版社 1983 年版。

杨荫浏著：《中国古代音乐史稿》，人民音乐出版社 1981 年版。

袁行霈主编：《中国文学史》，高等教育出版社2014年版。

姚渔湘：《高步瀛的思想与著作》，收于《大陆杂志史学丛书》第一辑第八册，大陆杂志社1967年版。

朱光潜著：《诗论》，北京出版社2009年版。

朱自清著，朱乔森编：《朱自清全集》，江苏教育出版社1988年版。

朱立侠著：《唐调吟诵研究》，中国社会科学出版社2015年版。

赵元任著：《赵元任音乐论文集》，中国文联出版公司1994年版。

赵元任著：《赵元任全集》，商务印书馆2005年版。

张中行著：《诗词读写丛话》，中华书局2012年版。

张本义著：《吟诵拾阶》，广西师范大学出版社2013年版。

张惠英著：《音韵史话》，社会科学文献出版社2011年版。

张小燕、陈佳著：《诗词格律诠解》，中华工商联出版社2018年版。

张岂之主编：《民国学案》，湖南教育出版社2005年版。

章鸣编著：《语言音乐学纲要》，文化艺术出版社1998年版。

周振甫译注：《诗经译注》，中华书局2019年版。

周汝昌著：《千秋一寸心：周汝昌讲唐诗宋词》，中华书局2006年版。

周殿福编著：《语言艺术发生基础》，中国社会科学出版社1980年版。

中国戏曲研究院编：《中国古典戏曲论著集成》，中国戏剧出版社1959年版。

中华书局编辑部：《康熙字典》，中华书局1958年版。

二 学位论文

邸婧璇：《中国古典诗词艺术歌曲吟诵特征探究》，江南大学，硕士学位论文，2022年。

钱茹：《吟诵的音乐性研究——以常州吟诵为例》，温州大学，硕士学位论文，2017年。

杨锋：《中国传统吟诵研究——从节奏、嗓音和呼吸角度》，北京大学，博士学位论文，2012年。

尹小珂：《传统吟诵调的艺术价值与当前生存状况——有关部分现存吟诵音乐的调查与研究》，中国艺术研究院，硕士学位论文，2007年。

赵汉秋：《传入韩国宋词乐——步虚子与洛阳春研究》，中国文化大学，硕士学位论文，中国文化大学图书馆藏，1980年。

三　期刊论文

陈以鸿：《唐文治 讲国学铿锵悦耳》，《上海交大报》总第1233期（2008年3月10日第四版）。

傅庚生：《谈文章的诵读问题》，《国文月刊》1947年第56期。

傅雪漪：《试谈词调音乐》，《音乐研究》1981年第2期。

高乐、武秋莉：《元曲衬字与元曲音乐性的融通》，《内蒙古民族大学学报》（社会科学版）2015年第5期。

华锺彦、李珍华：《唐诗吟咏的研究》，《中州学刊》1985年第5期。

华锋：《论华氏吟诵调及其特点》，《聊城大学学报》（社会科学版）2016年第1期。

华锋：《华氏吟诵调的特点》，《光明日报》2016年4月14日08版。

胡俊林：《论中华吟诵文化的发祥起源》，《内江师范学院学报》2006年第1期。

鲁庆中：《华锺彦先生古诗词吟诵及曲调的传承》，《河南教育学院学报》（哲学社会科学版）2014年第6期。

启功：《汉语诗歌的构成及发展》，《文学遗产》2000年第1期。

秦德祥：《吟诵音乐的节奏形态及其特征——以六首〈枫桥夜泊〉的吟诵谱为例》，《音乐艺术》（上海音乐学院学报）2004年第2期。

秦德祥：《吟诵音调与平仄声调》，《交响——西安音乐学院学报》2004年第9期。

唐文治：《论读文法》，《无锡国专月刊》1937年第5期。

王宁：《吟与唱》，《文史知识》1998年第10期。

俞平伯：《诗的歌与诵》，《清华学报》（自然科学版）1934年第3期。

杨娜：《华氏吟诵调：吟必有法 吟无定法》，《岭南师范学院学报》？2018年第5期。

游汝杰：《文读音、白读音和旁读音》，《方言》2020年第2期。

赵敏俐：《汉乐府歌诗演唱与语言形式之关系》，《文学评论》2005年第

5期。

朱光磊：《唐调吟诵的文体腔调与四象理论》，《徐州工程学院学报》（社会科学版）2018年第2期。

后　　记

"动声曰吟，长言曰咏，作诗必歌"，吟咏性情，斯文在兹。吟诵，作为中国传统的读书方法、创作方法和欣赏方法，不仅是古代生活的一部分，而且注入了每一个中国人的血液，传承至今已然成为中国传统文化的重要基石。"吟咏滋味，流于字句"，吟诵让中国文学摆脱单一、凝滞的文字形态，呈现出文字、声韵、舞蹈的节奏之美，还原了汉语言文学感发、灵动的活态。

我第一次接触吟诵是在河南大学中文系学习期间。与同学回忆了一下，应该是1991年的秋季，当时中文系邀请华锋教授为高年级学生讲授专业选修课《吟诵》，华先生朗吟《关雎》等的细节已经很模糊了，仅在脑海中留下了吟诵高冷的印象。华锋先生的吟诵调躔接其父华锺彦，是非物质文化遗产——华氏吟诵调的传承人。我毕业后一直在大学教书，但似乎与吟诵绝缘了。直到2009年春，参加河南大学文学院组织的古代文学方向的研究生答辩。答辩会后，王利锁教授请答辩组长葛景春教授吟诵。葛先生是河南省社会科学院的博士生导师、中国杜甫研究会副会长、中国李白研究会副会长，乘兴即席吟诵了杜甫的七律《登高》，古调铿锵，声情激越。后又套用豫剧《花木兰》曲调吟诵了孟郊的五古《游子吟》，行腔酣畅，情随声转，感人至深。水声潺潺，座中佳士，饮酒赋诗，这是我第二次接触吟诵。后来在一次河南省吟诵学会的交流中，华锋先生言谈之间偶然透露信息，葛景春曾与河南大学、与华锺彦有着深厚的学术渊源关系。

许是兴趣使然，这以后吟诵算是正式走进了我的研究视野。从2011

年夏季始,跟着陈江风教授和华锋教授两位先生研习吟诵。陈江风教授为国内知名民俗学家、中国神话学会副会长,致力于打破古代汉语、现代汉语和音乐学之间的壁垒,推进传统吟诵的现代适应性改造,我主要向陈先生请教一些吟诵学理。而华先生多为近体诗吟诵节奏,偶尔涉及古体诗。至今仍清晰地记得陈先生指导为《中华吟诵读本》(中华书局2014年版)撰稿的情景。2012年秋,王文金、华锋、陈江风、王刘纯、葛景春、周吉国等先生发起成立河南省吟诵学会。这是全国首家省级吟诵学术组织,我先是负责学会秘书处工作,后在2019年选任学会理事长,研究和推介传统吟诵。其间,陈以鸿、戴学忱、王恩保、赵敏俐、李昌集、徐健顺等多有指教,增学益进。

值得关注的是,域外汉语文化圈的吟诵,传自唐代至今未绝。2015年,我赴韩国全罗北道参加东北亚文化论坛时,曾有一位韩国吟诵者金在龙先生着传统韩服夜访,以书法和吟诵方式交流李白、王维的诗歌。2016年,河南省吟诵学会与日本大阪府实业团吟诵联盟、关西吟诗文化协会联合在杜甫故里巩义举办"朝圣之旅——中日吟诵文化交流会",中日数十位名家吟诵杜甫的诗歌,获赠《汉诗吟咏视频集》《悠久的名诗·中国名作选》等日本的汉诗吟诵曲谱。这些年由于疫情阻隔,汉语文化圈的现场联吟极少,但网络的吟诵互动却依然活跃。他山之石,可以攻玉。韩国和日本的吟诵对仄声韵、入声的处理极为精到,当然,诗、剑、舞浑融,以吟诵还原古代文人生活场景的做法也令人称道。

传承中华传统文化须坚持理论与实践相结合的观点。吟诵是古诗文本真的鲜活状态,也是一种优秀的活态文化。吟诵千年传承,坚守着汉语咬文嚼字、字正腔圆的纯正性,且有讲究平仄、声韵的美声特点。最好的传承与保护,就是让吟诵重回教育和文化体系,这对于纠正现代汉语交际中语速过快、音节变短、字音不能从容体现文意的缺憾及提升语言表达能力,具有重大现实意义。

我原本从事古代文学的教学研究,近年又在河南省吟诵学会兼职,本书不仅是有感而发,也是一份责任。书分五章:第一章吟诵的概述,在概念辨析的基础上,从繁杂、散碎的文献中梳理吟诵发展脉络,分析吟诵的文学艺术价值,描绘吟诵艺术史学自觉的路径。第二章吟诵的理论，诗、乐、舞的命脉是节奏，把握节奏，继而四声、平仄、韵律、叶韵、破读，逐层递进，探讨吟诵基本理论。第三章吟诵的规则，根据汉语文体特征，从长短、虚实、轻重、对称、模进等方面，归纳梳理吟诵规则。第四章吟诵的体式，总括蒙学读物、近体诗、古体诗、词、曲、文等六种体式，由易到难，系统分析吟诵技巧。第五章吟诵的腔调，专论字调、唐调、华调、读文、诵经、吟诗各有所长，以点带面，务求深化。书中附有华调开创者华锺彦先生，恩师华锋先生、陈江风先生，华调传人刘振卫、张宁、杜红亮、沙军华、张志祥、吴鹏霄等人的吟诵录音，体裁涵盖了蒙学读物、近体诗、古体诗、词、曲、文等样式，以供研习。

本书多为个人十余年的吟诵体验，并引用了学界的大量文献。谨此，向吟诵学界的守望者致敬，愿中华文化复兴、吟诵复兴。

因时间和学识所限，书中的疏漏和不当之处也在所难免，敬请大家不吝赐教。

杜红亮
2022 年仲夏于郑州